生命是赌注

马雅可夫斯基的革命与爱情

MED LIVET SOM INSATS
Berättelsen om Vladimir Majakovskij och hans krets

［瑞典］本特·扬费尔德 著

糜绪洋 译

广西师范大学出版社

· 桂林 ·

著作权合同登记号桂图登字:20－2017－098 号

图书在版编目(CIP)数据

生命是赌注:马雅可夫斯基的革命与爱情/(瑞典)本特·扬费尔德著;糜绪洋译. —桂林:广西师范大学出版社,2020.5
(文学纪念碑)
ISBN 978－7－5598－2294－9

Ⅰ. ①生… Ⅱ. ①本… ②糜… Ⅲ. ①马雅可夫斯基,F. F. (1893-1930)－传记 Ⅳ. ①K835.125.6

中国版本图书馆 CIP 数据核字(2019)第 222451 号

出 品 人:刘广汉
策　　划:魏　东
责任编辑:魏　东
装帧设计:李婷婷

广西师范大学出版社出版发行

(广西桂林市五里店路9号　　邮政编码:541004)
(网址:http://www.bbtpress.com)
出版人:黄轩庄
全国新华书店经销
销售热线:021－65200318　021－31260822－898
山东鸿君杰文化发展有限公司印刷
(山东省淄博市桓台县寿济路 13188 号　邮政编码:256401)
开本:690mm×960mm　　1/16
印张:46　　　　　　字数:480 千字
2020 年 5 月第 1 版　　2020 年 5 月第 1 次印刷
定价:148.00 元　　　　印数:0 001 ～ 5 000

如发现印装质量问题,影响阅读,请与出版社发行部门联系调换。

我有幸与马雅可夫斯基好友圈子里的许多人相识，有几位还很亲近，其中包括莉莉·布里克、瓦西里·卡塔尼扬、罗曼·雅各布松、列夫·格林克鲁格、卢埃拉·克拉斯诺肖科娃、加林娜·卡塔尼扬、塔季亚娜·雅科夫列娃和韦罗妮卡·波隆斯卡娅。

　　谨以此书纪念那些给予我如此之多的人们。

你们的思想

正躺在软化的大脑上做着梦，

好比油污的长沙发上长满膘的奴仆，

我将用血淋淋心脏碎片之碰触来逗弄；

粗鲁又苛刻，要尽情羞辱羞辱。

我灵魂里没一根头发是白的，

里面老头儿的温情也乏匮！

喉咙的伟力把世界震败了，

我前行——美少年，

二十二岁。

温情的人！

你们把爱情搁在小提琴上面。

把爱情搁定音鼓上的是个粗鲁的人。

可你们却不能像我一样，把自己翻转，

让全身只长满嘴唇！

马雅可夫斯基，《穿裤子的云》，序诗

目 录

插图目录

意大利未来主义者:路易吉·鲁索洛,卡尔洛·卡拉,菲利波·托马索·马里内蒂,翁贝托·博乔尼,吉诺·塞维里尼

最快乐的日子(1915)

为节省空间,两间房间当中的门被卸掉
了。马雅可夫斯基站在那儿,背靠门框。他
从夹克衫的内侧袋里掏出个不大的笔记本,
瞥了一眼,就把它塞回同一个口袋里。他沉
思起来,随后环视房间,就像是在看一个大
礼堂,读了序诗后,他用并不响亮,却让人从
此再也无法忘怀的声音发问——不像是在
朗诵诗歌,而像在读散文:

你们以为,这是疟疾在呓语?

这是在,

是在敖德萨。

我们抬起了头。直到他朗诵完毕,我们
的视线都未曾离开这前所未有的奇迹。

弗拉基米尔·马雅可夫斯基已经写了好几年诗,然而1915 年
7 月在位于彼得格勒的莉莉与奥西普·布里克夫妇家中进行的这场

《穿裤子的云》（Облако в штанах）朗诵会却宣告其文学生涯与私人
生活进入了新阶段。莉莉的妹妹埃尔莎在他朗诵时也在场，事后她回
忆道，"布里克夫妇对诗作欣喜若狂"，而马雅可夫斯基则"无可挽回
地爱上了莉莉"。对马雅可夫斯基而言，与布里克夫妇相逢成了他人
生的转折点，用他自己的话说，是"最快乐的日子"。

　　1915 年夏天，世界大战已经开打一年，所有人都明白，许多重大的
政治与社会变革将会随大战而来。而在美学领域，在文学、绘画和音
乐界，革命已是既成事实，俄罗斯则是这一进程的先头部队。作曲家
伊戈尔·斯特拉文斯基和佳吉列夫的俄罗斯芭蕾舞团（Русский
балет）席卷巴黎；在美术圈的第一梯队中也不乏俄罗斯人，瓦西里·
康定斯基、米哈伊尔·拉里奥诺夫、弗拉基米尔·塔特林、卡济米尔·
马列维奇等都是响当当的名字，他们每个人都用自己的方式，促成俄
罗斯美术在这几年中实现了前所未有的发展。

　　"现代主义突破"的发令枪是由意大利人菲利波·托马索·马里
内蒂打响的：1909 年他宣布了一个新美学流派的诞生，这就是未来主
义。未来主义席卷了文学、美术和音乐领域，它号召人们要与文化传
统决裂。未来主义在俄罗斯也获得了巨大影响力，尤其是在文学界。
而弗拉基米尔·马雅可夫斯基尽管还很年轻（在和莉莉与奥西普相见
时，他还只有二十二岁），却已成为这一运动的掌门人之一。

　　鲍里斯·帕斯捷尔纳克曾一针见血地评价说："他从小就被未来
惯坏了，他很早就得到了这未来，而且看来不费吹灰之力。"两年之后，
这未来降临了，它的名字就叫俄国革命。俄国革命与两次世界大战一
并成为二十世纪最具象征意义的政治事件。革命是一场巨大的社会
政治实验，其目标是构建一个无阶级的共产主义社会。马雅可夫斯基
将自己所有的才华与精力都奉献给了这场革命；没有一个作家能像马

雅可夫斯基一样,与革命如此紧密相连,不可分割。

他不是一个人在战斗。革命思想让人全身心投入其中,整整一代人在其教诲下长大,他们都是马雅可夫斯基的志同道合者。莉莉与奥西普·布里克夫妇就是他们中的一员。他们与马雅可夫斯基关系之紧密,正如同后者与革命。要谈论马雅可夫斯基,就不能不谈他们,反之也是一样。在二十年代,布里克夫妇与马雅可夫斯基的组合既是政治与美学方面先锋派之化身,也是崭新的先锋道德之化身。马雅可夫斯基是头号革命诗人,奥西普是文化界的领衔思想家,而莉莉则因其对于爱与性的解放观念而成为摆脱资产阶级道德桎梏的现代女性之象征。

从 1915 年 7 月那个令人震惊的傍晚开始,马雅可夫斯基、莉莉与奥西普之间就变得难舍难分。这个充满传奇色彩的爱情与友谊组合持续了十五年之久,直到一个阳光灿烂的四月早晨,一颗手枪子弹将其击碎。被粉碎的不仅是这个组合,1930 年打穿马雅可夫斯基心脏的那颗子弹也预言了三十年代噩梦的降临,它杀死了曾经的乌托邦理想。

政治、文学与私人生活——本书讲述的就是由所有这些激情、欲望共同卷起的漩涡,而马雅可夫斯基和他的好友圈子就是我们的主人公。

二十岁的马雅可夫斯基，1913 年

第一章　沃洛佳(1893－1915)

　　时代的号角由我们通过语言艺术
吹响。过去的东西太狭隘。学院和普
希金比象形文字还难以理解。把普希
金、陀思妥耶夫斯基、托尔斯泰等从现
代的轮船上扔出去。只有**我们**才是**我
们**时代的**面貌**。

　　　　　　　　　　《给社会趣味一记耳光》

　　弗拉基米尔·马雅可夫斯基是俄罗斯族人,但却在高加索地区的
格鲁吉亚省度过了自己的童年,从十八世纪末开始,这里就由俄国统
治,其居民主要由格鲁吉亚族人组成,但也有来自邻近省份与国家的
亚美尼亚人、土耳其人和俄罗斯人。格鲁吉亚在东面与阿塞拜疆接
壤,而黑海则是它的西疆。

马雅可夫斯基1893年7月19日*生于格鲁吉亚西部距省城库塔伊西(Кутаиси)不远的巴格达蒂(Багдати)。他的父亲弗拉基米尔·康斯坦丁诺维奇是个护林官,根据家庭传说,他祖上是查波罗日哥萨克;在俄语里,"马雅克"(Маяк)是灯塔的意思,他们认为自己之所以有这个姓,是因为父系家族中的多数亲戚都有高大的身材和超群的气力。母亲亚历山德拉·阿列克谢耶夫娜来自乌克兰。弗拉基米尔有两个姐姐,柳德米拉比他大九岁,奥莉嘉大三岁。(还有个哥哥康斯坦丁在三岁时因猩红热而夭折。)他们家隶属贵族等级,但却完全依靠父亲的薪水为生,这份薪水够他们体面生活,但也经不起多少挥霍。

弗拉基米尔·康斯坦丁诺维奇和自己的祖辈一样高大、宽肩,这个深色头发、蓄大胡子的人欢快、和蔼、合群又好客。他精力充沛,很爱和别人打交道。

从他的胸腔中迸发出男低音,用大女儿的话说,他的话里满是"谚语、玩笑和俏皮话",他知道"无穷无尽的段子和奇闻轶事,并且能用俄语、格鲁吉亚语、亚美尼亚语和鞑靼语①把它们说出来,这些语言他都十分精通"。与此同时,他又是个非常敏感的人,性子很急,心情变换"频繁又剧烈"。

母亲和父亲截然相反:稳重、瘦削、脆弱,但意志力却很坚强。

14 "妈妈用自己的性格和内心的分寸感中和了父亲的暴躁和急性子,"柳德米拉说,"我们这些孩子一辈子都没听到过母亲骂人,甚至都没听过

---

　　* 本书中的日期使用额我略历(公历)。俄国在1918年前实行儒略历,在十九世纪两种历法之间相差十二天,而在二十世纪则相差十三天。若按照旧历,马雅可夫斯基生于7月7日。(此类注释为原注,下同,不另标出——译者)

　　① "鞑靼语"是过去俄国人对南境穆斯林所说语言,尤其是突厥语族语言的泛指(这里很可能是指土耳其-阿塞拜疆语),而非现在狭义上所说的鞑靼语(即喀山鞑靼语)。(此类注释为译注,下同,不另标出——译者)

她拔高嗓门。"母亲长着栗色的头发,高额头,下巴有点突。小沃洛佳的相貌像母亲,而体貌与性格则像弗拉基米尔·康斯坦丁诺维奇,他把自己的脾气和敏感都传给了儿子;沃洛佳还从父亲那儿遗传了深沉的男低音。

在沃洛佳度过生命最初岁月的山区小镇里,总共有大约两百个院落和不到一千名居民。小镇位于河谷深处,两侧是森林覆盖的陡峭高山,山上满是熊、狍、野猪、狐狸、兔子、松鼠和千奇百怪的鸟类。沃洛佳自小就学会了热爱动物。他们家的房子外种满了硕大的葡萄树以及其他各类果树:苹果树、梨树、李子树、石榴树、无花果树等。大自然的慷慨却急剧反衬出行政资源之稀缺:在镇上只有一所邮局,却没有学校和医生。离最近的城市库塔伊西有二十七公里路,而唯一的通信工具便是驿车。奥莉嘉和康斯坦丁染上猩红热后,正是因为医生在路上耽搁了太多时间,小男孩才回天乏术。

他们的房子在哈尼斯-茨哈利河(Ханис-Цхали)右岸,离镇中心不远。照沃洛佳两个姐姐的说法,它很像加利福尼亚或克朗代克(Klondyke)淘金者们住的屋子。里面共有三间房间,其中一间是护林官的办公室。房子开外不远是一条湍急的山间小溪,河床上堆满了石头。孩子们在户外度过了许多时间,沃洛佳很早就学会了游泳和骑马。他非常喜爱危险的游戏与活动,而且要越危险越好。他和奥莉嘉一起爬树、登山,在蜿蜒于陡峭悬崖之间的小径上奔跑。

沃洛佳在游戏中表现出了不可抑制的想象力和创造力,这预示了将来他无穷尽的创作潜能。还有一项品质也很说明问题:马雅可夫斯基早在五岁就展现出朗诵诗歌的天赋。父亲虽然没有受过高等教育,却热爱文学,并常给一家老小念普希金、莱蒙托夫、涅克拉索夫等经典作家的作品。巴格达蒂镇并不在主干道上,尽管如此,亲戚们却

15　　沃洛佳·马雅可夫斯基与父母和姐姐柳德米拉(站)、奥莉嘉(坐)在一起,1905 年

常来看他,尤其是夏天,到那时弗拉基米尔·康斯坦丁诺维奇就会请沃洛佳给客人们朗诵诗歌。小男孩虽然尚不会读写,却拥有非凡的记忆力,且能够富有感情地朗诵。为了训练自己的嗓音,他会钻进翻倒在地上的葡萄酒坛子里,奥莉嘉在坛子外扮演听众,而他就给奥莉嘉读诗。

无论是玩游戏还是诵诗,他都非常争强好胜。沃洛佳会不惜代价地争取头名,也很乐意加入大人们的消遣活动。当时大人们常玩一种游戏:一位参与者背诵诗歌,背到一半他要把手帕扔给另一个人,让后者将诗背完。"沃洛佳往往表现得十分顽固,如果他还想继续玩,就一定能逼大人们顺从他,"母亲回忆道,"而且如此一来他还会掌握游戏的主动权,即使那些已经玩累了的人他也要争取到自己一边来。"在玩纸牌、骨牌、槌球等其他游戏时,沃洛佳也同样忘我而又急躁。1904年10月奥莉嘉告诉柳德米拉,沃洛佳"疯狂沉迷于下跳棋",每天都要和他的伙伴下。他们用邮票当赌注,而沃洛佳已经赢到了整整一套外国邮票集邮册……这里明显可以观察到马雅可夫斯基性格中的一个主导特征——对赌博的狂热,后面我们还会不断回到这个话题上来。

由于在巴格达蒂没有受教育的机会,大姐柳德米拉很早就被送去第比利斯(Тбилиси)的寄宿学校,而为了让七岁的沃洛佳能够上学,1900年母亲带着孩子搬去了库塔伊西。在备考两年后,他被一所文理中学录取。学业进展顺利,美术课他尤为拿手。柳德米拉在一位库塔伊西画家那儿学习,而那位画家觉得沃洛佳禀赋异常,因而甚至愿意为其免费授课。"沃洛佳在画画方面很快就赶上了我,"柳德米拉回忆说,"沃洛佳将成为一名画家——我们渐渐都习惯了这个想法。"

然而让人吃惊的是，作为一个绘画和朗诵方面的天才，他却没有任何音乐天赋。他连单音都分辨不清，对音乐毫无兴趣，钢琴碰都不碰，也不喜欢跳舞。"当我们这儿的年轻人准备聚集起来跳舞时，他们也会叫上沃洛佳，"母亲回忆说，"他每一次都会拒绝，然后跑去找隔壁院子的伙伴们玩打棒游戏。"

去莫斯科

1906 年冬，沃洛佳十二岁，他四十九岁的父亲在装订纸张时被大头针扎了，随后因血液感染去世。尽管沃洛佳是家里最小的成员，相比同龄人而言却非常成熟。他积极参与了丧事的筹备工作。"他张罗所有事情，并没有茫然失措。"柳德米拉回忆说。

父亲的死震慑了全家，尤其是儿子沃洛佳。照柳德米拉的说法，他从这一刻开始"变得严肃起来"，"立刻觉得自己是个男人了"。父亲的死因给小男孩带来了深深的心理阴影：从此之后他变得十分多疑，小题大做地畏惧一切感染——待到年纪更大时，他永远随身携带自己的肥皂、橡皮杯，而在出游时总是会带着折叠橡胶浴缸；他规避乘坐公共交通，不愿与人握手，就算是门把手也只会透过夹克衫口袋或手帕来触摸。啤酒杯他永远只用左手拿，这样就能喝别人嘴唇不碰的那一面，幸而马雅可夫斯基双手都很灵巧，这事儿做起来也就没那么麻烦。

父亲的死一下子改变了家里的经济状况。柳德米拉已经在莫斯科的斯特罗加诺夫工艺美术学校（Строгановское художественно-промышленное училище）学习了两年，而为了解决生活需求，亚历山德拉·阿列克谢耶夫娜也带着两个年幼的孩子来到莫斯科。在这里，他们靠着公职人员孀妇的抚恤金以及将房间出租给大学生换来的租金勉强过着简朴的生活。沃洛佳和奥莉嘉也努力补贴家用：他们给首饰盒、复活节彩蛋等物件上色，从而赚些小钱。

早在库塔伊西文理中学学习时，马雅可夫斯基就看到了革命读物，然而与坚定的社会主义者产生更近距离的接触还是因为家里的租客。中学四年级时，他加入了社会民主工党(РСДРП)的学生小组，大概又过了一年，他成了俄国社会民主工党多数派(布尔什维克)的成员。与此同时他因交不出学费而被中学开除。

在随后的两年，也就是 1908 年至 1909 年，马雅可夫斯基几乎完全投身于政治活动。他在面包师、鞋匠和印刷所工人中间诵读、散布非法读物。警察开始盯上他，尽管他只有十五六岁，却已经被捕过好几次；在一次搜捕中他连带书皮一起吞下了一本笔记本，因为里面记着许多不能落入警察手中的地址。前两次逮捕为时不久，都只有一个月，然而第三次逮捕后马雅可夫斯基不得不坐了半年牢，而且其中有五个月时间是在单人牢房度过的。

在布蒂尔卡(Бутырки)监狱度过的时间成了马雅可夫斯基生平中的转折时刻：如果说先前他读的主要还是政治读物的话，那么如今他的阅读有了新方向。"这对我而言是最重要的时期，"他后来写道，"经过理论与实践的三年之后，我扑向了小说。"他阅读经典作家——拜伦，莎士比亚，托尔斯泰——却并没有特别热情。他很欣赏安德烈·别雷和康斯坦丁·巴尔蒙特在形式上的创新，然而他们作品的题材以及那些象征主义隐喻却不对他胃口。时代的现实需要用另一种手法来描绘！他做过尝试，然而没有成功。当马雅可夫斯基在 1910 年 1 月出狱时，狱警没收了他写诗用的小笔记本，他后来对此十分感激。

在被捕的间歇，马雅可夫斯基和姐姐一样在斯特罗加诺夫美校学 18

莫斯科保卫局的登记卡,1908 年

习,然而他却因参加政治活动而被校方开除;文理中学他也没上完。
如今,马雅可夫斯基觉得自己应该受教育,可是他知道这项任务不能
与党的工作一起进行。"前途——一辈子写传单,摆出一些书本上搬
来的意见,那些书虽然正确,但不是我想出来的。如果把我读过的东
西抖掉,那还剩下什么?马克思主义方法。可这武器难道不是落入了
一双孩子的手吗?如果只是和自己人的想法打交道,那这武器是容易
掌握的。但是遇到敌人怎么办呢?"这段话写于 1922 年,但马雅可夫
斯基在这里指出的问题却并非后见之明。他从一开始就感受到了艺
术与政治之间的矛盾,这种感受在他整个创作生涯中都留下了印记,
并且也加速了他的死亡。

1912 年秋天的马雅可夫斯基——绘画、雕塑与建筑学校的学生　　　19

20　马雅可夫斯基放弃了政治工作,但由于他怀疑自己是否有文学天赋,因此获释后他很快又重新投身于绘画。茹科夫斯基的画室在他看来过于传统了,在那里学习了四个月后,他开始在另一位画家彼得·克林那儿学画,克林帮马雅可夫斯基准备绘画、雕塑与建筑学校(Училище живописи, ваяния и зодчества)的入学考试,这是唯一一个无须证明政治可靠便能报考的地方。在第二次尝试后,他于1911年8月被录取进入人体班。

绝妙的布尔柳克

　　马雅可夫斯基入校时已满十八岁,很快他就因自以为是和大胆放肆而成为校内名人。大嗓门的他不停地开玩笑、说俏皮话,而且无论说话还是行事,他都显得不耐烦且冲动:他根本无法好好地坐在椅子上,而是一刻不停地在房间里走动,嘴角还叼着根香烟。将近一米九的身高更是强化了这种印象。他这副样子让许多人觉得讨厌,只有那些猜测,或已经确定他身上有玛鲁霞·布尔柳克所云的那种"最最庞大,溢出所有河岸的人格"的人才会喜欢他。刻意的波希米亚风格衣着也突显了马雅可夫斯基惹是生非的举止:他的头发又长又乱,黑色宽檐帽遮住了眼睛,身穿黑色罩衫,打着黑领巾——活脱脱一个正在探寻自我艺术个性的拜伦式主人公。

　　然而蛮横无理和挑衅倾向只反映了马雅可夫斯基性格的一个侧面。正像他在美校的一位朋友解释的那样,他在本质上是一个非常敏感的人,却千方百计地想要把这一点隐藏在粗暴的举止和傲慢的面具下。所有熟知马雅可夫斯基的人都确信他的这种侵略性只是一种防卫机制;比如说,鲍里斯·帕斯捷尔纳克就准确地将他的"不会羞怯"

后排：尼古拉·布尔柳克，他的哥哥"俄罗斯未来主义之父"达维德·布尔柳克和马雅可夫斯基。前排坐着的是：韦利米尔·赫列布尼科夫，两个"庇护人"飞行员格奥尔吉·库济明、音乐家谢尔盖·多林斯基，他们出版了未来主义文集《给社会趣味一记耳光》和马雅可夫斯基的第一部诗集《我！》，1913 年。

视作"狂野的羞怯"之产物,而"装出来的强大意志"则是"强烈的多疑和无端阴郁倾向所揭示出的薄弱意志"之结果。

　　然而马雅可夫斯基精心掩盖了自己性格的这一面,因此当他初次遭遇达维德·布尔柳克这位虽然年长但却自我感觉同样良好的画家同行时,一场大战看起来是免不了的。"某个头发乱蓬蓬、身上脏兮兮、长着动人帅气脸蛋的大块头小混混一直在用自己的玩笑和俏皮话来骚扰我,骂我'立体主义者',"布尔柳克回忆说,"闹到后来,我已经准备用拳头解决问题了,更何况那时我很爱运动,练着米勒体操,所以说,如若碰上这个穿着落满灰尘的天鹅绒罩衫、长着双热情似火却满是嘲讽的黑色眼睛的细长腿大个儿小伙子,我还是有几分胜算的。"然而事情却和平收场了,布尔柳克和马雅可夫斯基成了最好的朋友,并且投身于同一场战斗,用布尔柳克的话说,这场"新旧艺术之间你死我活的斗争已开始沸腾"。

　　正是布尔柳克挖掘了马雅可夫斯基的诗歌天赋。1912 年秋,马雅可夫斯基在散步时给布尔柳克读了首诗,他对于自己的能力非常不自信,甚至告诉对方这诗是一个朋友写的。可布尔柳克不仅没有上当,反而立刻察觉到马雅可夫斯基是个天才诗人。这对两人来说都是一个震惊的发现。照布尔柳克的说法,之前从未认真写过诗的马雅可夫斯基突然间"就成了一个帕拉斯·雅典娜般的完美诗人"。在莫斯科受难林荫道(Страстной бульвар)①上的这次夜间散步决定了马雅可夫斯基的创作方向。"我彻底献身于诗歌,"他后来回忆道,"我完全出乎意料地在这一晚成了诗人。"

────────────

　　①　马雅可夫斯基在自传《我自己》中写的是遇主林荫道(Сретенский бульвар),而布尔柳克则说是在"受难修道院附近的一条林荫道"。

微笑的马雅可夫斯基，1913 年，基辅。无法确切得知勾起他无牙微笑的这位女士的名字。

赌　瘾

马雅可夫斯基尚未成型的才华需要权威,而布尔柳克便成了这样
一个权威。他给马雅可夫斯基读法语和德语诗歌,借书、借钱给他。
马雅可夫斯基穷得都没钱去看牙医,青春年少与一口烂牙之间的反差
非常刺眼。"在他说话或微笑时,只能看见一些歪歪扭扭的钉子状牙
根被虫蛀后的褐色残余物。"布尔柳克则恰恰相反,出身于一个小康家
庭,他的父亲为莫尔德维诺夫伯爵(граф Мордвинов)在乌克兰的庄
园担任总管,布尔柳克因此每天能给马雅可夫斯基提供五十戈比的
饭钱。

如果钱不够,他就要挨饿,就要睡公园的长椅;为了挣饭钱,他就
去赌牌、比台球,在第二桩事情上他是个真正的大师。马雅可夫斯基
一辈子都离不开赌博,甚至当他不再需要为赢钱而赌博时依然故我:
无论跑到哪里,第一件事总是寻找台球房,抑或打听当地都有哪些知
名牌友。马雅可夫斯基就是人们所说的上瘾的赌徒,他不能不赌博。
1913 年和他认识的年轻诗人尼古拉·阿谢耶夫也是个着魔的赌徒,他
回忆说:

和马雅可夫斯基打牌是很可怕的,因为他并不认为愿赌就自
然意味着要服输,也不认为输赢的可能是均等的。不,他认为赌
输是个人遭受的屈辱,是一件不可挽回的事情。

这真的就像某种不出拳的拳击,个别的缠斗只是为了积蓄力
量,打出致命一击。从肉体层面来说,他是不能打架的。"我不会
打架。"有人问他有没有和谁打过架,他如是回答。"为什么?"

"只要开打,我就会杀人。"他这么简单明了地判定了自己的脾气和自己庞大的力量。也就是说,他只有在极端情况下才会打架。而在赌牌的时候,他的脾气与力量会被对手的脾气与耐心平衡。可他却能感觉到自己要强大得多。所以输牌对他来说是屈辱,是不幸,是瞎眼命运女神造下的不公。

马雅可夫斯基常让自己的对手惊慌失措,他押注时倾家荡产,打牌时虚张声势,只要没取胜或被迫认输,他就不会从牌桌旁站起来。打牌时他神经极度紧张,另一位好友回忆道,一旦紧张缓解,他就会"在房间的角落间走来走去,边走边哭以舒缓神经"。

马雅可夫斯基永远在赌博,任何事情都能用来赌一把。如果周围没有牌桌,他就和别人打赌。离下一条街要走多少步?街角后开出来的电车是几路?阿谢耶夫回忆说,有一次他们甚至提前一站跳下火车,就是为了比赛谁能在不跑步的情况下率先走到下一个信号灯。结果两人同时走到目的地,于是他们接着抛硬币来决定谁是赢家。对马雅可夫斯基而言,重要的是胜利,而非用来下注的那几个钱。

能和这种赌博狂热相媲美的,或许只有马雅可夫斯基病态般的洁癖。于是乎,这位刚起步的诗人便让人觉得是个十分神经质的小伙子。马雅可夫斯基每天要抽掉近百根香烟,他连火柴都不用,总是拿一根烟来点另一根,这一点无疑也加强了他给人们留下的神经质印象。然而他抽烟并不是因为尼古丁成瘾:尽管嘴里总是叼着根香烟,他却从不会把烟吸进去,可见抽烟的习惯也与他的神经质有关。

25

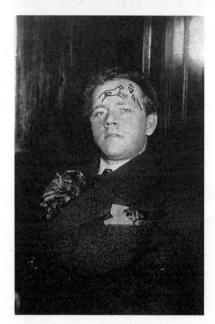

1913 年至 1914 年冬季俄国巡讲期间。马雅可夫斯基、布尔柳克和卡缅斯基经常穿燕尾服，戴大礼帽讲演，这与他们美学的革命性内容形成了鲜明反差。为了更强烈地冒犯"社会趣味"，他们涂抹了这张照片上卡缅斯基脸上的那种"战斗彩绘"。

危险的未来主义者们

　　达维德·布尔柳克比马雅可夫斯基大十一岁,在他们相遇时,他已是一名画家,他的画作在俄国国内外展出(比如说,他参加了"蓝骑士"〔«Голубой всадник»〕①在慕尼黑举办的展览)。他是俄罗斯先锋派美术的核心人物,也是"方块J"(«Бубновый валет»)的创办人之一,后者于1912年至1916年间在莫斯科和彼得堡组织了一系列声势浩大的展览。

　　布尔柳克很快把马雅可夫斯基引进这个圈子。他们开始共同发声,1912年11月马雅可夫斯基首次以诗人、画家和美术、诗歌新流派吹鼓手的身份出现在公众面前。一个月后,未来主义者们的第一本合集《给社会趣味一记耳光》(*Пощечина общественному вкусу*)问世,其中刊登了马雅可夫斯基的文学处女作,也就是他给布尔柳克读的那两首诗:《夜》(*Ночь*)与《晨》(*Утро*)。这两首实验诗在美学上受到了现代画的强烈影响。在《耳光》里,俄罗斯先锋派文学四位最杰出的代表人物首次汇聚在一起,他们是弗拉基米尔·马雅可夫斯基、达维德·布尔柳克、韦利米尔·赫列布尼科夫和阿列克谢·克鲁乔内赫。如果说读者看不懂他们那些形式实验的话,那么读了《给社会趣味一记耳光》这篇同名宣言,就能明白为什么了:在把"普希金、陀思妥耶夫斯基、托尔斯泰等等从现代的轮船上"扔出去后,未来主义者们宣布:"只有**我们**才是**我们**时代的**面貌**"。旧的艺术死了,取而代之的是

26

───────────

　　①　以慕尼黑为中心的表现主义美术团体,其核心人物为康定斯基和弗朗茨·马尔克,虽持续时间不长(1911–1914),却对现代主义艺术的发展产生深远影响。

悲剧《弗拉基米尔·马雅可夫斯基》(*Владимир Маяковский*,1914)是以典型的未来主义装帧形式出版的,根据赫列布尼科夫和克鲁乔内赫的宣言《字母本身》(*Буква как таковая*,1913),这意味着可以自由使用各种字体以及大小写字母。"要知道,如果您去问问任何一位词士[1],他都会说,用一种笔迹写就或用一种铅字排成的一个词,完全不同于不同字体的同一个词。"图中的那幅插图是由达维德·布尔柳克的弟弟弗拉基米尔所画,描绘的是穿着黄黑条纹女衫的马雅可夫斯基。

"立体未来主义":立体主义占据图像艺术,而未来主义则占领语言艺术。许多俄国未来主义者既是画家又是诗人,所以这一公式显得相当贴切。

27　　　立体主义者对主导准则展开的批评主要是美学层面的,但其中也包含着社会层面的抗议。前几代画家和作家主要都来自两京的上层

---

①　原文为 речарь,系赫列布尼科夫将 речь(言语)和 рыцарь(骑士)两个名词合并而成的自造词。

阶级,而俄国先锋派的活跃分子则通常来自出身外省的较低社会阶层。这么一来,在美学反抗中就混入了一些社会元素,这便给美学反抗带来了特殊的力量与合法性。

因此,马雅可夫斯基和布尔柳克会做出在俄国外省巡回讲演的决定也就不足为奇了。他们面临着被美校开除的威胁,此举可以说是对学院的回应。然而这里头还存在着另一个更为重要的动机:未来主义尚只是一个局限于两京的现象,而巡回讲演能让外省的人们有机会知晓这一新的美学理念,因为在那里对未来主义尚一无所知,就算有人知道,也常将其视为无稽之谈,当作某种荒谬绝伦、毫无意义的东西来大肆嘲弄。由于未来主义者很难找到出版商,他们不得不自己动手发行作品,其印数通常也就微不足道(300 ～ 500 册),所以只要一出莫斯科和彼得堡,自然就很少有人知道他们的创作。

巡讲持续了三个半月,从 1913 年 12 月中一直到 1914 年 3 月末。参加巡讲的还有瓦西里·康定斯基和自我未来主义者伊戈尔·谢韦里亚宁,不过后者跟随的时间并不长。他们读诗、讲解各种艺术新流派,并用幻灯片播放自己和其他画家如毕加索的作品。讲演者的外貌突显了他们想传递的未来主义信息:他们往大衣的纽扣眼里插萝卜,在脸上画飞机、狗或是卡巴拉神秘符号①;马雅可夫斯基通常穿着他那件用"三丈的黄昏"绣成的黄色女衫(这是他在《公子的女衫》〔*Kофma фama*〕一诗中的描写)。"未来主义者都长着最寻常的堕落分子面孔,"一位记者如是说,"就连他们脸上打的烙印也是从犯人那儿抄来的。"

---

① 卡巴拉是兴起于十二世纪的犹太教哲学的一个神秘主义传统。这里指的或许是对卡巴拉而言十分重要的生命之树图案,它由十个"质点"和二十二条"路径"组成,象征通往上帝的路径和上帝创世的方式。

人们对巡讲的热情极为高涨,但也常常闹出乱子来。未来主义者们的侵略姿态不仅引起了听众的嘘声以及不怀好意的叫喊,也带来了掌声与欢笑;某地的警察头头知道了马雅可夫斯基在政治上有问题,便禁止了讲演。而在基辅,情况则有所不同,讲演被批准了,但必须严格遵守如下条件:总督、警察总长、八位警长、十六位警长助理、二十五位警察分局长,外加六十名警察必须坐镇剧院内,剧院外还得有十五名骑警巡逻。无论真假与否,至少瓦西里·卡缅斯基就是这么说的,他回忆道:"马雅可夫斯基看到这一幕非常激动:'我说,这除了我们,还有哪个诗人能配得上这番大场面?[……]读一行诗能抵十个警察。这才叫诗!'"

换句话说,巡讲达到了目的:未来主义运动开始为人知晓,为新艺术展开的斗争上升到了新高度。对未来主义的兴趣之所以能增长,还有一个原因是当巡讲进行到中途时,未来主义的奠基人菲利波·托马索·马里内蒂造访了彼得堡和莫斯科。但是因为要坚持俄国未来主义运动的独立性,俄国未来主义者们竭尽全力想破坏马里内蒂的讲演,哪怕能给他添些乱也行,当然对于这些风波为自己带来的广告效应,他们是丝毫不会拒绝的。

然而巡讲也带来了其他后果。由于马雅可夫斯基和布尔柳克对经典画家展开的不懈抨击,未来主义者们不能在学院里再待下去了,校方最终不得不将他们开除。对马雅可夫斯基而言,这一决定反而是因祸得福,这样一来,他就能把时间全部用在其最具天赋的领域,也就是诗歌创作上。

这是在敖德萨

尽管有着写诗的天赋,但马雅可夫斯基那时在人们心目中主要还

在1913年的冬天和春天,马雅可夫斯基与神童美术家瓦西里·切克雷金,以及列夫和薇拉·舍希特尔密切往来。照片上的是马雅可夫斯基、薇拉和十五岁的切克雷金。

是个爱兴风作浪的闹事分子。当时也属于未来主义阵营的诗人贝内迪克特·利夫希茨生动地描绘了马雅可夫斯基在彼得格勒著名画廊主娜·叶·多贝钦娜家的晚宴上是如何胡作非为的:"他在餐桌旁不断对女主人倾泻尖刻的话,并时不时挖苦她的丈夫,而这老实人则闷声不响,毫无怨言地忍受着他的侮辱,随后他挑衅地直接用冻红的双手给自己掰蛋糕吃,当多[贝钦娜]终于忍无可忍,指出他的指甲不干净后,他用一种骇人听闻的放肆举动回答了她,我当时以为他的这一行为会让我们所有人都被立刻请出去。"

尽管作风无赖(或许也恰恰要归功于它),马雅可夫斯基对异性具有极其强烈的吸引力,并有过大量投入程度不一的罗曼史。早在第一

在马雅可夫斯基的第一本石印书《我!》中,诗是手写的,插图则由瓦西里·切克雷金和列夫·舍希特尔(化名列·热金)共同完成。印数为 300 册。

次相遇时,此君吹嘘战果的那副得意样子就很让布尔柳克吃惊。照后者的说法,马雅可夫斯基"对于满足自己欲望的对象不怎么挑剔","无论是消夏别墅吊床或秋千椅上背叛丈夫的小市民之情爱,还是女子校生早熟而又不羁的欲望"都能让他感到满足。

在与女性交往的过程中,马雅可夫斯基的分裂性格也体现了出来:在挑衅性的蛮横举动背后隐藏着他的自卑、羞涩以及对不受重视、不被理解的恐惧。在性爱方面的贪婪看来既是渴求得到承认的结果,同样也是他想必相当旺盛的力比多之产物。在这段时期与马雅可夫斯基交往过的姑娘们意见非常一致:他喜欢惹事儿,但有时也会撕下自己蛮横无理、玩世不恭的假面。"他什么姑娘都追,"其中一位回忆说,"却总是带着一副漫不经心的态度,就好像觉得她们层次不如自己一样。他和她们聊些无谓的琐事,请她们去兜风,然后就把她们忘了个精光。"他对女性的态度是很犬儒的,他能随随便便地把一个姑娘称作"一块鲜肉"。虽然独处时他尽显温软、柔情，脸上挂着"无牙的微笑"，但只要有一个旁人在场，他就立刻又摆出一副盛气凌人的架势。

　　能媲美女生和未来的女画家们在马雅可夫斯基身上所感受到的那种魅力的，大概也只有她们父母对他的厌恶了。他的画家朋友中有一对兄妹——列夫与薇拉·舍希特尔，他们是杰出的俄国新艺术派建筑师费奥多尔·舍希特尔的孩子。马雅可夫斯基在 1913 年和他们共同发行了自己的第一本诗集——石印本《我！》(Я!)，为诗集作插图的是列夫·舍希特尔(化名列·热金)和十五岁的神童瓦西里·切克雷金。

　　"我父母被[他的]举止震惊了。"薇拉·舍希特尔回忆道。1913年春天和夏天，她和马雅可夫斯基打得火热。薇拉的父亲采取一切措施，不让马雅可夫斯基和女儿接近，却依然白费苦心。在马雅可夫斯基一次不受欢迎的造访之后，他们的关系结出了成果；她怀孕了，然后被父母送去国外堕胎。

　　据我们所知，这是马雅可夫斯基第一次把人弄怀孕，但还不是最后一次。1913 年至 1914 年之交的冬天他同时经历了两段罗曼史，其中一段也以意外怀孕收场。十八岁的女大学生索尼娅·沙马尔金娜(顺带一提，伊戈尔·谢韦里亚宁也在追求她)是 1913 年秋天认识马雅可夫斯基的，她为自己二十岁的骑士留下了一幅精确、细腻的画像：

　　　　高大，强壮，自信，帅气。肩膀还像个小伙子那样有些棱角，肩如斜沙绳。肩膀动起来的时候很奇怪，是倾斜的——一个肩膀会突然升高，这时就真像是斜沙绳了。[①]

---

　　① 沙绳、斜沙绳均为旧俄长度计量单位。沙绳相当于两臂向两侧伸展后指尖间的距离，斜沙绳则是单臂斜上举后到另一侧的足尖之距离，前者被规定约合 2.13 米，后者大致在 2.4～2.5 米间。"肩如斜沙绳"是成语，意为肩膀宽。

索尼娅·沙马尔金娜

一张男性化的大嘴里总是叼着根烟头,一会儿叼左边,一会儿叼右边。偶尔会短促地笑两声。

31   他的一口烂牙在我看来并不影响他的相貌。相反,我觉得这反倒凸显出了他的外貌,他的"自我"美。

尤其当他读自己诗作的时候,那时他有点蛮横,对那些盼着出乱子的庸俗资产阶级听众报以沉着的蔑视:《可毕竟》(А все-таки)、《您能吗?》(А вы могли бы?)、《爱情》(Любовь)、《"我用我嗓音的天鹅绒为自己绣一条黑裤子"》(Я сошью себе черные штаны из бархата голоса моего)……

帅气。有时会问:"我帅吧?"[……]

他的黄色女衫,那种很暖的色调。另一件是黑黄条纹的。裤脚磨开花的裤子从后面看闪闪发亮。

玛丽亚·杰尼索娃,马雅可夫斯基
把她的美比作蒙娜丽莎:

　　您说:

　　"杰克·伦敦,

　　钞票,

　　爱情,

　　欲望。"

　　可我只看到:

　　您是焦孔多,

　　必须偷走!①

有天晚上,马雅可夫斯基、布尔柳克
和卡缅斯基不知怎么都给玛丽亚画
了一幅肖像。这里呈现的是马雅可
夫斯基(上图)和布尔柳克(下图)
的作品。在布尔柳克的画背面有一
段暗文,破译后的文本是:"我爱
您……亲爱的,可爱的,崇拜的,吻
我吧,您爱我吗?"这是马雅可夫斯
基追求的痕迹。

――――――――――

　　① 焦孔多,即蒙娜丽莎。此画 1911 年曾被盗。

32 　　1914 年冬,怀上马雅可夫斯基孩子的索尼娅去做了流产,却瞒住了马雅可夫斯基,甚至就连怀孕这件事都没让他知道。那年夏天他们再次相见时,马雅可夫斯基正在写一部作品,作品的灵感产生于未来主义巡讲期间。索尼娅回忆了他如何在房间里踱来踱去,嘟囔着诗句——用脚步敲打节奏,而这也正是他"写"诗的方法。

　　虽然长诗中诗人的爱人名叫玛丽亚,但作者似乎也给她匀了些索尼娅的特征。然而诗中玛丽亚最重要的原型是一个就叫这个名字的十六岁姑娘——玛丽亚·杰尼索娃,1914 年 1 月马雅可夫斯基在敖德萨演讲时不顾一切地爱上了她。照瓦西里·卡缅斯基的说法,玛丽亚让他完全丧失了理智。"玛丽亚·亚历山德罗夫娜给我们留下了极为强烈的印象,以至于我们回到宾馆后都久久不能平静,"他回忆说,"布

33 尔柳克闷头沉思,观察着沃洛佳,后者紧张地在房间里踱步,不知道该怎么办,接下来要采取什么行动,拿这突然爆发的爱情如何是好。[……]他从一个角落踱到另一个角落,一遍又一遍暗暗地问:怎么办? 该如何是好? 写信吗? [……]可这不是很蠢吗? 一下子全说出来? 她会吓着的……"马雅可夫斯基的后两场讲演玛丽亚都来了,而因为其在场,马雅可夫斯基便"彻底坐不住了,他整晚都不睡觉,也不让我们睡"。在离开敖德萨,出发继续巡讲的那天,马雅可夫斯基终于对她表白了,结果却是苦涩的失落:玛丽亚已经把自己的心许给了另一个人(后来她果然很快就结婚了)。

　　无论与玛丽亚的相识多么短暂,恰恰是这段经历给马雅可夫斯基以灵感,让他写出了自己的第一首长诗,也是他最优秀的作品之一。正是对她的狂热激情让马雅可夫斯基写下《穿裤子的云》中的下列诗句:"你们以为,这是疟疾在呓语? /这是在,/是在敖德萨。"

莉莉,1914 年 11 月 11 日,这是她的二十三岁生日

第二章　莉莉(1891－1915)

即使是最短暂的相会都会让我明白,除了奥夏我谁都不爱。

莉莉·布里克

和马雅可夫斯基一样,莉莉和奥西普·布里克也被卷入了190535年革命的浪潮。他们是同一个时代、同一个国家的孩子,但来自不同的社会阶级,因此他们与俄国残酷现实的冲撞就没有那么戏剧化:马雅可夫斯基不得不三次坐牢,奥西普受到的惩罚无非是被中学短暂开除;马雅可夫斯基在单人牢房里待了五个月,而奥西普对这种生活的了解却仅限于为写作一篇相关题材的大学考试作业文章而搜集的各种素材。但另一方面,布里克夫妇却因为一个和他们政治信念无关的原因而领教过当局的恣意妄为——他们是犹太人。

莉莉·尤里耶夫娜·卡甘1891年11月11日生于莫斯科。莉莉出世时,她父亲正在读一本关于歌德的书,而德国大诗人深爱一位叫

莉莉和妹妹埃尔莎，1900 年前后

莉莉·勋纳曼的女性，于是他便决定为女儿取这个在俄罗斯非常罕见的名字，尽管人们通常用这个名字的俄化形式莉莉娅（Лиля）来称呼她。

莉莉的父亲尤里（犹太名乌里〔Урий〕）·亚历山德罗维奇·卡甘（1861－1915）生于当时仍是俄罗斯帝国一部分的库尔兰（Курляндия）的利巴瓦（Либава，现属拉脱维亚）的一个犹太家庭。他家境贫寒，父母无力资助他的学业。所以他（步行！）前往莫斯科，最后获得了法学学位。由于犹太人在帝俄可以从事的职业选项极其有限，尤里·亚历山德罗维奇无法从事律师工作，在法庭上必须由非犹太人同事代他出庭。他被这种不公所激怒，开始专门从事"犹太维权"事务，尤其是所谓"居住点"问题：犹太人在俄罗斯帝国必须居住于特定地点，只有受过洗礼者或一等商人才能在大城市生活。此外，他还在"犹太人真实消息传播协会"中担任顾问。由于犹太人在俄罗斯低下的地位，莉莉对犹太问题的态度，用她自己的话说，"从一开始就很紧张"。不过尤里·亚历山德罗维奇不仅仅代理犹太问题，也在奥地利大使馆中担任法律参赞。

她的母亲叶连娜·尤利耶夫娜（Елена Юльевна，娘家姓贝尔曼（Берман），1872－1942）也来自库尔兰，生于里加（Riga）的一个犹太家庭，家里同时说德语和俄语。她具有非凡的音乐天赋，在莫斯科音乐学院(Московская консерватория)学钢琴。她没能在擅长的领域一展宏图倒不是因为族裔身份,而是因为在求学期间出嫁,因此未能毕业。"我全部的童年回忆都离不开音乐。没有一个晚上我不是在乐声中入睡的。妈妈是个非凡的音乐家,只要有闲暇时间就会弹琴。我们的客厅里有两台钢琴,供我们八手联弹,在很长一段时间里,我们几乎每天都演四重奏。"叶连娜·尤利耶夫娜崇拜瓦格纳,常去拜罗伊特音乐节。此外,舒曼、柴科夫斯基和德彪西也是她喜爱的作曲家。

音乐天赋也传到了两个女儿身上。"我还不到一岁时,他们就把我当音乐神童看待。"莉莉回忆道。六岁起母亲开始给她上课,结果却让莉莉产生了抵触心理——父母直接教育孩子往往会导致这种结果;不过莉莉的反应也和她异常早熟的独立性格脱不了干系:她无法忍受任何外在的强迫。即使职业教师也无法改变她的性情。最后她承认问题不在老师,而在乐器,并要求父母允许她改拉小提琴。她学起琴来就像着了魔一般,并在格里戈里·克赖因的教导下取得了相当大的成绩,尽管父亲对此十分反对("今天还拉琴,明天可就要敲鼓了!")。然而尤里·亚历山德罗维奇刚给莉莉送了一个琴盒当生日礼物以示和解,她的热情就熄灭了——小提琴让她"烦腻透了"。在这里我们能看到莉莉的另一个特点:她会很轻易地受到新鲜事物的振奋、鼓舞,但又会迅速失去兴趣,一切很快都会让她"烦腻"。她总是需要新的刺激。

37

1896年10月,莉莉五岁时,她的妹妹埃尔莎出生了。两个姑娘每年都和父母一起去西欧的各个城市和疗养地:巴黎和威尼斯,斯帕(Spa)和图林根(Thuringia),楠塔利(Nådendal)和汉科(Hangö)。我们对莉莉的童年经历了解得不多,但十岁的莉莉写给伊达(Ида)阿姨和阿基巴·丹奇希姨父的信让我们能一窥她执拗的性格:"原谅我好久没给你们写信了,但要是你们知道这有多没劲的话,你们也就不会对我有那么多要求了。"

奥西普

"对我来说,1905 年始于我在文理中学四年级发动的一场革命,"莉莉回忆说,"学校逼我们把辫子绕在头上,而我的辫子很重,每天都缠得头疼。那天我说服姑娘们都披着头发去学校,早上我们就这副样子去祈祷室晨祷。"对莉莉的突发奇想感到不满的不仅有学校领导,还有她的父亲。他对女儿高喊,如果想披着头发走出家门,除非从他尸体上跨过去。他这么做不是因为不理解女儿,而是因为替她担心,结果莉莉从后门悄悄溜走了。

38　　这场抗议虽然孩子气,但的确能反映出当时整个社会的反抗氛围。1905 年冬第一次俄国革命爆发,抗议沙皇政权的浪潮也传播到了中学生中。莉莉和她的同学们在家和学校组织会议要求波兰独立,并举办政治经济学课程。领导政治经济学小组的是她朋友的哥哥,第三文理中学八年级学生奥西普·布里克,他刚因从事革命宣传而被学校开除。所有女生都十分迷恋他,悄悄在自己的课桌上刻下他的名字"奥夏"。但莉莉那时刚满十三岁,她暂时还没思考关于男孩子的问题。

政治经济学课没能上太久,莫斯科就进入了紧急状态,卡甘一家用被子把窗遮上,并尽量不出门。尤里·亚历山德罗维奇睡觉时会在床头柜上放把手枪。和所有犹太人一样,他们的处境比常人更危险。当有传言说即将开始大规模迫害犹太人时,他们举家搬去宾馆住了两晚以避风头。

奥西普·马克西莫维奇·布里克1888年1月16日生于莫斯科。他的父亲马克西姆·帕夫洛维奇是一等商人，因而有权在莫斯科居住。他们家的"帕维尔·布里克的遗孀与儿子"商行经营宝石，尤其是珊瑚石生意。和他一样，奥西普的母亲波利娜·尤里耶夫娜也受过良好教育，会说好几门外语，并且信奉进步思想——照莉莉的说法，她能"背诵"十九世纪激进作家亚历山大·赫尔岑的各种著作。

奥西普的父亲马克西姆·帕夫洛维奇·布里克，摄于出差西伯利亚的伊尔库茨克时。

奥西普的表弟尤里·鲁默尔证实，布里克家卖的"珊瑚石"其实是那不勒斯附近一个小海湾里挖掘出的一种特别的沙子。这些沙子让布里克家成了百万富翁。贸易进行的地点不是莫斯科，而是西伯利亚和中亚，马克西姆·帕夫洛维奇一年要去那里好几次。

奥西普是个有才华的年轻人，他在莫斯科第三文理中学上学，根据当时的学生配额，该校每年只收两名犹太学生。开除看起来只是短期的，因为1906年夏天他就从那里毕业，且操行评定为"优"。

1898年招收的另一个犹太学生是奥列格·弗雷利希。他俩和另外三个同学一起组建了一个朋友间的秘密协会，该协会一直延续到他

中学时代的奥西普·布里克——姑娘们的梦中情人

们毕业。协会的标志是一个五角星。无论纵酒作乐、追求女孩还是逗弄老师,协会的成员们都会一起行动。"这群伙计们从来不分开,这可不是一个正儿八经的小组,也不是普通的朋友聚会,这就是一个帮派,"莉莉回忆说,"他们有自己的黑话。他们总是几个人齐声说话,有时会把没有心理准备的路人吓一跳。"

但这个"五人帮"可不仅仅玩些青少年的淘气把戏,他们还是激进派和理想主义者。有一次他们曾合伙为一位妓女买了台缝纫机。他们也喜爱文学。那时的文学理想是象征主义,奥西普甚至模仿象征主义者的风格写了几首诗。他还和两位同学一起写了长篇小说《摔跤手的国王》(*Король борцов*),在城里的报亭都有销售。

无论奥西普和伙伴们关系有多铁,年轻的卡甘小姐还是给他留下了深刻印象。"奥夏开始给我打电话,"莉莉说,"我去了他们家的圣诞晚会。奥夏打出租马车把我送回家,在路上他突然问我:莉莉,您有没有觉得,我们之间的关系比友谊多了点什么? 我其实并没有这么觉得,因为我完全没想过这一点,但他这句话说得我非常喜欢,然后我就出乎意料地回答:是,我觉得了。"他们开始约会,但过了一阵子奥西普突然告诉莉莉说他搞错了,其实他并没自己设想中那么爱她。莉莉只有十三岁,而奥西普已经十六岁了,比起和莉莉交流,他更喜欢和莉莉的父亲谈政治,她很嫉妒。但又过了一阵子他们的关系恢复了,两人重新开始约会。"我想和他分分秒秒都在一起,"莉莉如是写道,她做了"一切会让一个十七岁的男孩觉得过分庸俗、感伤的事情:当奥夏坐在窗边时,我立刻坐到他脚旁的扶手椅上,在沙发上我和他坐一起,握着他的手。他则跳来跳去,在房间里踱步。在全部这段时间,在整整半年里,他应该只吻过我一次,而且吻的是脖子,完全不得要领,可笑极了"。

39

1906 年莉莉和家人在度假地，也就是她撕碎奥西普寄来的那封信的时候。左边的男子是她的父亲尤里·亚历山德罗维奇·卡冈，他身边穿黑衣的是叶连娜·尤利耶夫娜，倚在藤条椅上的是莉莉。穿浅色衣服坐在沙子上的是埃尔莎。

40　　　1906 年夏天莉莉与母亲、妹妹埃尔莎一起在图林根的弗里德里希罗达(Friedrichroda)度假。奥西普答应每天给她写信，但尽管莉莉三番五次绝望地提醒，他还是没寄来只言片语。当盼望已久的信终于送来，信的内容却让莉莉气得把它撕成碎片，且再也没有给奥西普回信。奥西普盼的就是这个，他冷淡的语句让莉莉惊骇万分：她开始掉头发，面肌抽搐，而且此生再也没有摆脱这一症状。回莫斯科后几天，他们在街头巧遇。奥西普给自己搞了副夹鼻眼镜。莉莉觉得他变老、变丑了。他们说了些有一搭没一搭的话，莉莉努力装出一副无所谓的样子，但却突然听到从自己嘴里说出了这样的话："而我爱您啊，奥夏。"尽管被他抛弃，但莉莉明白自己只爱他，而且永远不会爱上别人。在接下来几年她将会遇上好几段罗曼史，有几次甚至就要出嫁，但只要一遇见奥西普，她就会立刻和自己的追求者分手："即使是最短暂的相会都会让我明白,除了奥夏我谁都不爱。"

在阿尔马维尔堕胎

莉莉的数学很好,1908 年她以最高分5$^+$从文理中学毕业。"文理
中学毕业后,我去上盖里耶(Герье)的女子学校,报了数学系。入学考
试时我的数学考得太好了,以至于校长叫来了爸爸,请求他别把我的
天赋给葬送了。"

由于盖里耶的学校不招收没有中学毕业证的犹太女生,莉莉就进
了拉扎列夫学院(Лазаревский институт)。这所学校里有一百名男
生,却只有两名女生,而且那另一位姑娘,照莉莉的话说,"一点都不
漂亮"。

> 当我翻译恺撒时,督学轻声把拉丁语译成法语提醒我,我再
> 大声将法语译成俄语。自然史考官问我,人的血是什么颜色的,
> 心脏在什么位置,什么时候心脏跳得快。[……]历史老师一看见
> 我,就跳起来给我拿了把椅子。我一个问题都没答出来,他却仍
> 给了我 3 分及格。男生们都嫉妒得不行。

1909 年,莉莉开始在数学系就读,但对数学的兴趣却渐渐枯竭,下
一个学期她开始去刚刚开设了雕塑班的莫斯科建筑学院学习。她在
那里学习绘画和造型艺术。

莉莉的父亲认识拉扎列夫学院的校长,但莉莉在男教员那儿取
得的成功完全不是靠父亲。尽管莉莉并非严格意义上的美人——比
如说,相对身体来说她的头大得不成比例——但早在少女时代她就

41

能对所有年龄的男性都产生一种魔力，人们纷纷爱上她深色的大眼睛和醉人的微笑。或许没有人比她的亲妹妹更能描绘她的外表和聪明才智了。莉莉有"深红色的头发和一双栗色的大眼睛"，埃尔莎写道：

> 她的大嘴里长着完美的牙齿，皮肤光洁得就仿佛体内有东西在闪耀。她有着优雅的胸部，圆圆的大腿和一对小手、小脚。她没有什么需要藏着掖着的，大可以赤条条地走，因为她身上每个细小的部分都值得赞美。不过她还确实喜欢赤条条地走，从来不会感到害臊。后来当她去舞会前梳妆打扮时，我和妈妈都爱看她更衣，看她如何穿上内衣，搭上丝袜扣，把脚伸进银色小舞鞋里，再套上胸前开四方大口的淡紫色连衣裙。只要一看她，我就激动得不能自己。

根据莉莉的回忆，1906 年夏天，人们就开始认真追求她。在去比利时的路上，一个年轻大学生向她求婚。"我拒绝了他，没有给他留下半点希望，然后在莫斯科收到一张他寄来的画着常春藤的明信片，上面写着'Je meurs où je m'attache'（'我死在我所依附处'）。"如果说这位大学生调起情来尚属认真，刚满十四岁的莉莉则未必如此。但她那让人难以置信的吸引力让父母总是忧心忡忡，她不得不在母亲的口授之下，一封接一封地回信拒绝苦恼的追求者。

两年后，当莉莉准备中学毕业考时，音乐教师格里戈里·克赖因再次出现在她的生活中。他们开始交往，他们一起拉小提琴，他们谈论音乐。克赖因对经典作曲家的直言不讳让莉莉十分着迷：贝多芬糟透了，柴科夫斯基庸俗不堪，舒伯特这辈子就该烂在酒馆里。当她

莉莉 1906 年夏天在德国度假时

的女友在隔壁房间洗碗时，克赖因夺走了莉莉的贞操。"我并不想如此，但我已经十七岁了，我不想沾染市侩的庸俗气。"莉莉事后如是说。

莉莉怀孕了。奥西普是她第一个吐露秘密的人，他立刻建议莉莉嫁给自己。不过在一宿未眠后，她发现奥西普这么做只是出于同情，于是便拒绝了他。然后她请求母亲带自己走，不过并没有告诉她孩子的事。由于叶连娜·尤利耶夫娜对克赖因无甚好感，她很高兴能把女儿从后者身边带走。她提议去尼斯或意大利，但莉莉却要去阿尔马维尔（Армавир）的伊达阿姨那儿，因为她指望着当母亲知道真相后，伊达阿姨这个"冷静的人能对妈妈起到正面影响"。

结果恰恰相反：当莉莉告诉她们自己怀孕了，并且想把孩子生下来后，母亲和阿姨都绝望地要求她把孩子打掉。火上浇油的是父亲从莫斯科拍来了电报："已知悉。混蛋来信。"克赖因以为莉莉不是自愿被带走的，便给她父亲寄了一封信，信中讲述了他们有多么深爱彼此。

当时堕胎在俄国是被禁止的，但地下手术并不罕见，到二十世纪初情况变得更加普遍。莉莉姨夫认识的一位医生在距阿尔马维尔不远处的一家铁路医院为莉莉做了手术，用莉莉的话说，这地方就是个肮脏的"臭虫窟"。当医生后来提议为她恢复童贞时，莉莉断然拒绝了。然而母亲却恳求她三思，因为她相信当莉莉将来爱上另一个人的时候，她不会想让伴侣知道曾经的耻辱。尽管莉莉抗议说"无论如何我不会欺骗自己爱的人"，医生仍然给她做了手术。莉莉的回应却是一如既往地独立不羁：医生才给她拆线两天，她就立马跑去厕所，再次夺去了自己的童贞，这一次是用手指。

经历了这一切后，莉莉不想再回莫斯科，于是她去第比利斯投奔
44　另一位阿姨。在火车上她与一名军官结识，然后整整一夜都留在过道，坐在一个装熏鹅的箱子上，和他不断卖弄风情。在得知莉莉是犹

太人后,军官安慰她说,她毕竟是个女人,要是走运的话,她还是可以嫁给正教徒的。"他狂热地追求我,"莉莉回忆说,"甚至掏出了一把左轮手枪,逼我吻他,但我没有就范,最后还是活得好好的。"到了第比利斯,她的追求者反而变多了:一个富有的犹太人向她求婚,承诺每个月光添置服装的钱就给她两千卢布,还有个在法国读过书的鞑靼王爷坚持让她和自己一起去山里;要不是阿姨强烈反对,莉莉可能也就跟他走了……

造访格鲁吉亚后,莉莉又去了普鲁士城市卡托维兹(Kattowitz,现属波兰),在那里她与母亲和埃尔莎团聚。叶连娜·尤利耶夫娜的弟弟住在这里。甚至连这位莱奥舅舅都无法抗拒莉莉早熟的魅力,他突然扑过去吻她,要她嫁给自己。莉莉痛苦地跟母亲抱怨说:"我真是连一个字都不能和男人说,只要一说,他们就跳过来求婚……你总是怪罪我,说是我自己给了别人由头,现在你看看你弟弟这副德行,这回我给了他什么由头呢?"叶连娜·尤利耶夫娜对弟弟的行为愤怒不已,也不知到底是该笑还是该哭。也许她终于明白自己的女儿是对的,所有这些无法抑制的情欲迸发都不是她的错……

康复之旅的下一站是德累斯顿附近的一个疗养院。莉莉回忆道,这里的患者有"一群治疗尼古丁中毒的小伙子,几个老姑娘,一个皮包骨头,脸上长满脓包,姓氏以'斯库'结尾的罗马尼亚美人,还有我"。她立刻开始招来了全体男性患者炽烈的目光。某位已婚的贝克先生(Herr Becker)想要灌醉她,可她却把酒都偷偷倒进了冰桶,一个仇视犹太人的年轻尉官宣布,为了莉莉他可以在犹太会堂里结婚。"老姑娘"们开始交头接耳,说她们在厕所看见莉莉和两个男人在一起,然后疗养院的女主人就来审问她了,但莉莉坚决驳斥了这些谣言。

回到莫斯科后,莉莉恢复了在盖里耶教授处的学业,但阿尔马维尔的回忆却萦绕不去。他们在那里对她做的事——况且是在母亲的首肯下——对她来说是深深的侮辱。她在写字台抽屉里藏了一小瓶氰化钾。一天早上，她把瓶里的毒药全都吞了下去，然后歇斯底里地号啕大哭，等待最后时刻的来临。最后她在床上睡了一整天，第二天又去上学了。

她不明白自己为什么没有死。后来她才知道，在寻找克赖因来信的时候，母亲打开了她的写字台，然后发现了这瓶毒药。她把瓶子刷洗干净，灌进了苏打粉。从此以后叶连娜·尤利耶夫娜一直留神着莉莉，怕她又会想卧轨自杀。

45　　这个绘有骷髅标志的小瓶，莉莉是从奥西普·沃尔克那里搞到的。他是一位富有的鞍具厂厂主之子，对莉莉的爱让他丧失理智，他想让她先死，然后自己再尾随她的脚步。

穿紧身胸衣的女人

之后几年的各种动荡事件迫使莉莉离开了莫斯科；此外，她还想继续学习雕塑。十八岁的亨里希·布卢门菲尔德也在莉莉成长的精英二代圈子里。他是个年轻的画家，曾在巴黎学画。由于他生在美国，人们都叫他哈里。他比莉莉小两岁，但他鲜明的人格力量已为许多人所知。当他神情激动地谈论起各位老派美术巨匠、素描、形式、塞尚和新艺术时，人们都屏住呼吸凝神听他。用莉莉的话说，"他身上从外貌开始的一切都是非凡的。古铜色的皮肤，上过漆一般的黑发；眉毛像一对翅膀；一双温柔、聪颖的眼睛是亮灰色的；下颔突出，硕大、放荡的嘴唇朝下拉出两个角，仿佛就不是他自己的"。

莉莉决定出国学雕塑，她向哈里寻求建议，后者推荐她去慕尼黑，因为她认为莉莉去巴黎还太年轻。莉莉对他百依百顺：她喜欢他的作品，他鼓舞的言语激起她脸上阵阵红晕。有一次莉莉想补粉，就拿起了哈里的粉盒，后者叫出声来："您干啥呀，我有梅毒！"哈里的叫喊却赢得了她的心，于是在出国前两周，他们成了情侣，丝毫不顾忌哈里的病。出国前最后一次去布里克家作告别拜访时，莉莉头一回没有想奥西普。另一个人占据了她的心头，她脑海中洋溢着新的情感和新的幻想。奥西普恳求她留下，但1911年春末，她还是和母亲、埃尔莎一起前往慕尼黑。几个月后，哈里尾随而至。

　　莉莉在慕尼黑租了一间不大的带家具的房间，在城里最好的几家画室中，她选择了施韦格尔勒(Schwägerle)工作室。她每天从早上八点半一直雕刻到晚上六点，此外一周还要画一次画。来自敖德萨的姑娘卡佳和她在同一个工作室学习。虽然她只比莉莉大一岁，但却少年老成，经验丰富。当她去莉莉家过夜时，她们有时会互相爱抚，于是莉莉对爱的秘密和技艺便愈发熟稔了。

46

　　卡佳介绍莉莉和阿列克谢·格拉诺夫斯基认识，这位大学生和莉莉同岁，在慕尼黑跟马克斯·赖因哈特学导演。他们开始约会，去餐馆，大吃咖啡冰激凌，逛博物馆和旧书店，格拉诺夫斯基给她看自己的戏剧舞美设计图，和她分享自己的导演计划。晚上他们在格拉诺夫斯基的公寓里过夜，每天早上莉莉打车回自己家。然而当哈里(意料中)和奥西普·沃尔克(没想到)也同时出现在慕尼黑时，一切都乱了套。"我被弄得精疲力竭，"莉莉回忆说，"不能让他们三个知道彼此的存在。奥夏住宾馆，我和哈里一起到处跑找画室，而格拉诺夫斯基依然是格拉诺夫斯基。"过了一阵子，莉莉成功把沃尔克打发回莫斯科；接下来就需要在格拉诺夫斯基和布卢门菲尔德之间做出选择。最后获胜的是后者，莉莉虽然不爱他，却欣赏他，可怜他。最后格拉诺夫斯基

莉莉的追求者亨里希・布卢门菲尔德："古铜色的皮肤,上过漆一般的黑发;眉毛像一对翅膀;一双温柔、聪颖的眼睛是亮灰色的;下颌突出,硕大、放荡的嘴唇朝下拉出两个角,仿佛就不是他自己的。"

也走了,只剩下莉莉和哈里两个人。

　　哈里来慕尼黑是为了以莉莉为模特画《维纳斯》(Венера)和《穿紧身胸衣的女人》(Женщина в корсете)。在摆维纳斯的造型时,她裸体躺在沙发上,身上盖一条用淀粉浆过的白床单。《穿紧身胸衣的女人》是以鲁本斯的圣母像为原型创作的,差别在于莉莉得穿着粉色紧身胸衣和长筒黑丝袜。这两幅画似乎并没有完成,写生也自动终止了,因为哈里的梅毒总是让他剧烈头痛。只有到傍晚,头痛才会缓解,然后他们就开始做爱。照莉莉的说法,哈里"是一头色情狂怪兽",他让她做了许多之前从未做过,甚至从未听闻过的事情。医生一直警告莉莉,哈里的病很危险,她必须万分小心以免传染。尽管如此,他们依然继续同居。"我太可怜他了。"莉莉解释道。

我疯狂地爱着她

1911 年 12 月中旬莉莉回到了莫斯科。回莫斯科的当天他们就在 47
艺术剧院(Художественный театр)撞见了奥西普·布里克,并约定次
日在犹太慈善舞会上见面。在和他聊了几分钟后,莉莉再次表白自己
的爱意。第二天他们在城里散步,莉莉告诉了奥西普自己在慕尼黑和
哈里的事情:"我们走进一家饭店的包房,要了一小壶咖啡,然后奥夏
开门见山说要我嫁给他。我同意了。"

莉莉的父母早就为大女儿的种种越轨行为心累不已,他们对这一
决定相当满意。奥西普的父母都在国外,因此要以书面形式通知他
们。12 月 19 日奥西普写道:

> 我再也无法向你们隐瞒那充满我心灵的喜讯,再也无法不告
> 诉你们我无限的幸福,虽然我也知道,这个消息会让你们不安,正
> 因此我到现在才给你们写信……我现在是未婚夫了。我的未婚
> 妻想必你们已经猜到,她就是莉莉·卡甘。我疯狂地爱着她,过
> 去也一直爱她。而她对我的爱之热烈,我觉得世上没有一个女人
> 比得上她。亲爱的爸爸、妈妈,你们现在不能想象,我处在多么惊
> 人的幸福之中。我只恳求你们能以我所憧憬的方式来看待这个
> 消息。我知道你们爱我,并且希望我能拥有最大的幸福。那么请
> 知悉,对我而言最大的幸福如今已经降临了……看在上帝分上,
> 当你们收到这封信时,请立刻把你们的祝福用电报拍来。只要收
> 到这封电报,我的幸福也就完满了。

　　然而马克西姆·帕夫洛维奇和波利娜·尤里耶夫娜拍来的电报里写的远远不是祝福。莉莉充满冒险色彩的履历对他们来说并非秘密。父亲请奥西普在迈出如此重要的一步之前要三思：大家都说莉莉是个天生的演员，可他需要的是一个平静、安宁的家；而对莉莉既往生活了如指掌的母亲更是被吓得不轻。

　　为了安抚父母，奥西普又给他们写了一封信，信的开头是这样的："不出所料，我和莉莉的订婚让你们非常惊讶、紧张。"接下来信中写道：

48

　　莉莉，我的未婚妻，她年轻，漂亮，受过教育，出身良好家庭，是犹太人，极其爱我，这还不够吗？她的过去？可她的过去究竟有些什么？孩子气的玩闹，炽热血性的游戏。但当今有哪位小姐没有过这些经历？我自己又如何呢？我玩闹得自然少些，但我可以不费吹灰之力就抛弃对过去、将来种种玩闹的一切念想，因为我爱着莉莉。对她而言这更容易做到，因为她即使在过去也一直只爱我一个人[……]最后我想对你们说，我猜你们对莉莉多少有些偏见，但即使真的如此，我相信这些偏见也会立刻消散——只要你们对她稍有深入的了解，只要你们一看到她有多爱我，最主要的是，只要你们一看到我有多爱他，看到我们俩在一起有多幸福。

　　奥西普是真心决定结婚，他的父母不得不承认这一点。莉莉回忆道："我请他们不要给我买钻戒当结婚礼物，而是买一台施坦威（Steinway）钢琴，我的这一请求赢得了他们的心。他们由此得出结论，认为我是个无私而有文化的人。"

订婚后莉莉和奥西普每天都见面,他们的夜晚都在哲学谈话中度过。最终证明他们就是天作地合一对的是他们就超自然话题进行的谈话:"听完我的话后,他激动万分地走近写字台,从抽屉里掏出一本写满字的笔记本,然后读出了一段话,和我刚才对他说的几乎一字不差。"1月奥西普去处理家庭企业事务,莉莉则负责装修父母为他们在大切尔内绍夫胡同(Б. Чернышевский переулок)租下的公寓。

婚礼在1912年3月11日举行。莉莉和奥西普都不信教,他们拒绝去犹太会堂进行婚礼,于是就由莫斯科的雅科夫·马泽拉比在卡甘家主持婚礼,但他必须保证不发表致辞,否则莉莉准会打断仪式。不过父亲已经事先提醒过他的拉比朋友,自己的女儿"有点古怪",于是仪式顺利地进行了。奥西普嘟哝了一遍前一晚刚背出的誓词,拉比则酸溜溜地宣布仪式完成:"我大概没有耽误新人吧。"

一切都表明莉莉和奥西普深爱着彼此。在给朋友们的信中奥西普写道,他一分一秒都不能离开她,她同意做他的妻子让他"无限幸福"。与此同时奥西普也知道她丰富多彩的既往生活,毕竟当初她怀孕时奥西普就向她求婚了。莉莉对性自由的要求可能会让大多数男性感到为难,但奥西普看来并没有被吓跑。

之所以莉莉对性的自由态度没有让奥西普感到不安,最有可能是一个简单的原因:奥西普自己也不把爱和性联系在一起。如果说莉莉像她的朋友亚·阿扎尔赫-格拉诺夫斯卡娅说的那样,"对性有着强烈的好奇",那么奥西普就完全没有这个问题,即使莉莉的这种好奇在婚后并未消退,他也没有感到恼火。"我们从没有在同一张床上睡觉,他不能,也不喜欢。他说,那样的话他不能好好休息。"莉莉如是说。此外,奥西普还有一个性格特点,而且随着年龄的增长越来越明显,那就是他在道德上的相对主义姿态。当莉莉和奥西普结婚时,"五人帮"

新婚的莉莉、奥西普和埃尔莎(左)

成员彼得·姆热德洛夫给另一位成员奥列格·弗雷利希写信说:"我不太能把握他的道德面貌。"

商旅驿站和妓院

奥西普在莫斯科大学读了四年法学,1911 年春毕业。他的考试论文研究的是单人牢房监禁问题;文章的结论在当时算得上激进:"社会在面对已经犯下的罪行时是无力的,对罪犯施加的任何影响都无法达到所欲求的结果,只有在根本上夺去犯罪现象生存土壤的全方位社会改革才能保障人类战胜这种恶。"在硕士论文中,奥西普打算研究妓女的社会和法律地位问题。当时人们正围绕大肆蔓延的卖淫问题进行着数不清的争论,发表了无数论著。奥西普一边搜集素材,一边在莫斯科的大街小巷闲逛,和妓女们结识,并帮助她们解决与警察和客户的纠纷。他不要"报偿",因此姑娘们非常尊重他,把他称作"婊子们的糖爹"。不过这篇论文最后并没有完成。

1911 年夏天他被征召服兵役。服完兵役后,奥西普似乎做了一阵律师,但在结婚后他就放弃了法学,一心投入家族生意。商行总部设在莫斯科,但交易主要在其他城市进行,这就意味着必须经常前往俄罗斯帝国各个偏远的角落长期出差。

有几回奥西普也带上莉莉同行。夏天婚礼后他们去了下诺夫哥罗德(Нижний Новгород)的市场,那里商旅驿站的第 15 号铺位属于"帕维尔·布里克的遗孀与儿子"的商行。居住区位于商行的楼上。每天下楼去店铺时,奥西普都要从外面把房间反锁。当地穆斯林恪守传统,不允许女性独自外出,甚至莉莉上洗手间也必须有旅馆侍者陪同。不过每逢夜里他们还是会去各种娱乐场所:"买卖人都在寻欢作

莉莉和奥西普在俄属中亚,和诗人康斯坦丁·利普斯克罗夫以及一个土库曼男孩

51　乐,一个[在台上表演的]美得惊人的年轻犹太女人身上戴的钻石每晚都会变多。"莉莉回忆说。那年冬天他们去了与中国交界处的赤塔(Чита)和上乌金斯克(Верхнеудинск)①,商行在那里也设有代表处。客户都是布里亚特人,除了珊瑚以外,他们还买钟,但却不要里面的机械,而是把钟壳买回去当盒子用。

　　1912年至1913年的两个秋天,奥西普和莉莉去俄属中亚出差。其中一次他们邀请了年轻诗人康斯坦丁·利普斯克罗夫与他们同行。"那时我们已经有点像是文艺庇护人了。"莉莉后来解释说。奥西普之前就来过几次中亚,而对莉莉来说,这是一个神秘的新世界。人们按东方习俗,给他们送了数不清的礼物,他们没完没了地喝绿茶,吃死面

---

　　①　今布里亚特共和国首府乌兰乌德(Улан-Удэ)。

饼和抓饭。就像在下诺夫哥罗德的商旅驿站里一样,男女必须分开居住。有一次莉莉和奥西普去拜访一位富有的买卖人,他上桌前先去了趟家里住女眷的那半边,通知她们客人里有个女人。"他回来时笑容满面,手里抱着个吃奶的孩子,"莉莉回忆说,"'瞧,'他说,'我去了趟莫斯科回来,一直在忙生意,都没空去找老婆们,连有个老婆该生孩子了我都不知道。而儿子原来已经两个月大了。'"

在中亚的生活充满了异域风情。莉莉是个好奇又大胆的人。有一次一个熟人叫她去找自己的姐妹,让她看看中亚妇女是怎么过日子的。莉莉同意了,就和他一起走进撒马尔罕(Самарканд)老城。他们平静地聊了天,喝了茶,吃了甜点,这时突然有很多人在外面拼命敲门。打开一看,门外惊恐万分的正是她的另一个熟人:原来有人发现莉莉和陌生人在一起,就断定她是被人给拐卖了。

还有一次莉莉造访了撒马尔罕的妓院,这回是和奥西普一起。很难说这到底是谁的主意,是莉莉在性方面的好奇心,还是奥西普在社会学方面的求知欲使然,不过这已经不是他们第一次对类似事物产生兴趣了:1912 年至 1913 年之交的冬天在巴黎时,他们去红灯区看了两位女同性恋的"表演"。撒马尔罕的妓院出现得较晚,之前男人们都是去茶馆找跳舞取悦顾客的长发少年,也就是所谓的"巴切"(бачи)①来满足需求。妓院位于城外特别铺设的街道上,这也是唯一一个能看见女人不穿罩袍的地方。妓院给莉莉留下的印象值得我们全文引用:

这条街用五颜六色的灯笼照明,女人坐在凉台上,大多数都

---

① 即达里波斯语"男孩"(bachcheh),全称"游戏男孩"(bachcheh bāzi),一种在阿富汗和过去在河中地区非常普遍的现象,即逼迫一些少男乃至儿童在茶馆打扮成异性容貌,为年长男性顾客表演或提供性服务。

一家典型的中亚茶馆,浩罕

是鞑靼姑娘,她们弹着一种类似曼陀铃和吉他的乐器。气氛很安静,没有喝醉的人。我们去找了最著名、最有钱的那位。她和自己的老母亲住一起。卧室低低的天花板下拉着许多绳子,绳子上挂着她的丝裙。一切都是东方式的,唯一的例外是房间正中摆着一张镀镍的双人床。

她用撒尔塔人的方式来迎接我们。一张低低的桌子上摆了无数小碟,里面全都是各种水果和甜点,茶自然得喝绿的。然后乐师也来了,他们蹲坐下开始弹琴,我们的女主人就跳起了舞。她灰色的裙子垂到足际,袖子长得我们连手都看不到,连领口也都是扣上的。但当她开始舞动,我们才发现,她身上从上到下也只有领口是扣上的,裙子几乎一直裁开到膝盖,当中没有任何扣子。而裙子里则什么都没有穿,至少稍稍一动,裸露的身体就在里面闪现。

逃　兵

　　莉莉与奥西普对文学、美术、音乐、戏剧和芭蕾有着真诚的兴趣,他们经常为彼此朗读俄语、德语和法语的经典作品:比如尼采的《查拉图斯特拉如是说》(*Thus Spake Zarathusta*),克尔凯郭尔的《酒中真言》(*In vino veritas*)。他们也很喜欢意大利文学,还学过一阵子意大利语。奥西普的藏书票上就印着相拥的保罗(Paolo)和弗朗切丝卡(Francesca)以及但丁的《神曲》中相应的引文:"那天我们再也没有读下去"。换句话说,布里克夫妇就是所谓"有教养的资产阶级"。不过他们也不只对文化感兴趣。许多不是那么严肃的娱乐项目也在他们无忧无虑的生活中占有一席之地,比如各种文娱演出,或者在世纪初非常时髦的汽车兜风。他们在跑马场看台耗掉的时间不比在剧院包厢度过的时间少。钱是从来不缺的。奥西普出身富贵家庭,而莉莉的嫁妆也有三万卢布,这在今天大约相当于两百五十万克朗①。三分之一的钱花在装修公寓上,剩下的钱用来日常花销也已绰绰有余。

　　和他们交往的人也同样出身富贵家庭,而且往往过着腐化堕落的生活,而且许多人都以任性乖张著称。比如阿尔布莱希特一家就是如此——他们是莫斯科第一批有汽车的人,养了头硕大的英国斗牛犬、一条蛇和一只以唐璜的发妻命名的猩猩,而且还照着贵妇的样子给它做了美甲。他们的同性恋女儿常背叛自己的"丈夫"索尼娅,出轨的时

54

---

① 按照本书瑞典语版出版时(2007 年)的汇率换算标准计算,大约折合当时的人民币两百七十万元。

奥西普具有反讽意味的藏书票,上面是但丁《神曲》
中的一句名言:"那天我们再也没有读下去"。

候男女通吃,她崇拜卡萨诺瓦,梦想着能在地狱中与他相见。另一位怪僻的熟人是济娜伊达·施蒂尔曼,她虽然长得矮小丰腴,一边脸上还布满胎记,却结过五次婚,连德米特里·帕夫洛维奇大公都曾追求过她。有一次莉莉问她是否真的是为了钱才和男人同居,她一脸真心不解,反问道:"怎么了,莉莉娅·尤里耶夫娜,难道您觉得白给更好?"

中亚的民风民情和文化给奥西普和莉莉留下非常深刻的印象,他们认真考虑搬过去住几年。但 1914 年夏天爆发的世界大战让他们的计划泡汤。宣战前一天,莉莉和奥西普刚坐上伏尔加河游船,直到收到父亲的电报,说第一批应征入伍者已向前线进发,他们才打道回莫斯科。后来莉莉用"失败主义情绪"和缺乏"爱国主义热情"来解释他们的逃跑。

当布里克夫妇等待命运对奥西普的裁决时,第一列载着伤员的火车抵达莫斯科。和许多其他人一样,莉莉和奥西普的妹妹薇拉也去上护士速成课。医院里塞满了被截去双腿的士兵,莉莉后来曾恐惧地回忆自己帮人撕下包扎化脓伤口绷带的情景。

靠了著名男高音列昂尼德·索比诺夫的关系,奥西普被派往彼得格勒的汽车连服役(战争爆发后圣彼得堡改名为彼得格勒)。1914 年秋布里克夫妇从莫斯科搬到首都,他们先在外城大街(Загородный проспект)租了一间包膳食的两居室公寓,然后又在 1915 年 1 月搬到茹科夫斯基街(улица Жуковского)。

不过即使是在汽车连,也有要上前线的可能。在朋友米沙·格林克鲁格的建议下,奥西普联系了连队的文书伊格纳季耶夫,他虽然是个受贿分子,但因价格公允、说话算话而受到好评。伊格纳季耶夫暗示可以通过自己的影响力决定奥西普能否留在彼得格勒。"上前线的人不也照样活着?"奥西普故意语带挑衅,以免伊格纳季耶夫漫天开价。"活是能活，只是活不长。"伊格纳季耶夫如是回答。奥西普对他的回答感到满意，立刻就塞给他二十五卢布。

　　为了和伊格纳季耶夫处好关系，莉莉和奥西普有时请他到家吃晚饭。这笔投资很划算，因为很快军事长官就决定把所有犹太人都赶去诺夫哥罗德省的梅德韦季村（село Медведь）。用莉莉的话说，这么做是为了"不让[犹太人]糟蹋汽车连美好的景致"。一百年前反动的战争大臣阿拉克切耶夫建立的一个军屯点就设在梅德韦季。尼古拉一世时期特有的那种兵营氛围至今仍在那里阴魂不散；1904 年至 1905年日俄战争期间，把关押日本人的集中营设在梅德韦季绝不只是一个巧合。

　　村子里驻扎着第 22 师和当时俄国五个惩戒营中的一个，奥西普本应被打发去该营然后开赴前线。梅德韦季的惩戒营臭名远扬，因此莉莉宣布，如果奥西普允许自己像小偷或弑父犯那样被人押往战场的话，那她就不再是他的妻子和朋友，而且永远不会原谅他。这对奥西普而言可不是闹着玩的，他立刻去找伊格纳季耶夫，后者又收下二十五卢布后，立刻安排他"住院"。危险过去后，他们发现布里克的名字从名单中消失了，人们忘记了他的存在。由于没有主动报告，他就成了一名逃兵，并且被迫躲藏起来。他不再上剧院，不去莫斯科看望父母，而且尽量避免走出家门。他用扑克牌搭房子和各种其他物件——剧院，电车，汽车——来消磨时间，再用这些完成品来装饰钢琴。多才多艺的奥西普把一种消遣变成了完美的技艺。

　　起初在彼得格勒他们主要和莉莉所谓的"奥夏远亲的远亲"打交道，他们中有些人的富贵程度和文化程度成反比。有一次其中一位邀请莉莉一起去皇村。火车包厢对面坐着个怪人，时不时往莉莉的方向看上一眼。他污秽的大胡子和发黑的指甲与华贵的衣着形成鲜明对

奥西普穿着他很快就要脱下的军装

比——他穿的大长袍内侧包着华丽的丝绸里子，脚上是一双长靴，头戴海狸皮帽，手杖上有昂贵的镶头。"我毫不羞怯地看了他很久，他则一直在用斜眼瞥我。那双欢快的蓝色眼睛闪着光芒，然后他突然哼了一声，把脸埋在了大胡子里。"

这是格里戈里·拉斯普京，那个对皇室，尤其是皇后有着催眠影响力的妖僧。在回彼得格勒的路上，他们又坐在同一个包厢里，然后拉斯普京邀请莉莉去自己的公寓做客。当时无数轻信的妇女正把这间公寓围得水泄不通，指望能得到这位大字不识的"神医"治疗。让她把老公也带上呗，他还加了一句。莉莉一如既往想去探险，但拉斯普京的邀请却招来了奥西普的强烈抗议；他完全不理解她的好奇心："谁都知道这是群什么样的强盗。"

奥西普在汽车连服役的时候,莉莉只能孤独度日。通常她沿着彼得格勒的大小河流散步,一路走到冬宫,然后在冬宫博物馆里泡上几小时;最后她把展品都看熟了,看管人也把她给认熟了。她一直散步去近卫军经济协会百货商店（Гвардейское экономическое общество）,然后在里面喝咖啡,吃三明治。有时她去看电影,即使排片表对她没有吸引力。"您不能想象,"1915 年 1 月莉莉给奥列格·弗雷利希写道,"我在这里有多孤单! 一整天没法和人说一句话。"

到最后无所事事和烦闷让她变得绝望。有一次在散步时,她遇见了两个莫斯科上流社会的纨绔子弟,然后就和他们一起去看喜歌剧。随后他们又上饭店喝了许多酒。莉莉喝醉后讲了自己和奥西普去巴黎妓院的历险记。伙伴们就建议她去彼得格勒的同类机构,第二天早上她醒来时,发现自己睡在一张大床上,天花板上是一面镜子,四周铺满地摊,窗帘全都放了下来——原来她在药房胡同（Аптекарский переулок）著名的妓院里过了一夜。匆忙回家后,她把一切都告诉奥西普,而后者只是冷静地说,她应该泡个澡然后忘记一切。

怎么办?

57　　大多数女性会试图向丈夫隐瞒自己遭受的耻辱,但莉莉却立刻对奥西普承认自己经历的一切,就像当初她知道怀孕后所做的那样。而奥西普的反应则冷淡而理性,换作别的男人处在这种境地,早就会因嫉妒而丧失理智。当莉莉听说这群公子哥中的一位到处吹嘘自己的"战绩"时,她却当众斥责了他。她从不会隐瞒自己的罗曼史,也从不为之羞愧,而奥西普对这些事情总是抱持着令人费解的冷静,明显不觉得自己受到了侮辱。莉莉将自己与奥西普共同度过的头几年称作

"最幸福的岁月"，想必她不仅仅是指彼此间的爱，还指奥西普为她提供的那种对多数男性而言无法接受的自由，如若没有这种自由，生活对她来说将会是不可想象的。

莉莉对自由的向往反映了她独立不羁、不愿屈服任何成见和权威的性格。但她对性的自由态度不仅仅是个性使然，还需要将其放在更宽广的社会视角中去审视。在1905年革命后的那段时期，舆论对性、婚姻、自由恋爱、卖淫和避孕问题有很大的兴趣。其他欧洲国家也都在讨论这些话题，许多相关书籍被译成俄语。而且这些问题在俄国的辩论根本不需要什么外部刺激——许多人的家庭现实就已足够用作思考素材了。

俄罗斯激进主义通过十九世纪六十年代的两部影响力巨大的长篇小说奠定了自己的基础。它们是屠格涅夫的《父与子》(*Отцы и дети*)和车尔尼雪夫斯基的《怎么办?》(*Что делать?*)。前者的主人公虚无主义者巴扎罗夫拒斥社会公认的价值系统，而后者在俄罗斯有关妇女解放的讨论中起了至关重要的作用。车尔尼雪夫斯基支持妇女从来自父母、男性和社会体制的种种压迫中解放出来，还表示她们有受教育权、劳动权和恋爱权。婚姻必须是双向平等的，这尤其意味着女性应该有权不只和丈夫一个人生活，也可以和其他男性一起生活，并且还要拥有自己的卧室。"谁敢说自己拥有一个人?'拥有'这个词只能用在长袍和拖鞋上。"车尔尼雪夫斯基相信，嫉妒"是一种被歪曲的感受，是一种虚假的感受，是一种卑鄙的感受"。稳固关系的秘诀在于婚姻的双方都得认清：如果爱已不再，那就可以走人。这里真正激进之处在于承认这些条件的不仅有薇拉·帕夫洛夫娜，还有她的伴侣。

《怎么办?》是几代俄罗斯男女灵感的源泉。十九世纪最后十年社

58 会矛盾急剧激化,虽然俄国的社会基础相当稳固,革命还是在 1905 年爆发了。起义遭到扑灭,随后几年虽然有一系列改革,但强硬的反动政治仍是大趋势。许多激进派活动人士,如马克西姆·高尔基,遭到流放,而其他政治积极分子则转入地下。持续多年的社会和政治工作被消极感和绝望情绪替代,年轻一代更是如此,他们如今对私人性质的问题更感兴趣。在欧洲大肆传播的美学和社会思潮——颓废主义也加剧了这种情绪。它在俄罗斯比在其他任何地方都能找到更为肥沃的土壤。在文化和意识形态领域,它体现在对"纯艺术"的崇拜以及各式通灵术的盛行,而在"生活"领域,它的体现就是与不道德只有一步之遥的道德自由。

讲述恋爱自由的长篇小说一部接一部问世。其中最著名的要数米·阿尔志跋绥夫那部歌颂享乐主义和全面性解放的《萨宁》(*Санин*,1907)。俄国女性运动研究专家理查德·斯泰茨写道:"年轻人在性冒险和肉体放纵中释放自己被压抑的能量,并用庸俗的萨宁式口号'为享乐而享乐'来为自己的放纵辩护。"

二十世纪初人们的性观念如此自由,以至于一位作家写道,受过教育的女性讲述自己某次性历险时那种漫不经心的态度,就好似在回忆"吃晚饭时在饭店里偶然结识的人,甚或那家饭店的菜单一样"。

莉莉和奥西普对性、婚姻和家庭生活的观念就是在这种社会环境下形成的,对他们行为和价值观的检视也应该放在这一背景中进行。

埃尔莎

马雅可夫斯基交往的那些圈子和"方块 J"画社接近,而莉莉的妹妹埃尔莎也属于这个圈子——有一段时间她甚至跟着伊利亚·马什科夫上课,后者对她的画评价颇高。她在这里爱上了莉莉过去的追求者哈里·布卢门菲尔德,后者从慕尼黑回来后也在马什科夫的画室学习。埃尔莎在日记中说他是个"淫荡"的人,但有"一双漂亮的眼睛"。然而她的感情却只是单相思——哈里爱着另一个人。除此之外,埃尔莎也知道,母亲永远不会允许这个人来追求她。他有梅毒这一点更是让她打消了念头。

　　埃尔莎1912年至1913年的日记表明她有强烈的自我中心倾向和一种非常严重的小妹妹情结。十六岁的她把自己的各个方面都拿来和她崇拜的姐姐作比较,她也想变得和姐姐一样。"我要是生得漂亮就好了。那样的话我就不会需要那么多钱,当然不是说我就真不要钱了,但那样我可以像莉莉一样,不至于梦里想的也都是钱。"尽管如此,姐妹俩的关系并非一帆风顺。埃尔莎抱怨姐姐"一如既往地"不注意她,不听她说话,同时还下了个非常恶毒的评语:"我是个没良心的人,让人无法忍受的人,我永远不会感到满足。完全就和莉莉一样。"

　　当莉莉和奥西普在俄属中亚旅行时,埃尔莎住在他们的公寓里,而这里"笼罩在空气中的……独特思想"鼓舞了她:照她在日记中的说法,她有时会做"春梦",她"并不是个放荡的人",却"渴望不体面的事情,只要它们不令人反感"。她常常陷入热恋,却只是单相思,因而内心很痛苦,觉得自己缺乏吸引力:"上帝给了我爱的愿望,为我创造了一颗去爱的心,却没有为我创造让人爱的躯体。"

　　埃尔莎就是顶着这样一具胖乎乎的少女躯壳和马雅可夫斯基结识的。他们见面处是伊达·赫瓦斯的家,这位钢琴家当时是莫斯科音乐学院的学生,也是"方块J"各位成员的好友。卡甘家和赫瓦斯家之间非常熟悉,埃尔莎与莉莉从小就和伊达和她的妹妹阿利娅认识。

　　根据埃尔莎的回忆,他们初次见面是1913年秋,但具体日期并不确定;不管怎样,1914 年夏天他们就已经开始频繁约会了。如今在未来主义巡讲后,马雅可夫斯基不再穿他那条磨得发亮的破洞裤子,而是戴着大礼帽,穿着黑大衣,挥一根优雅的手杖在莫斯科的大街小巷溜达。可他的言行举止还是照旧粗俗,他放肆的作风把尤里·亚历山德罗维奇和叶连娜·尤利耶夫娜吓得半死。埃尔莎描写了他在他们家用晚餐的情景:

> 沃洛佳礼貌地保持沉默,间或对我母亲说几句话,比如:"叶连娜·尤利耶夫娜,请原谅我把您家的肉丸子统统夯光啦",并且坚决不和我父亲谈话。晚宴结束,父母打算去睡觉了,我和沃洛佳去了父亲的书房,那书房里有张大写字台和一个书橱,地上铺着波斯地毯,地毯上是沙发和扶手椅,沙发上也盖着毯子……但母亲没有睡,她要等到沃洛佳彻底离开。好几次她穿着睡衣跑过来赶他:"弗拉基米尔·弗拉基米罗维奇,您得走了!"沃洛佳一点都不生气,但就是不肯走。

60　　许多人会以为,长女狂放不羁的青春岁月早已让叶连娜·尤利耶夫娜对此见怪不怪,但其实不然:这位母亲因埃尔莎与马雅可夫斯基交往而绝望,一直以泪洗面。

　　1914 年夏天,埃尔莎和父母一起去德国,她的父亲在那里做了癌
61　症手术。战争把他们困在柏林近郊的疗养院,他们匆忙借道瑞典返回俄国。父亲恢复后,又在莫斯科继续律师工作。但很快他的病情又告恶化,一年后的 1915 年 6 月他去世了。

　　尤里·亚历山德罗维奇生病时,马雅可夫斯基有一回想去布里克夫妇在茹科夫斯基街的公寓拜访,埃尔莎就把他介绍给了莉莉。他刚

婴儿肥的埃尔莎在日记中抱怨自己的外表："上帝给了我爱的愿望，为我创造了一颗去爱的心，却没有为我创造让人爱的躯体。"

从芬兰的库奥卡拉①度夏回来。刚一进门,他便开始吹嘘自己写诗无人能比,只不过由于没人懂他的诗,所以大家都不会正确朗诵。莉莉说她可以试试,然后他就给了她《妈妈和被德国人杀害的夜晚》(*Мама и убитый немцами вечер*)。她的朗诵正是马雅可夫斯基想要的方式,但当他询问莉莉的意见时,她回答说:"没啥了不起的。""我知道应该多夸奖夸奖作者,"莉莉回忆说,"但沃洛佳自吹自擂的样子让我气极了……"正患支气管炎的奥西普躺在沙发上读报纸,他把身体侧向墙壁然后盖上被子,暗示马雅可夫斯基该走了。

与莉莉和奥西普故意摆出的冷漠截然相对的是埃尔莎无限的热情。马雅可夫斯基的诗让她疯狂,她能背诵这些诗,并且在所有怀疑其天赋的人面前狂热地为他辩护。父亲死后,埃尔莎在莉莉和奥西普家住了一阵子,他们一直劝她早点和马雅可夫斯基一刀两断。由于他时不时就跑茹科夫斯基街找她,局势最终走到了摊牌这一步:"马雅可夫斯基问题"必须得到解决。埃尔莎若想挽回自己和他的关系,就必须说服姐姐、姐夫,让他们相信这是个大诗人,而为此他应该给他们朗诵自己的诗。莉莉和奥西普都坚持己见,恳求埃尔莎不要让他读。但她没有听——"于是我们第一次听到了《穿裤子的云》。"莉莉回忆道。

矛盾解决了,不过并非按照埃尔莎设想的样子。

① 当时芬兰仍是俄国的一部分。库奥卡拉(Kuokkala)在二战后重新划归苏联,改名列宾诺(Репино)。

62 鲍里斯·格里戈里耶夫的这幅画有一个中性的名字——《陌生人》
（*Незнакомец*），画中人极有可能是马雅可夫斯基。作品最早展出
是在 1916 年"艺术世界"（«Мир искусства»）派的展览上。

第三章　穿裤子的云(1915－1916)

你偷走了我的心，

夺去它一整颗，

在呓语中让我的灵魂痛苦，

那就收下我的馈赠，亲爱的，

其他的我也许再也想不出。

弗·马雅可夫斯基，《脊柱笛子》

"马雅可夫斯基的姿势一次都没变过，"莉莉回忆说，"他没有向
任何人投去目光。他抱怨，他愤怒，他嘲笑，他歇斯底里，在长诗各部
分的中间他会暂停一会儿。完事后他就坐在桌边，做作地要茶喝。我
急忙从茶炊里给他倒茶，我不响，而埃尔莎则得意扬扬：'我就知道会
这样！'"

埃尔莎的目的达到了。"这就是长久以来我们梦想的、期待的东
西，"莉莉回忆说，"之前那段时间我还什么都不想读。"

奥西普最早恢复平静。他宣称，即使马雅可夫斯基再也不写一行诗，也都将是个伟大诗人。"他从他手里夺走了笔记本，"莉莉回忆说，"整晚都不归还。"当马雅可夫斯基拿回笔记本后，他在上面写了一行献词："给莉莉娅·尤里耶夫娜·布里克"。这天她的名字第一次出现在马雅可夫斯基的长诗之上，但这并不是最后一次：马雅可夫斯基将把自己著作集的每一卷都献给莉莉，直到生命尽头。

莉莉和奥西普看来是《云》终稿最早的听众。此前马雅可夫斯基曾把长诗的部分片段读给马克西姆·高尔基、科尔涅伊·楚科夫斯基和伊利亚·列宾听——所有人都被震惊了。比如，马雅可夫斯基让高尔基"受到了惊吓，焦虑不安"，以至于后者"像女人一样号啕大哭"。高尔基说"他的未来不可估量，但很可能也将非常沉重"，马雅可夫斯基听后阴沉地回答说，"我今天就要这未来"，然后又加了一句："如果不快活，我就不要未来，而我并不觉得快活！"后来高尔基回忆说，他说话时"就像有两个声音，一会儿像最纯洁的抒情诗人，一会儿却带着剧烈的讽刺语气[……]让人觉得他不认识他自己，而且在害怕些什么……但有一点很清楚：这是一个在以其独特的方式感受着的人，这是一个非常有才华的人，也是一个不幸的人"。

第十三个使徒

64   是什么让高尔基号哭，又让莉莉将《穿裤子的云》视为某种新鲜的、期待已久的东西？对于熟悉马雅可夫斯基早期诗的读者来说，《云》听起来并没有那么地未来主义。诚然，诗里充满了各种放肆的形象和自造词，但形式上《云》并不像他之前那些让作者声名狼藉的立体未来主义诗作一样复杂。不，这部作品新颖的地方首先在于它传递的信息和它的语气，这种语气更接近表现主义而非未来主义。

高尔基关于马雅可夫斯基有"两个声音"的观察极为准确。在布里克家朗诵《云》后几周，马雅可夫斯基发表了文章《论各种马雅可夫斯基》(*О разных Маяковских*)，描述了在他眼里公众是如何看待他的：一个无赖汉、犬儒、马车夫和自吹自擂者，"对他来说最大的乐趣就是把自己塞进一件黄色短女衫里，然后闯进一大群套在工整的常礼服、燕尾服和西装下，高尚地呵护着谦卑与体面的人中间"。但他宣称，在这个二十二岁无赖汉、犬儒、马车夫和自吹自擂者内心却隐藏着另一个人，"一个完全陌生的诗人弗·马雅可夫斯基"，也正是他写下了《穿裤子的云》。随后他从这首长诗中引用了一系列片段，揭示了自己人格的这另一重面相。

过了三年，也就是革命之后，马雅可夫斯基用四个口号来描述这部长诗的"思想"："打倒你们的爱情"，"打倒你们的艺术"，"打倒你们的制度"，"打倒你们的宗教"。在诗中其实并没有这种体系化和对称性，但如果用第一人称单数形式代词"我"来代替那个意识形态色彩的"你们"，那这些描述就显得相当准确：《穿裤子的云》讲的就是这些东西，但却不是"你们的"，即资本主义社会的，而是**我**马雅可夫斯基那折磨人的单恋，**我**通向各各他的美学道路，**我**反对不公的抗争，**我**与残忍的、缺位的神的斗争。

《云》是彻头彻尾、清一色的独白，诗人在诗中反抗外部世界，反抗一切"非我"者。长诗始于惠特曼式的放肆自夸：

> 我灵魂里没一根头发是白的，
> 里面老头儿的温情也乏匮！
> 喉咙的伟力把世界震败了，

我前行——美少年

二十二岁。

65   将要贯穿全诗的各种情感剧烈起伏已在此显现,序诗在让读者对此做好准备:

只要您想——

我就发疯,只为一块肉

——同时就像天空,转变调性——

只要您想——

我就无可指摘地温柔,

不是男人,而是朵——穿裤子的云!

长诗的第一部分讲述了对一位年轻女子玛丽亚的爱,她的一个原型是玛丽亚·杰尼索娃。在约定地点等待她时,马雅可夫斯基觉得"静静地,/像病人下床,/一根神经往下跳",然后"……和两根新的/乱跳着绝望的踢踏舞",舞蹈之迅猛使约定见面处楼下房间的灰泥都开始往下掉。

神经们——

大条的,

小条的,

许多条!——

发狂的神经蹦跳着,

神经的

双腿已瘫软栽倒！

当玛丽亚最终露面,并宣布自己要嫁给另一个人时,诗人冷静得"像亡者/的脉搏"。但这种冷静却是被迫的——他体内有某个他者正在奋力冲破狭小的"我"。他"美妙地病了",也就是说热恋了——"他得了心火病"。诗人提醒赶来的消防队员,"要温柔地爬向燃烧的心",并试图靠自己用"一桶桶满溢的泪水"扑灭火焰。灭火失败后,他意欲支撑在肋骨上挣脱出自己——"你是跳不出心的!",你也躲不掉对爱人的永恒思念:"你哪怕,向诸世纪呻吟出/'我烧着了'/这最后一呼!"

接下来一部分的情绪发生了急剧的变化:心脏燃烧的绝望诗人现在扮演了一个未来主义反抗者的角色,"在做成的一切之上",打上一个"nihil"①:

无论何时

无论什么都不想读。

书?

啥是书?!

那些"……用爱情和夜莺/熬熬煮煮出一摊羹糊状物"的诗人属于过去,而如今"无舌的街道蠕动着——/它无法叫喊和交谈"。只有那些"自己就是创造者,在燃烧的赞美诗中——/在工厂和实验室噪声中"的新诗人能够歌颂当代生活和当代城市。但马雅可夫斯基要走的

66

---

① 拉丁语,意为无、虚无。

是一条荆棘路。未来主义者的巡讲在诗中被描述成一条通往各各他
的道路：

> ……没有一个人
>
> 未曾
>
> 冲他喊：
>
> "钉死，
>
> 钉死他！"

　　当时的人都否认、嘲笑马雅可夫斯基的诗才，说他"像个冗长/下
流的笑话"。但未来却属于他，他在一个弥赛亚般的启示中看见了"一
个穿越时间之群山者，/却没别人看见他"。他看见"某某某某年""戴
着革命的荆棘冠"在临近*：

> 而你们
>
> 用反叛宣布
>
> 救世者的到来，
>
> 当你们向他走去——
>
> 我就把心灵
>
> 给你们掏出，
>
> 踏踏扁，
>
> 让它大起来！——

---

　　* 这几行起初被审查官删去。在1918年的无审查版中马雅可夫斯基把"某某某某年"
改成了"一九一六年"。他想表明自己预言了革命，但又不想让这个预言看上去精确得可疑。

像一面旗帜，让它血淋淋。

　　上述所有题材都在第三部分得到发展，但反抗的动机正在变得愈发清晰。朵朵白云是"白色的工人们"，他们"向天空宣布凶狠的罢工"后"走散开来"，诗人号召所有"饿着肚儿的、流着汗儿的、温温顺顺的人们"起义。然而他的情绪却是矛盾的：虽然他看见了"一个穿越时间的群山者，/却没别人能看见他"，但他知道"什么都不会发生"："君不见——/天空又用一掬/溅满背叛的星斗在犹大着①呢?"于是他"哆嗦着，被一下抛去小酒馆的角落"，"用葡萄酒浇洒灵魂和桌布"。墙上的圣像"正把光辉馈赠给""酒馆里喧嚷的人众"，那是另一个玛利亚——圣母。历史正在重演，人们又一次宁可释放巴拉巴（Варавва）②，而不放过"被唾弃的各各他人"，也就是马雅可夫斯基：

67

> 也许，我故意
>
> 化为人肉泥，
>
> 不让脸新过任一者。
>
> 我
>
> 也许是
>
> 你所有儿子里
>
> 最俊美的一个。
>
> [……]

---

　　①　马雅可夫斯基用人名 Иуда（犹大）自造的动词 иудеть，意思显然是"像犹大那样在背叛"。

　　②　四部福音书中都提到的人物。在不同的福音书中被称作"强盗"或"作乱杀人"者。根据福音书的记载，他与耶稣一起被彼拉多带去犹太群众面前，因为按例逾越节时可释放一名犯人。但犹太人在祭司长和长老的挑唆下选择释放巴拉巴。

歌颂着英格兰和机器，

我也许不外乎

一本最普通的福音书里

第十三个使徒。

　　尽管并不能说马雅可夫斯基的抗议里就没有社会色彩，但实际上他的诗讲述的是一种更深刻的、存在意义上的反抗，反抗的对象是时间，以及将人的生活变成悲剧的世界秩序。在长诗的结尾部分，这一点变得更为明显——求爱再度遭到拒绝，而诗人幸而尚不知道下面几行诗中的预言意义："我和心一次都没活到过五月，/而在活过的生命里/只有第一百个四月。"

　　对马雅可夫斯基那不幸、无望之爱要负罪责的不是别人，正是上帝本人：

全能者，你想出了手一双，

又把

头安给每个人，——

为什么你没想出，

能不受创伤

亲吻，亲吻，亲吻?!

我以为——你是全能大神仙，

而你却是半瓶醋，琐碎小破妖。

你瞧，我正弯下身，

自靴筒的后面

掏出一把修靴刀。

长翅膀的恶棍们！

在天堂蜷缩在一起！

受惊的战栗中，羽毛弄得纷纷杂杂！

我要把满身熏香的你，从这儿起

剖开到阿拉斯加！

　　爱把诗人引向了发疯和自杀的边缘，但宇宙却沉默不语，连可以质问答案的人都没有。世界的秩序无法撼动，暴动是无谓的，一切都在寂静中："宇宙在沉睡，/爪子上耷拉着/爬满星宿蜱虫的巨耳"。 68

　　《穿裤子的云》是一部青春的、骚动的独白，它让帕斯捷尔纳克回忆起陀思妥耶夫斯基笔下年轻的造反派们，而高尔基则感叹"他从没在《约伯记》以外的地方读到过如此这般与上帝的对谈"。尽管布局、结构上存在一些弱点，但这首长诗是一个重大成就，尤其如果考虑到作者的年龄。靠着充沛的情感和创新的隐喻系统，本诗在马雅可夫斯基的创作中占据着中心地位，并且还浓缩了诗人所有的主要题材。其中许多——疯狂，自杀，抗神，人脆弱的存在——已在两年前写就的剧本《弗拉基米尔·马雅可夫斯基》中得到过呈现。作者为这部表现主义、尼采主义作品界定的体裁是"悲剧"。很重要的一点是，"弗拉基米尔·马雅可夫斯基"不是作者的名字，而是剧本的标题。"悲剧的题目是'弗拉基米尔·马雅可夫斯基'，"帕斯捷尔纳克评论道，"标题中隐藏着一个天才般朴素的创新：诗人不是作者，而是这部用第一人称向全世界发声的抒情作品的对象。"当马雅可夫斯基被问及为何剧本要用他的名字命名时，他回答说："剧本中那个注定要为所有人受苦的诗人就是这么称呼自己的。"诗人是替罪羊和救赎者；孤独一人，被人群排斥的他之所以要肩负起这个重担，正因为他是诗人。

当1915年长诗《穿裤子的云》的一个片段发表在文选《射手》（*Стрелец*）中时，它的体裁界定也是"悲剧"，而在《论各种马雅可夫斯基》一文中，诗人称它为自己的"第二部悲剧"，这样一来也就确立了长诗和剧本之间的直接联系。由于《云》最初被称作《第十三个使徒》（*Тринадцатый апостол*），这一联系就变得更为明显了——因为第十三个使徒不是别人，正是马雅可夫斯基自己。当马雅可夫斯基迫于审查的要求而更改标题时，他选择了"穿裤子的云"，而这又成了他的另一个位格。"弗拉基米尔·马雅可夫斯基""第十三个使徒"和"穿裤子的云"这三个标题都是作者之"我"的同义词——对于一个创作具有深刻自传性质的诗人而言，这是一种非常自然而然的手法。

可怕的流氓

尽管《云》获得了像马克西姆·高尔基、科尔涅伊·楚科夫斯基这样权威人物的首肯，马雅可夫斯基仍然很难找到出版商。奥西普听说后表示愿意资助出版，并让马雅可夫斯基打听一下这需要多少钱。穷困潦倒的未来主义诗人们总是在为自己的事业四处筹款，所以马雅可夫斯基起初将奥西普视为一个潜在的庇护人。于是他报了个虚高的价格，并把一部分钱塞进了自己的口袋。许多年后他才明白，莉莉和奥西普其实对此心知肚明，这让他感到十分羞愧。

然而马雅可夫斯基很快就发现，奥西普不是个普通的阔佬，而是发自内心地喜爱未来主义。只不过这是一个新近才有的爱好。除去朗诵《云》之前那仅有的一次私人会见，莉莉和奥西普只在公开讲演中见过马雅可夫斯基一回。那是1913年5月，象征主义诗人康斯坦丁·巴尔蒙特在侨居海外多年后回到俄罗斯，人们为此举办了一场庆贺晚会，马雅可夫斯基在晚会上发言，"代表敌人们"迎接巴尔蒙特归来。马雅可夫斯基被喝了倒彩，而在喝倒彩的人中间也有莉莉和奥西普。

如今到了1915年，马雅可夫斯基已被认为是一个前途无量的诗人，但声望尚未找上门来。他为数不多的几首诗刊登在各种报纸和鲜为人知的未来主义刊物上，当1913年秋天在彼得堡上演剧本《弗拉基米尔·马雅可夫斯基》时，莉莉和奥西普还住在莫斯科。事实上，当时他主要还是靠搞各种未来主义式的乱子和风波而闻名诗坛。

马雅可夫斯基朗诵的《穿裤子的云》让莉莉和奥西普心头的疑云瞬间消散。1915年9月长诗由奥马布（OMБ，奥西普全名的缩写）出版社正式出版，印数1 050册。扉页上最终敲定的题词是"给你，莉莉娅"，此外长诗还有了新的体裁界定：不再是"悲剧"，而是"四联画"（«тетраптих»）——让人联想到"三联画"（«триптих»），也就是三折圣像。审查官认为有渎神和政治叛乱色彩的诗句被用省略号代替。"我们都能背《穿裤子的云》，"莉莉回忆说，"我们就像等待约会一样等待校样，被查禁的地方自己手写进去。我爱上了它橙色的封面，爱上了它的字体和题词，我找了最好的装订工人，挑了一个最贵的带烫金字的真皮书封和一张炫目的白色波纹绸衬纸把属于我的那一册装订起来。马雅可夫斯基从没享受过这般待遇，他无比高兴。"然而销量却让人非常失望，按照马雅可夫斯基的说法，这是因为"诗歌主要的消费者都是小姐们和太太们，而一本起了个这种标题的书她们是不会买的"。

"很遗憾你不喜欢马雅可夫斯基的书，"奥西普9月在给奥列格·弗雷利希的信中写道，"但我想你只不过是没有认真读。也有可能是那种独特的粗鲁和形式上的言简意赅把你吓走了。我自己已经连续四个月什么都不做,只读这本书;我能把它背出来,并且认为这是世界文学中最天才的作品之一[……]马雅可夫斯基在我们家又过日又过夜;事实证明他是一个极其庞大的人格,当然尚没有彻底形成:他还只有二十二岁,而且是个可怕的流氓。"

70

"布里克夫妻俩对他的诗欣喜若狂",而马雅可夫斯基则"无可挽回地爱上了莉莉"。埃尔莎后来如是总结《云》的朗诵。作为妹妹,她永远都处在莉莉的影子里,有时甚至爱姐姐之所爱,比如说与哈里·布卢门菲尔德那回。不过这一次却恰恰相反:从此以后,马雅可夫斯基眼里除了莉莉就再也没有别人。

脱胎换骨

在布里克家朗诵前,马雅可夫斯基在芬兰的卡累利阿地峡(Карельсий перешеек)度夏,许多彼得堡人的度假别墅都在那里。高尔基住在穆斯塔梅基(Mustamäki)①,列宾和楚科夫斯基则住在库奥卡拉。马雅可夫斯基才刚认识莉莉,就对楚科夫斯基宣布说,自己的新生活已经开始,因为他遇见了将会爱一辈子的女人——而且是"唯一一个"。"他说得那么庄重,让我一下子就信了,"楚科夫斯基回忆道,"虽然他只有二十三岁,虽然乍看他是个善变、轻浮的人。"

去了彼得格勒后,马雅可夫斯基本应回到库奥卡拉。但与莉莉的相识改变了他的计划,他转而在离莉莉和奥西普的公寓不远处普希金街(Пушкинская улица)上的皇家宫殿(Palais Royal)宾馆租了一个带

---

①　今名高尔基村(Горьковское)。

诗人在认识莉莉几个月后的样子。与鲍里斯·格里戈里耶夫画中的那个"流氓"相比,反差非常鲜明。

家具的房间。以前来彼得堡的时候他也常住在此地。他在普希金街一直住到 11 月初,随后又搬去望德街(Надеждинская улица)[①],那里距布里克家更近,步行五分钟即可到达。

马雅可夫斯基和莉莉开始在他家或是外面开房幽会,照莉莉的话说,马雅可夫斯基喜欢开房的地方能有一种不寻常的布置,要有红天鹅绒布和镀金框镜子……他们如胶似漆,坐车去涅瓦河三角洲的小岛,在涅瓦大街散步,马雅可夫斯基戴着大礼帽,莉莉则戴一顶插着许多羽毛的大黑帽。每到深夜他们就沿着各条滨河街徘徊。对马雅可夫斯基来说,其他女人相比莉莉都无趣得很,对她的爱一下子改变了自己的生活。

长期过着贫困潦倒的波希米亚式生活后,马雅可夫斯基终于在莉

---

① 今名马雅可夫斯基街(ул. Маяковского)。

莉和奥西普·布里克家找到了自父亲去世以来他就一直在寻找的那个栖息的港湾——一个由赏识他、为他带来自信的成年人组成的世界。但他们终究如此不同。布里克夫妇富有，马雅可夫斯基贫穷；他们在莫斯科市中心长大，他则是在遥远的外省；他们受过高等教育，文质彬彬，博学多才，而他甚至连中学都没上完，只是不成体系地读过一些基础著作，不写白字对他来说都有困难；他们很小就走遍欧洲，能说几门外语，而他则从未走出过国门，除了俄语就只会说格鲁吉亚语。

　　莉莉和奥西普一眼就看出马雅可夫斯基是大诗人，但却很难忍受他粗鲁的作风，因为这与他们虽然被公认非传统，但本质上仍很资产阶级的举止、派头形成强烈反差。和莉莉、埃尔莎的母亲一样，奥西普的母亲同样对马雅可夫斯基持怀疑态度。有一次，波利娜·尤里耶夫娜来探访儿子，顺道从叶利谢耶夫食品店（Елисеев）买了一大框鱼子酱、糖果、水果和一个大哈密瓜。"我们正开始把东西摊出来，"莉莉回忆道，"这时沃洛佳进来了，一看见哈密瓜，就发出了胜利者的呼喊：'哟，不赖，好一个瓜！'随后自己一口气就把整只瓜扫个精光。波利娜·尤里耶夫娜就像蟒蛇看兔子那样，目不转睛地盯着沃洛佳，眼神中透出盛怒的火光。"

　　马雅可夫斯基无论做什么，都不会假装，也不知分寸。实际上，照一个朋友的话说，他"完全不是[和莉莉]般配的那种人"，但她"把他给彻底改造了"。她让他剃掉了长发，脱下黄色女衫，并把他送去牙医多布雷那里装了新牙。在莉莉和马雅可夫斯基的第一张合影上，可以明显看到马雅可夫斯基的脱胎换骨——他戴着领带，穿着件英式大衣。但如果说这些改变很讨莉莉欢心，别人却觉得这损害了诗人的个性。"我记得很清楚，看到他的平整牙齿、西装外套和领带后，我就在想，这是做给莉莉娅看的，"索尼娅·沙马尔金娜如是置评，"不知为何

莉莉热爱芭蕾,1915年底跟着亚历山德拉·多林斯卡娅学舞,后者在战前曾跟着佳吉列夫的俄罗斯芭蕾舞团在巴黎巡演。

这让我非常愤慨。我不禁想起那张曾满是烂牙的嘴——而对我来说,和诗人的形象紧紧联系在一起的正是这张嘴⋯⋯"

　　当莉莉在努力改造马雅可夫斯基的时候,反向运动也在同时进行——马雅可夫斯基开始介绍布里克夫妇和自己的圈子结识。瓦西里·卡缅斯基、达维德·布尔柳克、韦利米尔·赫列布尼科夫、鲍里斯·帕斯捷尔纳克、尼古拉·阿谢耶夫和其他各位年轻诗人,以及画家帕维尔·菲洛诺夫、尼古拉·库利宾开始造访茹科夫斯基街上的公寓。帕斯捷尔纳克很快就会离开未来主义者圈子,但此时马雅可夫斯基的影响正让他如痴如醉,他自己承认说,只要和马雅可夫斯基作下比较,他就丧失了"一切意义和价值"。

　　不止未来主义者造访这间并不宽敞的两居室公寓,它很快就变成了一个独特的文学沙龙。另一位很受欢迎的客人是诗人兼作曲家米

哈伊尔·库兹明,他常在布里克夫妇的钢琴上弹奏自己的歌。莉莉和
奥西普还与芭蕾舞演员叶卡捷琳娜·黑尔采尔交好——他们长久以
73　来一直痴爱芭蕾。奥西普对芭蕾理论感兴趣,莉莉则在 1915 年底在
亚历山德拉·多林斯卡娅处学舞,后者在战前曾与尼金斯基一起在巴
黎参加俄罗斯芭蕾的演出。

　　因为有台大钢琴(钢琴上还铺着奥西普搭的纸牌模型)的关系,这
间本就不宽敞的公寓显得更为狭小。公寓墙上挂着一卷纸,客人们会
在上面题几行滑稽诗或是画幅速写来充当名片。莉莉的魅力和独具
一格的美自然让她成为沙龙的中心。她是个有教养、博览群书、优雅
的"太太",同时又从不怀有任何偏见,能做出种种无法让人预测的回
应和答话;没有人会对她无动于衷。尼古拉·阿谢耶夫如是描述对她
的第一印象:

　　　　于是乎我就被[马雅可夫斯基]引进了一间与众不同的公寓,
　　各种手绘材料把它装饰得五彩缤纷,刚写完或刚念完的诗歌响彻
　　其中,还有女主人那双明亮、火热的眼睛。她善于说服,能说出你
　　闻所未闻的意见,而且那不是从街上听来的,也不是权威们向她
　　灌输的,而完全就是她自己的。她从不会纠缠不休,她的意见就
　　像是不经意间脱口而出,却直中讨论的核心与鹄的。我们——
　　我,什克洛夫斯基,大概还有卡缅斯基——都被她的眼睛、她的话
　　给俘虏了。

面包!

1915 年 9 月初,也就是《云》出版前不久,马雅可夫斯基的生活中

还发生了一起重大事件：他被征召入伍。1914 年 8 月爆发的爱国主
义热潮也吸引了包括马雅可夫斯基在内的各位作家。照后来获得诺
贝尔奖的布宁的话说，开战那天他爬上斯科别列夫将军①的雕像宣读
爱国诗歌，而弗拉季斯拉夫·霍达谢维奇则讲述了马雅可夫斯基怎么
号召愤怒的人群打砸莫斯科的德资商店。但当他想志愿入伍上前线
作战时，却因政治不可靠而被拒绝。于是他满足爱国情感的方式就变
为写宣传诗、配宣传画，然后再印成海报和明信片——一种在俄语中
被称为"卢博克"（лубок）的插图印刷品。埃尔莎记得自己弹钢琴时，
马雅可夫斯基就在房间里来回踱步，嘴里嘟囔着诗句，而伊达·赫瓦
斯则讲述了他们如何走遍莫斯科，为伤兵筹款。

　　对马雅可夫斯基而言，战争不只是军事斗争，也是一个美学上的
挑战和机遇。除了几首战争诗，他在 1914 年秋天的几周内还写下大
约十篇文章，歌颂战争是诞生新人的涤罪所。"战争不是无谓的杀戮，74
而是一首关于被解放和被歌颂的灵魂的长诗，"他写道，"在俄罗斯，人
的基础改变了。强有力的未来之人诞生了。大力士未来人已远远可
见。""一系列绝对新颖的理念现在已来到世上"，过去人们认为是诗
的东西，"在战时应该被禁绝，就像禁止歌舞餐厅和售酒一样"。战争
证明"大力士未来人"，也就是未来主义者们是对的：旧语言已不适合
描写新现实。以为只要给"机枪"和"大炮"这样的词凑个韵脚，然后
就能成为当代诗人并名垂青史，这种想法只是幻觉。"对一个诗人来
说重要的不是什么，而是怎样，"马雅可夫斯基解释说，并补充了一个

---

　　① 米·德·斯科别列夫将军（1843—1882），俄罗斯对土耳其作战、解放保加利亚和征
服中亚的功臣，但在征服中亚时也犯下了严重的战争罪行。帝俄境内曾有许多他的雕像，莫
斯科的斯科别列夫像位于市中心的特维尔广场（今莫斯科市政府所在地），十月革命后被
拆毁。

独特的表述，"词就是目的本身。"

不清楚马雅可夫斯基热烈的爱国主义是否影响了当局对其政治可靠性的看法，但 1915 年秋他被征召入伍了。靠了各位新朋友的帮忙，他也进了奥西普服役的那个汽车连；一些资料表明是高尔基帮了他，但可以推定那位文书伊格纳季耶夫想必也插手其中。因为马雅可夫斯基毕业于艺术院校，所以他被分派的工作是制图。钱一如既往不够，就连买冬衣的钱都得问母亲要。

尽管服役多少带来了一些限制，但马雅可夫斯基却依旧能住在皇家宫殿宾馆，跟莉莉、奥西普和其他朋友们交往，与过去几乎没有差别。整个秋天他都在和奥西普一起为将于 12 月发行的未来主义文选《抓住了》(*Взял*)搜集材料。这个标题是俄语动词"抓、拿"(взять)的过去时形态，得名于文集中的一句话："未来主义死死地一把抓住了俄罗斯"。"沃洛佳早就盼着能用这个词给啥东西命个名，儿子也行，狗也行，"莉莉回忆说，"最后拿来命名了一本杂志。"除了马雅可夫斯基，参与编写的还有帕斯捷尔纳克、赫列布尼科夫和维克托·什克洛夫斯基——一个头脑中满是各种创新文学理念的彼得格勒大学学生。奥西普的文学批评处女作也在《抓住了》中刊登。在《面包！》(*Хлеба!*)一文中，他把当代俄罗斯诗歌比作一些从外国舶来的甜腻糕点（"勃洛克那白雪般的 *bouchée*"，"巴尔蒙特那美味绝顶的 *éclair*"①），尽管不久前他还对之顶礼膜拜。可如今一切都不同了：

　　　　喜乐吧，呼喊得再响些：我们又有面包了！不要让仆人代

---

　　① 两种精致、美味的法式甜点。"海绵蛋糕"和"闪电泡芙"大概算是较为约定俗成的译名。

劳,你们要亲自去排队买马雅可夫斯基的《穿裤子的云》。裁书页时可得小心些,因为你们会像饿肚子的人不愿漏掉一块面包屑那般,也不想从这本面包书里丢失任何一个字母。

如果你们中毒太深,连健康饮食之药都已无济于事,那就死去吧——被你们的糖尿病害死去吧。

笛　子

《云》虽说是献给莉莉的,但激发马雅可夫斯基创作这部长诗的却不是她。不过从此之后,她将成为马雅可夫斯基诗歌中唯一的女主人公。1915 年秋,马雅可夫斯基在创作一首新的长诗《脊柱笛子》(Флейта-позвоночник)。"《笛子》写得缓慢,每一部分写完后他都会激昂地朗诵,"莉莉回忆说,"先读给我听,然后读给我、奥夏和所有其他人听。"莉莉的一大天赋就是善于倾听——她对诗有非常敏锐的听觉,对一切有创作才华的人都很慷慨。1916 年该书由奥马布出版社发行,书上印着题词"给莉莉娅·尤里耶夫娜·布"。

《脊柱笛子》《莉莉奇卡!》(Лиличка!)以及那首标题不太像诗的《致一切》(Ко всему)——马雅可夫斯基这些年的作品见证了他是如何将莉莉神化的。这些作品的共同点在于从兴奋急坠到最深沉的绝望,从愉悦掉落到痛苦,前者都是爱情所赐,而后者则是没有回报的感情付出所必然导致的。在《莉莉奇卡!》一诗中他写道,没有莉莉就"没有大海""没有太阳",只有"挚爱的你的名字的鸣响"能为自己带来愉悦。在《脊柱笛子》中,他歌颂"化了妆的,/红发女人",也就是莉莉,把"撒哈拉般燃烧的面颊"放在她双脚边,并赠给她一顶冠,"冠冕中我的语言是/一条抽搐织成的彩虹":

75

76 在长诗《脊柱笛子》中,马雅可夫斯基写道:"若我注定成为君
王——/就要令人民/在我的硬币那太阳的金子中把你的脸蛋/刻
铭!"他自己在这张 1916 年的素描中"刻铭"了莉莉。第 79 页照
片也摄于同时。

若我注定成为君王——

就要令人民

在我的硬币那太阳的金子中把你的脸蛋

刻铭！

而在那里，

世界因冻土而褪色，

河流与北风讨价还价，——

我将在锁链上把莉莉娅的名字刮刻，

并在苦役的黑暗中把锁链吻下。

但诗人却咒骂起了上帝，高喊上帝不存在，心爱的女人其实只是上主对他的惩罚，因为她已经出嫁，而且并不爱他：

今天，才刚进你们家，

我就感觉到——

家里不对头。

在丝绸连衣裙里你藏了什么，

熏香的气味在空气中游走。

"乐见我吗？"

冷淡的

"非常"。

理智的围墙被慌乱冲垮。

我发烧般炽热，堆积成绝望。

听我说，

77

　　反正

　　你也藏不住一具尸体。

　　把那可怕的词往头上岩浆①吧！

　　反正

　　你的每一块肌肉

　　都像透过扩音器

　　在喊出：

　　它死啦,死啦,死啦！

　　不,

　　回答我。

　　别撒谎！

结尾是激昂的悲怆：

　　你偷走了我的心,

　　夺去它一整颗,

　　在呓语中让我的灵魂痛苦,

　　那就收下我的馈赠,亲爱的,

　　别的我也许再也想不出。

　　虽然不能用诗的现实去比附生活现实,但这几行诗中无疑有相当多的自传性元素：在马雅可夫斯基的感受中,他和莉莉的关系就是这样的。"爱、嫉妒和友谊在马雅可夫斯基身上强烈到夸张的地步,但他

---

① 马雅可夫斯基用名词 лава(熔岩)自造的动词 лавить,意思显然是"像熔岩般喷涌"。

不爱谈论这些事情，"莉莉写道，"他永远都在不停地写诗，把自己的感受毫无保留地写进诗里。"

那莉莉呢？她是如何看待马雅可夫斯基的激情冲动的？写完《脊柱笛子》后，马雅可夫斯基把她请到自己在望德街的公寓。他用赌博赢来的钱和报社的稿费在叶利谢耶夫食品店买了烤牛肉，在美食家（De Gourmet）食品店买了杏仁糕点，在克拉夫特（Kraft）糖果店买了两斤多酒浸樱桃和巧克力，又在艾勒斯（Eilers）花店买了鲜花。他把皮鞋擦得锃亮，又戴上了最漂亮的领带。朗诵完之后，莉莉说了自己有 78 多么喜欢他，可马雅可夫斯基却勃然大怒："喜欢？然后就没了？为什么不是爱？"莉莉答说当然爱他，但内心深处她却在想："我爱的是奥夏。"

这段描述摘自莉莉用第三人称描述自己的回忆录。文本虽然有些小说特征，但却以日记为本，因此相当真实。接着，莉莉又说马雅可夫斯基在送她回家去的路上变得非常阴郁、沮丧，以至于奥西普都问他到底怎么了。

　　　马雅可夫斯基呜咽了一下，几乎喊出声来，然后整个身子扑向沙发。他硕大的身躯躺在地板上，脸埋在沙发枕头里，并用双手抱住头。他开始号啕痛哭。莉莉娅惊慌失措地向他俯下身。"沃洛佳，行啦，别哭啦。是这些诗把你写累啦。瞧你写得没日没夜的。"奥夏跑去厨房拿水。他坐上沙发，想用力把沃洛佳的头提起来。沃洛佳抬起了满是泪水的脸，依偎在奥夏的膝盖上。透过呜咽的号哭，他隐约喊出了一句话："莉莉娅不爱我！"然后他挣脱开来，跳离沙发，跑进厨房。他在那里放声哼叫、哭喊，害得莉莉娅和奥夏只能躲去卧室最远的角落里。

79

可想而知,莉莉与马雅可夫斯基共同生活的第一年对双方而言都不容易。马雅可夫斯基在自己的诗里为莉莉"加冕",但他情感的无度却让后者甚是厌烦、愤怒。他的追求之顽固让莉莉觉得是在"袭击":"整整两年半我没有过一分钟的清闲"。当马雅可夫斯基又写下一首关于爱情之痛苦的长诗《唐璜》(Дон Жуан)后,莉莉的耐心耗尽了:"我之前并不知道这首诗写了什么。沃洛佳走在街上突然就给我从头到尾背了一遍。我生气了:怎么又是写爱情的? 咋就不腻味呢? 沃洛佳把手稿从口袋里掏出来,撕成碎片,任由风把它们吹散在茹科夫斯基街。"

虽然手稿被撕毁了,但文本的一些片段似乎被用在其他短诗里了,比如在这首中:

在粗野的谋杀中你没有弄脏双手。

你

只是弄丢了:

"柔软的床上是

他,

水果、

葡萄酒在深夜餐桌的掌心。"

爱情!　　　　　　　　　　　　　　　80

只有在我那

发了热的

脑中才曾有过你!

　　这两节诗引自《致一切》，这首诗是马雅可夫斯基第一本诗选《朴素如牛哞》(*Простое как мычание*)的抒情序曲，而诗集的标题则借自悲剧《弗拉基米尔·马雅可夫斯基》。将这首诗选作整本诗集的序曲并非随意之举，因为这首诗是献给莉莉的，这个标题也就意味着整本书都是献给她的。我们在上面引用的这几行诗是以具体的生平事实为依据的——莉莉曾向马雅可夫斯基讲述过，他和奥西普的新婚之夜就是这样度过的。诗集于 1916 年 10 月出版。尽管当时莉莉和奥西普之间的爱情只是柏拉图式的精神恋爱，马雅可夫斯基却依然将奥西普视为赢得莉莉芳心的竞争对手，以及确立两人稳定关系的障碍；而莉莉很可能也在利用自己为人妻的身份来和马雅可夫斯基保持距离。

　　"我立刻就明白，沃洛佳是个天才诗人，但我却不喜欢他，"莉莉在故世后才为人所知的一段回忆文字中如是写道，"我那时不喜欢那些大嗓门的人，我是指那些外表上让人感觉嗓门很大的人。我不喜欢他个子那么高大，不喜欢在街上人们都要转头看他，不喜欢他倾听自己的声音，甚至连他的姓马雅可夫斯基也不喜欢，这个姓嘹亮得就像是个笔名，而且是个庸俗的笔名。"

　　一次和他的谈话让莉莉尤为反感。他们讲到了一位被奸污的妇女。莉莉觉得那个强奸犯应该被枪毙，但马雅可夫斯基却"说他理解他，说他自己也有可能强奸妇女，说假如他和一个女人同处一座无人孤岛之上，那么他明白自己有可能也会憋不住，诸如此类"。这让莉莉十分厌恶："具体的话我当然记不住，但我看见了，我看见了他的面部表情、眼睛、嘴，我记得那种恶心透顶的感觉。假如沃洛佳不是个那么伟大的诗人，那么我们的关系就到此为止了。"

　　无论我们如何看待莉莉对马雅可夫斯基的感情，我们都不必认为他的出现会改变莉莉对爱与性的看法。她一如既往有好几个追求者，

列夫·格林克鲁格,一度是莉莉的护花使者,终其一生都是她的忠实朋友。1987年他以九十八岁的高龄逝于莫斯科。

而且她既不隐瞒这一点,也不隐瞒自己对奥西普那不灭的爱。小名"廖瓦"的列夫·格林克鲁格多年以来一直是她的护花使者,莉莉在莫斯科就认识了廖瓦,而廖瓦每个周末都要来彼得格勒拜访他们。格林克鲁格出身俄罗斯为数不多的几个犹太世袭贵族家庭——他的医生父亲因在1877年至1878年俄土战争中的功勋而获得贵族身份。列 81 夫·亚历山德罗维奇自己受的是法学教育,并在银行工作。虽然他是个低调的追求者,而绝非什么唐璜,但他与莉莉的亲近却引来马雅可夫斯基强烈的嫉妒。

　　奥西普的情况则完全不同。他从不会嫉妒,而他和莉莉之间的身体关系在她结识马雅可夫斯基前就已告终。"这是自然而然发生的,"莉莉承认道,并且补充说,"我们彼此之间爱得太热烈、太深沉了,以至于都不在乎这一点。"这种解释极端理性;可以推断,肉体关系的中止背后应藏着一些别的更为深刻的动机。或许他们在性方面并不适合彼此。但莉莉爱奥西普之热烈，就如同马雅可夫斯基爱莉莉之热烈，她不能想象自己的生命中没有奥西普——也许这也正是因为后者在情感方面表现出的克制、谨慎。

神经的双腿已瘫软栽倒

在爱上莉莉前，马雅可夫斯基与埃尔莎交往了一年。虽然在回忆录中，埃尔莎把他们的关系呈现得深刻、亲近，但这却是另一种关系——与马雅可夫斯基和姐姐之间的关系完全不同。

和两姐妹都认识的亚·阿扎尔赫-格拉诺夫斯卡娅表示埃尔莎把他们之间的关系"吹大了"：在马雅可夫斯基爱上莉莉后不久，她曾问过前者当初是否也这么爱埃尔莎，他回答说"没有吧"。而比其他人更了解埃尔莎的罗曼·雅各布松则说，马雅可夫斯基与她之间有着"兄弟般的温存"。

虽然埃尔莎成功向莉莉和奥西普证明了自己的男友是个大诗人，但这却立刻起到了反作用——埃尔莎和马雅可夫斯基从此就很少再见了。"我和莉莉之间从来没有共同的朋友，这甚至有些难以置信，但事实却总是如此，"埃尔莎1915年9月写信给他说，"假如您知道这有多可惜！我是多么地依恋您，可突然之间，您就成了个陌生人……"马雅可夫斯基的回应是给她寄了一本《穿裤子的云》，题签"给可爱的好埃莉奇卡[①]，爱着她的弗·弗"。埃尔莎谢过了，但她相信寄书的主意肯定是莉莉想出来的，并且委屈地给马雅可夫斯基写道："您自己是无论如何都想不到的。"

————————

① 埃莉奇卡（Эличка）和下文的埃莉克（Элик）都是埃尔莎的爱称。

两姐妹争风吃醋不仅是因为马雅可夫斯基,事实上她们几乎就不太打照面。莉莉和丈夫一起住在彼得格勒,埃尔莎则和母亲一起住在莫斯科,并在那里学建筑,而且他们之间的通讯因战争而时断时续。但1915年12月31日他们在莉莉和奥西普家举办的"未来主义新年晚会"上见面了。用来装饰圣诞树的是《裤子上的云》的书页和马雅可夫斯基的黄色女衫。由于公寓不大,他们就把圣诞树挂在了天花板上。客人们互相挨在一起贴墙坐着,餐食则从门外直接递进来,然后在他们头上送来送去。所有人都穿着各色制服,莉莉穿着苏格兰花裙配红色露膝长袜,头戴侯爵夫人式的假发。马雅可夫斯基打扮成一个系红领带、戴指虎手套的"流氓",维克托·什克洛夫斯基打扮成水手,瓦西里·卡缅斯基在嘴唇上抹了半条唇髭,在脸上画了一只小鸟,并在夹克衫上缝了许多小碎布块。埃尔莎把头发堆成塔状,顶上再插一枝羽毛,可以一直够到天花板。晚会(确切地说或已是"午夜会"了)告终时,卡缅斯基突然向埃尔莎求婚,后者虽然又惊又喜,但还是拒绝了。

照莉莉的话说,这是第一次有人向埃尔莎求婚;她没有姐姐的迷人魅力,往往陷入绝望的单恋。"我喜欢的人就是不喜欢我,反之亦然。"1916年10月她给马雅可夫斯基写道。那年夏天她还打算服毒自尽,如今生命只是让她感到厌恶罢了。这封信是埃尔莎对马雅可夫斯基寄来《朴素如牛哞》的答复。"除了这本书本身的那些优点,它还让我回想起很多,"她写道,"几乎在每一页我都能和自己喜欢的那个老朋友相遇。何时、何地从你口中听到这些,我全都记得。"她很想再见一次马雅可夫斯基,所以问后者是否准备前往莫斯科。"我也不乐意写信,就仿佛你会回信一样。你难道真的一点都没想过吗?你要是能来,我会多么高兴啊!"

82

83   让她惊奇的是，马雅可夫斯基如是作答："很遗憾，我不能在短期内前往莫斯科，因此不得不暂时搁置自己为了你的闷闷不乐而吊死你的迫切愿望。唯一能够救你的，就是你自己快点赶过来，并且亲自恳求我的原谅。真的，埃莉克，快点来吧！**我在抽烟**。我的社会和私人生活仅限于此。"（显然，马雅可夫斯基曾试图戒烟，这想必是应莉莉的要求。）

在接下来两个半月，他们互寄了不下十一封信，其中马雅可夫斯基对自己的感受只字不提。埃尔莎对他的一切消息都十分感激，但有一回也忍不住问他为什么不写写自己的事儿。"不会吗?"她问道，同时也触及这个看上去"大嗓门"的人的一个重要特征，用莉莉的话说，这就是他"惊人的封闭性"。"马雅可夫斯基从不爱谈论自己。"达维德·布尔柳克如是置评，而伊达·赫瓦斯也说过一样的话。前者又补充道："他连自己的母亲和姐姐都很少谈起。"所以说，马雅可夫斯基在书信和谈话中从不讲述自己的感受与情事也就没啥奇怪的了。

虽然埃尔莎住在莫斯科，但她猜到马雅可夫斯基和姐姐之间的关系并非一帆风顺：她很了解莉莉和马雅可夫斯基，读了后者的诗之后，她明白他正为情所困。她觉得现在可以挽回他了。她完全能想象马雅可夫斯基会对莉莉身边的其他男性产生多么病态的反应。于是她告诉他，列夫·格林克鲁格"好像有点忧郁"，这很可能是因为莉莉"伤害了他"。埃尔莎的信又长又私密，而马雅可夫斯基的信则总是简短、空洞。但 1916 年 12 月 19 日收到的信却吓到了她：

亲爱的好埃莉克！
快点来吧！

原谅我没写信。不值一提。你现在似乎是我唯一怀着爱意和柔情所想的人

热烈地、热烈地吻你

沃洛佳

"神经的双腿已瘫软栽倒"

请 立 刻 答 复

求 你 了

最后两行全部用大写字母书写，横跨了信纸的第一页。"你的信惊动了我，让我立刻决定出发，"12 月 21 日埃尔莎回信说，"我在空气中嗅到了什么，嗅到了一些不该有的东西，关于你的念头总是、总是和某种不安联系在一起。"引起她警觉的是摘自《穿裤子的云》中的那句"神经的双腿已瘫软栽倒"。"我那时只有二十岁，"埃尔莎后来回忆道，"没有母亲的允许我还从没出远门去过任何地方，但这一次我连缘由都没有解释，便直接出发去了彼得堡。"第二天埃尔莎已经坐上了火车。

他们在马雅可夫斯基位于望德街的公寓见面。埃尔莎回忆道：一张沙发、一把椅子、一张桌子，桌子上有一瓶葡萄酒。马雅可夫斯基一会儿坐在桌边，一会儿在房间里踱步，一声不吭。她坐在房间角落的沙发上，盼着他哪怕说点什么也好，但他一个字都不说，吃了点什么东西，然后又在房间里来回走，就这样度过了一个又一个小时。埃尔莎不明白自己为何要来。有个熟人在楼下等她。

"你去哪儿?"

"我要走了。"

"不许!"

"不许对我说'不许'!"

我们开始吵架。发了狂的沃洛佳用蛮力阻挠我。我挣脱了，宁死也不想留在这里。我奔向门口，抱起皮草大衣就夺门而出。我下楼梯的时候，沃洛佳雷鸣般的声音从我身旁擦过："借过，女士"，还抬了抬帽檐。

我已走到街上，发现沃洛佳坐在雪橇上，身边是正在等我的弗拉基米尔·伊万诺维奇[·科兹林斯基]。放肆又蛮横的马雅可夫斯基宣布晚上要和我们一起过，然后坐在那儿就开始逗我笑，并挖苦弗拉基米尔·伊万诺维奇。他想用笑话回击，但自然不是对手，谁在这种事上能和马雅可夫斯基比试呢？于是我们果真三人一起共度了夜晚，一起吃了晚饭，然后看了个什么节目，又是欢声笑语，又是热泪盈眶！但马雅可夫斯基是个多么费解、多么难相处的人啊！

在回忆录中，埃尔莎并没有提及一件事：在彼得格勒逗留了一周后，她和马雅可夫斯基恢复了从前的关系。回家后她立刻给后者写了一封信，信里说自己在火车上痛哭了一场，而"妈妈都不知道该拿我怎么办"。"都怪你这恶心的东西!"马雅可夫斯基答应她来莫斯科，而她则迫不及待地等着他："……我很爱你。而你已经不爱我了吗？"因为没等到回信，1917 年 1 月 4 日她又给他写了封信："你不会来的，我就知道![……]哪怕写封信，就说你一如既往热烈地爱着我也好啊。"但马雅可夫斯基却来了：埃尔莎发信的那天，他从汽车连申请到了三周假期并前往莫斯科，在那里见了母亲、两个姐姐，当然还有埃尔莎。不难想象埃尔莎心中满溢的成就感——毕竟她成功把马雅可夫斯基从莉莉身边夺走了，哪怕这只是短暂的胜利……

读到"神经的双腿已瘫软栽倒"这句话后，埃尔莎生怕马雅可夫斯基要自杀。也正是在这段时间，即 1917 年春天，他经历了"一个非常［……］戏剧性的时刻"，并"处在非常艰难的状态"，罗曼·雅各布松回忆道。这一时期他曾数次威胁或尝试自杀。莉莉回忆说："马雅可夫斯基挂在嘴边的自杀话题是一种恐怖手段。"一天清晨她被电话铃声吵醒："我要自杀了。别了，莉莉。"她马上冲向望德街。马雅可夫斯基开了门。桌上躺着把左轮手枪。"我开了一枪，结果卡壳了，"他说，"第二枪不敢开了，于是就等你。"她发狂一般把马雅可夫斯基带回自己家。结果到了家他却逼莉莉和自己一起打朴烈费兰斯（preference）。他们着了魔似的打牌，而马雅可夫斯基不断用阿赫玛托娃的两行诗折磨莉莉："心爱的人对你做了什么，／你心爱的人做了什么！"莉莉先是输掉了第一局，然后，让马雅可夫斯基非常高兴的是，接下来几局她也全都输了……*

"在他发歇斯底里的时候，我要么让他冷静下来，要么对他生气，并求他别折磨、吓唬我。"莉莉并没有夸大其词。自杀的想法贯穿了他的一生和全部创作。用科尔涅伊·楚科夫斯基的话说，他是"悲剧性的，是个疯狂的人，他的天职就是自杀"。

---

　　* 莉莉在回忆录中说这一事件发生于 1916 年，但它更可能发生在第二年；在马雅可夫斯基 1917 年的笔记本中可以读到："7 月 18 日 8:45，突然不想活了。10 月 11 日 4:30，终。"1930 年莉莉在信中说马雅可夫斯基"十三年前"曾试图自杀。

一种新的美正在诞生

　　埃尔莎和马雅可夫斯基的关系时好时坏,不过童年朋友的求婚却颇让她感到安慰,求婚者便是那位见证马雅可夫斯基"处在非常艰难的状态"的罗曼·雅各布松。卡甘和雅各布松家都住在莫斯科的肉铺街(Мясницкая улица),仅相隔几个街区,因此两家人来往密切。和卡甘家一样,雅各布松家也属于莫斯科的犹太精英圈子,父亲是大批发商,人称"米王"。埃尔莎和罗曼同岁,他们的母亲怀孕时就曾开玩笑说,假如生了是一男一女,那将来就让他们结为连理。因为年龄相差太大,罗曼从未和莉莉密切交往过,但与埃尔莎相处了很多时间,再加之两人的法语教师也是同一位达什小姐。后来他们的生活轨迹分开了,但到 1916 年末又再次见面,用雅各布松的话说,"宏大、热烈的友谊"将他们联系在一起。

　　1917 年 1 月的一天,罗曼和埃尔莎准备上剧院。在埃尔莎更衣的时候,他翻了翻埃尔莎给他的两本由奥西普·布里克出版的书——《脊柱笛子》和一本诗语论文集。罗曼·雅各布松在莫斯科大学攻读语文学、方言学和民俗学,他那时才二十岁,但已收获了天才少年的名声。早在 1913 年,在最为激进的未来主义者克鲁乔内赫与赫列布尼科夫的感召下,他就写下了第一批早熟的文学宣言。同一年,比雅各布松年长十七岁的画家卡济米尔·马列维奇听闻他的理论(尽管它们未曾在任何地方发表过)后,亲自找上门来,想和作者探讨切磋。又过了两年,年仅十八岁的雅各布松就参加了莫斯科语言学小组(Московский лингвистический кружок)的筹建,并成为其第一任主席。

埃尔莎和罗曼的母亲在怀孕期间曾开玩笑说,如果生下一男一女,就让他们成
婚。但无论罗曼多么渴望这一刻的到来,这个玩笑最终都未曾实现。在这张
1903 年的照片上有七岁的罗曼(左)、埃尔莎(卷发者)、莉莉,以及来自沃尔佩
特家罗曼的表亲们。

布里克出版的文集中的那些论文与雅各布松自己对诗语的论述十分接近,这让他感到震惊。"17 年 1 月中旬,也就是这两本书落入我手中后过了没多久,我就去了彼得格勒。埃尔莎给了我一封转交莉莉的信。他们所住的茹科夫斯基街离火车站不远,我到了之后直接就去找他们,然后在他们那儿留了大概有五天。他们不肯放我走,"他回忆说,"他们的整个生活方式都极为波希米亚。桌子上全天候摆着吃的,有香肠、面包,好像还有奶酪,大家都不停地喝茶。"罗曼回莫斯科后,埃尔莎在日记本中写道:"罗马①从彼得堡回来了,很遗憾,他也成了布里克的人。"

2 月中雅各布松又去了彼得格勒。当时正值谢肉节(масленица)②,也就是俄罗斯的忏悔星期二,莉莉请他吃薄饼。客人中还有年轻的文艺学家鲍里斯·艾兴鲍姆、叶夫根尼·波利瓦诺夫、列夫·雅库宾斯基和维克托·什克洛夫斯基。在吃下酒菜和吟祝酒词的间隙,奥波亚兹(ОПОЯЗ)成立了,这个缩写的全称是诗语[理论]研究会(Общество изучения [теории] поэтического языка)。当时没有人能料到这场谢肉节宴会会对俄罗斯文艺学的发展产生至关重要的影响。

新协会的推动者是经常拜访布里克夫妇的维克托·什克洛夫斯基。这位马雅可夫斯基的同岁人曾就读于彼得堡大学,也被认为是神童。早在 1914 年他就靠《词的复活》(Воскрешение слова)这本小册子引起了人们的关注,在这本小册子中,他攻击了各种认为文学能体现生活(现实主义)或最高现实(象征主义)的过时理论。什克洛夫斯基断言,文学研究的对象应该是"文学本身",也就是那些让文学成其为

88

---

① 罗曼的爱称。

② 东斯拉夫民间节日,在大斋期前一周尽情吃喝、狂欢,尤以最后一天(周日,不同于西欧的周二)为甚,根据多神教的残余习俗,当天要做象征太阳的圆形薄饼。

1914 年夏天,科尔涅伊·楚科夫斯基开了一本叫《楚科卡拉》
(*Чукоккала*) 的宾客留言本,让访客们(其中就包括马雅可夫斯
基)以诗歌、绘画等形式留下自己的问候。这本册子的名字是
由楚科夫斯基的笔名和他居住的这个芬兰村庄的名称库奥卡
拉组成的。想出这个名字来的是画家伊利亚·列宾,他在库奥
卡拉有一间画室。作为楚科夫斯基家的常客,列宾在《楚科卡
拉》中留下了许多印迹,其中就包括这幅肖像,上面画的是
1914 年 6 月造访库奥卡拉的年轻人维克托·什克洛夫斯基。

文学的东西：诗歌的韵脚和语音、散文的布局结构等等。"艺术永远独立于生活，在它的旗帜上从不反映城堡上空旗帜的颜色。"他后来如是陈述自己那略显尖锐的信条。

在什克洛夫斯基的论述中可以感受到未来主义诗学关于"自足的词""词就是目的本身"理念的影响。"被磨损的"旧形式失去了意义，不再能被人感知。需要新的形式，需要"任意的""派生的"词。未来主义者们从旧词根创造新词(赫列布尼科夫)，"用韵脚把它劈开"(马雅可夫斯基)，或是根据诗歌的节奏来改变词的重音位置。"新的、鲜活的词正在被创造出来，"什克洛夫斯基在《词的复活》中写道，"词的古老钻石正在恢复它们昔日的光泽。这种新语言费解、难懂，我们不能像读《交易所新闻报》(Биржевка)那样读它。它甚至都不像俄语了，但我们太过习惯于将清晰易懂定为诗语的必然标准。"当现如今各种新的美学流派开始显现时，指明道路的不应该是理论家，而是艺术家。

马雅可夫斯基就是这样的艺术家，《穿裤子的云》出版后，什克洛夫斯基成了第一批为之撰写书评的人。他在收录于《抓住了》文集中的文章里写道，在马雅可夫斯基笔下，"曾经与艺术无缘的街巷找到了自己的词，自己的形式"。马雅可夫斯基呈现的新人"并不屈服"，而是"喊叫……一种新的美正在诞生，一种新的戏剧将会诞生，在各个广场上人们都将表演这种戏剧，一辆辆电车将用双色彩灯组成的那两道光带环绕它"。[1]

正如我们之前所言，《云》的第二篇书评的作者是奥西普，他在与

---

① 圣彼得堡的电车车厢前会挂两个彩灯，每条路线都有自己固定的颜色搭配，这样乘客从远处即可得知驶来的是几路车。

马雅可夫斯基会面后非常认真地喜欢上了未来主义诗歌。"我们那时 89
只爱诗,"莉莉回忆说,"我们就像是醉酒者。我能把沃洛佳所有的诗
背出来,而奥夏则完全陷于其中。"靠着与什克洛夫斯基的关系,奥西
普进入了一个年轻语文学家和文艺学家的圈子,他们在自己领域的革
命倾向就如同未来主义者在诗歌领域那般。1916 年 8 月奥西普出版
了一本文集,也就是罗曼·雅各布松在等待埃尔莎更衣时读了为之折
服的那本书。

奥西普既未受过文学教育,也没有学过语言学,可他对相关学术
问题的轻松、迅速掌握令人吃惊。在 1916 年 12 月同样由奥马布出版
社出版的那本诗语论文集第二卷中,他提出了划时代的辅音的"语音
重叠"理论。"他的能力极不寻常,"罗曼·雅各布松回忆道,对他来
说"一切都不过是填字游戏"。尽管他只认识几个古希腊语基本词汇,
却依然能很快就对古希腊诗律做出一系列让行家看了啧啧称奇的
结论。

和他聪明绝顶的头脑一样让人惊异的是奥西普的另一个特
征——用罗曼·雅各布松的话说,"他未曾有过任何野心",或者如什
克洛夫斯基认为的那样,他缺乏"追求完美的意志"。他是理念的输送
人,却从没有特别关心过要实现这些理念。但他慷慨地在谈话和讨论
中与朋友和同道们分享自己的想法。然而问题仅仅在于缺乏野心吗?
"总的来说他很爱我,"雅各布松回忆说,"但一次当我去找他,告诉他
自己面临被列为逃兵的处境时,他回答道:'您既不是第一个,也不是
最后一个。'然后无动于衷。"或许,野心的缺乏是为了表达别的什么,
还是过分的谨慎,还是俄国犹太人不愿做出头鸟的那种条件反射,抑
或只是冷漠? 维克托·什克洛夫斯基断言,布里克是"一个一直在逃
避、一直心不在焉的人"。他不愿服兵役就是一个例证。除此之外,还

有他的极端理性主义:"假如把布里克的一条腿给切了,那他就会开始证明这样其实更方便。"

战争与世界

当文人们在布里克夫妇的两居室公寓里热烈地争论当代诗歌时,公寓外却沸腾着另一些激情。1916 年夏,俄国已接近战败,但她还是扭转了颓势,第二年夏天俄军已开始反攻。但与此同时,后方的不满和消极情绪却愈演愈烈。食品和其他货物严重匮乏,通货膨胀超过工资增长三倍之多。导致通货膨胀的原因一方面是国家的贫困(国民人均收入只有英国的六分之一),另一方面则是国库收入减少,这部分是战争初期颁布的伏特加生产禁令导致的。与此同时,没有黄金捆绑保障的卢布正在越印越多。

90

通货膨胀和物资匮乏的受害者主要是城市居民,尤其是远离各农业省份的圣彼得堡和莫斯科居民。相反,农民却是谷物、牲畜和马匹价格上涨的受益人,因为政府需要征购这些物资以供军队使用;对农民来说战争是有利的。1916 年秋内务部警告说,局势已开始接近 1905 年的样子,有可能会发生新的暴动。原因一方面是沙皇当局无力解决经济问题,另一方面则是城乡之间的紧张关系。与此同时,军队中的不满情绪也开始增长:开小差成了大规模现象,从 1916 年末到 1917 年初,共有超过一百万士兵扔掉军装,打道回府。

彼得格勒的游行示威起初只有经济动机,但到 1916 年末已开始公开涉及政治。杜马议员们认为必须进行刻不容缓的政治改革,但尼古拉二世却表示反对。人们认为德意志出身的皇后对沙皇有消极影响,而幕后的操盘手则是格里戈里·拉斯普京。由于和皇后算账是不可能的,一群包括了皇室成员(德米特里·帕夫洛维奇大公)在内的密谋者决定除掉拉斯普京。12月16日深夜,他在彼得格勒的尤苏波夫宫(дворец Юсуповых)被杀。

这一事件后两天,马雅可夫斯基给埃尔莎写了那封"神经"信。无论在这封信里,还是在这段时期的其他信中,对发生在自己生活以外的事情他都只字不提。他仿佛活在一个除了自己和自己的感受之外一无所有的世界里。虽然不排除一些书信被销毁或失踪,但他在其他时期的书信却能让我们看出一个清晰的规律:他从来不评论政治和社会现实。

然而公共事件并非就这么了无痕迹地过去了,战争带来的创伤——就像爱情带来的一样——在诗歌中得到了体现。除了各种讽刺诗和宣传鼓动诗,马雅可夫斯基在1916年至1917年间还写了一部大型作品——长诗《战争与世界》(Война и мир)。这首诗的标题对托尔斯泰的《战争与和平》(Война и мир)进行了轻微改动——在俄语中"世界"与"和平"是同一个词。① 在这首长诗中,他过去颇为原始的战争观被对战争的疯狂和恐怖之沉思所取代。罪责是集体性的,诗人弗拉基米尔·马雅可夫斯基不仅是替罪羊,也是共谋。因此他亲自向全人类请求原谅——或许是在为战争初年自己的那些夸大宣传感到悔恨:"亲爱的/人们!/看在基督分上,/看在基督分上/原谅我吧!"

与此同时,他看见了新时代的曙光。那些年关于旧世界注定灭亡的观念广泛传播,尤其是在作家当中。就像在《云》中一样,一边是对

91

---

① 确切地说,在1918年的正字法改革前,这两个词虽然读音一样,但在写法上仍然有区别(和平是миръ,而世界则是міръ)。正字法改革后两者才都变成мир。

人普遍脆弱性的意识,另一边则是对更和谐的新世界秩序即将诞生的
弥赛亚式信念,这两者也在这首诗中得到平衡:

> 而他,自由的,
> 我正呼喊的,
> 那个人——
> 他将来到,
> 相信我吧,
> 相信吧!

92   《被胶卷束缚的女人》的海报在电影本身之中起到了非常重要的作用。
      马雅可夫斯基绘。

第四章　第一次和第三次革命(1917－1918)

俄罗斯的政治生活万岁，

不受政治干涉的自由艺术万岁！

弗·马雅可夫斯基,1917 年 3 月

"我回莫斯科时极为坚定地相信革命就要开始了,"罗曼·雅各布 松回忆说,"从大学里的情绪来看这是一目了然的。"反抗者不仅仅是大学生。1917 年 3 月 8 日为纪念国际妇女节,彼得格勒发起了和平示威,示威者要求面包与和平。之后几天又兴起了新的示威浪潮,并被警察驱散。3 月 12 日保罗近卫团(Павловский полк)投票决定拒绝执行向平民开枪的指令,当天彼得格勒城大部分都落入该团的控制中。3 月 13 日,骚动传到了莫斯科。两天后,也就是 3 月 15 日,尼古拉二世宣布退位。

君主制被推翻,临时政府得以成立,我们通常所说的二月革命——因为革命发生时儒略历仍是 2 月——如今已是既成事实。3 月

8 日埃尔莎给马雅可夫斯基写了一封信,破例提到了自己房间四壁外正在发生的事情:"亲爱的沃洛佳大叔,瞧瞧都发生了啥呀,真是了不起!"她告知马雅可夫斯基说,此前就准确预感到这一切的罗曼如今加入民兵,拿起武器,逮捕了六名旧警察——作为莫斯科大学学生,他被人请去帮忙维持街头秩序。

革命引发了各阶层居民极为高涨的热情,人们真心相信将会发生各种深层次的剧变。政治的春天降临,空气中充满了自由的气息。哲学家列夫·舍斯托夫在事变一周后写给瑞士亲戚们的信中透露了这种情绪:

94

　　我们这里所有人如今只思考、谈论发生在俄罗斯的这些重大事件。谁若非亲眼所见,真的很难相信。尤其在莫斯科。就仿佛根据上天的指示,所有人万众一心地决定,需要改变旧秩序了。决定之后,在一周之内就全都做成了。在彼得堡还有过某些争执,而在莫斯科完全就变成了节日。[……]不到一周时间,整个庞大的国家宁静地弃旧向新,这种宁静从来只会在隆重、盛大的节日才会出现。

人们向政府提出了具体要求:恢复粮食供给到正常水平,并将战争进行到最终胜利,或者哪怕是打到体面地终战也好。然而很少有人知道,推翻专制后俄罗斯政治的未来应该是什么样子的。笼罩在上空的仍是获得解放的欢快之情。

革命为马雅可夫斯基和其他作家、艺术家带来了希望:他们将能不受审查机关和学院的干涉进行创作。1917 年 3 月艺术工作者协会(Союз деятелей искусств)成立,其成员来自所有的政治和艺术流派,从保守主义者到无政府主义者，从审美上的守旧派到各个最为激进的未来主义小组。马雅可夫斯基作为作家代表被选入主席团，这招致人们的惊奇和抗议：为什么是这个臭名昭著的未来主义者，而不是举世闻名的高尔基？之所以选举马雅可夫斯基，其实是因为高尔基同意加入一个政府委员会，人们认为他这么做出卖了文化工作者的利益。这个新组建的联盟正在为艺术和艺术家能独立于国家而斗争，因此那些与政府合作的人会被视为通敌者。"我的，总的来说也是所有人的座右铭，就是俄罗斯的政治生活万岁，不受政治干涉的自由艺术万岁！"二月革命后两周，马雅可夫斯基如是宣布，但又补充了一句："我不拒绝政治，但是在艺术的领域不应该有政治。"

　　艺术应该独立于国家，这是协会左右派成员的共识。对待战争的立场也很一致：马雅可夫斯基所在的"左派集团"和大多数其他人一样支持护国主义。1 月刚获颁"忠勤"奖章的马雅可夫斯基骄傲地宣布，"我们不仅有世界第一的艺术，还有世界第一的军队"。这表明爱国主义和美学上的先锋主义、政治上的激进主义是可以结合在一起的：因为当时人人都期待着新政府能改变战争的势态。

　　1917 年 5 月刊载在《新生活报》（*Новая жизнь*）——这是不久前由高尔基创办的"社民主义国际主义派" 机关刊物——上的《革命》（*Революция*）一诗中，马雅可夫斯基欢呼革命，称之为"社会主义者伟大异端"的胜利。然而他并非任何党派的成员①——他的政治理想是一种带有强烈无政府主义倾向的自由意志社会主义。在这段时期他并没有更明确的政治立场。有一次在参与为革命烈士家庭捐款活动时，他把募集到的善款转交给了立宪民主党发行的《言语报》（*Речь*）编辑部。

───────────

　　①　上文曾经提到他加入过布尔什维克党，但事实上出狱后他就不再与党组织联系。

推翻沙皇政权的喜悦冲昏了人们的头脑，让大家对未来充满了不切实际的希望。尼古拉·阿谢耶夫讲述的一个插曲能证明马雅可夫斯基对革命万能的信念多少有些天真。任何人都可以在选举中推举自己当候选人，这是俄罗斯历史上破天荒的头一次，整个莫斯科街头都贴满了海报和竞选广告。除了几个大党派的海报外，楼房四壁还挂着一些小型政治联盟的标语，其中有各种无政府主义小组和诸如"厨师工会"这样的小组织。有一回阿谢耶夫和马雅可夫斯基在城里散步，看了这些海报，马雅可夫斯基突然提议拟一个由未来主义者组成的候选人名单。排第一位的应该是他，第二位是卡缅斯基等等。"我难以置信地反驳说，谁会给我们投票啊，弗拉基米尔·弗拉基米罗维奇若有所思地回答道：鬼知道呢！现在是什么时代啊，万一就被选上总统了呢……"

如果说马雅可夫斯基的浪漫主义世界观脱离了现实，那么奥西普则有着相当成熟的政治敏感。从种种迹象判断，这一时期他对布尔什维克的看法比马雅可夫斯基的更正面。当1917年4月侨居国外十年多的列宁回到俄罗斯后，欢呼的人群在彼得格勒的芬兰火车站迎接他。奥西普出于好奇赶到那里，站在人群之中。"他似乎很疯狂，但自信得可怕。"在这个决定了俄罗斯未来命运的夜晚，他和马雅可夫斯基等朋友们一起喝干邑、打桌球。他说的这句话被罗曼·雅各布松记了下来，并传给了后世。

布尔什维克的汪达尔行为

《革命》一诗是献给莉莉的；从别的作品中也明显能觉察出马雅可夫斯基对"亲爱的人"的崇拜。然而我们对革命年代两人的关系却知之甚少。8 月 8 日马雅可夫斯基因牙病获汽车连准假,9 月底他去了莫斯科。从那里他给莉莉和奥西普写了一封信。信是同时写给两个人的,而且从字里行间并不能看出马雅可夫斯基和莉莉之间有什么特别亲密的关系。

收信地址是茹科夫斯基街 7 号,42 室。下一封信寄到了同一地址,但房间号却变了。这封信注明的时间是 1917 年 12 月。隔在两封信之间的不仅是日历上的四个月,还有一道历史的深渊——布尔什维克在 10 月夺取了政权。

到了 1917 年夏秋,明眼人都已发现,在整个春夏多次更替内阁成员的临时政府无力解决国家面对的各种重大问题。前线形势吃紧到了打算疏散彼得格勒的地步,而后方布尔什维克进行土地改革的要求则受到民众越来越多的响应。1917 年 11 月 7 日(旧历 10 月 25 日)布尔什维克夺取了政权,终结了持续八个月的民主实验。

旧社会的法律一下子都被废除。到处笼罩着混乱,许多富人速速逃去国外。这两点能解释为何莉莉和奥西普在 1917 年 10 月搬进了同一幢楼里的一套六居室公寓:军队正在瓦解,奥西普再也不必遮掩自己的开小差行为,一户人家走了(逃亡?被枪毙?),于是就空出来了一套大公寓。十月事变后过了几天,马雅可夫斯基也被免除了兵役。

布尔什维克在执政后两周召集了文化工作者,希望和他们进行合作。寥寥无几的响应者中除马雅可夫斯基外,还有亚历山大·勃洛克和弗谢沃洛德·梅耶荷德。国民教育人民委员①阿纳托利·卢那察尔斯基计划组建一个艺术事务国家委员会,但他的想法就和当初临时政

①　1946 年前,苏俄以及随后苏联政府的组成部门被称为人民委员部,相当于其他国家政府的部,而人民委员部的负责人被称为人民委员,相当于部长。

府提出的类似主意一样受到抵制。艺术工作者协会在讨论这一问题时,马雅可夫斯基颇为冷淡地表示:"得和政府打交道,得欢迎新政权。"

布里克夫妇和马雅可夫斯基都持左派立场,虽然并不是任何一个党的党员。他们在意识形态上接近孟什维克,并与高尔基的《新生活报》合作;5 月奥西普被任命为社会主义讽刺杂志《独轮车》(Тачка)的主编,但这份杂志最终未能问世。当时各个社会主义政党之间尚没有清晰的界限,人们今天加入一个党,明天又加入另一个党。这些党派的统一特征主要是蔑视资产阶级,而就新社会的建设却没有什么思想上的统一认识。艺术工作者照旧要求完全独立于国家。布尔什维克想要管控文化,但底下却并非那么齐心协力。况且许多人都认为布尔什维克下台只是个时间问题,既然如此,又何必跟他们多费口舌呢。

如果说马雅可夫斯基采取的是观望姿态,那么奥西普在这场文化

97 政治游戏中的角色就更为复杂。卢那察尔斯基正是通过他转达了自己要和文化工作者协会合作的想法。尽管奥西普 5 月才认识这位教育人民委员,但已经开始充当布尔什维克政府与文化工作者之间的传话人。

由于布尔什维克政权能否维系下去这一点当时尚不明朗,奥西普决定充当这种角色可以说是冒着很大的政治风险。但也可以认为这是其成熟的政治直觉使然。下面这一事实能证明布尔什维克也将奥西普视为自己人:11 月 26 日他被选入卢那察尔斯基领导的彼得格勒市杜马的布尔什维克代表名单。不过并没有留下布里克参加杜马工作的材料。

奥西普到底是不是布尔什维克?很难斩钉截铁地回答这个问题。在 12 月 5 日发表于《新生活报》的文章《我的立场》(Моя позиция)

中,他说自己并非布尔什维克党员,对自己被选入杜马非常出乎意料,因为从没有人征求过他的许可。他是个"文化工作者",并不知道布尔什维克的政策到底是好是坏。"逮捕异己者,因言、因文加罪,以及其他种种暴力做法并非一家独有。"他如是写道。沙皇政权对反对者的残酷镇压仍让他记忆犹新。让他忧虑的不是这些,而是别的:他反对布尔什维克的文化纲领,在他看来后者是"不切实际的"。

这么说的潜台词是指布尔什维克支持无产阶级文化协会(Пролеткульт)这一工人文化组织,而后者的原则与未来主义的理念背道而驰。无产阶级文化协会的思想家们认为,现代艺术和现代文学是工人们难以理解的,应该用更为易懂的——换言之,就是更为古典的——形式向他们呈现革命理念。"唯一正确的道路,"奥西普宣称,"就是毫不偏离地贯彻自己的文化路线,无论文化在哪里受到威胁,都要坚定地捍卫它免受任何汪达尔行为的侵害,包括来自布尔什维克方面的。"因此,尽管他并非党员,也不打算服从任何一个党的纪律,或是参加任何政治集会,但他不应拒绝自己的"意外当选"。

这封信体现了布里克对新政权的双重立场。虽然他不是布尔什维克党党员,但他却愿意在市杜马中代表布尔什维克,如果这么做能动摇其文化政策的话。这样一来,他接受当选就不是出于自己的政治信念,而是视其为自己的策略。这难道不是他的"道德相对主义"的又一表现吗?

尽管布里克和卢那察尔斯基始终存有种种分歧,但大体上他们的意见是一致的。而马雅可夫斯基的情况则完全不同。事实上他和卢那察尔斯基的矛盾非常尖锐,以至于他因为"没和人民委员谈拢"(奥西普语)而于11月底到12月初离开彼得格勒去了莫斯科。 98

可以通过马雅可夫斯基对奥西普文章的反应看出这场矛盾的根

源所在。"我读了《新生活报》上奥西卡那封洋溢着高尚气息的信,"在留存至今的第一封发自莫斯科的信中,他对奥西普和莉莉写道,"我也想收一封这样的信。"这封"洋溢着高尚气息"的信所激发出来的热情其实是 1917 年 10 月后马雅可夫斯基首次表达自己的信念,而这一信念是他的,也是他的先锋派同道们的美学理念之基础:没有革命的形式,就没有革命的内容。在明白卢那察尔斯基不会在美学斗争中支持未来主义者之后,马雅可夫斯基决定离开战场。

给俄罗斯

从《革命》这首诗中可以清楚地看出,马雅可夫斯基接受二月革命,视之为自己的革命:"我们赢了! /我们万岁! /我们万万岁!"他可没用这种酒神颂歌来迎接十月革命。事实上,在接下来两年里,一直到 1919 年秋天,马雅可夫斯基只写出十二首诗,照苏联学者阿·亚·斯莫罗金的说法,这表明"他被正在发生的事件震慑到了"。也就是说,对布尔什维克文化意识形态的谨慎态度导致他的创作发生了部分瘫痪。

1917 年秋天写的两首革命诗《我们的进行曲》(Наш марш) 和《革命颂》(Ода революции)体现出笼统的高涨情绪,但并未对任何具体的政治路线表示支持。与此同时,马雅可夫斯基正在写另一首在内容上有本质差异的诗——《给俄罗斯》(России)。

诗中的"我"是一只"舶来的鸵鸟,/长着诗节、格律和韵脚的羽毛",它埋首于"叮当响的羽毛",亦即写诗。它成了"雪之丑八国"(уродина 是将 урод〔丑八怪〕和 родина〔祖国,故乡〕合并而成的自造词)的异乡客,于是便把头更深地埋进羽毛里,在那里它看到一个幻想的南方"暑热岛"。但即使在鸵鸟的故乡,其幻想也遭人践踏,人们当它是外来客,要么误会,要么观赏。乌托邦原来是虚构的,在诗的末尾他回到了全诗最初几行的冬景。什么变化都没有发生,而它则投降了:

好吧,用冰鄙的①一抓把我撕扯!

用风的剃刀刮我的羽毛。

就让我,

一个舶来的异乡客,

消失于所有十二月的狂暴。

99

《给俄罗斯》一直被错误地归为 1915 年或 1916 年的作品*,这首诗在同一个层面上讲述了诗人在社会中的地位和社会对诗人的看法。从这一视角出发,就可以将其视为奥西普对布尔什维克实用主义文化观之批评的诗歌注释。(马雅可夫斯基能一边写出《我们的进行曲》和《革命颂》,一边又写了像《给俄罗斯》这样截然不同的诗,我们不应对此惊讶,因为这体现了他对革命的矛盾情感。)而在更深的层次上,《给俄罗斯》这首诗是马雅可夫斯基创作中一个中心主题的变奏,这个

---

① 马雅可夫斯基的自造形容词 мёрзкий,兼有形容词 мерзкий(卑鄙的;恶劣的)和动词 мёрзнуть(结冰;冻死)两层意思(虽然这两个词也是同源的)。

* 此诗首刊于 1919 年的《弗拉基米尔·马雅可夫斯基的全部著作:1909-1919》(*Все сочиненное Владимиром Маяковским. 1909-1919*),文集中这首诗的创作时间被标为 1915 年。但是在这本集子的八十首诗中,只有十五首的日期被正确标注。为了在纸张严重匮乏的 1919 年出版这本书,马雅科夫斯基声称这本集子是其创作十周年之纪念,并相应篡改了许多日期,而事实上 1909 年他根本还没开始写诗,更不用说发表了什么了。但是,就这首诗而言,它的日期标注差错未必是作者漫不经心的态度造成的,这里隐藏着其他的政治上的原因:1919 年的"政治正确"已不再允许宣称这样的诗是 1917 年写的。按照奥·布里克的说法(在三十年代与尼·哈尔志耶夫的访谈中),《给俄罗斯》写于 1917 年 12 月。

主题就是：无论诗人在哪里，他和他的幻想、他的"叮当响的羽毛"都永远是"舶来的"，永远是"异乡客"。

诗人咖啡馆

马雅可夫斯基搬去莫斯科后，获得了一个展示其"诗节、格律和韵脚的羽毛"的机会。1917 年秋，瓦西里·卡缅斯基在莫斯科富豪菲利波夫（Филиппов）的资助下，在莫斯科市中心特维尔街（Тверская）旁纳斯塔西娅胡同（Настасьинский переулок）的一幢曾是洗衣房的楼里开设了一家"诗人咖啡馆"（«Кафе поэтов»）。咖啡馆里有一个舞台，配备了一些粗刨的家具。在马雅可夫斯基、布尔柳克和其他艺术家绘制的墙壁上，可以读到未来主义者作品的引文。"诗人咖啡馆"有意影射战前年代在圣彼得堡风靡一时的"流浪狗"（«Бродячая собака»）地下室艺术咖啡馆，而用来吸引公众的还是革命前那一套兴风作浪的手法。继承性的象征就是那件黄色女衫，这是马雅可夫斯基自打和莉莉相逢后，头一次穿回这件衣服。

观众来得都很晚，通常是在剧院散场后。咖啡馆向所有人开放。除了由未来主义者组成的核心圈子外，观众中也会有嘉宾——歌手，诗人，舞者，演员——友情出演。"生命未来主义者"弗拉基米尔·戈尔茨施米特逗观众开心，用脑袋砸碎木板。12 月中旬，马雅可夫斯基向莉莉和奥西普报告说："咖啡馆目前是个非常亲切和有趣的机构。［……］人多得像肉饼。地板上是锯末。舞台上是我们［……］。我们让观众都去见他妈的鬼。［……］未来主义很受宠爱。"

"未来主义咖啡馆"的兴起恰逢革命那最好战但同时也是最多元化的阶段，各种派别的无政府主义集团在其中发挥了核心作用。占领

布尔柳克和马雅可夫斯基(站在左面)在"诗人咖啡馆"(电影《生来非为钱》的镜头)

了附近房子的无政府主义者经常在咖啡馆里出没,契卡分子们①亦然。每天造访咖啡馆的列夫·格林克鲁格回忆说,无政府主义者互相间经常持枪械斗。

　　无政府主义者爱出入"诗人咖啡馆"并非巧合。未来主义的意识形态是反威权的无政府社会主义,无政府主义者也常把咖啡馆当作聚会场所。在 1918 年 3 月 15 日出版的《未来主义者报》(Газета футуристов)上,马雅可夫斯基、布尔柳克和卡缅斯基宣称,未来主义是"无政府社会主义"在美学上的对应物,而艺术必须走上街头,艺术

_____

　　①　契卡系全俄肃清反革命及怠工非常委员会的简称,其员工常在民间被称为契卡分子。即使后来被多次改组、更名(契卡-格别乌-欧格别乌-内务人民委员部-克格勃),但契卡分子一直都是对在这个可敬机构工作的可敬人士们的称呼。

学院必须关门，艺术必须与国家分离。只有一场"精神革命"才能使人摆脱旧艺术的枷锁！

101　　精神革命应是经济和政治革命之后的**第三次革命**，没有精神上的焕然一新，革命就没有结束。前两次革命已经成功，但"旧艺术"仍然统治着文化领域，未来主义者呼吁"工厂和田地的无产者投入不流血但却残酷的第三次革命，也就是精神革命"。精神革命的概念笼罩在空气中。象征主义者的领袖安德烈·别雷一年前曾写道，"生产关系革命是革命的体现，而不是革命本身"，在左翼社会革命党人的《劳动旗帜报》（*Знамя труда*）上也发展了这一思想。

"诗人咖啡馆"的无政府主义不仅体现在口号上，而且也诉诸实际行动。1918 年 3 月，当无政府主义者每天占领莫斯科的住宅楼时，马雅可夫斯基、卡缅斯基和布尔柳克也去占了家餐馆，并计划在其中创办"个人无政府主义创作"的俱乐部。然而只过了一周他们就被轰了出来，项目也就宣告流产。

1918 年 4 月 14 日"诗人咖啡馆"被取缔，"未来主义咖啡馆"也就不复存在了。无政府未来主义的末日和契卡消灭政治无政府主义的日子（4 月 12 日）几乎重合。这两起很可能彼此相关的事件标志着俄国革命的无政府主义阶段在政治和文化上的终结。

人

在"未来主义咖啡馆"最活跃的时期，即 1918 年 2 月，马雅可夫斯基靠朋友们，尤其是列夫·格林克鲁格出资，在社艺协（АСИС，即社会主义艺术协会）出版社出版了一部长诗。该出版社同时也出版了未删节的第二版《穿裤子的云》。

当马雅可夫斯基1月底在名为"两代诗人相会"的私人诗歌晚会上朗诵《人》时,引起了非常强烈的反响。俄国诗坛的多数成员都参加了这场在诗人阿马里公寓中举办的晚会,其中有象征主义者安德烈·别雷、康斯坦丁·巴尔蒙特、维亚切斯拉夫·伊万诺夫、尤尔吉斯·巴尔特鲁沙伊蒂斯,未来主义者达维德·布尔柳克和瓦西里·卡缅斯基,以及那些创作并不属于特定流派的诗人——玛丽娜·茨维塔耶娃、鲍里斯·帕斯捷尔纳克和弗拉季斯拉夫·霍达谢维奇。

"大家按年龄从长至幼朗诵,没什么太成功的作品,"后来帕斯捷尔纳克如是回忆说,"当轮到马雅可夫斯基时,他站起来,用一条胳膊搂住沙发背后空架子的边缘,然后开始朗诵《人》。他如同半浮雕[……],耸立于坐着、站着的人群中,时而用手撑着英俊的脑袋,时而把膝盖倚在沙发侧面的靠枕上,朗诵了一部具有非凡深度、充满高涨激情的作品。"安德烈·别雷坐在马雅可夫斯基对面,听得就仿佛着了魔一般。朗诵结束后,深受震惊、面色苍白的别雷站起来说,他不能想象在当今这个时代能创造出如此有力的诗。几天后在理工博物馆(Политехнический музей)举行的公开朗诵也取得了同样的成功。"我从来没听马雅可夫斯基进行过如此成功的朗诵,"和埃尔莎共同出席的罗曼·雅各布松回忆说,"他很紧张,想把一切都传达出来,读得相当了不起[……]。"安德烈·别雷也参加了这场晚会,并重复了自己的赞美,称马雅可夫斯基是象征主义者之后最为杰出的俄罗斯诗人。期待已久的承认终于到来了。

《人》是在1917年逐渐写成的,马雅可夫斯基在春天开始着手写作,年底完成,那时十月革命已经发生了。因此,单纯就时间顺序而言,这首创作于新旧时代交替、几乎长达千行的长诗在马雅可夫斯基的创作生涯里占据了中心位置。然而,就连在题材方面它也有着中心

102

地位：就这首诗中流露出的存在之异化这一题材的绝望程度而言，它在马雅可夫斯基的创作中可谓无出其右。

长诗的结构参照了福音书，并分成如下章节：《马雅可夫斯基的圣诞》《马雅可夫斯基的一生》《马雅可夫斯基的受难》《马雅可夫斯基的升天》《马雅可夫斯基在天上》《马雅可夫斯基的回归》和《马雅可夫斯基致千古》。封面设计也强调了这首长诗的宗教潜台词：作者的名字和诗的标题构成了一个十字架。

马雅可夫斯基诞生的日子——"我下临到你们中的/日子"——同所有的日子一样，"没有人/猜到要去暗示一下/那颗不遥远、/不文雅的行星"：这一天是个值得庆祝的日子。然而这一事件的规模却与基督诞生相同，因为马雅可夫斯基做出的每一个动作都是巨大的、无法解释的奇迹，他的手能够搂住任何脖子，他的舌头能够发出任何声响，他"最珍贵的才智"在闪烁，他能把冬变成夏，把水变成酒。他还能把一切变成诗——洗衣妇们被变成"天空和霞光的女儿"，面包"扭成了小提琴颈"，靴筒"散成了竖琴"。一切存在者都是马雅可夫斯基诞生的结果："是我/如旗帜般举起心。/未曾有过的二十世纪奇迹！"因为这个奇迹，"朝圣客涌离主之圣墓，/没了虔信者的古麦加一片荒芜"。

然而远非所有人都珍视诗人让事物变形的能力。现实世界——"一巢的银行家、显贵和威尼斯总督们"感受到了威胁，并发起进攻："如果心是一切"，那为什么还要堆积钱财？"是谁命令时日七月起来①？"不！天空必须被"锁进电线中"，大地则要被"拧成街道"。被"圈进大地圈栏"的人/诗人的舌头被谣言侮辱，他拖曳着"时日的桎梏"，连带头上的"律法"和心上的"宗教"。他被"羁押在一个无意义

———————————

① 马雅可夫斯基用名词 июль（七月）自造的动词 июлиться。

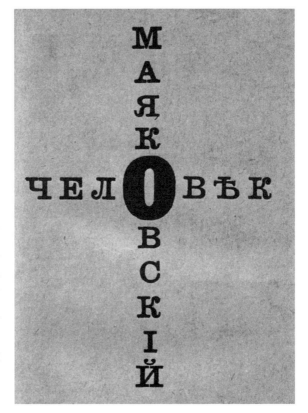

在长诗《人》的封面上,作者的姓和标题被设计成十字架的形式,对于这则以"不可思议之爱那/燃不尽的篝火上,/被火笼罩"结尾的讽喻性文本而言,是个合适的象征。

的故事里",幻想被驱逐,"天才,鸡,马,小提琴",一切无论大小都淹没于"镟涡"①中。而在这一切的中央,在"滥用色彩的②地毯之岛"上住着"万物的主宰",他是诗人的对手及其"不可战胜的敌人",他穿着"带最最细腻小点点花纹的""薄袜子""滑头的裤子",戴着一条"从粗脖子/向大肚地球仪上四散爬","骇人地爆出缤纷色彩的③领带"。

---

①　原文为 золотоворот,系将 золото(金)和 водоворот(漩涡)两个名词合并而成的自造词。

②　原文为 расцветоченный,系将被动分词 расточенный(被浪费的)与 цвет(色彩)合并而成的自造词。

③　原文为 выпестренный,系将被动分词 пестренный(被呈现出五光十色的)与带有"出去"含义的前缀 вы-合并而成的自造词。

虽然马雅可夫斯基的敌人被赋予了资产者的种种俗套特征，但如果将"万物的主宰"限制在社会或经济现象上，那就太过简单化了。在马雅可夫斯基的诗世界中，"资产者"的概念首先是停滞、保守、饱腻的象征："做资产者/这不意味着要拥有/资本，/挥霍金币。/这是年轻人/喉咙里/有死人的脚跟，/是嘴里塞满了/一块块肥油"——两年后马雅可夫斯基在长诗《150 000 000》中如是界定"资产阶级性"的含义。"万物的主宰"是"普世资产者"，其廉价、庸俗的品位统治并祸害了全世界。马雅可夫斯基在《人》这首长诗中得出的结论可以被用作他全部创作的卷首题词：

次次革命动摇个个王国的小躯壳，

人类马群里牧人不断更替，

但是你，

人心那未加冕的占有者，

没一场暴动能把你触及！

"万物的主宰"力量如此强大，甚至连诗人的爱人也无法抵抗。他试图阻止她，但太晚了，祂已经拥有了她。祂的脑袋亮堂堂，祂头顶不长毛，"只有/在无名指的/最后一个指节上，/从钻石下面/竖出来小毛毛/三根"。她向他的手俯身，嘴唇低声说出了每根毛毛的名字：其一曰"小笛笛"，其二曰"小云云"，其三则是一部刚写就作品的"未知闪光"。于是乎"人心那未加冕的占有者"不仅让马雅可夫斯基的爱情变得庸俗，也糟践了他的诗。

女人落入了祂的魔掌，再加上忧愁和绝望，这都勾起诗人自杀的念头，他的"心脏急奔向枪口，/而喉咙念叨着剃刀"。他沿涅瓦河畔走着,而他的灵魂却"如冻结的祖母绿"往结冰的河里坠。他走进一家药房,从药剂师那里拿到一小瓶毒药,他想起来自己是"不死的",而"天花板自行开启"——他升上了天。在那里,他"把东西/和疲惫身体的/行李/扔在乌云上"。飞升题材和缺乏诗意的散文语调之间形成了鲜明的反差。起初他有点失望,因为他发现"不可战胜的敌人"也存在于他自己身上,他抱怨说自己"一个角落都没有,/没有茶,/也没有配茶的报纸"。但他逐渐习惯了,天上生活无非是地上生活的反映,这里从早到晚同样都受到各种制度的严格制约。有人维修乌云,有人"往太阳的炉子加热"。但他这诗人能做什么? 要知道他的工作是"为了心,/而无躯体者又何谈心?!"但当他提议让自己"在云朵上/把身体/摊开",以便静观所有人时,他被告知这是不可能的——就连在天上也没有留给诗人的位置。

"风箱长吹时间的锻场",一年又一年彼此相似,最终马雅可夫斯基胸中的心脏又开始跳动,他想回到大地上去。也许过了"1,2,4,8,16,一千,几百万"年后,如今那里的一切都不一样了? 但当他"像油漆工/从屋顶"那般从天上掉下后,他很快发现一切依旧如常,人们还是忙着以前的事情,"还是那无形的/秃子在指挥,/那尘世康康舞的总编导",祂有时"化身为理念,/时而如鬼魂,/时而消逝云后,闪耀着神光"。这个仇敌有太多化身了!

置身于三一桥(Троицкий мост)附近,马雅可夫斯基回忆起曾几何时也在这里站过,他往下看着涅瓦河,打算跳入水中。就仿佛在梦里,他突然看到了爱人,"几乎感觉到皮肤的味道,/几乎是呼吸,/几乎是嗓音",复苏的心脏开始搏动,他又"被尘世的苦难认了出来":"万寿无疆,/我的/又一次疯狂!"他如是呼喊,复现了《穿裤子的云》中的疯狂题材。他问一个路人茹科夫斯基街现在的情况,

105

他才知道这条街"叫马雅可夫斯基街已有几千年：/他在这里的爱人家门口开枪自杀"。他小心地摸进大楼，问清了房间号，"一切照旧，/卧室亦然"。他在黑暗中看到个"光光的秃顶"，紧握匕首向前走去，重又"爱且怜悯"。但当他打开电灯，却看到公寓里住的已是陌生人——工程师尼古拉耶夫和妻子。他顺着楼梯往下奔，找到一个看门人。"四十二室的，/她被弄去了哪里？"得到的回答是：传说她从窗口往下跳到了他身上："他俩就这么坠下来，/尸体压着尸体。"

马雅可夫斯基因为单恋而终止了自己的尘世生命，如今他回来了，但爱人却已不在。他能躲去哪里？遁去哪片天？哪颗星？没有答案。他说，一切都将灭亡，因为"那/支配生命者，/将在诸行星阴影上/把最后诸日射出的/最后一道光烧灭"。而他自己则站在"不可思议之爱那/燃不尽的篝火上，/被火笼罩"。这是《穿裤子的云》第一部分最后几行——"你哪怕，向诸世纪呻吟出/'我烧着了'/这最后一呼！"——的变奏。

在长诗《人》中，从马雅可夫斯基创作伊始就贯穿其作品的存在题材达到了高潮：孤独的"我"与诗和爱的敌人斗争，这敌人的名字是"群"[①]："必然性"、市侩气、凡俗生活（在俄语中被称为 быт[②]）的庸俗——"我不可战胜的敌人""万物的主宰"。列夫·舍斯托夫说有一种"悲剧的人"，他们总是要同时在两条战线上战斗："既和'必然性'战斗，又和自己的邻人战斗——这些邻人们竟然能够适应，因此他们

---

① 典出福音书，"群"是耶稣从着魔者身上驱逐出的群魔之名（见可 5:5-20；路 8:26-39）。

② 这个很短的词通常指日常生活和习俗、习惯，但在马雅可夫斯基及其身边人的用语习惯中，这个词有一定的贬义色彩，暗示日常生活中物质、庸俗的一面。诗人在许多诗作乃至自己的遗书中都用到了这个词（详见后文）。

会站在人类最可怕的敌人那边,却不知道自己干下了什么。"舍斯托夫指的是陀思妥耶夫斯基和尼采,但这一定义也完全适用于马雅可夫斯基,因为马雅可夫斯基也具有这种悲剧世界观。

如名称所示,《人》讲的不是俄罗斯的马雅可夫斯基,而是宇宙中的人;诗提出的问题是普世的、存在意义上的,而非私人性的。尽管如此,这部作品与马雅可夫斯基所有的诗一样,都深具自传性。尽管诗中尚没有提到各种政治事件,但莉莉的存在却是显而易见的。有大量对她的影射,从具体的地址(甚至房间号码!)到列举马雅可夫斯基的各部作品;这些暗示在草稿中更为明显。

电光影戏

马雅可夫斯基对诗人咖啡馆的热情很快就消失了。早在 1 月初, 106
他就告诉莉莉和奥西普,自己已经厌倦了这个变成"卑微的小臭虫窝"的地方。莉莉也厌倦了彼得格勒,在和奥西普决定带上芭蕾舞女亚历山德拉·多林斯卡娅一起去日本后,她的兴致又恢复了。他们打算顺路去一趟莫斯科拜访马雅可夫斯基,但却没有成行——既没有去日本,也没有去莫斯科。

"我今天整夜都梦见你,"两个月后莉莉给他写道,"梦见你和某个女人住在一起,她那醋劲可猛,你都不敢和她说我的事。你怎么就不害臊呢,沃洛坚卡?"马雅可夫斯基则为自己辩白:"我一般都坐离女人们三四个位子远的座位,以免她们闻出什么有害的气息来。"

马雅可夫斯基敬而远之的那个女人是画家叶夫根尼娅·朗;他们早在 1911 年就已认识,如今在莫斯科又开始交往了。后来叶夫根尼

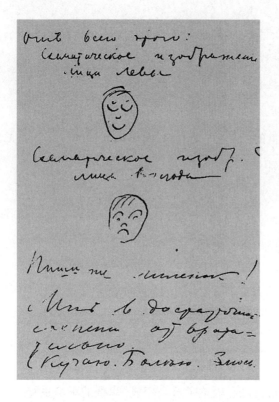

在 1918 年 3 月致莉莉的信中，马雅可夫斯基用他特有的夸张表达了自己的失望：他只收到莉莉的半封信，而廖瓦却收到了一千封，妈妈和埃尔莎则收到了一百封。这就是为什么他画了廖瓦的笑脸和自己的哭脸。

娅曾讲述马雅可夫斯基是多么爱她，但其实没有证据表明诗人对她的感情深过他对其余林林总总和他有过瓜葛的女人的感情。他爱的是莉莉。留存至今的第一封只给莉莉一个人——而非莉莉和奥西普两个人——的信写于 1918 年 3 月，信的结尾是："在这［封信］里不吻任何别人，也不向任何别人致意。这［封信］是'给你，莉莉娅'系列作品的一部分"（这句话是《人》的扉页题词）。从这一刻起，马雅可夫斯基信的语调发生了变化，这已不再是关于他在莫斯科生活干巴巴的报告。在 1918 年 3 月 18 日的信中，莉莉第一次将马雅可夫斯基称为自己的"小狗狗"，并承认自己很想他。

　　不过马雅可夫斯基终究是积极的一方。3 月至 4 月间他给莉莉写

了三封信,却没有收到任何回音:"你为什么一个字都不给我写? 我给 108
你寄了三封信,但却没收到你一行字[……]。一千三百里①这玩意儿
就这么厉害? 别这样,宝宝! 你这样不体面! 请给我写信吧,我每天
都怀着愁绪起床,自问'莉莉怎么了?'别忘了,除了你我什么都不要,
什么都不在意。"

莉莉回答说自己想死他了,他可以来彼得格勒,并和他们一起住
一阵子。"我爱死收你的信,也爱死你了。"她从不取下马雅可夫斯基
送给她的戒指,这枚戒指外刻了一圈她的姓名首字母 Л. Ю. Б.(莉·
尤·布),从而构成了一个无限的循环:люблюбл-юблюблю——在俄
语中 люблю 意为"我爱"。而戒指的内圈则刻着"沃洛佳"。莉莉送马
雅可夫斯基的戒指上则饰有拉丁字母 WM——也就是 Wladimir
Majakovskij②,内圈刻着"莉莉娅"。

照他的说法,能让他摆脱思念莉莉之苦的只有"电光影戏"
(«кинемо»)③。3 月至 4 月,马雅可夫斯基为一家叫"涅普顿"
(«Нептун»)的私营电影公司撰写了两个剧本,公司的所有人安季克
(Антик)夫妇是"诗人咖啡馆"的常客,也是马雅可夫斯基的舞台才华
的景仰者。

第一个电影剧本是根据杰克·伦敦的长篇小说《马丁·伊登》
(*Martin Eden*)部分动机改编的《生来非为钱》(*He для денег
родившийся*)。马雅可夫斯基本人出演主角,剧中部分场景是在诗人
咖啡馆展开的,而在电影棚里再现了咖啡馆的内部装饰。这部电影在
莫斯科和许多省城放映了好几年,但遗憾的是没有保存下来。

---

① 莫斯科和彼得堡之间的距离。

② 弗拉基米尔·马雅可夫斯基的德语转写形式。

③ 俄罗斯电影工业刚诞生时,电影被称为 кинемо,而非现在通行的 кино。

电影《小姐与流氓》的一个场景。扮演女主角的是亚历山德拉·列比科娃。像马雅可夫斯基的许多诗一样,男主人公最终会死亡:为了保护一个女教师的名誉,他受了致命的刀伤。

马雅可夫斯基在电影《生来
非为钱》中扮演伊万·诺夫

109　　不过另一部根据意大利作家埃德蒙多·德·亚米契斯的中篇小说《工人的教师》(*The Worker Schoolmistress*)部分动机改编的电影《小姐与流氓》(*Барышня и хулиган*)保存了下来。两部电影的首映几乎是同时进行的;在这部电影中马雅可夫斯基也扮演了主角。

　　马雅可夫斯基视自己为"涅普顿"工作室所创作作品为"感伤主义的计件胡扯"。但这话是在多年后才说的。事实上他很久以前就对电影的艺术潜力开始感兴趣。早在1913年,他就写了一个叫《追求荣誉》(*Погоня за славою*)的剧本和几篇关于电影的文章,根据一些文献的说法,他还在影片《第13号未来主义者咖啡馆里的一出戏》(*Драма в кафе футуристов № 13*)中扮演了一个小角色。

　　不屑评价"计件胡扯"的原因是马雅可夫斯基对最终的成品不满——他的最初构思由于种种他不得不接受的妥协而受到歪曲。事实上《生来非为钱》这部电影具有鲜明的自传性,是对马雅可夫斯基诗歌主题的变奏。马丁·伊登的命运从一开始就与马雅可夫斯基的命运相似,在他将主人公改写为一个诗人后,这种相似就变得更为明显。出身底层的伊万·诺夫爱上了一个富裕家庭的女孩。被拒绝后,他试图用写诗来征服她的爱情。他加入了未来主义者队伍,开始获得名望,很快连钱也不缺了。就像马雅可夫斯基一样,他也脱下波希米亚式的破烂衣衫,换上崭新的大衣,戴上了大礼帽。

　　但是伊万却没有找到幸福,爱人仍然对他冷淡。当她终于对他产生爱意时,他开始怀疑她只在意他的钱,并因而拒绝了她。他打算结束生命,但最终决定要从根本上改变生活。他烧了一具骷髅,营造出自杀的假象,把普希金像扔下台座,焚毁自己优雅的衣服,穿上旧的工装,然后像卓别林的主人公那样遁去远方。

　　马雅可夫斯基的演技受到好评,有评论说他给人留下了"非常好

的印象,有希望成为一名有性格的好电影演员"。他自己对莉莉写道:
"搞电影的人说我是他们前所未见的演员。他们在用好话、名望和金
钱来诱惑我。"

柳布兰迪亚

马雅可夫斯基向这种诱惑低了头:不仅因为电影是一种创造上
的挑战,还因为它给马雅可夫斯基提供了一个机会,让受创作枯竭困
扰的诗人可以用新颖的手法表达自己。4 月他给莉莉写信说:"没在
写诗[……]。我想和你一起去拍电影度夏。我可以给你写个剧本。"　110
莉莉回信说,她很想让他给他俩一起写个剧本,而且如果可能的话,那
就快点写,好让他们"过一两个星期"就开始拍摄:"特别想和你在同
一部片子里出镜。"

5 月 19 日,《银屏世界报》(Мир экрана)报道说:"诗人弗·弗·马雅
可夫斯基写就了影坛传奇《被胶卷束缚的女人》(Закованная фильмой),该
片已由'涅普顿'电影公司购得。""在了解了电影技术后,我制作了一个与
我们的文学创新工作同步的剧本。"马雅可夫斯基对自己的三个剧本做了
如是判定,这也是第一部自始至终都由他自己创作的剧本。他写得"认
真,非常投入,就像在写自己最好的诗一样",莉莉回忆道。

《被胶卷束缚的女人》是一部真正的创新作品,它可以和未来主义
文学实验的最佳成果比肩。可以证明马雅可夫斯基认真对待这项工
作的一个事实是,1926 年他就同一主题写了一部变奏作品《银幕之
心》(Сердце экрана);然而后者却没有被拍成电影。

主角是一个画家。他百无聊赖地在城里徘徊。他跟一个女人聊天,
后者突然变成了透明人。画家发现她没有心脏,而在胸腔里跳动的是帽

111　《被胶卷束缚的女人》中，莉莉饰演的演员从银幕后走了出来，却想回去。因为找不到银幕，马雅可夫斯基把一块桌布挂在墙上（第112、113页图片）。

子、帽针和项链。当他回家后，妻子也变透明了：她也没有心脏，却长着一堆锅子。他遇到了一个朋友，然后发现他的心脏是酒瓶和纸牌。

在林荫道上，画家拦住了一个吉卜赛女人，她想给画家算命。他带她去自己的画室，开始为她画像，而她也变成了透明人——她的心是硬币。

整座城里都挂着新片《银幕之心》的海报。海报上画着一个芭蕾舞女，手上拿着一颗心。电影院座无虚席。画家也去看了。当放映结束，观众离开影厅时，画家走近银幕继续鼓掌。芭蕾舞女从银幕后走向他。* 他带她上街，外面下着雨，人声喧嚷。

————————

　　* 伍迪·艾伦后来在影片《开罗紫玫瑰》（*The Purple Rose of Cairo*）中使用了同样的手法，电影主人公突然和观众中的一位女子说起了话，然后从银幕后走了出来。这部电影她看了无数次，以至于主人公爱上了她。两人离开了电影院，演员们和制片人都惊呆了。

芭蕾舞女在发抖,她又消失了,躲进了一扇门后。画家拼命敲门,但她却不开。

他病了,女佣去药店买药。在回来的路上,她把袋子掉到了地上,袋子破了,她就用一张掉在人行道上的电影海报包药。当画家把这张揉皱的海报摊平后,芭蕾舞女又再次出现在他身边。幸福的画家立刻康复了。但那一瞬间她从城里所有的海报和银幕上消失了。电影公司里一片恐慌,因为这部影片非常卖座。

画家邀请芭蕾舞女去自己的消夏别墅。他把她放在沙发上,像海报一样卷成管状,然后小心地放进汽车里。他们来到郊外的房子。芭蕾舞女开始想念电影,并扑向一切看起来像银幕的东西。最后画家把桌子上的桌布掀下来挂在墙上,还把碗碟都弄碎了。芭蕾舞女开始摆架势,要求给她真正的银幕;画家只好与她告别,深更半夜去了一家没人的电影院,用刀割下了银幕。

与此同时,恋上了画家且醋意十足的吉卜赛女人也来到别墅。当芭蕾舞女在花园里散步时,吉卜赛女人拿刀扑向了她。靠在树上的芭蕾舞女又变成了海报。吉卜赛女人惊恐不已,她急忙跑去电影工作室报告芭蕾舞女的下落。然而吉卜赛女人一离开,芭蕾舞女马上恢复人形。

她在等画家。画家没来,却来了个"大胡子男",这就是那个曾建议电影公司拍摄《银幕之心》的人,一圈电影明星正围着他;吉卜赛人把他们所有人都带了过来。芭蕾舞女很高兴,她很想念他们。大胡子男用电影胶卷把她裹起来,然后她溶化在其中。所有人都走了,只有吉卜赛女人晕了过去。

当画家拿来银幕时,芭蕾舞女已经不在了。他把吉卜赛女人弄醒,后者把画家不在时发生的一切都说了出来。他扑向海报,突然看到海报下方用很小的字印着电影的制片国名。在最后一个场景中,主

112

Акц. об. Нептун

Закованная фильмой
Лили Брик

113

人公站在火车车窗旁,出发去寻找这个国度。根据莉莉的回忆,这个国家好像是叫"柳布兰迪亚"(Любляндия,构词上仿造了"拉普兰迪亚"①)之类的名字,也就是"爱之土"。

电影的主题与马雅可夫斯基的许多诗一样,是单相思。女主角是芭蕾舞女这一事实强调了影片的自传性,并使它和许多别的作品共同跻身"给你,莉莉娅"系列之中。

列瓦绍沃

6月初《被胶卷束缚的女人》拍摄完成。这部电影象征着莉莉和马雅可夫斯基的关系迈入了新的阶段:6月17日,马雅可夫斯基离开莫斯科,一周后在彼得格勒布里克夫妇家的地址——茹科夫斯基街7号登记入户,他在同一门洞里租了间一室户公寓,面积小得连浴缸都只能放前厅里。

真正的"爱之土"是列瓦绍沃(Левашово),这是彼得格勒附近的一个小村,莉莉、奥西普和马雅可夫斯基三人一起在那里度假。马雅可夫斯基的梦想实现了,他终于占有了这个三年来他一直爱着,但却不爱他的女人——或者说,就算她爱他,也未曾表露过自己的感情。"因为她很长时间来一直和他保持距离,"罗曼·雅各布松回忆说,"但他有着铁一般的忍耐力。"

他们在列瓦绍沃租了附全套膳食的三间房。马雅可夫斯基画风景画,他们一起采蘑菇,晚上打牌,但不来钱:谁输到一定分数就要帮

---

① 指的是斯堪的纳维亚半岛北部萨米人(拉普人)居住的萨米地区,在俄语中通常被称为拉普兰迪亚(Лапландия),意为拉普人之土。

马雅可夫斯基洗剃须刀，输再多就得晚上去房间里赶蚊子；最严厉的惩罚是下雨天去车站拿报纸。在画画、采蘑菇和打牌的间隙，马雅可夫斯基写作《滑稽神秘剧》（*Мистерия-буфф*）——一部将在十月革命一周年之际上演的革命幻梦剧（*феерия*）。

是什么促使莉莉公开成为马雅可夫斯基的女人？她又为什么挑了现在这个时候？马雅可夫斯基是天才诗人，这一点她过去就承认，但他的执着追求对她而言更多意味着苦恼。"直到1918年，我才有把握跟奥西普谈我们的爱情。"她如是解释，并且补充道，假如奥西普不喜欢这样，她会立即抛弃沃洛佳。奥西普回答说，她不需要抛弃沃洛佳，但她必须保证他俩永远不会分居。莉莉说，她甚至想都不会想这一点："结果就是：我们永远和奥夏住在了一起。"

这就是这个同盟的游戏规则。"或许，假如没有奥夏，我就不会这么深爱沃洛佳，"莉莉回忆说，"我不能不爱沃洛佳，既然奥夏这么爱他。奥夏说，对他而言马雅可夫斯基不是一个人，而是一件盛事。沃洛佳在很大程度上改变了奥西普的思维方式［……］我不曾听说过有比他俩更忠诚、更相爱的朋友和同志。"

无论莉莉对马雅可夫斯基的看法如何真诚，它都是透过奥西普的夹鼻镜折射出来的。没有奥西普，她就不能活，他是她生活的核心，但奥西普却无法满足她的情感需求。如果说奥西普爱她，那用的也不是马雅可夫斯基的那种热烈、忘我之爱。是什么促使莉莉把马雅可夫斯基带进他们家？虚荣？要知道他为莉莉写了多么美妙的诗啊！但无论如何他都会继续把诗题献给她，更何况痛苦和折磨是其灵感最重要的燃料。她需要马雅可夫斯基的声望？但在那个时候他尚未成为名人，钱也一样没有。也许，终究还是爱让莉莉在两年半的犹豫、怀疑后，把自己交给了一个在5月拍电影前已经半年未见的男人。去列瓦

115

绍沃探望姐姐的埃尔莎也很惊讶："我潜意识里有一个信念,那就是别人的私生活是种不能触碰的东西,这种信念使我不仅不能去问接下来会发生什么,最亲近、热爱的人们的生活会变成什么样,我甚至都不能表现出自己已经注意到发生了新状况。"

小草莓,嫁给我吧!

1915 年夏天父亲去世之后,埃尔莎和母亲搬进了位于莫斯科河外区(Замоскворечье)的一间公寓,它位于莫斯科河相对于克里姆林宫的另一侧,是个风景如画的城区。与此同时,埃尔莎开始在莫斯科女子建工讲习班(Московские женские строительные курсы)学习建筑学。毕业证书的颁发日期为 1918 年 6 月 27 日。一周后,她要去巴黎

116　与一名法国军官结婚。因此,埃尔莎来列瓦绍沃不仅仅是礼节性的拜访——她是去和姐姐告别的。

埃尔莎和母亲一起离开。她们经过斯德哥尔摩前往巴黎,途中在彼得格勒的莉莉家过了一夜。"公寓里一个人都没有,"埃尔莎回忆说,"莉莉和沃洛佳正是从那时开始同居的,他俩一起去了彼得格勒郊外的列瓦绍沃。莉莉生活中的这一变化对母亲而言是个巨大打击,她根本没料到还会有这一出。她不想见到马雅可夫斯基,打算和莉莉不辞而别。我便一个人去了列瓦绍沃。"

第二天,莉莉来城里和母亲道别。"她好像突然意识到了,"埃尔莎回忆说,"我真的要走了,要嫁给一个陌生的法国人。"马雅可夫斯基没有和她一起来,因为叶连娜·尤利耶夫娜仍然对他没有好感。天热得让人无法忍受,城里霍乱肆虐,没人敢吃的水果在街上腐烂。"我怀着不可思议的忧伤从甲板上望着莉莉奇卡,她把手伸向我们,想递给

追求埃尔莎未遂的罗曼·雅各布松,1920 年前后

我们一包肉丸子,肉在那时可是无比珍贵。我看到她小得惊人的双脚穿着细细的皮鞋,站在一个散发着大概是霍乱味道的臭水塘边,看到她瘦小的身躯,她的眼睛……"

实际上莉莉和母亲更愿意看到埃尔莎成为罗曼·雅各布松的妻子,多年来他如此固执地追求着埃尔莎,以至于

忘了民俗忘梵语,
日夜枯坐你家里。
心忧却无朗姆酒,
囫囵喝下大瓶溴。

这是他写给埃尔莎的一首玩笑诗。

但是无论罗曼让埃尔莎多么满意,她还是拒绝了他的求婚。后来她在中篇小说《小草莓》(*Земляничка*;莫斯科,1926)中的"小草莓,嫁给我吧"一节里描述了求婚的经过,其中罗曼化名尼卡:

尼卡和小草莓一起坐在茶炊边喝茶。配着果酱和小面包圈。他们刚刚就新文学进行了激烈的辩论,现在他们满足地呷着茶,一声不吭。

尼卡把空杯子推开,终于开口了:

"你为什么不想嫁给我?"

117   小草莓把茶壶倒满,然后把它放在茶炊上。

"你说啥呀,尼卡,我怎么嫁给你?"

"很平常,很简单啊。你就应该嫁给我,这很清楚。"

小草莓不响。

"你会很好的。你要什么书,我就都帮你弄来,我们一起想去哪儿就去哪儿。"

小草莓不响。

"我说啊,小草莓,你这也太笨了!你怎么就不懂?还只有六岁的时候,我在维什尼亚基(Вяшняки)森林中的空地等着你,而你却没来,我哭得就像是弄坏了我最爱的蒸汽车头!那时就都清楚了。你别笨了,别顽固了,嫁给我吧!"

特里奥莱先生

埃尔莎没有选择罗曼,而是选择了一位法国骑兵军官安德烈·特里奥莱,1917 年 5 月他来到俄罗斯,是法国军事使团的一员。我们并

已知的1918年夏天埃尔莎与母亲离开俄罗斯前一家人拍的最后一张照片。照片上有：列夫·格林克鲁格、埃尔莎、她的朋友塔玛拉·别格利亚罗娃、叶连娜·尤利耶夫娜和莉莉。

不清楚他们是如何认识的，但有人推断邂逅发生于奥西普的两位表亲——鲁默尔兄弟家中，他们与埃尔莎的父母住在同一个门洞里。安德烈·特里奥莱出身于一个富裕家庭（在利莫日〔Limoges〕生产瓷器），主要兴趣爱好是女人、马和游艇。他穿得光鲜亮丽，这个花花公子很可能迷住了埃尔莎，但她是不是爱他，这就有点可疑了；埃尔莎的亲友对他们的结合也不太热情。当她在1917年末与特里奥莱一起前往彼得格勒造访布里克夫妇时，在隔壁房间打牌的马雅可夫斯基和莉莉走出来"看了一眼……未予置评"。

　　围绕埃尔莎的离去和婚姻尚留有一串问号。为什么在自己的回忆录中，埃尔莎对这些重要的人生事件如此吝惜笔墨？为什么没有别人的证词，比如莉莉的？为什么埃尔莎不在莫斯科结婚，而是为此去了巴黎？只要更详尽地分析这一事件，就不可避免会产生大量问题，然而问题越多，清晰的答案却越少。

在离开莫斯科前，埃尔莎和母亲一起卖掉了包括钢琴在内的家具，随着他们的离去，根据"紧凑使用住宅"（«уплотнение»）的法律搬进他们家住的"工人家庭"获得了额外的面积。然而埃尔莎却在回忆中表示，她们打算在三至四个月后返回。回哪儿？回到那间连家具和钢琴都没了的公寓？须知钢琴可是叶连娜·尤利耶夫娜生命不可分割的一部分。而且和谁一起回来呢，难道和那个法国军官？

这些想法显然是埃尔莎后来添上的。撰写回忆录时，她已是法共的一名重要党员，因此不想让自己显得像个在苏维埃俄国的未来岌岌可危时离去的叛徒。

事实上，埃尔莎是和母亲一起**逃离**布尔什维克俄国的，她后来在私下谈话中承认了这点：她"痛恨革命"，说它"让人极其不快"。她指的不仅是残酷和暴力，还有一夜降临的贫困、饥饿、缺乏舒适和种种日常琐事。对于一个被宠溺的资产阶级女孩来说，这一切都很不吸引人。很可能她曾在莫斯科寻觅接触外国人，希望能有人帮助她离开俄国。

但出国的想法到底是谁提出来的？是埃尔莎，还是像小女儿一样被局势吓坏了的母亲？1918 年春季和夏季，国内的物资供应情况急剧恶化："……在这唯物主义胜利的岁月里，物却变成了概念，粮食问题和燃料问题替代了食品和木柴。"鲍里斯·帕斯捷尔纳克在小说《日瓦戈医生》（Доктор Живаго）中描述了这么一个悖论。形势很快就明朗起来，国家正在向专政过渡：资产阶级报刊在革命后立刻被禁，1918年夏天，连各派社会主义报纸都被禁了。与此同时白军与红军之间的内战爆发，导致年轻的苏维埃共和国的领土缩小到了和十五世纪的莫斯科公国差不多大。

在这种情况下,许多上层阶级人士选择离开俄国。属于此列的有叶连娜·尤利耶夫娜的朋友雅各布松一家,他们于 1918 年夏天带着罗曼的弟弟谢尔盖离开俄罗斯。而罗曼本人因曾是立宪民主党党员,此时正藏身农村。叶连娜·尤利耶夫娜和埃尔莎的忍耐已经到了极限,就在此时他们家被"紧凑使用"了,被塞进她们公寓的新邻居并非埃尔莎回忆录中所写的"工人家庭",而是五名赤卫队员,他们把这两个妇道人家吓得每晚都不得不把房门堵上。

除了这些实际考虑外,还有一个因素促使母亲和女儿移民:那就是弗拉基米尔·马雅可夫斯基。在对马雅可夫斯基的争夺战中,埃尔莎输给了自己的主要对手莉莉,罗曼·雅各布松的求婚也被拒绝了,而她对包括维克托·什克洛夫斯基在内的其他追求者又无动于衷;这样一来,从情感层面来看,也没有什么可以让她留在俄罗斯的了。

至于叶连娜·尤利耶夫娜,她不喜欢马雅可夫斯基不仅仅因为他没教养又粗鲁,还因为莉莉与他的婚外情在她眼里是极为不道德的;在马雅可夫斯基与莉莉的关系公开化之后,女儿不羁的行径与(莉莉眼里)母亲的市侩气之间的矛盾变得尖锐起来。所以对叶连娜·尤利耶夫娜而言,在俄罗斯也没什么值得留恋的了。她的丈夫已于 1915 年去世,而布尔什维克政权在位六个月就已让她的整个世界彻底覆灭——无论是物质上还是思想上。她的弟弟莱奥是劳埃德银行(Lloyds Bank)白教堂(Whitechapel)分行的经理,当时居住在伦敦,这使得移居国外变得不那么艰难。如果对埃尔莎而言,离开苏维埃俄国的想法确实有可能是对未来丈夫的感情使然,那么叶连娜·尤利耶夫娜的情况就不存在任何疑问:她护照上所记录的"陪女儿"只不过是个方便的借口,她实际上要去的是伦敦,并且将会留在那里。

死胡同

　　1918 年 7 月 10 日,埃尔莎和母亲出国乘坐瑞典蒸汽船"翁厄曼
120　兰"号(Ångermanland)离开了彼得格勒。轮船抵达斯德哥尔摩后立即
被隔离,因为乘客中有人感染了霍乱。"瑞典的食物,尤其馅饼,让我
产生了难以忘怀的厌恶感……"埃尔莎对瑞典料理作出了如是判决。
在斯德哥尔摩住了几周后,埃尔莎和母亲来到卑尔根(Bergen),她们
打算从那里沿海路继续去伦敦,叶连娜的弟弟正在伦敦等他们(因为
战事而无法过境德国)。然而她们很快就意识到自己跌进了一个死胡
同:他们必须在英国居住一段时间后,才能被获准进入法国,但要想
进入英国,就必须有文件证明她们会被放入法国:"仅有过英许可不
够。需有入英许可,并在英等法国许可。"8 月 12 日,叶连娜·尤利耶
夫娜从卑尔根给伦敦的弟弟拍去的电报如是说。

　　整个夏天,莱奥·贝尔曼都在与各种各样的机构联系,试图解
决这个令人不快的问题,但却没有结果。最后,他于 10 月 14 日写信
给外交部副部长,希望他注意一下"此事极为特殊的情况,这些情况
给一位贫穷的寡妇和她年轻的女儿带来沉重的痛苦,还对一位英勇
的法国军官,卡甘小姐的未婚夫造成有害影响"。而与此同时,他在
信中解释道,安德烈·特里奥莱当时是法国远征军的一员,他们在
阿尔汉格尔斯克(Архангельск)登陆,试图从布尔什维克的统治下
解放俄罗斯,这意味着申请法国签证的理由不再有效。然而莱奥·
贝尔曼的姐姐和侄女却无法返回莫斯科,因为她们的房子被布尔什
维克充公了,她们的生计也被剥夺。留在卑尔根同样不可能,因此
贝尔曼请求允许他们迁居英国;作为银行职员,贝尔曼保证自己这

照片拍摄于 1918 年夏天埃尔莎短暂滞留斯德哥尔摩期间,正是在那时瑞典的糕点让她"产生了难以忘怀的厌恶感"。

两位亲戚能拥有"可观的资产",并且他个人也承诺会在她们逗留英国期间对她们负责。　　121

　　这封信没有石沉大海:叶连娜·尤利耶夫娜和埃尔莎获得了英国签证,1918 年 11 月 11 日,也就是离开彼得格勒将近四个月后,他们终于踏上了英国的土地。1919 年初,安德烈·特里奥莱返回巴黎,但埃尔莎却仍留在伦敦,婚礼直到 8 月才举行。导致拖延的原因似乎是埃尔莎犹豫不决;安德烈的感情付出看来并未获得对等回报。叶连娜·尤利耶夫娜则认为安德烈是在怀疑,是反犹主义导致了他的犹豫:"安德烈对你的爱并没有深到让他愿意娶个俄国犹太人的地步。"但在这一点上她搞错了——反对婚事的不是安德烈,而是他的父亲。当安德烈以父亲反对为由,提议他们像情人一样同居时,埃尔莎拒绝了,她说"自己实质上是非常资产阶级的"。

埃尔莎和安德烈在塔希提岛他们的屋子里

最后，安德烈和他的母亲成功地说服了父亲，婚礼于 1919 年 8 月 20 日在巴黎举行。根据婚前财产协议，安德烈每月能收到一千五百法郎。协议的其他条款涉及一次计划中的旅行：五万法郎被存入东方汇理银行（Banque d'Indochine）位于塔希提（Tahiti）的账户中，一万法郎用于路费。同年 10 月，这对新人前往这个法国殖民地，安德烈打算在那里购买一座种植园。

对马的好态度，对高尔基的坏态度

122　　莉莉有一位叫雅科夫（雅克）·伊兹赖列维奇的崇拜者，他在革命前就常与她和奥西普的圈子交往。"一个真正的惹是生非者，一点都不笨，在有的方面颇有些文化，对金钱和生命都毫不吝惜。"雅各布松如是评价他。有一次雅各布松撞见雅克正在和他年轻的阿姨调情。

雅各布松开玩笑地问他,是否真认为一个清白的女人能允许自己做出这种事,雅克回答说:"谁敢说我阿姨是个清白女人?"

在拍摄《被胶卷束缚的女人》时,雅克向莉莉发去了一堆情书,这些信长得让她都没读完,也就更别提回信了。这些情书攻势莉莉对马雅可夫斯基只字未提。但有一次雅克往列瓦绍沃寄来一封信,信中他要求立即见面。马雅可夫斯基妒火中烧,与莉莉和奥西普一起去了彼得格勒。"我们当时在家里,这时沃洛佳走了进来,告诉我们他在街上撞见了伊[兹赖列维奇](还真是巧!),然后立马扑上去揍他,"莉莉回忆说,"民警赶了过来,把两个人都带局子里去了。伊让他们打个电话给高尔基,因为他常去高尔基家,然后民警就把他们都放了。沃洛佳说这些事时面色非常阴沉,给我们看他的拳头,上面都是瘀青,他把伊揍得够狠。"雅各布松回忆说,从此以后"高尔基恨马雅可夫斯基恨得要死"。

这段插曲既证明了马雅可夫斯基嫉妒心之强,也表明二十七岁的莉莉依旧和从前一样,对男性有很大的吸引力。她与马雅可夫斯基关系的"正式化"催生了更多流言蜚语,更何况马雅可夫斯毕竟也不是因为德高望重才出名的。关于"三角恋"的种种流言蜚语引来了恶意中伤。如果在雅克·伊兹赖列维奇的故事中高尔基还只是个配角,那么在大约同一时期上演的另一出大戏里,他已当上了主人公。

马雅可夫斯基和卢那察尔斯基之间的关系起初非常好。然而,正如我们所见,马雅可夫斯基并不赞同布尔什维克的艺术观,因此照卢那察尔斯基的说法,"由于对许多问题看法不同",他们的关系"逐渐冷淡下来",但还不至于到彻底破裂的地步,而且他和奥西普之间完全没有矛盾。把卢那察尔斯基和马雅可夫斯基联系在一起的还有个不那么上台面的共同爱好——只要一有机会他们就要凑在一起打桌球。

所以当莉莉有一次发现卢那察尔斯基遇见他们不太乐意打招呼时,她
非常失望。莉莉把这件事告诉了什克洛夫斯基,后者很惊讶地问道:
难道她没有听说高尔基跟"所有人"都讲了,说马雅可夫斯基"把梅毒
传给一个姑娘,然后还敲诈她的父母"? 这个女孩不是别人,正是索尼
娅·沙马尔金娜,而传言的源头则是她自己指定的监护人科尔涅伊·
楚科夫斯基,1914 年冬天她与马雅可夫斯基亲密交往时,楚科夫斯基
曾警惕地捍卫着她的贞洁。

在维克托·什克洛夫斯基的陪同下,莉莉立刻前去找高尔基,这
场谈话让后者很不愉快。他用手指不断敲打着桌子,重复说:"不知
道,不知道,反正是个非常严肃的同志跟我说的",但却拒绝透露这位
"同志"——也就是楚科夫斯基——的名字,而后者的消息则是从一位
莫斯科医生那里听说的。高尔基答应去打听一下他的地址。两周后,
莉莉没有收到高尔基的任何回音,便给他写了封信:"阿列克谢·马克
西莫维奇,恳请告知我那个莫斯科人的地址,也就是您打算通过他来
获知医生地址的那个人。我今天就要去莫斯科,以便最终查清事情的
全部情况。窃以为这样拖下去是不行的。"高尔基把信退还给了莉莉。
在信的背面他用大写字母写道,很遗憾,他无法获知"医生的名字和地
址,因为告知我这件事的人去了乌克兰"。莉莉把事情原委都告诉了
卢那察尔斯基,并请他转告高尔基,马雅可夫斯基之所以不揍他,仅仅
因为他年纪大了,身体又不好。

谣言是毫无根据的,马雅可夫斯基没得过梅毒,自然也无法把它
传染给任何人。姑且不论这谣言中有几分真实性,问题在于高尔基为
什么要传播这个谣言,而且偏要传到国民教育人民委员的耳朵里去?
要知道多年来马雅可夫斯基和高尔基在文学和政治问题上立场都相
似。高尔基很早就看出马雅可夫斯基是个大有前途的诗人,他的帆

1920　Ю.АННЕНКОВ.

马克西姆·高尔基,尤里·安年科夫绘,1920 年

（«Парус»）出版社出版了诗集《朴素如牛哞》（1916）和长诗《战争与世界》（1917），马雅可夫斯基和奥西普都与他的《新生活报》合作。高尔基常去茹科夫斯基街他们家里。

"不记得他来过我们这里多少次，也不记得我们谈了些什么，"莉莉回忆说，"只记得我不太喜欢。我不喜欢他装出来的那种讨厌的谦虚，不喜欢他靠在桌子的角落喝茶，也不喜欢他看着我的样子。记得和他一起无精打采地打过一次'阿姨'①。"

这段话是后来讲述的，所以有可能并未准确反映出 1918 年他们之间的关系到底如何，但至于为什么高尔基对马雅可夫斯基的看法会发生变化，莉莉的分析从心理学上来说是可信的："高尔基无法原谅马雅可夫斯基从自己的翅膀底下飞走了，而伊［兹赖列维奇］和楚［科夫斯基］则幸灾乐祸地往火上浇油。"

1918 年 6 月 9 日，《新生活报》发表了马雅可夫斯基的诗《对马的好态度》（*Хорошее отношение к лошадям*），讲的是在大街上摔倒、死去的驽马，这是那个饥馑夏日的日常景象。发表这首诗是高尔基与马雅可夫斯基之间最后的合作；在高尔基参与传播了关于梅毒的谣言后，他们的关系已彻底破裂。"我不记得他在谈及任何一个别人时会比他在谈高尔基时更具敌意。"1919 年春天见证了这段风波的罗曼·雅各布松回忆说。马雅可夫斯基打牌赢钱后，请雅各布松去宫廷侍从胡同（Камергерский переулок）的私营半合法咖啡馆。隔壁桌坐的是雅科夫·布柳姆金，他在 1918 年夏天刺杀了德国大使冯·米尔巴赫，但此时已经出狱。布柳姆金是左翼社会革命党人、契卡分子和一个真正的革命浪漫主义者，经常有人看到他没事就挥舞手枪——比如，当

①　纸牌的一种玩法，因将 Q 牌称作"阿姨"故得名。

奥西普·曼德尔施塔姆谴责他为契卡效力时,他就拿枪威胁诗人。但与此同时,布柳姆金还受过良好的教育,学过古波斯语,当晚还在和雅各布松讨论伊朗古经《阿维斯塔》(*Avesta*)。但雅各布松回忆说,话题很快就发生了转向,"沃洛佳提议布柳姆金一起办一场反高尔基的晚会。突然闯进来一批契卡分子检查证件。他们走到布柳姆金身边,但他却拒绝出示证件。他们围拢过来后,他说道:'离我远点,否则就开枪了!''怎么个开法呀?''喏,就是朝米尔巴赫的开法。'"他们拒绝放他走,于是他就把枪口指向站在门边的契卡分子,然后走出了咖啡馆。据雅各布松说,马雅可夫斯基在那一晚剩下的时间里"开了很多关于高尔基的恶毒玩笑"。

1. ТОВАРИЩИ! ПОЧЕМУ В ЕВРОПЕ
ДО СИХ ПОР НЕТ СОВЕТОВ,
А БУРЖУИ У ВЛАСТИ?

2. ПОТОМУ, ЧТО ТАМ ПРИМАЗАЛИСЬ
К РАБОЧИМ МЕНЬШЕВИКИ-
РЕФОРМИСТЫ

3. ТРИ КОРОБА НАОБЕЩАЕТ ТАКОЙ РАБОЧЕМУ
А ГЛЯДИШЬ НА ДЕЛЕ – БУРЖУЮ
ДРУГ ИСТЫЙ

4. ЗАПОМНИТЕ ЭТО ТОВАРИЩИ!
ЕДИНСТВЕННАЯ ВАША
РАБОЧАЯ ПАРТИЯ –
– КОММУНИСТЫ!

НАРКОМПРОС РОСТА № 539.

一张典型的俄通社之"窗",1920 年 11 月

第五章 共产未来主义(1918－1920)

<blockquote>

布尔什维主义恣肆的宣传正在鼓起群众的另一种本能。

高尔基,1918 年 4 月

</blockquote>

在马雅可夫斯基、布尔柳克和卡缅斯基创立的无政府主义"未来主义咖啡馆"兴盛时期,一个国家机构的组建从根本上改变了俄罗斯先锋派的游戏规则——这就是教育人民委员部下属的造型艺术处(ИЗО)。该机构的成立是为了直接应对文化工作者们对布尔什维克1917 年 11 月的呼吁所诉诸的敌对态度。卢那察尔斯基在严格保密的情况下成立了一个忠于新政权的机构,其主要任务是改革艺术教育。

1918 年 1 月在彼得格勒成立的造型艺术处最初有七名成员,其中包括纳坦·阿尔特曼和达维德·施特伦贝格等著名艺术家。值得注意的是,当时只有七个人愿意,或者说敢与布尔什维克进行合作;但有趣的是,攻击这"七人组"(新闻界对他们的称呼)"背叛"艺术的既有保守派同行，也有激进派同侪。然而造型艺术处的出现仍然产生了两个重要后果：首先，二月革命后成立的民主性质的文化工作者联盟一夜间失去了影响力；其次，美术学院也被撤销。

中立是不可能的

1918 年 6 月，批评家叶夫根尼·伦德贝格写道："革命的陶醉越来越少，它的严酷却愈演愈烈，以至于让人觉得自己每周都在变老。"这一观察极为精确。1918 年夏天发生了一系列事件，导致国内政治发生重大变化。红军、白军之间的内战爆发，外国军队开始入侵干预；6 月，右翼和中间派社会革命党人和孟什维克一起被逐出所有的工人苏维埃，于是左翼社会革命党就成了除布尔什维克以外的唯一合法政党；当他们 7 月初在第五次苏维埃代表大会上试图推翻布尔什维克政府后，他们也出局了；在夏季，几乎所有的非布尔什维克媒体都被禁止，沙皇家庭被处决，布尔什维克领导人沃洛达尔斯基和乌里茨基被杀，8 月 30 日社会革命党人范妮·卡普兰试图行刺列宁；由于上述种种事件，契卡在 9 月初颁布了惩戒性特别法令。

这样，布尔什维克便在 1918 年秋统一了政权，国民不得不做出最后的选择：是赞成还是反对。1918 年春在党派之间来去出入多少还是自由的，但如今这已成了过去时。只剩下敌我两个阵营：红军和白军。此外，布尔什维克现在迫切需要支持，他们需要制定对其他派别的社会主义者而言更具吸引力的政策；他们也明白不能再像过去那样激怒知识阶层了。

这在政治上意味着对其他社会主义政党更加宽容。孟什维克的回应则是承认十月革命为历史之必然，并表示支持苏维埃政权的军队对抗外国干涉。布尔什维克则允许孟什维克恢复政治活动，并从监狱里释放了一些政治犯。不久之后，社会革命党也效仿了孟什维克的榜样。因此各方短暂休战言和了一段时间，尽管大家都心知肚明谁是制定游戏规则的人。

由于1918年秋的政治联合，布尔什维克开始规劝"创作性知识阶层"认清形势、站对方向，于是许多从前的怀疑者和批评者都放弃了原先的立场。这绝不意味着所有人都成了布尔什维克，但在许多人看来，布尔什维主义还是比白军方面提出的方案更能接受。

特别有趣的是马克西姆·高尔基的反应，此前他在《新生活报》刊登了一系列文章，总题为《不合时宜的思想》，对布尔什维克的政策提出了毫不妥协的批判。1918年4月，他甚至拒绝与彼得格勒苏维埃主席格里戈里·季诺维也夫进行辩论，理由是"像季诺维也夫这样的蛊惑家们在腐蚀工人"，"布尔什维主义恣肆的宣传正在鼓起群众的另一种本能"，"苏维埃对待工人阶级的政策是虎头蛇尾的"。

但高尔基在9月改变了自己的立场，他解释说，"针对苏维埃共和国各位领袖的恐怖袭击促使［他］最终走上与苏维埃政权密切合作之路"。又过了一个月，他主持了一次群众集会，布尔什维克的代表在会上呼吁"创作性知识阶层"支持其政权。其中一位发言者不偏不倚恰恰就是季诺维也夫，他如此描绘政治局势： 129

> 那些希望与我们一道工作的人，我们正在开辟道路。［……］但身处我们目前所经历的时代，保持中立是不可能的。［……］如果有知识阶层的代表认为可以继续中立，那他就大错特错了。［……］学校不可能是中立的，艺术不可能是中立的，文学不可能是中立的。同志们，我们别无选择。［……］我建议你们，与其试

图躲在中立的破洞伞下保全自己,还不如走向自己的俄罗斯屋顶下,走向工人阶级。

正如政治领导人对社会主义各党派的做法一样,造型艺术处如今在面对"工人和艺术家"时,也欢迎那些在革命一年后打算"为社会主义祖国效劳"的人。但是呼吁针对的只是那些"为创造新形势而打破、毁坏旧形式"的人。换言之,美学纲领已经确定下来:现实主义者和其他各传统流派的代言人可以不用操心了!

许多人响应了这一呼吁,一批杰出艺术家在秋天成为莫斯科和彼得格勒的协会成员,其中有卡济米尔·马列维奇、帕维尔·库兹涅佐夫、伊利亚·马什科夫、罗伯特·法尔克、阿列克谢·莫尔古诺夫、奥莉嘉·罗扎诺娃、瓦西里·康定斯基等著名艺术家。造型艺术处成为先锋派艺术家,或者人们通常所说的"未来主义者"的堡垒。当时"未来主义"这一术语已获得了比革命前,尤其是战前更宽泛的意义,那时使用这个名号的主要是立体未来主义者和其他标榜自己是未来主义者的群体。而从 1918 年秋季开始,"先锋派""左翼艺术"和"未来主义"多少已成为近义词。

公社艺术

马雅可夫斯基和奥西普都持社会主义观点,但相对共产主义而言,他们的立场更接近于孟什维克和高尔基。然而 1918 年秋他们也加入了造型艺术处。这不仅意味着新的政治倾向,而且也意味着违反了艺术独立于国家的原则,而这可是同年 3 月《未来主义者报》上刊登的未来主义宣言的一项主要内容。

　　彼得格勒造型艺术处讨论的一个首要问题就是必须建立一家能传播其理念的机关出版物。1918 年 12 月,《公社艺术》(*Искусство коммуны*)周报的第一期出版发行。1919 年 1 月,在莫斯科发行的一份名为《艺术》(*Искусство*)的同类出版物也加入进来。《公社艺术》的编辑是布里克、纳坦·阿尔特曼和艺术史研究者尼古拉·普宁,工作人员则包括马列维奇、夏加尔和什克洛夫斯基。马雅可夫斯基的诗被当作社论发表。

130

　　编委会纲领的一个重要条款就是要对抗旧文化遗产对于新社会之艺术、文化的影响。所有被认为过时的美学都受到了严厉批判。取代旧艺术的"新"艺术,或曰"年轻"艺术自然是未来主义艺术,它是最进步的美学,也是唯一配得上历史上最进步的阶级——无产阶级的艺术形式。因此,未来主义被与无产阶级文化等同起来。这些被赋予正面色彩的术语并没有得到具体阐释,而是主要被当作口号。所有的"创新元素"都被宣布为未来主义的,因此也就是无产阶级的。革命就和战争一样,是一种不能用传统方法描绘的现实,未来主义者的理论明确指涉了马雅可夫斯基在 1914 年的几篇文章中提出的那些美学理念。(见《穿裤子的云》一章)

　　在未来主义者的美学中还有另一个重要组成部分。他们拥护专业精神、天赋和质量,并批判当时的一种倾向,即认为只要作者遵循正确的无产阶级意识形态且/或出身于相应阶级环境,那么他创作的"无产阶级艺术"就应该得到好评。对于一贯强调形式之重要性的未来主义者来说,这种方法是不可接受的。比如,马雅可夫斯基就宣布,"诗人对待素材应该和钳工对待钢材一样认真"——这一原则与对形式问题不求甚解的态度背道而驰,而后者正是大多数无产阶级作家的特点。

　　在过去几个月中,造型艺术处已成为文化领域的一股重要力量。

该处负责苏维埃共和国全境的艺术教育,也负责为博物馆购买新的艺术品;造型艺术处成员可以在教育人民委员部资助的出版物上宣传自己的理念。尽管如此,未来主义者仍对发展的速度不满。1918年春季以来,也确实没发生过太多变化,因此在12月,随着《公社艺术》前几期的出版,马雅可夫斯基、布里克和造型艺术处的其他成员在彼得格勒各工人区举办了一系列讲座和诗歌晚会。他们需要社会基础;他们需要向批评家——和工人!——证明,他们就和自己声称的那样,与无产阶级的关系是亲近融洽的。

与工人的类似接触促使他们在1919年1月组建了共产主义未来主义团体(简称"共产未来",Комфут),其成员包括两名造型艺术处的成员,即布里克和诗人鲍里斯·库什涅尔,以及几名工人。马雅可夫斯基热情支持共产未来,但未能正式参与其活动,因为他不是党员,而奥西普则与之不同,他似乎在投身造型艺术处的工作时入了党。共产未来断定,布尔什维克的文化政策并不革命,文化上的革命正落后于政治和经济上的变革,"新的共产主义文化意识形态"的出现已刻不容缓,而实际上这只是呼吁进行精神革命的新措辞。

共产未来被认为是彼得格勒一个党支部下属的党员团体,但它却被拒绝登记备案,理由是类似的小组可能"在今后开出个不好的先例"。这次碰钉子证实了党和政府圈子里对未来主义者的敌意与日俱增。十月革命一周年纪念时,几位先锋派艺术家得到了用立体主义创作装饰若干条彼得格勒街道的机会,而在此之后当局就展开了对未来主义者的批判。在反对者眼里,这些装饰便是未来主义者的创作"没人能懂"的典型例子。此外,他们还被批评正在"支配"造型艺术处,试图让未来主义被承认为"国家官方艺术"。

1919年初,批判变得更为频繁、猛烈。例如,当局决定"无论如何

阿纳托利·卢那察尔斯基,尤里·安年科夫绘

都不能"委托未来主义者为 1919 年五一节的庆祝活动绘制装饰。未来主义棺材上的最后一颗钉子是由列宁亲手钉下的,后者声称未来主义者"往往把最荒谬的矫揉造作的东西冒充为某种新东西,并且在纯粹的无产阶级艺术和无产阶级文化的幌子下,抬出某种超自然的和荒谬的东西"。结果,未来主义者丢掉了自己的报纸,而且在教育人民委员部里也几乎丧失了自己全部的影响力:12 月,卢那察尔斯基满足地断定,知识阶层做出了自己的选择,这让造型艺术处如今的人员组成有可能"平衡"了。俄罗斯先锋主义作为国家官方文化意识形态的短暂时期就此告终。

猫狗之家

1918 年至 1919 年之交的冬天,德军逼近了彼得格勒,3 月,政府出于安全原因迁往莫斯科,在中断了一百零六年后①,莫斯科再次成为俄罗斯的首都。1919 年 3 月初,马雅可夫斯基和布里克也前往莫斯科,因为如今文化和政治斗争也转战去了那里。

133　　最初,他们和艺术家达维德·施特伦贝格及其妻共住在波卢埃克托夫胡同(Полуэктов переулок)的一间公寓里。如果不算在列瓦绍沃度过的那个夏天,这是马雅可夫斯基第一次和布里克夫妇一起外出。公寓里有很多房间,但为了保暖,他们挤在最小的房间里,里面摆着两张普通床和一张折叠床。"用地毯把墙和地板都盖了起来,以防有风吹进来。"莉莉回忆说,"房间的角落是铁炉和壁炉。铁炉很少烧,而壁炉则是在上午和晚上烧——用旧报纸、破箱子,找到什么烧什

---

① 原文如此,应为两百零六年。

莉莉,列夫·格林克鲁格和塞特犬"狗仔"在波卢埃克托夫胡同的家里,1920 年

么。"那是饥荒年代,有一次情况坏到莉莉不得不用一根珍珠项链换了一袋土豆。

　　一条叫"狗仔"（Щеник）的塞特犬和他们同住在公寓里,它是马雅可夫斯基在莫斯科附近的普希金诺（Пушкино）村找到的,那是他们 1919 年消夏的地方。早在 1918 年春天,莉莉就在一封信中称马雅可夫斯基为自己的"小狗狗"（Щенок）,但如今这个名字和一条具体的狗画上了等号。"他俩非常像,"莉莉回忆说,"都有着大爪子和大头。都会翘着尾巴飞奔。当他们有所求时,都会凄楚地哀号,而且不达到目的决不会罢休。有时候他们会冲着碰见的第一个人怒吼,纯粹就是为了说句俏皮话。我们开始把弗拉基米尔·弗拉基米罗维奇也叫作'狗狗'（Щен）。"

从那时起,马雅可夫斯基开始用这个绰号给信件和电报署名,并且常把自己画成一条小狗。"在我们的共同生活中,动物是我们谈话固定不变的主题,"莉莉承认说,"我从随便哪里回家后,沃洛佳总会问我有没有看到'什么好玩的小狗、小猫'。""狗仔"是这个"家庭"养的第一条狗。这个"家庭"给自己的成员想出了一堆动物标志:马雅可夫斯基是小狗,莉莉是小猫、喵喵,奥西普则是公猫。莉莉和奥西普也和马雅可夫斯基一样用图画来签名,后来莉莉甚至还订做了一枚"猫图章"。

他们和罗曼·雅各布松一起租了普希金诺的消夏别墅,他追忆了他们是如何在文学争论中度过这段时光的。雅各布松这段时间正在研究马雅可夫斯基诗歌的韵脚,而后者则对诗体结构问题很感兴趣。讨论之激烈让列夫·格林克鲁格有一次忍不住嘲讽道:"诚然我们都喜爱马雅可夫斯基,但为什么要把他的韵脚都摘抄出来?"奥西普当时在研究艺术的社会学维度,并思考一些有关生产与消费、供应与需求的问题。当他们不讨论艺术和文学时,就玩槌球或晒日光浴。气氛非常放松,莉莉甚至常半裸着走来走去。有一回她发现在篱笆旁有个男子在偷窥她,便高喊道:"怎么着,没见过赤膊的娘儿们吗?"

动物标志暗示莉莉和马雅可夫斯基之间关系亲密,然而却没有反映出整体状况。马雅可夫斯基照旧醋意十足,一直觉得自己受到了伤害和侮辱——争吵爆发得太过频繁,以至于他们开始记录"莉莉和沃洛佳作战黄皮书":他们挑了本小笔记本,上面用一根小绳系着一支铅笔、一块橡皮,莉莉用铅笔撰写和约,马雅可夫斯基则能用橡皮擦去莉莉给他带来的伤害。1919 年夏天,两人之间的冲突严重到莉莉不想再和马雅可夫斯基同住一个屋檐下了。雅各布松去信巴黎告诉埃尔莎:"莉莉早就受够了沃洛佳,他变成了这么个循规蹈矩的市侩丈夫,就想着把老婆喂饱、喂胖。莉莉自然不吃这一套。"于是在 1919 年秋天,马雅可夫斯基搬离了波卢埃克托夫胡同的公寓,几个月后的1920年冬,他们分手了。

我们已经说过,当时的莫斯科正面临着严重的住房短缺问题,因此官方声称"为改善工人阶级的居住条件"而推行"紧凑使用"大公寓的举措。公寓的户主及其家人通常被允许保留一间房间(如果是大家庭的话,那或许能留两间),而其他房间就要被没有住房的工人阶级占据。厨房、卫生间和浴室(如果有的话)则成为公用设施。帮马雅可夫斯基找到住所的是罗曼,后者在卢比扬卡巷(Лубянский проезд)3号的邻居,和善的资产者尤利·巴利申担心自己的公寓会被"紧凑使用",然后搬进去一堆陌生人。他问罗曼,在认识的人中有没有安静的、能住进他家来的人,罗曼推荐了马雅可夫斯基,为防万一,罗曼没说他是个诗人。

于是和莉莉的同居实验就这么迅速破产了。为什么会这样?马雅可夫斯基真的变成雅各布松所说的"市侩丈夫"了吗?这也许道出了部分真相。马雅可夫斯基多年来一直在为莉莉的爱而斗争,当莉莉最终接受他时,他就仿佛人生第一次有了自己的家庭。也许,他保卫自己新幸福的举动真的让莉莉觉得他是个"市侩丈夫"了?"他怕莉莉怕得不得了,"雅各布松回忆说,"她只要训他一顿,他就会完蛋。"

然而,莉莉很可能只是厌倦了他的嫉妒,这是一种她非常蔑视的情感。在他们同居前,她可以满足自己的浪漫需求,向马雅可夫斯基隐瞒一些不必要的细节,但如今他们总是在一起,他知道了关于她的一切。许多年后,当莉莉被问起马雅可夫斯基是否知道她的罗曼史,她回答说:"一直知道。"那么他的反应如何?莉莉的回答是:"他沉默。"为了控制自己的情感,马雅可夫斯基把它们从意识里挤了出去。

如果他不保持沉默,有时就会装出一副玩世不恭的样子来回应,

135

就像 1919 年夏天发生的一件事：奥西普谈到了画家安东宁娜·古米林娜，马雅可夫斯基在认识莉莉前曾与之交往。照雅各布松的说法，古米林娜是《穿裤子的云》中玛丽亚的原型之一，而其画作唯一的题材就是自己和马雅可夫斯基。有一次回家后，奥西普说他刚看到一批描绘马雅可夫斯基和古米林娜的情色画稿。给奥西普看画的是古米林娜的丈夫，画家爱德华·希曼。她的画没有保存下来，但参加过其画展的雅各布松记得其中的一幅：早晨，室内，她坐在床上整理头发，而马雅可夫斯基则穿着衬衫、裤子站在窗边，长着魔鬼的蹄子……埃尔莎描述了另一幅画——《最后的晚餐》(*Тайную вечерю*)，画中在桌子前坐的是马雅可夫斯基，占了基督的位子。古米林娜还写抒情散文，其中包括一篇题为《两个人在一颗心中》(*Двое в одном сердце*)的作品，讲的也是她和马雅可夫斯基，但同样没有留存下来。

当莉莉问及古米林娜的命运时，奥西普回答说她自杀了。"呵，有这种丈夫能不跳楼嘛。"马雅可夫斯基装出一副无动于衷的样子评价道。对于马雅可夫斯基这么一位永恒的潜在自杀者而言，这场谈话的主题尤为沉重，更何况有理由认为古米林娜是因为对他的爱才结束了自己的生命。"无论她自杀[……]的原因是什么，她的生命属于沃洛佳。"埃尔莎总结说。

隐秘罗曼史

无论马雅可夫斯基有多想，他都不能赞同莉莉对爱与忠贞的看法，更不用说照做了。虽然他自己也曾有过许多罗曼史，但他天性是个腼腆的人，并且为自己从没写过什么不雅的东西而感到骄傲。雅各布松曾和本书作者讲过这么一件事：1919 年他在莉莉、奥西普和马雅

可夫斯基的陪伴下看了一个情色版画展。马雅可夫斯基有点尴尬、窘
迫,而莉莉和奥西普则带着一种上流社会的轻佻对这些画作评头论
足,还买了一幅绘有摆出各种情色姿势的"青年普希金"版画送给罗
曼。在版画反面的题词"给罗米克"下方,马雅可夫斯基也努力克服自
己的窘迫,签下了名字。*

　　除了任何夫妻生活都免不了的种种困难,莉莉这儿还有一个更深
层的复杂情况。这里涉及莉莉和与她共同居住的两名男子之间在性
方面的不相容:奥西普对她没什么肉体欲望,马雅可夫斯基有这种欲
望,但他似乎遭受着某种形式的性无能之困扰。照莉莉的话说,他就
是"床上的折磨"**。鉴于他有过许多风流韵事,很难相信——虽然有
人这么认为——莉莉是在说他阳痿。尽管埃尔莎也抱怨说自己"不喜
欢他的床技",因为"他不够淫荡"(*il n'etait pas assez indecent*),但看起
来主要还是在和莉莉的关系中他才会遭遇这个问题。据维克托·什
克洛夫斯基的说法,马雅可夫斯基受早发性射精的困扰***;莉莉日记
(后来被毁)中的一则记录也暗示他的性问题"可能是[……]对我太
有感觉了"。

　　莉莉有更换男性伴侣的需求,而与马雅可夫斯基之间的困难可未
必会让形势有所改观。她在寻找新的接触对象。雅各布松回忆说,
1919 年有一段时间莉莉"对沃洛佳如此反感,以至于都不能听到任何
关于艺术的事情,不能不怀着'野兽般的'恶意谈论艺术家和诗人们,
她幻想着'干事的人'。她中意的'新风格'是不破坏当下状态的'隐

---

　*　这幅描绘有"青年普希金"的版画藏于一个私人档案里。
　**　莉莉关于马雅可夫斯基是"床上的折磨"的说法是她的继媳因娜·根斯转告我的。
　***　关于马雅可夫斯基性问题的情报是尼娜·别尔别罗娃在 1982 年告知我的,而她则是
在 1922 年从维·什克洛夫斯基那里听说的。

秘罗曼史'(*romans discrets*)"。

"秘密钟情"的对象之一是艺术研究者尼古拉·普宁,他是俄罗斯博物馆(Русский музей)的馆长,奥西普和马雅可夫斯基在造型艺术处的同事,也是先锋派艺术的一位主要宣传者。普宁虽然已婚,但当时婚姻正处在破裂边缘。他和莉莉之间早在彼得格勒就有过一些接触,但从他的日记来看,他们的关系直到1920年春季才变得认真起来。5月20日的一次短暂的约会催生了普宁日记中的这一长串思考:

> 她的瞳孔天然过渡到睫毛,且因激动而暗淡。她有一双激昂的眼睛;在她的脸上,连带她的双唇和暗淡的眼睑,能看出她的放肆和甜美,她一直保持沉默,而且永远不会结束……丈夫在她身上留下了干枯的自信,马雅可夫斯基则让她受尽折磨,但这个"最迷人的女人"却十分了解人之爱和感官之爱。拯救她的是爱的能力、爱的力量和需求的确定性。我无法想象会有一个女人能让我更完整地占有。肉体上她就是为我创造的,但她一直在谈论艺术,而我就不能……
>
> 我们短暂的约会留给我一份甜美、坚定、平静的忧伤,就仿佛我送出了一件爱的东西,只是为了保住一件不爱的。我不遗憾,不哭泣,但莉莉娅·布却一直会是我生命中鲜活的一部分,我将长久铭记她的眼神,珍视她对我的看法。假如我们在十年前相遇,那就会是一段紧张、漫长又沉重的罗曼史,但我似乎已不能再像爱妻子那般温柔、那般彻底、那般人性、亲近地爱别人了。

两周后他们再次约见时,莉莉讲述了上次会见后她内心充溢的感受,普宁在日记中写道:"当一个无助的、依偎着生活的女人这么爱时,

尼古拉·普宁,1920 年

那是沉重而可怕的。但当一个像莉莉娅·布这样十分了解爱情、坚强的、克制的、被娇宠的、骄傲的、坚毅的女人这么爱时,那就是件好事。"他们是由于不同的原因而彼此吸引,因此他们对这种关系的性质有不同的看法。莉莉想谈艺术,而与此同时普宁对她却只有原始的男性兴趣:"我告诉她,对我来说她只在肉体上引起我的兴趣,如果她同意以这种方式理解我,那我们就还能继续见面,其他人我不要也不能。如果她不同意,那就请她做到让我们不再相见。'那就不见面了。'她和我告别,并挂掉了电话。"

结束这段关系的是普宁,而非莉莉。这让她始料未及,并用歇斯底里的方式做出回应。普宁的日记表明,在与男性的交往中,性对莉莉而言并非主要因素。138

她真正关心的是要证实自己对男性的吸引力和统摄力,在这方面性只能被视为诸多工具中的一种。莉莉是个博览群书、机智、深具挑衅性和激励性的人物，但她受到的教育仍是零散和不系统的。由于某种智识不完整带来的自卑情结，她会被吸引到那些在智识方面高出她的男性身边，而普宁坦陈自己关心莉莉的肉体胜过她的思想，这让她的自尊心受到严重打击。不再见面的言辞并不反映莉莉的真实情感，她继续在为普宁的爱而斗争。"莉·布谈及她尚存的情感，说她为了我一直在'号哭'，"普宁在 1923 年 3 月的日记中写道，"'主要的是，'她说，'根本不知道如何与您共处；如果积极一点，您就缩起来然后离开，而当我变得被动，您也不会做出任何反应。'但是她不明白一点，那就是我不再爱了，而没有爱，就什么都不可能有，不管她莉莉如何；[……]莉·布以为我不会无动于衷，以为我现在对她不是铁石心肠。她抚摸着我的手，想让我吻她，我心中想着安，并没有这么做。""安"指的是安娜·阿赫马托娃，普宁去年秋天开始和她交往，他们将一直同居到 1938 年。

布拉格罗曼史

尽管 1919 年秋换了住所，马雅可夫斯基仍继续每天造访莉莉和奥西普，就像在彼得格勒时一样。然而，莉莉试图延续与普宁关系的绝望企图表明，变了的不只是居住条件。1920 年初发生的一些事情促使莉莉开始认真考虑是否要永久离开苏维埃俄国。由于国家被封锁，莉莉开始规划 1920 年 5 月前往布拉格与罗曼·雅各布松结婚的可能性。

雅各布松 1918 年获得学位后留在大学任教，并准备获取教授职位。这一点尤其能使他免除兵役，而在内战期间服兵役就意味着被派往前线。但由于 1919 年冬他染上了当时在俄国肆虐的斑疹伤寒，他没来得及提交相关文件，因此有可能被判定为逃兵。他在燃总委（燃料工业总委员会）的经济情报处工作了很短时间，然后大学校长搭救了他，为他备齐了所有必要的文件。

139

罗曼没有被派往前线，而是出乎意料地被提议前往位于日瓦尔（Reval，即塔林）的苏联第一个外交使团新闻处工作，该使团应于 1920 年冬开张。当被问及为什么选中了他时，外交人民委员部的一位工作人员回答说，这个位子没人想去，因为白卫军有可能在越境后炸毁火车。"我们跋涉了很久，"雅各布松回忆说，"多数路程［……］都要坐雪橇，因为道路被内战摧毁了。使团全体成员都与我们同行，甚至打字员等也都在。"在纳尔瓦（Narva）国境线上迎接使团的不是炸弹，而是爱沙尼亚军事部长和香肠火腿三明治……"上司们都保持矜持，但姑娘们却扑了过去，仿佛她们这两年里没吃过东西一样。无论如何提醒她们要行事体面，她们都不管不顾。"

罗曼在日瓦尔逗留了几个月后返回莫斯科，在那里，一名波兰学者邀请他与红十字会代表团一起前往布拉格。此行的目的是商谈遣返战后留在那里的俄罗斯战俘的相关事宜，并试图与捷克斯洛伐克建立外交关系。由于雅各布松的学习计划也包括捷克语，他便与代表团领导吉勒松医生商定，如果工作条件允许，他可以去查理大学学习。5 月底雅各布松返回日瓦尔，在那里等待红十字会代表团，并于 1920 年 7 月 10 日抵达布拉格。

正是因为雅各布松这趟出访布拉格，莉莉才向他提议形婚，以便能离开苏维埃俄国。"不巧没成。"他去信巴黎告诉埃尔莎。罗曼于 1920 年 5 月离开莫斯科，但有证据表明莉莉更早前就已经想移民了。1919 年 10 月，当她和马雅可夫斯基分手后，鲍里斯·帕斯捷尔纳克在

诗集《我的姐妹——生活》(*Сестра моя — жизнь*)的手稿里写了如下献给莉莉的诗句:

> 让十月琐事之节律
>
> 成为今后
>
> 从头脑马虎之国飞去
>
> 惠特曼故土的节奏。
>
> 值此红白卫军头盔在这厢
>
> 闪耀的时机,
>
> 祝福 您脸上能把芝加哥曙光
>
> 的红晕泛起。

140   因此,移民的想法并不是因罗曼出国而一时心血来潮;莉莉至少从 1919 年秋就开始考虑这件事,想了怎么也有七八个月。帕斯捷尔纳克的献诗表明,她想去的是惠特曼的国家,而非母亲和妹妹所住的西欧。她在合众国无亲无故,她能说的外语也就是德语和法语,那她为什么偏偏要去那里? 这个问题至今无解。

        可归根结底,她为什么要抛下奥西普和马雅可夫斯基移民国外?与马雅可夫斯基复杂的关系想必是个重要原因。她崇拜他作为诗人的一面,但他作为一个男人和丈夫的一面远没有达到她的理想。莉莉已经无法在身边的圈子里寻找到灵感,而灵感对莉莉感受生命之完整而言是不可或缺的。个人生活的挫折无疑加剧了对国家局势,尤其是文化、政治方面局势的不满。从 1918 年冬到 1919 年冬,未来主义者——其中也包括莉莉——一直处于文化政策的中心,并占据了重要位置。但到 1919 年秋这一切都结束了。此外,内战也没有消停,粮食供给的情况是灾难性的。缺乏舒适的生活也可能迫使一个像莉莉这样习惯于固定生活水平的女性决定离开。

也许还有些别的什么事让她下定决心，认为最好还是离开？这个秘密莉莉保守了一辈子，只有一个人知道这个秘密——罗曼·雅各布松，他有一回曾"在完全不经意间"目睹了一件事，这件事假如为人所知，就会"大大改变她的生平"。他终究没有解开这个秘密，而当被问及这个秘密会如何改变莉莉的生平时，他回答说："该怎么改变就怎么改变。"*雅各布松目击的这一事件会不会对莉莉的移民计划起到了什么作用？

无论莉莉想离开俄罗斯到底是出于什么样的动机，她并不是唯一有类似想法的人。埃尔莎和母亲已经去国，雅各布松的父母和其他熟人也是如此，今后几年还会有更多人这么做。内战、政局不稳、经济大混乱——没有人能想象将来还会发生什么。为什么不在国外等这段时间过去呢——也不一定要永久移民——等局势回到正轨了再返回家园。这是那些年很多人柔软灵巧的生存策略。

黑暗的力量……

莉莉没有移民。雅各布松离开一周后，在布里克夫妇和马雅可夫斯基的生活中发生了一个转变，其重要性无论如何强调都不为过：　141

---

　　*　这一本来有可能改变莉·尤·布里克生平的事件是罗·奥·雅各布松在 1977 年访问瑞典时告诉我的。详见我的论文《关于弗·弗·马雅可夫斯基与莉·尤·布里克的三则札记》（*Три заметки о В. В. Маяковском и Л. Ю. Брик*），载拉扎尔·弗莱施曼、休·麦克莱恩编，《一个世纪的景致：俄罗斯文学论文集……》，斯坦福，2006（Lazar Fleishman/Hugh Maclean〔ed.〕, *A Century's Perspective. Essays on Russian Literature...* Stanford. 2006）。

1920 年 6 月 8 日,奥西普·布里克开始为莫斯科契卡的"反投机倒把处"担任侦查员。

在这么多年专注于新文学和诗体理论后,奥西普出乎意料地成了契卡的工作人员。这是怎么回事?这样的职位可不是公开竞聘的。卢比扬卡[①]也不是一个想去就能去的地方:那些积极分子都会被一口回绝。说明是有人招募了奥西普。是谁?怎么办到的?我们并不知道,但事实是显而易见的:1920 年春,奥西普被认为足够可靠,可以在安全机构中任职。他担任了"第七秘密处专员",从种种迹象来看,该处的职责包括监督过去的"资产阶级分子",而布尔什维克就其社会经验而言,对这些人的了解很肤浅。无论奥西普工作的内容到底是什么,经常拜访布里克夫妇的帕斯捷尔纳克还是表示,当他听到莉莉说"过一会儿就吃晚饭,就等奥夏从契卡回来"时,他感到"可怕"。很快就有人——一些人猜是谢尔盖·叶赛宁——写了首诙谐短诗,这首诗被贴在了他们家门上:"你们以为这儿住着语言学家布里克?/这里住的是为契卡卖命效劳的谍特。"

在很短时间内,奥西普的生活——马雅可夫斯基和莉莉的生活亦然——都发生了根本性的变化,移民什么的是根本不用想了。奥西普现在不仅是一个日益壮大的政党的党员,而且也是一支军队的士兵,这支军队的主要任务是保护国家和党免受敌人伤害。收不回的一步已经迈出,如今除了在世界上第一个无产阶级国家生活就别无选择了。

---

① 契卡及其后继可敬机构的总部所在地,因此也成了苏俄情报机构的代称。

……和光明的力量

　　并不清楚是不是生活的新条件导致马雅可夫斯基和莉莉之间的关系重新得以巩固,但它终究还是发生了。1919 年春季以来,马雅可夫斯基一直在创作一首大型革命史诗,也就是 1920 年 3 月写完的长诗《150 000 000》。后来在 4 月,他为列宁五十周岁诞辰写了一首诗。而在同样于普希金诺度过的 1920 年夏天,他的诗歌创作又有了抒情方向,这表明其生活进入了新的和谐期。他写了几首关于爱和自然的短诗,在文体上像是他在革命前的诗;这一时期的主要作品是《弗拉基米尔·马雅可夫斯基夏天在消夏别墅的不寻常历险》（*Необычайное приключение, бывшее с Владимиром Маяковским летом на даче*）。

142

　　诗的形式是与太阳的谈话,诗人邀请它去普希金诺喝茶。星体不断的运行刺激到了他,让他想起了自己每日的劳作:从 1919 年秋季以来,马雅可夫斯基为俄通社（POCTA[1],见第 148 页）的数百张海报编写文字、绘制图片,这份零工"吞噬"了他。诗人和太阳一边亲切地用你我相称[2],一边得出的结论:他们正在进行同样的工作——"在世界的灰色破烂里"歌唱:

　　　　照耀永久,

---

　　① 或音译"罗斯塔"通讯社,即俄罗斯通讯社,1925 年为苏通社（通常音译为"塔斯社"）替代。
　　② 俄语中一般陌生人和不太亲近的熟人互相之间应用"您"相称,只有在关系比较亲密后才可互相用"你"相称。

照耀到处，

直到末日的尽头，

照耀——

别的啥都不顾！

这就是我——

和太阳的口号！

《不寻常历险》是两年来第一部不围绕热点话题（尤其是政治、文化方面的）而写的作品。它表达了马雅可夫斯基对诗和自身能力的信念，是他自世界大战开打后，开始用诗歌尽公民义务以来的一次喘息。

1920 年 9 月，布里克夫妇从普希金诺搬到莫斯科市中心的肉铺街和水醉胡同（Водопьяный переулок）路口。律师尼古拉·格林贝格与妻子和两个孩子同住的那套大公寓要被"紧凑使用"，而莉莉、奥西普和马雅可夫斯基则获得了八间房间中的三间。他们的无产阶级身份令人怀疑，因此情况似乎就和马雅可夫斯基住进卢比扬卡巷的那间房间一样：尽管规定说房间应该优先提供给工人阶级，但房东有时得以自己选择新邻居。（这一次中间人可能还是雅各布松，因为他与律师的儿子、自己的同名人罗曼·格林贝格是大学同学。）老格林贝格是社会革命党人，曾和家人一起被拘留了一段时间。

长走廊的右侧是最大的房间，即原来的饭厅，几乎全部空间都被一张带茶炊的大桌子和十把椅子占据了。这是莉莉的房间。钢琴也摆在这里，上面还有台电话。屏风后面是莉莉的床，床上方挂着一块大标牌："任何人都不许坐床上"。餐厅的门通往过去女主人的起居室，现在奥西普被安置在那里。这间房间里有一张沙发、一张桌子和若干书架。"［书房里］有老式木雕家具、书籍，"一名造访的意大利记

1923 年马雅可夫斯基以"太阳"为题出版了《不寻常历险》的单行
本,插画作者为米哈伊尔·拉里奥诺夫。几年后在把一本真本送
给罗曼·雅各布松时,他在题词中解释说,这幅插画绘于 1912 年,
画的正是马雅可夫斯基。

者如是描述道，"书非常之多，到处都是。地板上摊了好几堆，书架上也全都是，有些还上下放倒了。[……]通常书房里总会有股冷气。[……]然而这里的家具、书架、堆满纸的沙发、落满灰尘的椅子、像一串串葱头般挂在墙上的立体主义画作和四壁却都刮着毁灭性的风暴。这是纸上的革命旋风。"

走廊另一侧正对餐厅的第三个房间形式上属于马雅可夫斯基。那里住的是家里的女佣安努什卡，她是家里唯一可以算作工人阶级的人。在厨房后面过去的保姆间里，她养了一只小猪，1921 年秋小猪从窗口掉了出去，然后就被吃掉了。

很快人们就开始来这里争论，打牌，喝茶，吃早午晚三餐。大家昼夜不休地待在这间公寓里。"比起那里的情况，妓院简直就像是教堂，"马雅可夫斯基抱怨说，"那儿至少白天不会有人去。而来找我们的人却日夜不停；而且还不给钱。"当扑克牌打到白热化阶段——这是三天两头的事——门上便会挂出一块牌子："今日布里克家不会客"。

马雅可夫斯基留着自己在卢比扬卡巷的房间，但每天都去布里克家，有时晚上也留宿那里。1920 年秋季邀马雅可夫斯基前往彼得格勒艺术之家（Дом искусств）演讲的科尔涅伊·楚科夫斯基的日记表明，前者与莉莉的关系已经恢复。马雅可夫斯基并没有忘记楚科夫斯基在梅毒事件中扮演的角色，因此对他态度冷淡，且起初拒绝了邀请。但当一听说那里有间台球房，他就忍不住了。12 月 5 日，楚科夫斯基在日记中写道："他和布里克的妻子莉莉·尤里耶夫娜一起来了，他俩在一起真是好得很：友好，快活，有条不紊。看得出他们的关系很紧密——已经多少年了啊，从 1915 年就开始了。我从没想到，一个像马雅可夫斯基这样的人可以那么多年与同一个女人处在婚姻关系中。可如今映入眼帘的，正是以前没人注意到的东西：他办的一切事都扎实、稳定、牢固。他是一个忠实、可靠的人：他与老同志们，与普宁、什克洛夫斯基等人的关系都友好、真挚。"

马雅可夫斯基和普宁之间的"真挚"关系自然会遭到质疑。楚科夫斯基的日记总的来说给人产生了一些奇怪的印象。他真的这么天真？还是说马雅可夫斯基确实突然变成了一个如此和谐的人？楚科夫斯基两天后记下的另一些文字表明，真实的情况稍微复杂些。莉莉说马雅可夫斯基现在"说所有人的好话，赞扬所有人，所有人都招他喜欢"，楚科夫斯基答说自己也注意到了这一点，并得出结论认为，他现在"自信了"。"不，恰恰相反，"莉莉回答说，"他每一分钟都在怀疑自己。"

莉莉是对的：无论在自己的创作上，还是在和莉莉的关系方面，或者更确切地说，在莉莉对他的感受方面，马雅可夫斯基都像过去一样不自信。在其他情况下，他用外露的傲慢和侵略性来掩饰自己的茫然，而在与莉莉的关系中，这种茫然转化成了温存乃至奴隶般的依赖。维克托·什克洛夫斯基讲述过这么一件事：莉莉有一次把包落在咖啡馆了，然后马雅可夫斯基回去取。"如今您一辈子都要带着这个包了。"作家拉里萨·赖斯纳嘲讽道。"拉里萨，这个小包我可以用牙叼，"马雅可夫斯基回答说，"在爱里头是没有屈辱的。"

1920 年秋莉莉和马雅可夫斯基在公众面前表现出的和谐表明他们彼此的关系进入了一个新阶段。他们共同生活中最光明、最平和的那段岁月就是从那时开始的。

146　　1918 年 11 月 7 日上演,献礼十月革命一周年的《滑稽神秘剧》海报

第六章　新经济政策，螺丝在拧紧（1921）

> 我担心，只要我们治不好新的天主教
> 病，我们就不会有真正的文学。这种新天主
> 教对任何异端字眼的恐惧都不亚于老天主
> 教。如果这病治不好，我担心俄罗斯文学就
> 只会有一种未来：那就是它的过去。
>
> 叶·扎米亚京，《我担心》，1921

在观望了足足一年后，1918 年秋天，马雅可夫斯基才最终站到布 147
尔什维克那一边。在十月革命一周年之际，圣彼得堡的音乐戏剧剧院
（Театр музыкальной драмы）上演了他的剧本《滑稽神秘剧》。导演
是弗谢沃洛德·梅耶荷德，负责舞台装饰和服装的则是卡济米尔·马
列维奇。剧本以中世纪神秘剧为模板写作，并带有一些闹剧（фарс）、
滑稽剧（буффонада）成分。情节很简单。大洪水毁灭世界后，方舟里
剩下了七对"洁净者"和七对"不洁者"。"洁净者"是各种资产阶级，

如英国首相劳合·乔治和一个俄罗斯投机倒把分子,"不洁者"则是来自各行各业的无产阶级。"洁净者"欺骗"不洁者",而后者则把他们扔下了方舟。最后无产阶级来到了应许之地,"在无数彩虹之下停着火车、电车和汽车,它们中间是一座群星、群月的花园,花园戴着太阳闪耀的树冠"。

马雅可夫斯基扮演的是"一个最普通的人":"我在水中淹不死,/在火中烧不着,/我是永恒反抗不屈的精灵。"他布道宣扬"真正的地上的天国",那里"甜美的劳动不会让双手磨茧","菠萝一年长出六次"。《滑稽神秘剧》作为马雅可夫斯基创作的一部分有一定价值,但并不属于其重要作品。它的圣经结构使其接近于那些无产阶级诗人的天真设想,因为对他们来说,没有比圣经里的伊甸园更好的形容未来公社生活的比喻了。我们知道,马雅可夫斯基是先锋派热忱的拥护者,但这部作品却不能被称作先锋派美学的范例。

在排戏时,马雅可夫斯基遭到来自演员和剧院管理人员的强烈反对,剧本只上演了三次。无论这个剧本对马雅可夫斯基而言多么传统,剧评人都断言自己和"群众"都不懂这戏。

148　于是,马雅可夫斯基通过投身庆祝革命一周年来与革命靠拢的尝试便未获成功,这导致了他和他的同仁们开始借《公社艺术》报纸的平台来为未来主义的美学理想斗争。(见上一章)随着1919年先锋派的阵地逐渐失守,马雅可夫斯基开始认识到这场斗争是徒劳的。精神革命的反对者赢得了胜利。曾希望推翻沙皇政权能带来精神复兴的安德烈·别雷正是在1919年"对能否接近精神革命感到明显失望"。对马雅可夫斯基而言,1919年也是令人失望的一年:他已经确信精神革命不仅遥不可及,而且不合时宜。

马雅可夫斯基能做什么?1919年秋,他开始在俄通社工作。他为宣传海报撰文绘图,这些海报张贴在莫斯科市中心该社的宣传橱窗中。其中一些海报被大规模印刷。大多数海报都是打得难分难解的内战中的意识形态武器。在长达两年多的时间里,设计海报一直是马雅可夫斯基的主要工作。莉莉也积极参与了这些海报的制作:马雅可夫斯基画轮廓,莉莉给它们上色。

在这个国家机构任职为他们保障了金钱和食物。干这份活无疑有意识形态上的动机,但在闹饥荒的莫斯科,能有物质上的保障也非常重要。马雅可夫斯基与俄通社合作的另一个重要原因想必是他意识到在《公社艺术》上为新艺术进行斗争的那种形式是徒劳无益的。因此他决定干些实际的工作。

但"被俄通社吞噬"并不意味着马雅可夫斯基放弃了自己的理念。未来主义对他而言不仅仅是一个诗歌流派,也是一种对生命和艺术的态度。未来主义者永远反对因循守旧。破旧立新是马雅可夫斯基生命和创作的一个组成部分。尼古拉·普宁在《公社艺术》的最新一期中写道,未来主义者亲近革命,"亲近的正是**革命**,"他强调说,"**而不是现有的苏维埃凡俗生活**。"同样的话完全有可能出自马雅可夫斯基之口。

"特殊的共产主义"

马雅可夫斯基在决定无条件支持布尔什维克政权前犹豫了整整一年。但是,这种热情却是来而不往的:他的作品很难出版,从文化官员处受到的阻力使他感到绝望。雅各布松回忆马雅可夫斯基曾在给俄通社绘制海报的间隙画了一张漫画:红军成功占领了一座由三排士兵守卫的堡垒,而同时马雅可夫斯基则徒劳无功地试图冲向由三排女秘书保卫着的卢那察尔斯基。

1921 年是苏维埃文化史上的一个转折点。这一年,布尔什维克党首次表明它试图对国家的文化生活进行全面管理,并且提倡艺术家靠近现实主义的准则。也正是在 1921 年,马雅可夫斯基发现党的最高领导对他的态度不只是负面的,还是不认可的。明白这一点在很大程度上决定了他后来的行为。

在为俄通社工作的同时,马雅可夫斯基写了长诗《150 000 000》,出版时未标注作者姓名,全诗以"150 000 000是这首长诗大师的名字"起首。换句话说,史诗的作者是一亿五千万俄罗斯人民;诗中完全没有提及马雅可夫斯基的名字。这当然是种修辞上的噱头——没有人怀疑马雅可夫斯基是它的作者,更何况他经常公开朗诵这首诗。

马雅可夫斯基第一次朗诵这首诗是在波卢埃克托夫胡同的莉莉和奥西普家里。大约有二十人在场,其中也包括卢那察尔斯基,请他来是希望他能促成这首诗出版。人民委员说他很高兴马雅可夫斯基能歌颂革命,但也表示不确定他这么做是发自内心抑或只是花言巧语。马雅可夫斯基强调,革命不能用自然主义的手法来描述,只有史诗才适用于它,奥西普也反对说在艺术中进行这样的区分是不可能的。卢那察尔斯基回忆说,布里克"觉得,问一个诗人写作时是真诚的,还是在撒谎、假装,这就好比问舞台装饰上画的柱子是用真的石头做的,还是用颜料画的"。要阐明现实主义美学和将艺术作品视为器物(артефакт)的形式主义方法之间的区别,没有比这更直观的例子了。

卢那察尔斯基复杂的态度影响到了这部长诗的出版命运。1920年 4 月,马雅可夫斯基将手稿交给教育人民委员部文学处(ЛИТО),所有在不久前组建的国立出版社(Госиздат)发行的作品都要先被这家审查机构放行。文学处将手稿寄去出版社,附注:"最优先级",因为长诗具有"非凡的宣传价值",但出版社直到 8 月 31 日,也就是在拖延了四个月之后才将其付印。随后事情又被耽搁了,马雅可夫斯基不得不于 10 月 20 日写信给国立出版社,抱怨有官员从中作梗,并要求如果他们不打算出版,那就归还手稿。手稿既没有归还,也没有出版,马雅可夫斯基不得不再次致信出版社。终于,在 11 月 22 日手稿被交付排印。随后又是长久的死寂。1921 年 4 月,也就是交稿一年后,马雅可夫斯基向党中央出版部发去一封长信,再次控诉出版社领导的阻挠。到月底书终于出版了,可印数却只有 5 000 册,尽管文学处建议按最大印数(即不少于 25 000 册)发行。

《滑稽神秘剧》上演的情况更加复杂。1920 年底,马雅可夫斯基完成了剧本第二稿,1921 年 5 月 1 日梅耶荷德根据这一稿把剧搬上了舞台。国立出版社不想出版剧本,但马雅可夫斯基成功将其登在了《戏剧通报》(*Вестник театра*)杂志的双联刊上。虽然这本杂志是由国立出版社发行的,社里却拒绝支付马雅可夫斯基稿酬,作者因此将出版社告上法庭。8 月,法院责成被告付款,但出版社却坚持不付,直到二审过后马雅可夫斯基才收到稿酬。

在法院做出最终裁决的那一天,《真理报》头版刊发了题为《"马雅可夫斯基乱象"闹够了!》(*Довольно „маяковщины"!*)的文章,作者是显要的党务工作者列夫·索斯诺夫斯基(党的主席团成员兼宣传鼓动部部长);文章的结尾如下:"我们希望不久后坐在被告席上的将是'马雅可夫斯基乱象'。"

党用这种让人震惊的口号公开表明自己反对一个具体的美学流派。然而冰冻三尺非一日之寒。我们知道,对未来主义的批评是在内战即将结束时展开的,那时政治领导人能把更多时间和精力用在制定文化政策上。对未来主义最鲜明的负面表态是列宁对《150 000 000》

150

的反应。长诗一出版，马雅可夫斯基就把它寄给领袖，并"致以共产未来主义的问候"。除马雅可夫斯基外，莉莉、奥西普和其他几位未来主义者也在献辞下签了名。列宁却极为愤怒，并把怒火倾泻在卢那察尔斯基身上：

> 您同意把马雅可夫斯基的《150 000 000》出版 5 000 册，难道不害臊吗？
>
> 胡说八道，尽是蠢话，十足的蠢话，装腔作势。
>
> 依我看，这类东西十篇里只能印一篇，而且不能超过 1 500 册，供给图书馆和一些怪人。卢那察尔斯基支持未来主义应该受到鞭打。

卢那察尔斯基的回答反映了他立场的矛盾："我对这篇东西也并不太喜欢，但是［……］这首诗经由作者本人朗诵后受到了热烈欢迎，而且欢迎者里也有工人。"他的答复并没能让列宁满意，为了确保不再发生类似状况，他写信给国立出版社的领导，要求"必须制止这件事"："我们约定好，出版这些未来主义的作品一年不准超过两次，并且**不能超过 1 500 册**。［……］能不能找到一些可靠的**反未来主义者**？"

152 　列宁的话直到 1957 年才公开发表，但对同时代人来说却并不是秘密。在审理《滑稽神秘剧》稿费案的过程中，原告方的一名证人坚称，正是列宁对《150 000 000》的评语让出版社拒印这部剧本；1921 年秋，柏林的俄侨报刊也提及了列宁的负面态度以及关于"马雅可夫斯基乱象"的文章。列宁的观点在当时已成为党的观点。"共产党就它本身而言，"卢那察尔斯基写道，"不仅对马雅可夫斯基先前的作品持敌对态度，而且对他鼓吹共产主义的作品同样持敌对态度。"最后一句

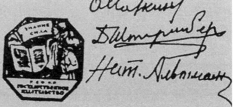

寄给列宁的那本《150 000 000》：由马雅可夫斯基和他的战友们
"向弗拉基米尔·伊里奇同志致以共产未来主义的问候"。

话也映衬了列宁对《150 000 000》的口头回应："这是种很有趣的文学，这是种特殊的共产主义。这是流氓共产主义。"

远东未来主义

马雅可夫斯基感到愤怒又绝望。他把自己的才华献给了革命，受到的却是党内高层领导的强烈抵制。出于意识形态上的考虑，他曾想在国立出版社出书，但如今不得不寻找其他机会。当雅各布松 1920 年 5 月前往布拉格时，马雅可夫斯基给了他长诗《150 000 000》的手稿，让他尝试在捷克斯洛伐克用俄语出版。此外，他还在组织活动方面有所动作。1920 年 12 月，布党通过了《关于各无产阶级文化协会》（O пролеткультах）决议，宣布未来主义是"荒谬"和"扭曲"的，作为回应，马雅可夫斯基、奥西普、莉莉和其他几个人在 1921 年 1 月创立了第二共产未来。人们从此开始把未来主义者叫作"共产未来派"，但除此之外此举没有带来任何别的影响。

对马雅可夫斯基的敌意在莫斯科逐渐增长，诗人无法坐视这一点。"三年来[即从 1918 年来]走的这条苦路"让他"彻底受够了"，3 月，他开始与位于赤塔的未来主义团体"创作"（«Творчество»）小组进行联系。赤塔是所谓的远东共和国（Дальневосточная республика）的首都，该国是由亚历山大·克拉斯诺肖科夫从侨居十五年之久的美国归来后于 1920 年 4 月建立的，且很快就得到了莫斯科政府的承认。几乎占有整个东西伯利亚的远东共和国应成为一个中立缓冲地带，其一边是红军，另一边则是占领了符拉迪沃斯托克（Владивосток）和俄国太平洋沿岸其他地区的反布尔什维克的日本军队。共和国有自己的宪法和一个资产阶级民主政府。领导共和国的是新近成为布尔什维克的克拉斯诺肖科

亚历山大·克拉斯诺肖科夫在 1920 年 11 月 1 日红军攻占赤塔后站在货车车厢
上对民众讲话

夫,但政府成员却包括来自农党、社会革命党和孟什维克的代表。克拉
斯诺肖科夫最亲密的战友是杰出的无政府工团主义者弗拉基米尔(比
尔)·沙托夫,他也曾作为政治移民在美国度过了十年,如今担任军事和
运输部长这一具有战略意义的职务。言论和新闻出版在远东共和国是
完全自由的。

因此,远东共和国的局势让人想起了 1917 年至 1918 年之交的冬
天的俄罗斯,而且不仅仅是在政治方面。那里文学界的动向引发了马
雅可夫斯基的怀旧回忆:"创作"小组的部分参与者是他在文坛的战
友,世界大战和内战把他们卷去了东西伯利亚。这里有达维德·布尔
柳克,1918 年 4 月契卡对无政府主义者展开围捕后的第二天,他就因
害怕被抓而逃离莫斯科。小组成员还包括诗人尼古拉·阿谢耶夫和
谢尔盖·特列季亚科夫,他们和马雅可夫斯基都很熟,而内战则让他
们无法返回莫斯科;特列季亚科夫在克拉斯诺肖科夫的政府中担任教

"创作"小组,未来主义在远东的喉舌,1920 年。下排从左到右:尼古拉·阿谢耶夫,谢尔盖·特列季亚科夫,弗拉基米尔·西洛夫和他的妻子奥莉嘉。上排:维克托·帕利莫夫,尼古拉·丘扎克,米哈伊尔·阿韦托夫,彼得·涅兹纳莫夫。

民委员部"同志",即副人民委员。

　　领导小组的是马克思主义批评家和老布尔什维克尼古拉·丘扎克,他也是《创作》杂志和《远东电讯报》(*Дальневосточный телеграф*)的编辑。马雅可夫斯基是他的文学偶像,布尔柳克正是在小组的杂志上发表了自己关于马雅可夫斯基和未来主义的第一篇回忆录。此外,丘扎克是第一个,也是唯一公开回击索斯诺夫斯基关于"马雅可夫斯基乱象"言论的人。小组成员在他们举办的演讲和诗歌晚会上把马雅可夫斯基宣传为革命的伟大诗人,而特列季亚科夫则在 1921 年 12 月把悲剧《弗拉基米尔·马雅可夫斯基》搬上了舞台,并在其中出演主角。这个渗透着尼采主义的剧本之前只上演过一次,那还

154

是在1913年的彼得堡。年仅二十岁的批评家弗拉基米尔·西洛夫注意到了马雅可夫斯基与尼采之间的近似,他后来加入了莫斯科未来主义者的队伍,但他却是因另一件更凶险的事件才青史留名——在《放开喉咙》这一章中我们将会详细讲述此事。

　　"围绕着马雅可夫斯基的《滑稽神秘剧》,尤其是围绕着他新创作的长诗发生的种种事件,"丘扎克写道,"**会随着时间的推移被作为耻辱的一页写进俄国革命风尚史中。**"鉴于《150 000 000》最终还是在莫斯科问世了,所以它并没有在赤塔出版。但马雅可夫斯基和他在莫斯科的未来主义朋友们仍继续与"创作"小组保持联系,他在信中抱怨说:"那些有着迟钝的接受能力与心理的人站在革命群众和新艺术之间,试图自上而下[⋯⋯]把自己老掉牙的艺术理念移植到群众身上,并动用官僚手段不让群众受到新艺术影响。"在丘扎克和马雅可夫斯基的词典中,未来主义的反对者被称为"阿拉克切耶夫分子"——阿氏是亚历山大一世顽固不化的反动参谋,人称"铁伯爵"的阿列克谢·阿拉克切耶夫。

155

　　到1921年夏末,马雅可夫斯基已非常绝望,并决心出走赤塔与同道们会合。他本来打算与在莫斯科度夏的克拉斯诺肖科夫一起走,但后者的地位却岌岌可危,他最终没有启程前往赤塔,很快又被革除了远东共和国政府主席的职务。(见《摆脱了爱情和宣传画》一章)就仿佛命运开的一个玩笑,另一个让马雅可夫斯基无法离开莫斯科的原因是他因《滑稽神秘剧》的稿费事宜把国立出版社告上了法庭。他没有等到出走,等到的却是一年后远东共和国被并入苏维埃俄国,而"西伯利亚人"们也就返回了莫斯科。唯一没有回来的是布尔柳克,他起初侨居日本,后来又去了纽约;由于1918年冬无政府主义者占领莫斯科楼房期间他参与了一些与之相关的财务弊案,他担心自己会在莫斯科遇到麻烦。

156 　　在十月革命一周年纪念日那天,列宁在莫斯科揭幕了卡尔·马克
思和弗里德里希·恩格斯纪念碑。

第三次革命和第四国际

在马雅可夫斯基看来,党内高层对未来主义的看法再次证明革命已偏离了正确道路。对深层次变革的需求并未消失,1920 年冬,马雅可夫斯基又开始在一首已写了三年的长诗中思考精神革命的问题,这首诗起初叫《第四国际》(*IV Интернационал*),后来又改名《第五国际》(*V Интернационал*)。到底把这首诗叫作第几国际让他犹豫不决,但无论选择哪个序数,诗名都非常显眼:马雅可夫斯基是在把他自己的精神国际与列宁的第三国际相对立。长诗的副标题"马雅可夫斯基致俄共中央的一封公开信,信中解释了他,即马雅可夫斯基的某些举动"表明,这首诗被构思成上文所述的那封写给党中央的关于《150 000 000》的信的直接对应物。可以明显读出《未来主义者报》宣言的回声:

> 十月尚未燃尽!——
>
> ……人们
>
> 却成群地
>
> 爬行瘫倒在
>
> 奥涅金、
>
> 席尔瓦、
>
> 伊戈尔中。①

157

---

① 奥涅金是普希金诗体长篇小说《叶夫根尼·奥涅金》的主人公,伊戈尔盖指古罗斯史诗《伊戈尔出征记》的主人公。席尔瓦或许是指当时风靡的由匈牙利作曲家埃梅里希·卡尔曼作曲的轻歌剧《吉卜赛公主》(在俄罗斯被称作《席尔瓦》)的女主人公,这与前后文例举奥涅金、伊戈尔并不冲突,因为这两部作品也都曾被改编成脍炙人口的歌剧。

> 你们在走向猩猩！
> 走向精神的洞眼！

布尔什维克革命尚未对文化生活产生影响，群众依旧被投喂着
"旧文化"，因此新的暴动势在必行：

> 公社社员们！
> 在未来的
> 共产主义饱腻之中
> 准备新的暴动！

这里说的是一场特别的暴动——精神革命：

> 被头脑中思想的爆炸所震惊，
> 心脏的火炮阵阵轰鸣，
> 从时代中奋起了
> 另一次革命——
> 精神的
> 第三次革命。

值得注意的是，在 1922 年刊行的长诗版本中，"猩猩""精神的洞
眼"和"共产主义饱腻"都被审查机构用省略号替代。

不过长诗最亵渎性的一段并没有落入审查官手中，因为它未被收
入定稿，仅作为草稿存世。这一段讲的是马雅可夫斯基和列宁的谈
话，后者已经化身为克里姆林宫墙后大理石基座上一尊雕像。他铸铁

般的话语如同惊雷震撼着空旷的城市。女秘书和警卫们包围了他。"他们见我正忙着/站成纪念碑。"他心里想。但是这些阻碍并没有吓退马雅可夫斯基："精神满溢的我还怕谁吗"。列宁看到马雅可夫斯基后请他坐下，但内心深处却想着"只会说胡言乱语，得抽他"——这是在直接影射列宁训斥卢那察尔斯基的话，即他"支持未来主义应该受到鞭打"。在片段的结尾，马雅可夫斯基"用沸腾歌曲的咆哮"占掉了列宁的位子：

> 别挥手轰我了
> 今天我要站在
> 苏人委①前。

列宁化身为被克里姆林宫高墙保护起来的纪念碑，这一形象的选　158
择加强了讽刺挖苦的语气——在马雅可夫斯基的诗歌中，纪念碑一直都是个非常负面的隐喻，象征着停滞和迟钝。《第四国际》(至少其初稿)的构思是要直接回应列宁对马雅可夫斯基的抨击，因此必须在1921年诗人和党的领导层之间发生冲突的背景下来审视它。面对党的领袖的尖锐指责，先锋派诗歌的领袖报之以诗行，这些诗赞颂革命的精神实质，并且捍卫诗人与当局平等对话的权利。

第三次革命与喀琅施塔得

内战期间，当局采取了一系列从根本上改变经济游戏规则的强制

---

① 即苏联人民委员会，1946年前苏联中央政府的名称。

措施。生产资料被国有化,私人贸易被禁止,作为支付手段的货币不再流通,劳动几乎被军事化。这一政策后来被称为战时共产主义。结果 1920 年至 1921 年冬季,大城市的粮食供给状况变得和二月革命前一样严峻。和 1913 年相比,工业生产下降了 82%,粮食生产下降了40%。城市居民逃往外省寻找食物:彼得格勒的人口下降 70%,莫斯科的人口下降了 50%。但是,如果说过去这些问题主要影响的是城市,那么现在农村也一样不能幸免。在打内战的时候,当局尚且能把一切问题怪罪到敌人头上,但如今这些借口再也没用了。布尔什维克从未得到过群众的广泛支持,如今他们的敌人开始公开进行武装抗争了。自十八世纪农民起义以来,类似情况还未曾发生过。有一点可以反映出反抗的规模:在 1921 年至 1922 年期间,约有二十五万名红军士兵在与暴动者的战斗中身亡。

　　1921 年 1 月,正当马雅可夫斯基及其友人们再次试图建立共产未来组织时,爆发了一场工人起义,造成大量伤亡,但它也迫使布尔什维克政权做出重大让步。起义的原因是当局决定将莫斯科、彼得格勒和其他城市的口粮标准削减三分之一。就像 1917 年冬天时那样,起义者最初只是要求得到面包,但随后便开始呼吁进行政治改革:自由的苏维埃选举、言论自由以及停止契卡的高压政策。始于莫斯科的骚乱很快蔓延到彼得格勒,在那里,工人的食物摄入量已缩减到每天一千卡路里①。

　　叛乱的中心是喀琅施塔得(Кронштадт),那里的一万名水兵受到工团主义和无政府主义的深刻影响。叛乱领头人呼吁工人们与政府作斗争,因为后者带来的不是解放,而是"一刻不停的恐惧,生怕落入

---

① 原文如此,应为一千千卡,大致相当于五百克面包提供的能量。

恐怖程度数倍于沙皇政权宪兵局的契卡刑讯室"。工人政权"光荣的标志"被偷换成了"刺刀和栅栏,以保障新官僚、人民委员和官员们无忧无虑的祥和生活"。当局犯下的最可怕的错误在于他们干涉了工人的私生活,迫使他们照当局的意愿去思考。喀琅施塔得的水兵们"为第三次革命奠定了第一块基石,这次革命将从劳动群众身上卸下最后的枷锁,并为社会主义创作开辟新的道路"。这场新的革命是"对立于官方共产主义'创造'的新社会主义体系的一个例证"。

第三次革命打响了！马雅可夫斯基和喀琅施塔得水兵之间并没有组织上的关系,但无政府主义的思想根基和对资产阶级的共同蔑视(俄国激进主义一个非常典型的特征)把他们联系在了一起。当马雅可夫斯基把《150 000 000》寄给列宁的时候,喀琅施塔得暴动正势如破竹,列宁过度激烈的反应很可能是由于担心布尔什维克即将失去对局势的控制。但如果说领袖对马雅可夫斯基长诗的回应只能说是严峻的话,那么他在军事人民委员托洛茨基的协助下对喀琅施塔得水兵的回应就堪称残酷了：3 月 16 日至 17 日夜间,五万红军士兵镇压了暴动。苏维埃政权对第三次革命并不感兴趣。

平叛发生于第十次党代会在莫斯科开得如火如荼的时候。喀琅施塔得起义导致数百名水兵丧生,还有数百人被投入集中营,但最终它迫使列宁和党的领导层改换政策。为了平息外省此起彼伏的骚乱,他们决定取消余粮征集制(该制度夺去了农民的收成和城市人口的口粮)。这意味着意识形态方向发生了一百八十度转折,但由于经济灾难及其难以预料的政治后果近在眼前,布尔什维克别无选择。列宁所说的"经济上的喘息时机"取得了所需的效果：农民不再起义,改善粮食供应的前提得以出现。

随之进行的是其他改革,这些改革并不在计划之中,而是因经济

160 需要而不得不施行的。恢复了农民的农产品经营权后就产生了市场，同时在其他领域也出现了对市场关系的需求。小型私营和合作社企业获得批准，卢布再次成为货币。然而大型企业、银行、对外贸易和交通运输仍然掌握在国家手中。1918 年废除的继承权被部分恢复。这种社会主义和资本主义的混合被称为耐普（НЭП）——即新经济政策的缩写。

经济重新开始发展，但改革却与布尔什维克的意识形态背道而驰，所以党的担心并非空穴来风——资本主义的部分复兴可能会威胁布尔什维克在社会中的主导地位。因此，经济自由化必须用强化的政治控制来补充："……在退却的时候，就必须自觉地遵守纪律，百倍地需要纪律，"列宁表示，"因为在全军退却的时候，它不清楚，也看不见退到哪里为止，看见的只是退却。"结果，契卡（1922 年更名为格别乌〔ГПУ〕，即国家政治保卫局）便获得了更大的权力。政治对手是主要打击对象，但正教会和知识阶层也不能幸免。

俄共（布）十大还禁止在党内组建派别。这意味着即使个别党员可以表达不同意见，但他们无法组织、联合起来。这样一来，国家的威权统治也开始在党内推行，1921 年夏天，党开始对干部进行整顿。内战期间，党员数量急剧增加，在 1921 年达到了近七十五万。如今身为党员不再意味着风险和艰辛，因此钻营之徒便开始大量混入党内。喀琅施塔得暴动是另一个重新审视干部的理由。整顿始于 8 月 1 日，到 1922 年初，共有十三万六千人，即党员总数的五分之一被开除出党。

整顿的对象是那些曾在旧政权的军队、政府机关工作过的人，以及其他政党的前党员。

最常见的开除原因有：消极态度（34%）和钻营名利、酗酒、资产阶级生活方式等（25%）。奥西普也是被开除者中的一员。虽然没有任何书面证据,但可靠的情报表明他是因其"资产阶级过往"。反讽的是,当初契卡让他去那里工作正是因为将其视为"失势资产阶级问题专家";然而被开除出党并不意味着他在契卡的工作也随之停止,这表明当时党和安全机构之间的关系尚不像后来那样完全就是铁板一块。

第一批牺牲品: 古米廖夫和勃洛克

作为一种特殊的政治策略,摆样子公审这种惩治政敌的手段在二十世纪三十年代达到了自己的最高潮。但早在 1921 年,这种手段就已作为喀琅施塔得暴动和经济自由化的直接结果开始被付诸实践。在第一起类似审判中出场的是一个据信由地理学教授弗拉基米尔·塔甘采夫领导的彼得格勒武装组织。1921 年 6 月,当局逮捕了塔甘采夫,指控他藏有大额资金,并密谋协助知识阶层出国。但光逮捕塔甘采夫和两名工作人员(后来都被枪决)并不足以吓唬知识阶层,要做到这一点,就需要有一个真正的"密谋",于是一个这样的"密谋"便被伪造出来了。

塔甘采夫沉默了四十五天,直到改由新的侦查员雅科夫·阿格拉诺夫前来审讯。阿格拉诺夫 1919 年起成为契卡分子,他负责侦查喀琅施塔得起义的情况,也是处理知识阶层问题的特别专员。阿格拉诺夫以书面形式承诺说,如果塔甘采夫提供"武装组织"全体成员的姓名,那么任何人都不会被判处死刑。塔甘采夫信了阿格拉诺夫的话,于是便松口了,所谓的"松口"其实也就是在各种预先准备好的笔录下面签字。

若不是安娜·阿赫马托娃的前夫、诗人尼古拉·古米廖夫被卷入这起案件的话,那么就不会有那么多关于彼得格勒武装组织的论著问世。虽然古米廖夫是君主主义者和布尔什维克的反对者,但他同时也在无产阶级文化协会举办讲座,并且还是全俄诗人协会彼得格勒分会的主席,以及由马克西姆·高尔基领导的国立世界文学出版社的编委会成员。8月4日至5日夜里古米廖夫被捕,三周后被枪决。9月1日《彼得格勒真理报》(*Петроградская правда*)报道说,这个由六十一人组成的神秘"武装组织"所有成员都已被处决。古米廖夫被控"积极协助起草反革命宣言,并承诺在起义时帮助一群知识分子和旧军官与该组织建立联系"。阿格拉诺夫就是这样兑现其书面"承诺"的。

古米廖夫从不向任何人隐瞒自己的政治信念,尽管如此,没有任何证据表明他参与过任何阴谋。就连审讯笔录也记得混乱不堪,白字连篇;直到七十年后的1991年,苏联最高法院才终于撤销了判决。

有一个事实能证明这场针对彼得格勒武装组织的审判并没有具体证据,而纯粹只是为了杀鸡儆猴:另一名知识阶层的代表,政治观点完全不同的尼古拉·普宁与古米廖夫在同一晚被捕。这真是命运的嘲弄,因为普宁在1918年12月的第一期《公社艺术》上还就古米廖夫发表了一段近乎告密性质的评论:

> 我承认,在这整整一年中,我个人感到精神饱满、心情愉快,部分是因为某些"批评家"不再写作,或者至少不再发表,以及某些"诗人"(如古米廖夫)不再被人阅读。可突然我就在各个"苏维埃圈子"里遇见了他们。[……]这种复活并不让我特别惊讶。我知道,这只是不眠不休的反动势力无数想抛头露面的尝试中的一次,这些反动势力时时刻刻都想往一切可能的方向探出自己已被打破的脑袋。

尼古拉·古米廖夫与妻子安娜·阿赫马托娃以及儿子列夫，摄于 1915 年。
1921 年 8 月 16 日，当古米廖夫在彼得格勒遭审讯时，阿赫马托娃写道："卿已
非生者，/雪地长眠客。/刺刀廿八下，/枪子凡五颗。/布新衣履苦，/为友缝且
补。/孰人最嗜血，/足下罗斯土。"

　　和古米廖夫不同，普宁被释放了。他能获释是因为普宁的妻子和
奥西普将此事告诉了卢那察尔斯基，而奥西普在契卡的工作也在这件
事上派了用场。普宁获释两年后开始与古米廖夫的第一任妻子安
娜·阿赫马托娃同居。

　　古米廖夫是 1917 年后第一个被处决的作家，被这件事震惊到的
显然不仅仅是被处决者的志同道合者。杀害古米廖夫体现出的不仅
是对生命的蔑视，还有对知识自由和艺术创作的态度。释放给知识阶
层的信号非常明确：缺了你们也没啥大不了的。

　　至于马雅可夫斯基对古米廖夫之死给出过什么反应，我们并没有
任何相关证据，但作家同侪被处决这一事实本身就应该会使他感到震

163

惊。尽管政治信念不同，马雅可夫斯基仍然珍视古米廖夫的诗，而且
1921 年这个名字对他而言有了新的现实迫切性，这在更大程度上倒不
是因为古米廖夫本人，而是因为他的前妻。几个月前，科尔涅伊·楚
科夫斯基发表了文章《阿赫马托娃和马雅可夫斯基》(*Ахматова и
Маяковский*)，文中作者将两位诗人当作两极对立起来：阿赫马托娃
是"前革命时期俄罗斯文学创作最珍贵财富的精打细算的继承人"，她
的特点是"心灵的精致性"，一个人若想拥有这种特性，需要"依靠数
世纪的各种文化传统"；而马雅可夫斯基则是一个充斥着口号、呼喊和
狂喜的革命时代的孩子；阿赫马托娃的诗行和普希金的一样可以丈
量，而马雅可夫斯基的每一个词都是夸张的双曲线。楚科夫斯基对两
者都同样喜爱，"阿赫马托娃还是马雅可夫斯基"这样的问题对他来说
是不存在的，他们对现实的看法相辅相成。

　　尽管阿赫马托娃的诗歌是他的对立面，马雅可夫斯基却一直很喜
欢，并且经常引用她的诗（尤其是在情绪压抑的时候），而楚科夫斯基
的这篇文章则意外地把他们的名字联系在了一起。古米廖夫之死自
然会让马雅可夫斯基想到阿赫马托娃——尤其当他听到谣言说她因
悲伤而自杀的时候。"这些天有关您的阴暗的谣言在不断流传，它们
每小时都在变得越来越坚定、越来越不可辩驳，"玛丽娜·茨维塔耶娃
在 9 月给阿赫马托娃写信说，"我要告诉您，在诗人中间您唯一的朋友
（朋友——是行动！）据我所知就是马雅可夫斯基了，他看起来像头被
杀死的公牛，在'诗人咖啡馆'的纸板上徘徊。**被痛苦杀死了**——他看
起来真的就是这样。他还通过熟人发电报询问您的情况……"引起马
雅可夫斯基如此反应的很可能不仅有阿赫马托娃谣传的亡故，还有古
米廖夫真正的死亡。审判古米廖夫在时间上恰好与马雅可夫斯基与
国家出版社的诉讼重合，很难相信他会看不到这两件事背后更深刻的

革命对亚历山大·勃洛克来说是一种净化性的自发力量,不幸的是,这种自发力量不仅终结了旧社会,也终结了他自己。临终的勃洛克,尤里·安年科夫绘。

联系。更何况在 8 月俄罗斯文学遭受了另一个重大打击:在古米廖夫被捕后两天,亚历山大·勃洛克去世了。

与许多象征派诗人不同,勃洛克在 1917 年横扫俄国的革命风暴中看到了某些积极的东西。他的政治观点相当含糊,革命在他看来首先是一股自然力,是一场净化性的大雷雨。历史的进程已经改变,因此反抗革命就意味着反抗历史。他对布尔什维克的支持是这种历史观的产物。即使他家的农民烧毁了他庄园里的藏书室,他也视之为历史的必然。1918 年冬,勃洛克在社会革命党人的《劳动旗帜报》(Знамя труда)上发表了歌颂革命的长诗《十二个》(Двенадцать),讲的是十二个衣衫褴褛者/红军战士/使徒在城市里行进,而率领队伍的不是别人,正是耶稣基督。虽然对领导队伍者形象的选择表明诗人的革命观非常复杂,但缺乏知识阶层支持的苏维埃政权却试图尽可能多地利用勃洛克的权威:他当选为许多委员会和组织的成员,并在国民教育人民委员部的戏剧处(TEO)工作。

164

　　在革命的最初几年里，勃洛克尚觉得自己听到了历史的音乐，并积极关注事态的发展，但后来他认识到了真实情况。1921 年 1 月，他对诗人在俄罗斯的境遇做了如下诊断："**安宁和自由**。"① 诗人若想释放和谐，这两者就是必需的。但是连安宁和自由也在被逐渐夺走。不是此世的安宁，而是创作的安宁。不是孩子气的自由，不是搞自由主义的自由，而是创作自由——一种秘密的自由。诗人就要死了，因为他无法呼吸：生活已经失去了意义。"这些话说的都是普希金，但也完全符合他自己的情况。

165　　　几个月后，勃洛克得了重病。招致这场病的既有生理原因，也有心理因素。他的身体因饥饿和贫困而虚弱，哮喘、坏血病和心脏病折磨着他。神经系统衰弱得使他一度近乎丧失理智。虽说死亡是"自然原因"造成的，但这些原因却也是特定的历史、社会状况的产物。一批直到 1995 年才解密的档案表明，诗人的死亡是可以预防，或至少是可以推迟的——假如当初党的最高领导层愿意的话。

　　获悉勃洛克病重后，高尔基联系了卢那察尔斯基，并请求他通过党中央立即将诗人安置在芬兰的疗养院。作家协会的彼得格勒分会也向列宁提出了同样的请求。列宁没有答复，两周后党中央发来一封信，说应该"改善亚·亚·勃洛克的粮食供给状况"，而不是送他去疗养。6 月底，契卡外事处表示没有理由允许勃洛克出国旅行。随后卢那察尔斯基直接找到列宁，抗议如此对待这位"在所有著名诗人中无疑最有才华且最同情我们的"。同一天，契卡二把手维亚切斯拉夫·缅任斯基向列宁报告说："勃洛克是诗人天性；要是谁对他讲了什么，给他留下了坏印象，他自然而然就会写诗反对我们。我看不必放他出

① 典出普希金的名句："世界上没有幸福，只有安宁和自由。"

去,而应该在什么地方找个疗养院给勃洛克安排好点的条件。"政治局也同意缅任斯基的建议。

但卢那察尔斯基和高尔基却不轻易言败,而之前反对勃洛克离开的列宁也改变想法,投了赞成票。然而诗人的妻子却没有得到出境许可;政治局非常清楚地知道,勃洛克病情太重,无法单独旅行,但如果他执意要去,那能把他妻子扣下来当人质自然也不赖。在高尔基和卢那察尔斯基的不断坚持下,他妻子终于被允许出境。决议通过日期为8 月 5 日。两天后,年仅四十岁的勃洛克就去世了。

"从 1898 年到 1918 年,二十年来一根不断的弦穿过他,奏着一首无止息的歌,"楚科夫斯基在日记中写道,"然后他停了下来,便立刻就要死了。他的歌就是他的生命。歌终结了,他也就终结了。"马雅可夫斯基为勃洛克写了一篇悼词,其中赞扬了他的诗艺,并强调了他在政治上的双重性。革命刚开始时,他在街上遇到了勃洛克。他问勃洛克如何看待革命,勃洛克答说"好",又补充说,"我村里的藏书室被烧了"。"是赞美这个好,还是为大火哀叹,勃洛克并没有在自己的诗中做出选择。"悼文刊登在几乎无人阅读的《俄通社鼓动简报》(*Агит-РОСТА*)上。

勃洛克的死标志着一百年前由普希金开创的伟大俄罗斯诗歌传统的终结,也标志着公民要看上面的脸色才能生存下去的新时代正式拉开帷幕。找到了比沙皇时代禁书更为有效的方法:直接解决作者。如今,一个垂死之人能否被送去芬兰疗养都不再是他自己能够决定的了。

高尔基与列宁

勃洛克病后,高尔基尽一切可能帮助他,但面对古米廖夫的遭遇他的态度就很消极。这并非因为他相信指控公正,而是因为他为让勃洛克出国疗养而进行的漫长却无谓的斗争已清楚表明,列宁和他的同志们不重视高尔基所推崇的那些人文主义理想,而就连他自己也随时都有可能失宠。

在十月革命后的最初几年里,高尔基严厉批评了布尔什维克的政策,而当1918年秋天他决定支持布尔什维克与白军作战时,奖励立刻伴随而来:高尔基被任命为世界文学出版社的领导,他能够邀请饥寒交迫、贫困潦倒的作家们去那里工作,其中也包括古米廖夫和勃洛克。他还被任命为学者生活改善委员会主席,该委员会的任务是向物资匮乏的学者分发食品和衣物。在随后几年里,他在知识阶层和当局之间发挥了调解人的作用,并成了一位编外文化部长——能取得这样的地位是他与列宁多年交情的结果。

1918年夏天,当局夺走了高尔基的《新生活报》,这意味着他失去了公开抨击布尔什维克的机会,但他继续批评他们的政策,尤其是对知识阶层的政策——如今是通过书信的形式。从1919年至1921年,高尔基多次向列宁和其他党务工作者发出呼吁,请求释放被捕的作家和学者。他在彼得格勒的大公寓成了众多被迫害者——从作家、学者到大公——的避难所。当1919年9月十位著名学者接连被捕时,高尔基立即向列宁提出抗议:

> 除了是绝望的表现、意识到软弱的表现,或者,归根结底,是想为我们自己没有天赋而复仇的表现外,这种自卫手段还能意味着什么?
>
> 我坚决抗议这种损害人民大脑的计谋,就算不来这一出,它在精神上也已经足够贫乏了。

　　我知道您会一如既往说什么"政治斗争",什么"谁不与我们同在,谁就是反对我们",什么"中立者是危险的"等等。[……]

　　我站在他们一边,我宁愿被捕、坐牢,也不愿——哪怕是沉默地——参与消灭俄罗斯人民最优秀、最珍贵的力量。我已经意识到,(内战的)双方都是人民的敌人。

　　列宁口头评论说,高尔基"在政治上就和过去一样是个小孩"。他的书面回应更绝。他断言逮捕是正确且必需的,然后写道:"工农的知识力量正在推翻资产阶级及其帮凶,以及那些自诩为民族大脑的小知识分子、资本奴仆的斗争中成长和壮大起来。而那些人实际上并不是什么大脑,而是大便。"

　　尽管列宁不愿妥协,但高尔基等人的呼吁并没有白费——许多学者获释了。这些年来靠了高尔基施救才免于被捕、囚禁和死亡者的名单有长长一串。据歌剧演唱家费奥多尔·沙利亚平的说法,为拯救被迫害的同胞而奔波"是布尔什维主义第一阶段他生命的主要意义"。在高尔基和列宁之间长达两年的斗智斗勇中,双方都在可能的范围内尝试一切手段。一位尽可能惩治,另一位尽可能救助。

　　在喀琅施塔得起义和随之而来的高压升级后,高尔基终于不再被容忍了。一位国际声誉能与托尔斯泰媲美的作家正在不断批评当局,这是任何政治家都不愿见到的。更何况在苏俄,高尔基并不隐瞒自己的观点和活动,而是恰恰相反——许多知识分子对他与当局的联系持怀疑态度,所以他尽可能地想让人们了解自己这么做是出于好意。比如,上文提到的那封给列宁的信件他就放任抄写传播,甚至还被刊载在布拉格的侨民报纸上。这种关注想必损害了列宁的威望,而这是他决不允许的。

168 　　如果说高尔基不断的抗议损害了列宁的威信,那么列宁则试图尽量降低高尔基的影响力。在 1921 年夏天席卷俄国的饥荒中,领袖对高尔基声望犬儒式的利用就是一个再好不过的例子。

　　导致饥荒的是 1920 年前所未有的旱灾,但布尔什维克没收农民"余"粮的农业政策让情况进一步恶化。由于大规模的生产过剩几乎从未曾有过,而农民要用来吃、种的必需粮食储备又都被没收,因此灾难的到来完全无法避免。情况最严重的是有着黑土地的伏尔加河沿岸地区,但顿涅茨克盆地和南乌克兰也受到波及。革命前这些地区的粮食产量能达到每年两千万吨,而在 1921 年却下降到了两百九十万吨。在确信这一问题无法用武力解决之后,政治领导人们便束手无策了。新闻媒体被禁止报道歉收,官方则无视问题的存在。尽管已经有了人吃人的事情,还有数以百万计的农民占领火车站,希望逃去俄国其他地区躲避饥荒,但直到 7 月中旬当局都拒绝承认事实。

　　公开承认饥荒就意味着布尔什维克经济政策破产,因此政府决定不直接采取行动。7 月 13 日,高尔基(在列宁首肯下)公开呼吁援助饥民,一周后政府批准组建一个志愿非政府组织——全俄饥荒救济委员会,简称饥救委(Помгол)。委员会的成员有高尔基和另外两位作家——阿列克谢·托尔斯泰、鲍里斯·扎伊采夫,以及一些学者,其中就包括在 1919 年被捕,随后被高尔基营救出来的谢尔盖·奥登堡教授。临时政府部长谢尔盖·普罗科波维奇及其妻叶卡捷琳娜·库斯科娃以及立宪民主党领袖尼古拉·基什金也参加了委员会的工作,舆论为此轰动。这些人的加入等于是让委员会正名、合法,以便其在国外募集善款。(为确保这俄国第一个志愿组织不会在政治上自主行事,当局为其配备了一个由包括列夫·加米涅夫在内的十二名高层党员组成的"支部"以防万一。)

　　高尔基和委员会向全世界吁求援助。阿纳托尔·法朗士、赫伯特·威尔斯、约翰·高尔斯华绥、厄普顿·辛克莱等世界著名作家都对高尔基的呼吁做出回应。由弗里乔夫·南森领导的国际红十字会和美国商务部长赫伯特·胡佛也纷纷响应，后者领导着为在战后欧洲分发食物和药品而成立的组织美国救济署(ARA——American Relief Administration)。然而胡佛却提了两个援助条件：保障该组织独立性，并且释放苏俄监狱中的所有美国公民。列宁在给政治局的信中写道"要惩罚胡佛，**当众**给他**几记耳光**，让全世界都看到"，但他却也别无选择，只能满足胡佛的要求。8月21日，苏维埃政府和美国救济署在里加签署协议。美国国会提供了一千八百六十万美元的启动资金，此外还有一千一百三十万美元来自个人捐款和苏联的黄金储备。

　　协议刚一签署，饥救委的成员就被逮捕，列宁呼吁各家报纸"要竭尽全力去讥笑和痛斥他们，两个月内每周至少一次"。"这里的逮捕让人感到恐怖。抓起人来数以百计，"8月24日高尔基给妻子写道，"契卡的汽车让整座城都在呼呼作响。"高尔基自己也被搜查、审问。

　　在这些事件发生前，高尔基并没有听从列宁让他出国操心一下自己健康的同志般的建议。"您别催我离开，"7月他给列宁写道，"而总的来说应该多给我些行动自由。"但之后发生的就是勃洛克之死，古米廖夫被处决，饥救委遭背叛。在克里姆林宫撞见加米涅夫时，高尔基含着眼泪对他说："你们把我变成了一个奸细。"1921年10月16日，高尔基离开了俄罗斯。列宁既不想让他留在国内，也不需要一个敌人和一个大型侨民社区的潜在领袖。因此，正式说来高尔基是以苏维埃俄国代表的身份离开的：他被托付为饥饿的祖国募集粮食、药物和资金。用高尔基研究者阿尔卡季·瓦克斯贝格的话来说，这"既是一个方便的借口，也是一项真实的，且非常必要的事业"。不管我们怎么看,这都是高尔基性格中两重性的又一个体现,弗拉季斯拉夫·霍达谢维奇将这种性格称作高尔基"对真理和谎言极端复杂的态度"。

　　勃洛克的死,古米廖夫被枪决,饥救委被解散……"那个八月是一条分界线,"尼娜·别尔别罗娃回忆说,"后来的一切[……]都只是这个八月的延续。"

170 在第一次巴黎之旅期间,马雅可夫斯基与他的两位老朋友,早在革命前就已离开俄罗斯的画家娜塔利娅·贡恰罗娃及其夫米哈伊尔·拉里奥诺夫会面。早前就已为马雅可夫斯基画过肖像的拉里奥诺夫如今又画了一幅,这一次的手法更为写实。

第七章　渴望西方(1922)

　　　　　　　　　　庄严地高升起诗行手指的诗句，

　　　　　　　　　　我宣誓——

　　　　　　　　　　我爱，

　　　　　　　　　　不渝而忠实！

　　　　　　　　　　　　　弗·马雅可夫斯基,《我爱》

　　1921 年 8 月至 9 月围绕《滑稽神秘剧》与国立出版社进行的诉讼
清楚地表明,马雅可夫斯基意欲说服当局和党内官僚自己的诗歌非常
伟大的努力是徒劳的。因此他得出结论,必须寻找其他出版作品的机
会。由于新经济政策尚未在出版界推广,境外出版就成了替代选项。
有两件事能证明马雅可夫斯基"出逃"的打算,一是他把自己的一些作
品送去了布拉格(让雅各布松捎带)和赤塔(给丘扎克),二是他打算
前去远东与未来主义同仁们团聚。

　　远东之旅没有成行。1921 年 10 月初,莉莉去了里加。除了八年

来第一次出国并过上一阵子正常的"资产阶级"生活的自然愿望外,她还有其他几个这么做的理由,其中包括看望母亲,后者住在弟弟莱奥位于犹太移民聚居的伦敦西汉普斯特德区的坎费尔德花园街(Canfeld Gardens)90 号。但由于英国和苏维埃俄国之间没有外交关系,在莫斯科无法获得英国签证。之所以决定通过拉脱维亚(而不是别的国家,如爱沙尼亚)前往英国,是因为莉莉有亲戚住在那里:她母亲出生在里加,而她的阿姨埃尔莎·希施贝格依旧住在那儿。然而,这次旅行还有一个同样重要的目的:莉莉想找一个愿意出版马雅可夫斯基作品的出版商。几个世纪以来,拉脱维亚一直居住着大量俄罗斯侨民,其人数在十月革命后更是大幅增加。

莉莉在里加

172　　尽管内战结束后政治局势有所稳定,但苏维埃公民仍不能自由离开国家,他们必须先得到契卡的出境许可——勃洛克的例子就是一个悲剧性的证明。沙皇的臣民们能够进行的普通旅游如今成了一种过时的奢侈品。然而苏维埃当局不愿放其公民出境只是问题的一部分:多数其他国家也不愿让他们入境。因此,为了使莉莉能进入拉脱维亚,不得不采取一些特别措施:她被任命为苏俄驻拉脱维亚首都的外交使团的一名工作人员。

此事表明,尽管马雅可夫斯基与官僚有种种矛盾,但布里克夫妇和他仍与外交人民委员部保持着良好关系。没有人能在未经上头批准的情况下去苏维埃俄国的贸易代表处工作。无论莉莉在使团中的职能到底是什么(如果有的话),她的境遇都带给她明显的便利,尤其是使用信使服务。这一点之所以重要,不仅是因为平邮系统运转得很糟糕,还因为审查机关——在拉脱维亚和俄罗斯皆然——会暗中拆看所有的信件。由于所有与莫斯科的通信几乎都通过外交渠道进行,莉莉在里加度过的这三个半月被很好地用文献记录了下来,而这对于她的一生来说是很罕见的:尽管有许多信还是没送达收件人处,但毕竟有五十八封信完好地保存下来。她用同样的途径把食物、衣服和钱寄给她的"兽兽们"——她如是称呼奥西普和马雅可夫斯基。

信使系统也让她能和在伦敦为一家苏维埃贸易公司工作的母亲保持联系。在内战以及英国支持干预俄国局势期间,苏维埃俄国和英国(就像和大多数其他国家一样)之间中止了贸易,但在军事行动结束、世界革命计划冻结后,恢复贸易关系对两国而言都是有利的:苏维埃政权急需商品,而处在经济危机中的英国在此看到了创造新就业机会的可能。1920 年 10 月成立了"阿尔科斯"(Arcos)——即"全俄合作社"(All Russian Cooperative Society)的缩写,1921 年 3 月两国签署了贸易条约。条约意味着苏维埃俄国实际已得到承认,而苏俄贸易代表、负责条约谈判的著名外交官列昂尼德·克拉辛实际上行使着苏维埃政权驻英大使的职权。

英国情报部门确信,与苏维埃贸易代表处共用沼泽门街(Moorgate Street)上一栋大楼的阿尔科斯其实是一个幌子机构,用来掩护某些见不得人的交易,尤其是为红军进行的采购。然而,在阿尔科斯供职的不仅仅有共产党人,其中也有一批无党派人士,就比如莉莉的母亲。她从一开始就在这里上班,除了完成办公室工作外,还经常弹奏钢琴以供员工消遣。她能获得这一职位很可能要归功于奥西普和马雅可夫斯基在莫斯科的熟人,尤其是作家兼记者米哈伊尔·列维多夫,他是高尔基麾下各家报社的一名员工,也是俄通社海外部的负责人,当时正在伦敦担任电讯社的通讯员。

1922 年春第二次访问
里加时的莉莉

母亲在阿尔科斯工作,而且她还认识克拉辛,这让莉莉有理由认为申请英国签证只是个形式问题。但为防万一,她还是请埃尔莎为她办理了法国签证。结果却是两人都没帮上忙。马雅可夫斯基试图安排她从莫斯科出发进行公务出差。艺术工作者工会(РАБИС)于是请求外贸人民委员部组织"艺术家"莉莉·布里克赴伦敦公务旅行,理由是她打算参加一个手工业展览,并研究文化交流情况。外贸人民委员部则打电报向克拉辛申请批准"将里加处员工,艺术家布里克调往伦敦"。但这一切努力都是白费工夫,莉莉在里加逗留了近四个月,却一事无成。

为什么莉莉如此渴望到此前从未踏足过的伦敦去?如果她只是想见母亲,那么她们大可以在柏林见面,因为德国签证更容易获得。埃尔莎去柏林也不会有任何困难。考虑到母女之间紧张的关系,很难理解莉莉如此想去伦敦的冲动从何而来。只是渴望旅行,期待新体验?在一些信中她还提到要去维也纳旅行,而她和维也纳也没什么明显联系。

也许莉莉并没有彻底放弃移民的想法?这样的话,伦敦会是个有吸引力的选项,因为她在那里有住的地方。

叶连娜·尤利耶夫娜在离开俄罗斯时,似乎随身携带了一些贵重物品——她往里加寄给莉莉、往莫斯科寄给奥西普的附有衣服和财物的包裹表明她并不缺钱。从1921年11月6日的一封信中可以看出,移居国外的想法对莉莉来说并不陌生,她在信中向马雅可夫斯基保证:"别难过,我的狗狗!不会忘记你的,我一定回来。"促使她去伦敦的也有可能是完全不同的动机:1920年底,莱奥叔叔因伪造文件被判五年监禁,这对母亲来说想必是一个沉重的打击……

莉莉在里加住美景宾馆(Hotel Bellevue)一间不大的朝阳房间。

成行前的这段时间她内心似乎极为紧张不安,她在几封信中保证自己现在感觉好些了。她起初和亲属们来往,但很快就开始结交新朋友,甚至又招来了追求者。她虽然自己保持"忠贞",却明显在担心马雅可夫斯基会有不同做派:

> 我亲爱的小狗狗!不要因我而哭泣!我对你的爱深得可怕,我永远爱着你!我一定会回来的!要不是害羞的话,我现在就回来。等着我!
>
> 不要背叛!!!
>
> 我怕极了这一点。我**绝对**忠于你。我现在有很多熟人。甚至还有些追求者,但我一点都不喜欢任何人。和你相比他们全都是傻瓜和怪胎!总之,你是我最爱的狗狗,这还用说吗!我每晚都要吻你的小鼻子!我滴酒不沾!不想喝。一句话,你会对我满意的。
>
> 我的神经舒缓得很好。我会好好地回来的。

这种夫妇般的忠诚过去并非莉莉的天性。但在 1921 年秋离别时,她却真心害怕失去马雅可夫斯基。"你说实话,"莉莉劝他说,"我不在,你有时候是不是过得更轻松了?——没人折磨你了吧?没人耍脾气了吧?没人来扰乱你的那些就算没这一出也颤抖个不停的小神经了吧?爱你,狗狗!你是我的吗?别的人你再也不需要了吗?我彻彻底底是你的,我的亲孩子!"但与此同时,她偶尔也忍不住把爪子伸出去,比如当她听传言说马雅可夫斯基喝酒"喝到吐",并被发现和"小金兹堡"(Гинзбург)在一起"举止亲密"的时候:

两周后我将抵达莫斯科，并且会对你装出一副一无所知的样子。但我**要求**：一切我将会不喜欢的东西都要被彻底**消除**。**一个**电话都不要有，等等。如果**这一切**没有被无微不至地执行——我就不得不和你分手，这是我一点都不想的，因为我爱你。你对"别多喝"和"等我"这两个条件执行得可真是好哇。我**迄今为止**两项都做到了。至于将来如何，咱们看呗。

传到莉莉耳里的"充满幻想的胡说"让马雅可夫斯基陷入绝望，他向她保证，自己所有的关系都"没有超出消遣解闷的界限"。

再说，他找到了一家新的台球房，所以没有留给女士们的时间了，他还开玩笑地补充道。总的来说，这些通信中透着爱、和谐和善意的幽默。莉莉的信要么给马雅可夫斯基一个人，要么两个"男孩们""兽兽们"都不落下。"我的作风无可挑剔！你们要爱我！别忘了我！不要背叛！什么事都写信上！你们至死不渝的喵喵莉莉［一张猫图］。吻你全部的爪子、你的痒痒、小鼻子、小尾巴、小草丛、小球球［一张猫图］。"另一封信是这么开头的："吻你们！可爱的！亲爱的！我的亲人！我的光明！我的小太阳！小猫咪！小狗狗！爱我吧！不要背叛！否则我把你们的爪子全都揪下来！！"在直接写给奥西普的信中，她因后者不来信而责骂他："混蛋小猫猫！你又没写信！我不在你过得咋样啊？没有你我可很不好受！完全就是呜呜呜！整个里加一只小猫都没有！狗狗很多，咪咪却没有！倒霉！"她吻了他的"小尾巴"，然后署名"你的妻"。她的不满不是没有道理的：除了少数例外情况，奥西普从不参与通信，只是作为莉莉和马雅可夫斯基的感官对象出现在其中。

母亲从伦敦、米沙·格林克鲁格从柏林给莉莉寄钱，甚至马雅

可夫斯基也从莫斯科给她寄钱买香水。她自己定期往莫斯科给马
雅可夫斯基、奥西普和列夫·格林克鲁格寄快递包裹。寄去的有食
品：鲱鱼、燕麦粥、茶、咖啡、可可、巧克力、糖、面粉、猪油、糖果和哈
176　瓦那雪茄，也有日用品：吊袜带、西装面料、剃刀和橡皮杯。马雅可
夫斯基还向她要了一个橡胶"盆式浴缸"——他拒绝使用宾馆的卫
浴设施，总是在房间里放一座自己的行军浴缸——但这种高级货莉
莉实在搞不到。

莫未协

刚到里加的那段时间，莉莉都在忙着办理去伦敦旅行的事宜。但
当事态表明行程要泡汤后，她马上就全身心扑在了旅行的第二个目的
上，也就是宣传马雅可夫斯基的诗歌。苏维埃贸易代表处出版的俄语
报纸《新路报》(*Новый путь*)在 10 月和 11 月刊登了两篇关于俄罗斯
当代文学的文章，其中第一篇是关于马雅可夫斯基的。文章署名
Л. Б.[1]——即便没有证据表明藏在这个首字母缩写笔名后的一定就
是莉莉，这些文章刊发于她逗留里加期间也绝非巧合。马雅可夫斯基
及其战友们在里加得到了同在贸易代表处工作的格里戈里·维诺库
尔的火力支援。来自莫斯科的年轻语文学家维诺库尔来里加的性质
就和雅各布松跑日瓦尔去一样。在一年之内，他在报纸上发表了两篇
正面评价马雅可夫斯基的文章，其中一篇是《150 000 000》的书评。

莉莉还与里加先锋派的成员们进行接触，并结识了犹太未来主义
诗人 Б. 利夫希茨（勿与马雅可夫斯基的未来主义同道贝内迪克特·

---

[1]　与莉莉娅·布里克(Лиля Брик)的首字母缩写吻合。

利夫希茨混淆),他是和拉脱维亚共产党接近的犹太文化中心"工人之家"(Arbeiterheim)的秘书。利夫希茨把长诗《人》翻译成依地语(意第绪语),并且照莉莉的说法,还在创作一篇论马雅可夫斯基的大文章。"他们逼我给他们读《笛子》,然后激动得发疯。"很可能是因为结识这些新朋友鼓舞了莉莉在里加重印《脊柱笛子》的想法。"我想在这里印《笛子》,"她在10月底给马雅可夫斯基写道,"**给我寄一份进口五千册的许可**。"两个星期后,她告知说自己可以不付预付金便"在里加印任何东西",并请她的"男孩们"不仅要把马雅可夫斯基的各种书都寄来,还要寄一本帕斯捷尔纳克的《我的姐妹——生活》。她结识了一位"**非常大的资本家**"、一家大印刷厂的厂主,他愿意印刷未来主义者的书,只要能通过生产俄语教科书(出口到苏维埃俄国)来为这一项目提供资金的话。这位"资本家"是1921年从彼得格勒搬去里加的瓦西里·济夫。为了使项目成功,济夫需要一名驻莫斯科的代表,他承诺支付薪水、提供食品。"我希望你能同意担任这一职务,沃洛西克,首先,这很有趣,其次,能让你彻底抛下海报。"

177

马雅可夫斯基满怀热情地接受了当出版社代表的提议,并立即与外贸人民委员部取得联系,后者也对这一倡议表示欢迎。鉴于俄罗斯纸张短缺,这种国际合作变得十分普遍——国立出版社也在国外印书,然后将它们运入俄罗斯。由于签发进口许可证的恰恰正是国立出版社,马雅可夫斯基担心会受到刁难,但多亏卢那察尔斯基出手相助,问题立刻就得到积极解决。

马雅可夫斯基和奥西普都看好该项目的前景,因此决定不仅申请进口许可,而且还注册一家新出版社,从而在莫斯科为"共产未来主义"创建一个平台。1921年11月28日政府颁布了一项法令,允许根据新经济政策的原则创办私营和合营出版社。同日马雅可夫斯基和奥西普向卢那察尔斯基提交了创办"莫未协"（МАФ，即"莫斯科未来主义者协会"〔Московская ассоциация футуристов〕，后改名"国际未来主义者协会"〔Международная ассоциация футуристов〕，而缩写仍保持不变）出版社的申请。申请报告上写道："出版社的目的是出版杂志、文集、专著、著作集、教科书等，这些出版物宣传将来的共产主义艺术之基础，并展示在这条道路上取得的成就。鉴于在俄罗斯印刷我们的书籍存在一系列困难，我们将在境外出版，随后将出版物出口至苏俄发行。出版社以私资筹建。"出版社计划出版的作者包括帕斯捷尔纳克、马雅可夫斯基和赫列布尼科夫。

尽管卢那察尔斯基给予了支持，但里加计划还是泡了汤。马雅可夫斯基在莫斯科收到一笔外币预付款，但之后就没了下文，原来最让济夫感兴趣的只是大量印刷物理和数学教科书，并从中牟利。出版未来主义作品只是一种赢得这些订单的方式。12月初莉莉告知说："对出版商而言，最主要的是利润！最好就是政府订购的课本。"但要想搞定教材订单，就要走列宁之妻娜杰日达·康斯坦丁诺夫娜·克鲁普斯卡娅的路子，而马雅可夫斯基对此束手无策。克鲁普斯卡娅和她的配偶一样，对未来主义者持否定态度——在1921年2月发表于《真理报》的一篇文章中，她将他们的创作定义为"旧艺术中最糟糕元素"和"极端不正常、扭曲〔……〕感受"的体现。

莉莉和列宁

178 　　莉莉在里加的时候，莫斯科的生活一如既往，没有发生什么特别事件。马雅可夫斯基参加了几场关于当代文学的公开辩论，并与长久以来的未来主义同道克鲁乔内赫、卡缅斯基和赫列布尼科夫一起作了一次演讲，赫列布尼科夫甚至趁莉莉外出期间在他们位于水醉胡同的公寓里住了几周。有时奥西普和马雅可夫斯基会出门，但照马雅可夫斯基的说法，他们只有一个话题可以谈："世界上唯一的人——喵喵"。最常见的情况则是两人一起窝在家里，马雅可夫斯基画画，奥西普朗读契诃夫。马雅可夫斯基写道："我还是你的狗狗，只因想念你而活，我等你，爱你。每天早上我去对奥夏说：'只有猫兄没有狸狸真寂寞'，然后奥西卡说：'只有狗兄没有喵喵真寂寞'。"

秋天和冬天马雅可夫斯基继续围绕时事热点绘制宣传海报："这就是列宁在政治教育代表大会上所说的内容……"，"这是有关救济饥饿者的报告"，"新经济政策的经验表明，我们已走上了正确的道路"，等等。但他很快就收到了一个不同的指令："**给我**写诗"——10月底莉莉如是要求他。他马上接受了挑战。一周后莉莉回信说："沃洛西克，你能写我真是高兴死了。一定要在我回来前写好！""长诗进展极慢，"马雅可夫斯基通告说，"一天才一行！"又过了一星期，在11月22日他写道："我担心不能在你回来前写出给你的诗。极为煎熬。"

可想而知，尽管创作非常痛苦，但1922年2月初莉莉回来时长诗已经写就。马雅可夫斯基觉得给莉莉写诗是获得其爱情最可靠的——或许也是唯一的——办法，而且他知道不会有比诗更好的迎接莉莉归来的礼物了。3月底，献给莉·尤·布的《我爱》（Люблю）作为莫未协出版社的第一本书问世。

《我爱》比《脊椎笛子》和《穿裤子的云》短得多，而且也不那么复杂。长诗的开篇是马雅可夫斯基常用的将爱视作凡俗生活之人质的比喻："爱被赋予每个出生者，——/但被工作、收入等等包夹，/日复一日/心的土壤变得僵硬。"常人可以买到爱，但像诗人一样无法支配自己心的人却不行。女人们恐惧地"躲闪开"他变得肥大的感情。这时突然出现了她——诗中的"你"——莉莉,她看到了实质:他不是一个饱受折磨的怒吼的巨人,而"就是个男孩"。她拿起他的心玩耍,"就像小女孩玩小球":"想必,是个驯兽师。/想必,是兽栏来的!"其他女人这么叫道,可马雅可夫斯基却在欢呼:

179
> 没有了——
>
> 桎梏!
>
> 欢喜得把自己遗忘,
>
> 驰跃,
>
> 跳印第安人的婚舞,
>
> 我真是快活,
>
> 真是舒爽。

回到"她"身边对诗人而言就是回家:

> 庄严地高升起诗行手指的诗句①,
>
> 我宣誓——
>
> 我爱,
>
> 不渝而忠实!

《我爱》大概是马雅可夫斯基最明亮的作品,满溢爱和乐观精神,

---

① "高升起"(подъемить)是马雅可夫斯基用名词 подъем(上升)自造的动词;"诗行手指的"(строкопёрстый)是用 строка(诗行)和 перст(手指)这两个名词自造而成的形容词,含义比较费解。有研究者认为,借助旧体词 перст 中暗含的宗教色彩(常指上帝的手指),诗人用这个自造词暗示爱为自己指明了精神拯救的道路。然而译者也想斗胆在此提醒一下,诗人发明这个自造词或许也是为了要和前文的 вёрсты 一词押韵。

毫无阴暗情绪和自杀念头。长诗里体现了他与莉莉相处的幸福、和谐时期，也是他们共同生活期间最太平的一段时间。"马雅可夫斯基经常谈起这首诗，说这是'成熟的'东西——很可能在他看来，长诗是在平静中写就的，具有叙事性，写的又是幸福的爱。"莉莉如是写道。之所以会有幸福与和谐的感觉，可能部分是因为他们当时并没有生活在一起，当然这已经是另一码事了。

诗歌的出版与马雅可夫斯基文学和艺术创作中一个重要阶段的终结相吻合：1922 年 2 月，他为俄通社创作了最后一张海报。俄罗斯政治的鼓动宣传时期结束了，如今主导生活的是新经济政策。此外，出版战线的情况也发生了巨大变化，这给作家们创造了新的创收的机会。1921 年 11 月 28 日的法令颁布后，至少有两百家私营和合营出版社在国内登记，其中有七十家运转积极。对马雅可夫斯基来说，这意味着可以独立于国立出版社，并能够在其他出版社出书。然而比经济因素更重要的是纯政治因素对其生活的干预，而这次的事主恰恰又是列宁。

3 月 5 日，政府报纸《消息报》(Известия)上刊发了马雅可夫斯基的诗《开会迷》(Прозаседавшиеся)，这是对苏维埃体制日趋增长的官僚化进行的一次机智、凶猛的抨击。伊万·瓦内奇同志和他的同事们要开的会如此之多，以至于如果要想赶上所有的会，他们就必须分身：

"他们一下开两场。　　　　　　　　　　　　　　　　　180

白天

我们得赶

十二点钟的会议。

无可奈何不得不分身两半。

腰带下在此，

剩余部分

在那里。"

诗末马雅可夫斯基梦想着能有一个不开会的社会：

"啊,哪怕能

再开

一场会

讨论消灭一切会议!"

　　第二天,列宁在全俄罗斯金属行业代表大会的党员分场讲话中说:"昨天我偶然在《消息报》上读了马雅可夫斯基的一首政治题材的诗。我不是他的诗才的崇拜者,虽然我完全承认自己在这方面外行。但是从政治和行政的观点来看,我很久没有感到这样愉快了。他在这首诗里尖刻地嘲笑了会议,讥讽了老是开会和不断开会的共产党员。诗写得怎样,我不知道,然而在政治方面,我敢担保这是完全正确的。"

　　如果列宁对长诗《150 000 000》的批评使马雅可夫斯基在掌管文化的官员眼中成为不受欢迎人士,那么他对《开会迷》的正面评价则起到了相反效果。对于一个除了服务革命别的什么都不需要的诗人而言,列宁的回应成了真正的礼物。马雅可夫斯基正确理解了这一政治信号:只过了两天,他又发表了一首关于同一主题的诗《官僚颂》(Бюрократиада)。以前,政府的机关报只零星发表过他的几首诗,如今短时间内一下子就有六首新诗问世。马雅可夫斯基就此置评说:"……只有在列宁表扬了我之后,《消息报》才开始刊登我的作品。"事实上，列宁的夸奖实在太有用了，就像尼古拉·阿谢耶夫在写给远东未来主义者的信中说的那样，它在莫斯科"盖过了所有文学事件"，甚至包括新近发现的陀思妥耶夫斯基的《斯塔夫罗金的忏悔》(*Исповедь Ставрогина*)手稿之刊行。[①]

与此同时，这一切看起来又很有损尊严，因为马雅可夫斯基被置于——他也将自己置于——一种依赖于领袖恩典的境地。他明白这一点吗？他是否明白，创作这样的作品会给他的天赋——以及诗人的声誉——带来极大的贬损？其他人都明白。在那些担心马雅可夫斯基会滑向功利艺术和政治忠诚方向的人中，就有帕斯捷尔纳克和曼德尔施塔姆——拒绝用自己的诗歌来顺应时代与政党要求的两位苏联领衔诗人。

我们已经说过，帕斯捷尔纳克非常欣赏马雅可夫斯基，但在读了"非创造性的"《150 000 000》后，他"头一回"觉得自己"没什么能跟他说的了"。在1922年的诗集《我的姐妹——生活》中，有一首献给马雅可夫斯基的诗，他在诗里问后者为何要把自己的天赋耗费在国民经济委员会、预算平衡之类的问题上：

> 我知道您的道路非伪造，
> 可在您真诚路途的半程，
> 您怎么就被驱赶到

---

① 指的是陀思妥耶夫斯基长篇小说《群魔》中的《在季洪那里》一章，小说主人公斯塔夫罗金在这一章中坦陈了自己诱奸幼女的经历，小说连载时这一章被拒刊，作家不得不重新构思、改写小说往后的部分。尽管这一章对理解《群魔》异常重要，作家后来也没有将其收入自己的文集，而作家遗孀为维护其名誉，在作家身后出版的文集中也没有收录斯塔夫罗金忏悔的内容。因此1922年这一章的两个不同版本分别在不同期刊上问世后，在文学界引起了轰动。

这些养老院的拱门？

奥西普·曼德尔施塔姆对革命、对时代喧嚣的态度虽然复杂，但基本还是正面的，而他在同一年春天写下的一篇文章中，准确地抓住了马雅可夫斯基的两难处境："诗歌占地面积的粗放扩展显然是以强度、内容丰富度和诗文化的衰退为代价的。"然后又说："用诗体和一个完全没受过诗歌训练的听众打交道，这么做就和尝试坐在尖木桩上一样毫无意义。"诗若失去了其诗文化，它就不再是诗。曼德尔施塔姆认为，马雅可夫斯基是一名以诗句具备高超技巧、充满夸张隐喻而见长的诗人。因此，"马雅可夫斯基把自己变得贫乏、空洞的做法是完全不必要的"。八年后，马雅可夫斯基说自己"踩在了自己歌曲的喉咙上"，等于是用自己的话把曼德尔施塔姆的表述变奏了一遍。

马雅可夫斯基想必知道，如若不放弃诗的质量，就很难成为群众诗人，但他仍然真诚地渴望把自己的才华献给人民，并承担因简化形式和内容而导致的种种后果。而且，尽管他压抑了自己的抒情冲动，但喉咙里仍然留下了足够多的空气来书写美妙的爱情抒情诗。事实上，在他的整个创作生涯中，历史、史诗性的作品都是与抒情作品交替创作的，就仿佛是为了内在的平衡：他既需要前者，也需要后者。接在《穿裤子的云》（1915）之后的是写于1916年至1917年的《战争与世界》，然后是《人》（1917），接着是《滑稽神秘剧》（1918）和《150 000 000》（1920－1921），而紧随其后的则是《我爱》（1922）。

回到里加

1922年5月1日，大家在水醉胡同为阿纳托利·卢那察尔斯基举行了一次"盛大的招待会"。与会者探讨了未来主义以及"永恒"艺术与现代性的关系。尼古拉·阿谢耶夫回忆说:"所有人都在抨击卢那察尔斯基,他则不断反咬回去。"是什么让他们敢这么放肆?是列宁对《开会迷》一诗的意见吗?尽管备受抨击,卢那察尔斯基还是承认:"现在在这个房间里聚集了我们这一代人中最鲜明、最悦耳的成分。"在场的诗人除马雅可夫斯基和阿谢耶夫外,还有帕斯捷尔纳克与赫列布尼科夫。

莉莉没有出席见面会。4月中旬,她再次前往里加,希望能与济夫签订协议。刚一到里加,她就往莫斯科给"兽兽们"寄去了凉鞋、德语报纸、乐谱和书;给奥西普寄去了带备用镜片的眼镜,给马雅可夫斯基和列夫·格林克鲁格寄去了扑克牌;还有要和女佣安努什卡、丽塔·赖特(他们共同的朋友,去年夏天把《滑稽神秘剧》译成了德语)以及阿谢耶夫夫妇分享的巧克力、罐头和利口酒。"去了几次电影院,一次马戏团,一次剧院。无聊得要死!什么都没办成!不能赊账买东西!!钱也不发!!〔……〕总而言之,倒霉!我房间里可恶心了!"

济夫对交易失去了兴趣,莉莉希望能在5月6日就回莫斯科。但实际情况却是5月2日,也就是为卢那察尔斯基举办的招待会后一天,马雅可夫斯基去了里加,莉莉在拉脱维亚首都为他安排了一场讲演。这是他一生中头一次出国旅行。正式地来说,他是以教育人民委员部代表的身份出访的,因此可以说,多亏了卢那察尔斯基,莉莉和马雅可夫斯基才有机会在里加的美景宾馆共度九天。

马雅可夫斯基本应举行公开演讲,但持强烈反苏立场的拉脱维亚当局禁止了这次活动。此外,马雅可夫斯基访问期间由工人之家出版社印刷的长诗《我爱》的全部副本都被警方抄走。这些挫折一方面催生了一首关于拉脱维亚共和国之"民主"和"言论自由"的充满反讽却

183　失之片面的诗,另一方面又让他在一次采访中赞扬了苏维埃政权对诗人的态度:"尽管我的创作很难,苏维埃政权也不理解,但它还是提供了大量珍贵的帮助。在任何别的地方我都从未得到过这样的支持。"

伦　敦

1922 年的夏天又是在普希金诺度过的,这已经是连续第四年了。生活方式一如既往。早起,在凉台吃早餐:新鲜的面包,还有安努什卡煎好端来的鸡蛋。如果那天马雅可夫斯基不进城,他就会带一本小笔记本去树林——就像在家时一边在房间里踱步,一边嘟囔诗句一样,现在他在林间的小径和空地上敲打节奏。如果不写诗,那就去采蘑菇。下雨的话就打牌或下象棋消磨时间。如果奥西普沉醉于和客人下棋的话,马雅可夫斯基(他不下象棋)就会没命地扑向来和他们一起消夏的丽塔。但丽塔不喜欢打牌,于是马雅可夫斯基便会提议随便赌什么,只要是赌就行了。如果丽塔输了,她就得洗一周马雅可夫斯基的剃须刀。无论是在外旅行还是着急出门,马雅可夫斯基这个强迫症患者每天都要刮胡子,却决不使用脏剃刀……

8 月,习惯的节奏因莉莉前往柏林而中断。同年 4 月,德国和苏维埃俄国建立了外交关系,大大方便了苏维埃公民的旅行。在柏林,莉莉和前来看望兄弟们的廖瓦·格林克鲁格打了交道。她过着无忧无虑的生活,挑了些服装,买了件"神奇的皮大衣"。她一如既往地关心自己亲近的人——奥西普和马雅可夫斯基拿到了一批优雅的衬衫和领带,丽塔则收获一顶天鹅绒帽子——钱很快就用完了。

当莉莉、廖瓦和其他莫斯科友人在柏林的圈子里消遣时光的时候,奥西普和马雅可夫斯基就和她在里加时一样没闲着。如果说莉莉

伦敦,1922 年 8 月。莉莉在分别四年后头一回见到母亲和妹妹。　　184

在家时,每周日通常会有七八个亲近朋友来拜访他们,那么现在每逢休息日聚集在消夏别墅的人会多到连马雅可夫斯基有时都不知道谁是谁,而安努什卡则绝望地扯着自己的头发。

本来的打算是奥西普和马雅可夫斯基会跟随莉莉去柏林。8月15日,她给他们发去必要的文件,并写道:如果他们去德国大使馆报告说自己因患病要去巴特基辛根(Bad Kissingen)疗养,那么"应该很快就会给你们发签证"。"病"是为了简化官僚程序而杜撰出来的,更不用说什么疗养院了,这一点可以从莉莉信中的下面这句话看出来:"在去基辛根的路上,你们在柏林停一下,在那里会让你们想住多久就住多久。"由于某种未知原因,计划于9月初进行的柏林之行被推迟,马雅可夫斯基和奥西普在一个月后才借道爱沙尼亚成行;拿德国签证显然不成问题,但为了能放他们去爱沙尼亚,他们在形式上被正式任命为苏俄驻日瓦尔外交使团的"技术员工"。

莉莉在这段时间抽空去看了她在英国的母亲:8月19日,莉莉被正式编入驻伦敦的苏俄贸易代表处,因此才得以入境英国。这是四年来她第一次见叶连娜·尤利耶夫娜,上一次两人见面还是1918年7月。8月底莉莉从伦敦来信,信中以惊人的克制写道:"埃尔莎明天要来——有意思。"母女团聚时发生了什么我们一无所知。然而并没有理由认为母亲已经接受了莉莉和马雅可夫斯基之间不寻常的关系,尽管当时这种关系已经成了文学事实和社会事实。小女儿的情况也不是最理想:在塔希提岛住了一年后,安德烈和埃尔莎回到巴黎,并于1921年底开始分居。随后埃尔莎搬去伦敦找母亲,并在一家建筑公司工作,但她挣得非常之少,用她自己的话来说,连买唇膏都不够用。然而移居伦敦不仅仅是因为婚姻破裂,还因为母亲在弟弟坐牢后需要接济和陪伴。

如果说在给"男孩们"发往莫斯科的信中,莉莉并没有多谈细节问题,那么她给丽塔的报告就坦率多了。在 12 月 22 日的信中,她说自己白天泡博物馆,晚上彻夜跳舞,很想在伦敦再待上两三个月。莉莉欣喜若狂地沉浸在一种无忧无虑的富足生活中,而在俄罗斯这种生活如今只存在于人们的回忆中。在这里能买到丝绸长筒袜和其他奢侈品,而她自己则一如既往吸引男士们的目光。其中一位甚至在从莫斯科到柯尼斯堡的飞机上就爱上了莉莉,她的舞伴、阿尔科斯员工列夫·赫尔茨曼在伦敦成了她的情人。同时扰乱她心灵宁静的还有打里加来的熟人米哈伊尔·阿尔特,他曾在里加贸易代表处的出版部工作。他在圣布拉辛(St. Blasien)疗养肺病,而她很想在去柏林与奥西普和马雅可夫斯基汇合前抽空去看看他。

　　莉莉远离莫斯科的现实生活和文坛混战——她对此感到很享受。她告诉丽塔说:"我开心死了,这里没有未来主义者!"收到信后,丽塔立即打电话给马雅可夫斯基和奥西普,他们穿戴上莉莉在里加给他们买的粉色衬衫和细毛毡帽,急忙去找丽塔听消息。由于信中并非所有内容都是可供奥西普和马雅可夫斯基知悉的,丽塔坚持自己朗读书信——这样她就能把莉莉的种种浪漫冒险的细节给忽略过去。但在读到关于未来主义者的那句话时,她突然停了下来,马雅可夫斯基强烈要求她把什么都读出来。当奥西普反驳说不能逼迫别人时,马雅可夫斯基带着阴郁的神情回答说:"多半写的是'那里没有未来主义者真是太好了'吧。"诗人的直觉让他能几乎一字不差猜出莉莉的措辞,这让丽塔·赖特很是惊讶。

　　马雅可夫斯基的阴郁情绪是可以理解的:一方面,他害怕莉莉在改变自己对未来主义的看法后,也会改变对他的态度;另一方面,马雅可夫斯基自己也正要以新革命美学的代表、一个未来主义者的身份前去柏林。10 月 6 日,在和奥西普一起离开莫斯科前,他接受采访表示:

186

"我是以主人的身份前往欧洲,去看一下、检验一下西方艺术。"

马雅可夫斯基在日瓦尔的苏维埃使团做了一场关于"无产阶级诗歌"的讲座,在日瓦尔逗留几天后,他们继续坐船来到什切青(Stettin),随后坐火车抵达柏林,莉莉和埃尔莎在那里迎接他们。他们四个人都住在选帝侯路堤(Kurfürstendamm)上的选帝侯宾馆(Kurfürstenhotel),那是这座当时有数十万俄罗斯侨民居住的城市的最中心地段。

无数俄国侨民恰恰都住在选帝侯路堤附近的那几个街区里,以至于有人干脆把这条街称作"涅瓦大街"①;甚至传说有个不幸的德国人因为从未在那里听到过母语而上吊自杀。这里有俄罗斯餐厅和咖啡馆、俄语书店、俄语学校、俄罗斯足球和网球俱乐部。许多俄语书籍出版社和一系列俄语报纸、杂志的编辑部也位于此处。如果说俄罗斯侨民的政治首都自始至终都一直是巴黎的话,那么1921年以来它的文化中心就一直是柏林。

在苏维埃俄国和魏玛共和国建立外交关系后,柏林俄侨圈子里满是文人和知识分子,他们充分利用了重新得到的(相对而言的)迁徙自由。在经历了多年的贫穷困苦之后,许多人需要一个喘息的机会。被柏林振奋人心的文化氛围吸引过来的有鲍里斯·帕斯捷尔纳克——1922年至1923年间他在这座城市待了将近半年,还有1921年至1923年间居住于此的安德烈·别雷。由于柏林已成为俄罗斯侨民的文化之都,力促侨民与苏维埃政权进行接触的团体"路标转换"(«Смена вех»)派也从巴黎迁往柏林,一同迁来的还有该派领导人阿列克谢·托尔斯泰,他将会于1924年返回苏联;同时从巴黎搬来的还有伊利亚·爱伦堡。

1921年至1924年柏林俄侨界的一个独特征象正是来自苏联的作

---

① 涅瓦大街是圣彼得堡的中心商业街。

家和侨民文人之间进行了密切且富有成果的交流。彼得格勒的艺术
之家在柏林有一个分部，每周五都在诺伦多尔夫广场（Nollendorfplatz）
的莱昂（Leon）咖啡馆举办活动。参加讨论和发言的有下列作家：诗
人鲍里斯·帕斯捷尔纳克、弗拉基米尔·马雅可夫斯基、谢尔盖·叶
赛宁、安德烈·别雷、伊戈尔·谢韦里亚宁，以及画家亚历山大·阿尔
希片科、纳坦·阿尔特曼、纳乌姆·加博、埃利·利西茨基等。杰出的
俄罗斯哲学家和神学家们也在此发言。之所以能有这种独一无二的
政治和文化并存，一方面是因为当时的苏联在很短的一段时间内允许
相对的言论和迁徙自由，另一方面则是因为许多作家对于未来是选择
侨居还是回苏维埃俄国依旧心存疑虑。

维佳和罗马

　　许多俄国作家是自己移民的，还有一些则是被更错综复杂的路途
带去了德国首都。在后一类人中有住在柏林郊区疗养小镇巴特萨罗
（Bad Saarow）的马克西姆·高尔基，还有维克托·什克洛夫斯基——
他不仅拒绝承认十月革命，而且还拿起武器与布尔什维克战斗：他是
右翼社会革命党军事委员会成员，指挥着装甲车，参与筹备反布尔什
维克政变和各种破坏活动。密谋失败后，什克洛夫斯基转入地下，有
一段时间躲在罗曼·雅各布松家。有一次当罗曼要出门时，什克洛夫
斯基问，如果契卡分子来了他该怎么办。"如果他们来了，你就假装自
己是纸，然后发出沙沙的响声！"罗曼给出了这么一个机智却又不乏危
险的建议。1918 年 10 月，什克洛夫斯基逃往乌克兰，但由于决定放下
武器，几个月后他回到了莫斯科。

　　"赢家是没有的，但和解是需要的。"他在 1919 年 2 月就当局对社

会革命党人实行政治赦免评论道。然而三年后社会革命党作战组织的领导人格里戈里·谢苗诺夫在柏林出版了一本书,其中描述了此前不为人知的 1917 年至 1918 年恐怖活动的事实;什克洛夫斯基出现在了活跃恐怖分子的名单上。

苏联政府早在 1921 年 12 月就在契卡主席费利克斯·捷尔任斯基的倡议下开始准备审判社会革命党人。因此,谢苗诺夫书里的信息成了天赐良机,尽管其实这并非什么新闻,因为作者早已在为契卡工作了。审判本身是伴随实施新经济政策而来的政治收紧的结果。还在该书出版前一周,列宁就给司法人民委员写道,需要"加紧镇压苏维埃政权的政治敌人",为此必须在莫斯科、彼得格勒、哈尔科夫和"其他一些最重要的中心城市"搞出一系列**摆样子审判**。审

188 判必须是"示范性的、有声势的、有**教育意义的**",因此必须"通过党对人民审判员和革命法庭成员施加影响",以便教会他们"**无情地（直至枪决）和迅速地**惩办"。2 月 28 日,当局宣布将三十四名右翼社会革命党的领导人移交法庭,罪名是反革命活动,尤其是对苏维埃政府施行恐怖行动。

189 什克洛夫斯基决定不去赌命,3 月中旬他沿着海冰走去芬兰,在凯洛梅基(Kellomäki,今科马罗沃〔Комарово〕)度过为期两周的隔离检疫后,他搬去拉伊沃拉(Raivola,今罗希诺〔Рощино〕)的一个叔叔家。他从那里给在柏林的高尔基写道:"他们想逮捕我,到处找我,我躲了两周,最终逃往芬兰。不知道没有祖国我将如何生活。无论如何,我暂时逃过了古米廖夫的命运。"然而逃跑却不是没有代价的:3 月 22 日他的妻子在彼得格勒被扣为人质。什克洛夫斯基在拉伊沃拉继续写作自传小说《感伤的旅行》(*Сентиментальное путешествие*),小说将于这一年夏天在柏林完成,他在逗留芬兰之后又去了那里。

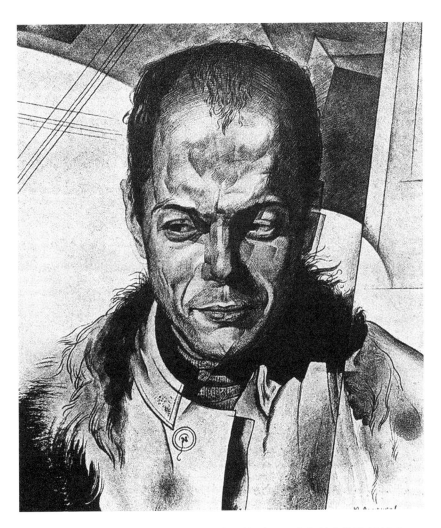

文学理论家、散文家维克托·什克洛夫斯基,尤里·安年科夫绘于 1919 年

如果说维克托·什克洛夫斯基逃出苏维埃俄国是一场冒险,那么罗曼·雅各布松在布拉格的初体验也可以说不乏戏剧性。作为苏联在捷克斯洛伐克的第一个代表处,红十字会代表团很快便成为布拉格左派的聚集场所,因此右翼媒体便给它贴上标签,称之为布尔什维主义的巢穴。这并不奇怪,因为领导代表团的是著名的布尔什维克医生所罗门·吉勒松,他曾是犹太工人总联盟"崩得"(Bund)的积极活动人士。在新工作地雅各布松立即感受到政治上的紧张氛围。因为他最想做的是继续学业,他请求允许自己离开代表团,1920 年 9 月他的请求被批准。然而他却依然未能跳出火坑:一家报纸从他的学术追求中看到了布尔什维克政权企图渗透进查理大学。9 月 17 日,罗曼给在巴黎的埃尔莎写道:"不知你是否听说,但 9 月这里因红十字猛烈攻击我。报纸都在呼喊'一条把这里的教授们紧紧卷在怀里的蟒蛇'(说的是我)之类,教授们犹豫不决,不知道我到底是匪徒,还是学者,还是非法的杂种,卡巴莱餐馆里把我的事情编成歌唱,这一切指责里都只有很少的幽默俏皮色彩。状况很复杂,但在这不可思议的局面下,我的命运似乎还是把钢丝给走了下来。"同时他还给在里加的格里戈里·维诺库尔写道:"我抓住了第一个机会,顺利地消除了我的职务。毕竟我是个语文学家,而非官员。"最终教授委员会批准了雅各布松的候选人资格,他获得了在大学撰写博士论文的机会。

雅各布松在布拉格遭遇的困难是第一次世界大战后笼罩欧洲和俄罗斯的政治大混乱的产物,这种大混乱让许多人的生活变得不稳定和不可预测。1920 年 9 月罗曼写给埃尔莎的第一封信无比准确地描述了这种处境:

190

最近两年来,我们每个人都不止有一重生活,而是有十重生活。就好比我吧，这几年来，我是反革命分子，一个不算最差的学者，造型艺术处负责人布里克的学部秘书，逃兵，赌棍，[莫斯科的]一所燃料机构不可替代的专家，文人，幽默作家，记者，外交官，所有浪漫的 *emploi*①，等等，等等。向你保证，这是部冒险小说，而且也只能是冒险小说。而我们每个人几乎都如此。

雅各布松属于这样一代人，他们在纲领上激进，但未必能用党派政治的术语来界定。俄罗斯激进主义的一个区别特征是具有深刻的反资产阶级性，而与此同时又有着强烈的末世论色彩，他们认为世界的改变必须一蹴而就，而不能依靠长期、耐心的工作。因此，弥赛亚式的马克思主义——也就是共产主义——正是在俄罗斯找到了最肥沃的土壤。此外，在第一次世界大战时代成长起来的那一代人毫不动摇地相信"时代的立法者"（雅各布松语）正是青年，而对青年来说，一切都是可能的："我们不觉得自己是新手。我们这些莫斯科语言学小组的孩子们问自己：'我们要怎么重塑语言学？'这看起来完全是自然而然的。在所有其他领域也都是如此。"

与此同时，雅各布松也有一种天性，被他称作"生命中的决定性因素"：缺乏献身精神。他写道："我可以演任何角色，但所有这些都只是角色。语文学也是一个角色，和其他一切角色一样，只不过是一个我爱的角色而已。"他就像一个观棋者，他感兴趣的是对弈的过程，而非结果："你心怀好奇观看，同情输棋者，为赢棋者灵巧的将死一步而高兴，并为白棋和黑棋想走法。某个瞬间你甚至可以坐到桌子旁代他们中的一位下。这就是我对当今政治的态度。"

_____

① 法语，"职业、职务"。

正是由于这种相对主义立场,或者用布里克的话说,这种"外交天赋",许多人对雅各布松持怀疑态度。他不参与政治,却也乐意接近马雅可夫斯基和他的圈子。一到布拉格,他就立即开始寻求与先锋派代表人物进行接触,并于 1921 年 2 月报告马雅可夫斯基说:

191

> 今天政府的报纸上用脏话骂你。最温和的用语是"狗娘养的"。在左派圈子里你的受欢迎度在增长。五月一日,这里的大剧场将会上演你的《神秘剧》的翻译版,围绕演出肯定会大吵一番。这里最好的剧作家德沃夏克(现在是个共产主义者)对布拉格左翼报纸上刊登的任何一个剧本都会断言说,和你比起来这就是资产阶级的烂货。[⋯⋯]几天前在捷克工业中心布尔诺(Brno)为工人们举办了你作品的晚会。

雅各布松尽其所能地在捷克斯洛伐克推广俄罗斯的新艺术和新文学。尤其是在他的努力下,《150 000 000》的片段被译成捷克语(全诗在 1925 年出版),而他自己也很快掌握了捷克语,并且在到达布拉格半年后就发表了一首自己翻译的赫列布尼科夫的诗。尽管与马雅可夫斯基私交甚笃,但雅各布松对赫列布尼科夫的创作更感兴趣:在赫列布尼科夫对形式的实验中,雅各布松为自己关于诗歌首先是语言活动的想法找到了养料。早在莫斯科他就曾着手编辑出版赫列布尼科夫的作品,并为其写了一篇前言,现在这篇前言在布拉格出了俄语单行本,名叫《最新俄罗斯诗歌:第一篇论纲》(*Новейшая русская поэзия. Набросок первый*)。

尽管在查理大学有事可忙,但雅各布松一开始还是很怀念莫斯科。1921 年 1 月在把自己关于赫列布尼科夫的书寄给在莫斯科的奥西普时,他在附信中抱怨说,捷克斯洛伐克是"一个小店主的国家,它让我厌恶得很,我想好歹能有个有点气度的人让我看看,但多半我还是会打道回府"。回家的念头在这一时期的几封信中都出现过。他觉得自己与奥西普和其他形式主义者的智识交流进行得太少,他们创新的语言学和诗学研究领先其他国家在这一学术领域的发展数年。雅各布松因离开了培养他的圈子而感到内心有愧。"我是否背叛了莫斯科、莫斯科的朋友们和我们的小组? 不,我会回来的。或许,当我和 M 在日瓦尔亲切交谈后,回归如今对我来说变得**极其**危险,无论我是否放弃[在代表团的]职务。"他在 1921 年冬给维诺库尔的信中自问自答道。尽管如此,他还是希望能不迟于 1922 年春天回家,行李中"带着新的学术资本"。

且不论这个"M"是谁,这场"亲切的"谈话内容是什么,雅各布松的人生很快又有了一个新转折。当 1921 年夏天第一位苏联全权大使抵达布拉格时,雅各布松在使团中找到了一份工作,他的主要职务就是翻译。迈出这一步的原因之一是他的物质状况,他曾告诉本书作者,那段日子他身无分文,有时两天才能吃上一顿饭。然而他还是留在了布拉格,尽管在使团的工作占用了宝贵的治学时间。让他决心不回莫斯科的原因一来是他很快融入了捷克的学院生活,二来是因为俄罗斯的政治形势越来越紧张。处决古米廖夫和什克洛夫斯基的逃亡都发出了明确的信号:回去可能真的是"**极其**危险"的。

192

柏　林

到达柏林几天后,马雅可夫斯基和布里克参加了革命后在西方举办的第一场俄罗斯艺术展的开幕式,展览由教育人民委员部在范·迪门(Van Diemen)私人画廊举办。除了传统画家的画作,还首次展览了俄罗斯先锋派最杰出代表人物的作品,其中有马列维奇、塔特林、康定斯基、利西茨基、夏加尔、罗琴科和布尔柳克。马雅可夫斯基则展出了十幅俄通社海报。

如果不算在外省气的里加停留的那一小段时间的话,这是马雅可夫斯基第一次出国旅行。柏林给他留下了压抑的印象。城市生活确实热闹,但也承载着战后赤贫和社会动荡的印记。"亲眼见到了硕大无朋的都市,让他像个孩子一样不知所措、感动、欣喜,仿佛被脱得精光一般。"帕斯捷尔纳克如是告知在莫斯科的谢尔盖·博布罗夫。由于德国这些年来严重的通货膨胀,即使苏联公民也可以过上奢侈的生活:马雅可夫斯基经常在花店里为莉莉订购巨大的花束,而莉莉则以相当于一美元的价格给丽塔·赖特买了件貂皮大衣。尽管他们只在霍歇尔(Horcher)这样的顶级餐厅吃饭,马雅可夫斯基却总是点大份食物。"Ich fünf Portion Melone und fünf Portion Kompott,"他用丽塔在夏天教他的那点蹩脚德语说道,"Ich bin ein russischer Dichter, bekannt im russischen Land,我可不能吃少。"他还常常一点就是两份啤酒,"für mich und mein Genie"[1],照帕斯捷尔纳克的说法,这是他那种"不幸的言过其实"的典型表达。

在柏林,马雅可夫斯基和奥西普参加了几场讨论晚会和诗歌朗诵会,其中就包括在莱昂咖啡馆,而奥西普则作了两场关于包豪斯的报告。此外,马雅可夫斯基一直忙于各种出版计划。他和教育人民委员部的前夜(《Накануне》)出版社签署了一份出版诗歌合集的合同,并

196

---

① 分别意为:"我的,哈密瓜的五份,蜜饯水的五份","我是一个俄罗斯诗人,在俄罗斯地方名气的有","给我和我的天才精灵。"

在马雅可夫斯基启程前往巴黎前一天,他给莉莉寄了这张相片,上面写着题词: 193
"给亲爱的小橘喵/两周后就能见她了"。

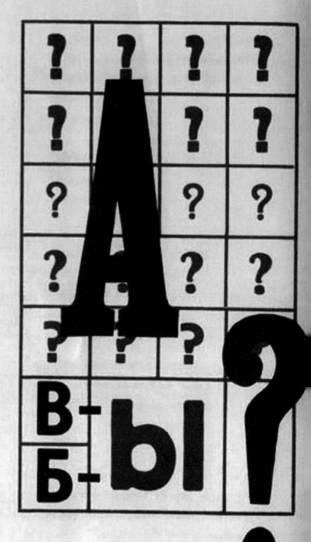

在《给喉咙》一书中，埃利·利西茨基想通过图像和印刷手法传达马雅可夫斯基诗句的意义和节奏。这本书被设计成一本电话簿，姓名首字母被用图像符号和诗歌名称代替。插图上的这一页是 1913 年的《而您能不能?》一诗："把颜料从玻璃杯里泼溅，/我立刻涂抹工作日的菜谱；/我在鱼冻的盘子上指点/远洋歪斜的颧骨。/借马口铁鱼的鳞片/我读出了新唇们的呼语。/而您/能不能/把夜曲表演/用排水管道的长笛?"

а ВЫ МОГЛИ БЫ?

Я сразу смазал карту будня,
плеснувши краску из стакана.
Я показал на блюде студня
косые скулы океана.
На чешуе жестяной рыбы
прочел я зовы новых губ.
А вы
ноктюрн сыграть
могли бы
на флейте водосточных труб?

41

用私人资金刊印了《给喉咙》(Для голоса)一书，这本书是俄罗斯构成主义平面设计艺术最成功的范例之一。集子中收录的都是为朗诵而写的诗，而美术设计师埃利·利西茨基将诗行打散排印，使读者能够从视觉上感知诗作的节奏和语调。

马雅可夫斯基和奥西普还与德国政治和艺术先锋派，尤其是格奥尔格·格罗斯进行了密切交流。马雅可夫斯基从格罗斯那儿收到了由共产主义倾向的马利克出版社(Malik Verlag)出版的名为《瞧，这个人》(Ecce homo)的平面艺术作品集。创办并领导这家出版社的是威兰·赫茨费尔德，他是两年前为德语版《150 000 000》进行装帧设计的摄影师、拼贴画家约翰·哈特菲尔德的弟弟。格罗斯和哈特菲尔德都属于左翼艺术家——布里克和马雅可夫斯基回到莫斯科后将会宣传他们的创作。

在伦敦过了一个多月无忧无虑独立生活的莉莉很快就厌倦了马雅可夫斯基，厌倦了他的醋劲，厌倦了要一刻不停给他当翻译。与会说德语、了解德国文化的奥西普相处就是另一回事了。用莉莉的话说，"他和马雅可夫斯基很不一样"，后者不在德国首都观光，却成天泡在旅馆房间里打牌。这是马雅可夫斯基的一个典型特征——实际上，他对一切与本人或工作无关的事情都多少有些无动于衷。一个国家的文化、建筑和历史只有当他能在创作中加以利用的情况下才会引起他的兴趣。

埃尔莎和莉莉成天泡博物馆、逛商店、跳舞，马雅可夫斯基则成天在牌桌边消磨时间。莉莉回忆说："我梦想着我们会一起观赏艺术和技术的种种奇迹，但真正看到的却很少。只要出现一个俄罗斯牌友，马雅可夫斯基就会整日整夜地枯坐在旅馆房间里和他打扑克。"莉莉对此感到厌烦，埃尔莎亦然，马雅可夫斯基永远在玩牌这一点也非常触怒她：

> 从一开始我们就和沃洛佳不和,我们互相避免来往,也不交谈。他的旅馆房间就是个牌馆。沃洛佳是个赌棍,他永远都要赌一把,拿什么赌都行,赌牌,赌麻将,赌桌球,赌他自己想出来的游戏。在来柏林之前,我对沃洛佳的认识仅限于他在我那儿时的样子,而且还是一副充满诗性的样子,我以为自己非常懂他,但其实对他一无所知。[……]在柏林,我第一次和他长时间共同生活,没完没了的牌局让我异常恼火,因为我自己什么牌都不打,而且只要看一眼扑克牌我就会无聊得要死。很快我就租了两间带家具的房间,搬离了旅馆。许多人来参加我的乔迁宴。沃洛佳带着牌来了。我请他不要开打。沃洛佳阴郁地、恶毒地回答说我一点都不好客之类的。一句接一句[……]沃洛佳走了,赌咒发誓说永远不会登门,扫了整场晚会的兴。这是个多么沉重,多么沉重的人啊!

197

马雅可夫斯基和莉莉、埃尔莎的关系于是紧绷到了极点。因此当谢尔盖·佳吉列夫抵达柏林,邀请马雅可夫斯基前往巴黎,并承诺会帮忙搞定签证时,马雅可夫斯基毫不迟疑地同意了。11月底,他在巴黎待了一周,在那里见到了他的老朋友画家米哈伊尔·拉里奥诺夫和娜塔利娅·贡恰罗娃,结识了伊戈尔·斯特拉文斯基、毕加索、莱热、布拉克、罗伯特·德劳内和让·科克托。他还参加了马塞尔·普鲁斯特的葬礼。比起柏林他更喜欢巴黎,能证明这一点的是马雅可夫斯基给《消息报》写过四篇关于法国首都的长文——尽管都很肤浅,甚至还写了一本小书——《法国画七日观》(*Семидневный смотр французской*

живописи）。而关于柏林的作品则只有两份简报，一份讲的是在范·
迪门画廊举办的俄罗斯美术展。反差非常明显。看起来，不只是莉莉
因为能摆脱苛刻的马雅可夫斯基形影不离而松一口气；躲开了莉莉警
惕的目光后，马雅可夫斯基自己也感到更加自由和独立。

动物园

　　马雅可夫斯基对打牌的狂热激情惹恼了埃尔莎，但烦扰她的不仅
仅是这一点。与安德烈分居后，她对自己的前途一无所知。去哪？和
谁？她看来和以前一样，还是对马雅可夫斯基有些动心，再次相遇重
新唤起了过去的回忆。马雅可夫斯基选择了莉莉而不是她，这成了她
离开俄罗斯的一大原因。而在柏林，另外两个男人——罗曼·雅各布
松和维克托·什克洛夫斯基一直在不屈不挠地追求她，这让情况变得
更加复杂。

　　什克洛夫斯基刚从芬兰抵达柏林便与雅各布松恢复了联系。
1922 年 9 月什克洛夫斯基去信高尔基说："他早晚各给我发一封电报。
我像个情妇一样爱他。"还在少年时代，雅各布松和什克洛夫斯基就通
过自己对诗语的研究奠定了文艺学的形式主义流派，可他们这几年来
却一直生活在智识的饥荒中。他俩需要彼此的刺激，如今重又见面
后，他们一天都不想浪费。刚一逮到机会，什克洛夫斯基就跑去布拉
格见雅各布松。

198　　什克洛夫斯基造访布拉格一个月后，雅各布松来到了柏林。从布
拉格到柏林的火车只要开八个小时，但雅各布松看来似乎不常去柏
林，尽管他的父母和弟弟都在那里。什克洛夫斯基对高尔基写道："罗
曼纵酒到了可怕的地步。"雅各布松当时二十六岁，他已经在布拉格住

了两年。但他却不幸福,终日饮酒,尽管这并没有影响他的智识和工作能力。伊利亚·爱伦堡曾回忆说:

> 罗曼的皮肤是粉色的,眼睛是蓝的,一只眼有点斜;他喝得很多,但却能保持清醒的头脑,直到第十杯后才会扣错外套纽扣。最让我惊讶的是他什么都知道——无论赫列布尼科夫的诗律结构,还是老捷克文学,还是兰波,还是寇松与麦克唐纳的诡计①。有时候他会臆想杜撰,但如果有人试图找他的硬伤,他就会笑着回答:"这只是我的临时假设。"

1922 年 10 月,雅各布松前去柏林,与 1920 年 5 月以来就未曾谋面的马雅可夫斯基、奥西普和莉莉,还有 1918 年夏天后就再也未曾相逢的埃尔莎相见。

让雅各布松借酒消愁的一个原因是他对埃尔莎浇不灭的爱。早在离开莫斯科前,莉莉就警告他不要忘记埃尔莎已经结婚了。但罗曼充耳不闻,用一封封情书轰炸埃尔莎,恳求她搬去布拉格找自己。1920 年 12 月他写道:"我等你,就像四年(少一星期)前一样,"他这是在提醒对方自己 1916 年的求婚,"我当时说的每个字如今依然作数。"但是埃尔莎似乎还在犹豫(她的信没有保存下来),于是雅各布松在 1922 年娶了二十岁的俄裔女大学生索尼娅·费尔德曼,她在布拉格学医时与雅各布松相识。然而婚姻却没有阻止他照旧紧追埃尔莎不放。1923 年 1 月他给埃尔莎写道:"我永远都不能让　你②、自己和索尼娅相

---

① 乔治·寇松(1859－1925),英国政治家,曾担任英国外相;拉姆齐·麦克唐纳(1866-1937),英国政治家,曾担任英国首相和外相。

② 译者在本书中使用前空一格的方式来对应原书中首字母大写的非专有名词。

信,我爱她像爱　你一样。当我在莫斯科泡在你家时,我连大学地址都忘了。所以我的语文学学院就是礼拜五街(Пятницкая)和秃地胡同(Голиковский пер.)路口(埃尔莎的地址——作者注)。我被　你磨光了,埃尔莎。"埃尔莎并没有对罗曼执着的追求无动于衷,可以证明这一点的是她收到信后不久留下的日记记录:"看来罗米克还是能让生命重归于我的。"

1922 年 10 月,也就是在分别四年后,心头爱恋挥之不去的罗曼在柏林见到埃尔莎。令他失望的是,他很确定爱上埃尔莎的不止他一个人。早在俄罗斯就开始追求埃尔莎的维克托·什克洛夫斯基到了柏林后狂热地爱上了她。他穷得叮当响,只穿一件衬衫,每晚又洗又"熨"(就是把湿衣服贴在酒店镜子上),省下来的钱给埃尔莎买花。每天早上,当她走出膳食公寓的房间时,都会发现自己拿出来让清洁工擦的皮鞋里插着一束新的鲜花。

比起出现了一个竞争对手,更让罗曼难以接受的是什克洛夫斯基把自己的爱(同样也是单恋)写成了文字。1923 年 1 月,罗曼给埃尔莎写道:"维佳想把你我写成剧本,然后自己带着记者证来看戏,说不定再演个配角。这让我讨厌。"他指的是由什克洛夫斯基所著,1923年夏天在柏林出版的《动物园,或不谈爱情的信札》(*Zoo, или Письма не о любви*)——一部关于单相思的书信体小说。这本书有很强的自传性。小说中的什克洛夫斯基就是什克洛夫斯基,他写信给一位叫阿利娅的女子,这就是埃尔莎,而书中未具名的三角恋的第三位参与者便是罗曼。

这本书是人物肖像、文艺学讨论和城市景观描写等元素的混合体。但这一切都只是他禁止自己去书写的他对阿利娅之爱的隐喻。隐喻化是彻底的;就连阿利娅也是个隐喻,一个实现了的隐喻:她代

1921 年从塔希提回到巴黎后,埃尔莎拍了一系列肖像照,这是其中一幅。　　199

表了资产阶级的欧洲及其文明,其象征是良好的餐桌礼仪和熨平的西裤。而与此同时,作者本人把裤子在床垫下压一夜就算是熨过了。

从这一角度来看的话,《动物园》是一本完全按照形式主义规则构建的书。根据这些规则,传记性事实对一部文学作品的创作只有次要意义。但什克洛夫斯基的这本书同时也是对这一原则雄辩的反驳:对埃尔莎的激情笼罩了一切,如果没有这种激情,这本书就不会被写出来。禁止书写爱情不仅是种文学手法,也是种难得成功的压抑手法。"献给埃尔莎,并把第三爱洛伊丝的名字赋予本书"——扉页上的题词是这么写的。爱洛伊丝(Элоиза)是心上人埃尔莎(Эльза)的换音变形形式,但与阿伯拉尔的第一爱洛伊丝和卢梭的第二爱洛伊丝不同的是①,如今的"新"爱洛伊丝甚至都没有爱上过这些书信的作者。

1923 年 2 月,什克洛夫斯基把书的部分章节寄给高尔基,以求刊登在他的杂志上,同时也为自己此前在一次公开演讲时闹出的乱子道歉,他声称自己病了:"我的体温有 82.61 度。"这是在影射埃尔莎的电话号码 82 - 61。什克洛夫斯基继续解释道:"总而言之,我陷入了爱河,在爱情方面很不幸,如何从这一段中脱身出来,我不知道。"

就连小说中阿利娅克制的回信也并非文学虚构:这是真正出自埃尔莎之手的信——对什克洛夫斯基的爱她并不领情,恰恰相反,没完没了的追求让她很是恼火。且不论她对自己的私信就这么被公之于众作何感想,这些信的发表却改变了她的人生。高尔基在得知这些

201

---

① "第一爱洛伊丝"指的是法国神学家、经院哲学家皮埃尔·阿伯拉尔与其心上人爱洛依丝之间的通信;"第二爱洛依丝"指的是法国思想家卢梭的书信体长篇小说《新爱洛依丝》。

信并非杜撰,而是埃尔莎本人所写之后,便建议她从事文学工作——她照办了。什克洛夫斯基对高尔基写道:"我把她召唤到生活中,并以我的荣誉和从未欺骗过我的敏锐嗅觉起誓,她很有天赋。"但是,当埃尔莎的第一本书《在塔希提》(*Ha Таити*)1925 年在莫斯科问世时,她在书中回忆起的并非什克洛夫斯基,而是雅各布松,其证明便是她选了后者的一首玩笑诗作为卷首题词:"此事我不和稀泥:/全心全意热爱你。/你若远走塔希提,/我会哭得直岔气。"

雅各布松对什克洛夫斯基把他俩对埃尔莎的感情公之于众感到愤慨。"我不想像某些熟人那样,为了出版商而给　你写信,"他在给埃尔莎的信中反讽地说道,"　你对我而言并非文学的动机,也不是诗的女主角。"但什克洛夫斯基的越轨之举未必真让他感到惊讶,因为1922 年 1 月前者就曾在莫斯科的《书籍之角》(*Книжный угол*)杂志上刊发了一封《致罗曼·雅各布松的信》(*Письмо Роману Якобсону*),呼吁他考虑一下新经济政策的种种改革,返回俄罗斯:

> 回来吧。
>
> 没有你,我们的动物园就缺一头欢快的好野兽。[……]
>
> 回来吧。
>
> 你会看到我们大家一起办成了多少事——我说的还只是我们语文学家。等我们在学者之家排队的时候,我会把一切都告诉你。会有很多交谈的时间。
>
> 我们给你生炉子。
>
> 回来吧。
>
> 新时代开始了,每个人都应该好好打理自己的花园。
>
> 修自家破洞的屋顶要好过住别人屋顶下。

雅各布松并没有回来，除了上文提及的原因，想必还因为公开信发表两个月后什克洛夫斯基的逃亡，这是他为自己的乐观付出的代价。在1923年《动物园》出版的同时，雅各布松在柏林出版了一本题为《论捷克语诗体，尤与俄语诗体对照》（*О чешском стихе, преимущественно в сопоставлении с русским*）的书，他在书中刊印了这么一段题献："给维·鲍·什克洛夫斯基（代答他在《书籍之角》的信）"。信号很明确：在别人家屋顶下不仅可以工作，还可以干得很出色。当时什克洛夫斯基已决定返回彼得格勒，因为他的妻子还被当人质扣在那里。《动物园》中的最后一封信是写给全俄中执委（ВЦИК），请求准许他回家的。

布里克就此嘲讽地写道："维佳是个怪人。他没学会语法——他不知道有些词是无生性的，而全俄中执委就是个无生性名词。[①] 无生性客体是没有幽默感的，所以和全俄中执委是不能开玩笑的。"但中央执行委员会这一次倒成了语法规则的例外：1923年10月，什克洛夫斯基得以回到彼得格勒，和妻子团聚。

布尔什维克式人道主义

马雅可夫斯基的造访和当代俄罗斯艺术展无疑引起了柏林俄侨圈子的兴趣，但1922年秋季街头巷尾议论的主要话题却是另一起事件：一百六十多名哲学家、作家、历史学家、经济学家、法学家、数学家和其他知识阶层代表被驱逐出苏联。提出这个想法的是列宁，而执行

---

① 有生性是包括俄语在内的许多语言的一个语法范畴。名词可被分为有生性名词和无生性名词（俄语中两个术语从字面上来解释就是"有灵魂名词"和"无灵魂名词"），人和动物属于前者，其他客体属于后者。

Тов. Ленин ОЧИЩАЕТ
землю от нечисти.

在这张 1920 年的海报上，列宁正在把资本家、神职人员等"败类"从地球上清理 203
出去。两年后轮到清理的将是下一批对象：学者和作家。

者则是契卡——5 月成立了一个隶属契卡的搜集"反苏成分"情报的特别委员会。对 7 月工作进度不满的列宁写信给斯大林说:"要把好几百个这样的先生毫不留情地驱逐出境。我们将长期净化俄罗斯。"

这一世界史上前所未有的措施是列宁和政府蓄意迈出的又一步,这一政策的目的便是在任何政治反对派尚未形成前便消灭它。用托洛茨基不知廉耻的话来说,这是"布尔什维克式人道主义"的一种表现。照这位军事人民委员的说法,应被驱逐的"成分"尽管尚没有扮演任何政治角色,但一旦发生新的军事行动,他们便有可能成为敌人手中的武器:"那时我们就得被迫按军法将他们枪毙。这就是为什么我们宁愿在当下的和平时期就提前把他们驱逐出去。"

9 月底,两批人被塞进开往里加和柏林的火车。不久之后,又有三十人外加家属被塞进了开往什切青的轮船,其中包括哲学家尼古拉·别尔嘉耶夫、谢苗·弗兰克、谢尔盖·特鲁别茨科伊和伊万·伊利因。另一艘在 11 月驶离的轮船上有十七人外加家属,其中包括另外两名杰出的哲学家——列夫·卡尔萨温和尼古拉·洛斯基。由于俄罗斯的思想家们被一锅端驱逐出境,这两艘船便被人称作"哲学船",尽管被流放者中也包括其他行业的代表,包括作家。正式给出的驱逐时间只有三年,但被流放者却得到口头通知说这将会是永久流放。

列宁一劳永逸地让俄罗斯摆脱了知识精英。再算上这些年来许多不受欢迎"成分"的"自愿"移民,结果有目共睹:革命五年后,俄罗斯不仅失去了最杰出的哲人和学者,还失去了最优秀的作家,如伊万·布宁、马克西姆·高尔基、亚历山大·库普林、阿列克谢·列米佐夫、德米特里·梅列日科夫斯基、鲍里斯·扎伊采夫——以及未来的大师弗拉基米尔·纳博科夫。但对于那个认为知识分子"并不是什么大脑"的人来说,"净化"措施的结果应该能令他满意了。

诗坛的情况则更复杂些：玛丽娜·茨维塔耶娃、康斯坦丁·巴尔蒙特、伊戈尔·谢韦里亚宁、济纳伊达·吉皮乌斯、弗拉季斯拉夫·霍达谢维奇侨居国外；帕斯捷尔纳克和别雷在柏林获得了短暂的喘息，但除了马雅可夫斯基外，还有一些大诗人留在了俄罗斯，比如奥西普·曼德尔施塔姆、鲍里斯·帕斯捷尔纳克、安娜·阿赫马托娃、尼古拉·克柳耶夫和谢尔盖·叶赛宁。

在上面列举的这些人中，只有马雅可夫斯基全心支持革命。当他在柏林的时候，俄罗斯的知识精英也被驱逐到了这座城市，他对此作何感想？我们不知道——他的报告中对这一前所未有的举措只字未提。就算在意识形态上马雅可夫斯基与那些被流放者没有任何关系，但他们之中毕竟有许多作家同行……然而，身处街垒的另一边，他很可能认为驱逐是革命成功的某种必要条件。尽管如此，当政府认为把知识阶层的精华统统驱逐出境是可行的时候，像马雅可夫斯基这样的作家——还有其他苏联作家——都没有对此提出抗议，甚至都没有发表什么意见，这一事实本身就证明了正在俄国发生的道德贬值。在沙皇时期，当局如若做出这种行径，一定会引起强烈的抗议。

沉默也反映出布尔什维克在知识阶层和全体民众中施加的压力——这要归功于契卡。对于选择站在革命一边的人来说，支持或至少容忍契卡的所作所为是自然而然的。马雅可夫斯基既不是党员，也不是契卡分子，但在 1922 年 9 月写的一首诗中，他第一次赞颂了契卡（当时已更名为格别乌）是社会打击投机倒把的武器。"……对当时的我们而言，契卡分子都是圣人！"莉莉后来评论说。

当时，布里克为格别乌工作的事情无论在俄罗斯还是在侨民界都不是秘密。1922 年 3 月，柏林的《俄罗斯之声报》（*Голос России*）报道说："据说布里克因为不愿去前线而进了契卡；登记入党时，他必须选择是上前线还是进契卡——他选择了后者。"无论这些信息是否属实，这段简讯(几天后在巴黎俄侨报纸上转载)都表明 1922 年奥西普为安全部门工作一事尽人皆知。

无论奥西普的职责是什么，只要他能够和愿意，便会利用自己的影响力来保护那些被格别乌盯上的人。上文已经提及过，他在 1921 年夏天普宁的案子中扮演了某种角色，同年他又帮帕斯捷尔纳克的父母和姐姐拿到了出境护照。1921 年秋，莉莉从里加来信，请奥西普去契卡打听一下某个被抓走的人，想必是想解救他。勃留索夫的妻妹布罗尼斯拉娃·隆特有朋友被捕了，她知道马雅可夫斯基有个熟人可以帮忙，便造访了水醉胡同。她讲述了自己的拜访经历：

> "亲爱的，"马雅可夫斯基[对莉莉]说，"这件事情……只有奥夏能帮上忙……"
>
> "我这就去叫他……"
>
> 她看上去随时都乐意效劳，整个人洋溢着轻盈、欢快的善意。[……]
>
> 我不得不又讲述了一次自己悲惨的故事，并重复了一遍请求。
>
> 马雅可夫斯基怀着极大的尊严，不带丝毫屈辱或谄媚地加了一句：
>
> "奥夏，恳请你尽己所能。"
>
> 那位女士亲切地对我说出鼓励的话语：
>
> "别担心。我丈夫会下令释放您的熟人的。"
>
> 布[里克]都没有从扶手椅上起身，便直接拿起了电话……

这则故事有两个令人悚然的地方：一是它表明，当时一个人的命运完全是由运气或关系决定的；二是马雅可夫斯基和莉莉面对这一状况时自然而然的态度，换言之，布里克为契卡工作并不是一件让他们觉得可耻的事。

对于一个生活在苏联之外的人来说，这种对契卡的宽大态度就显得不那么自然了。在柏林，雅各布松被奥西普讲述的自己在契卡目睹的那些"相当血腥的场面"震惊到了。奥西普总结说："这是一个让人失去感伤情绪的机构。"用雅各布松的话说，这是布里克第一次给他留下"令人嫌恶的印象"："在契卡的工作大大摧折了他。"考虑到布里克无所畏惧的性格，可以推测那些让他"失去感伤情绪"的场面确实"相当血腥"。

15073 号证明

在契卡的工作几乎打开了通向所有地方的大门。在去柏林前申办出境护照时，奥西普在"提供文件"列表中写下了号码为 24541 的格别乌员工证。然而莉莉的名字也曾在类似场合出现，这一点无论雅各布松还是别人都是不知道的——直到二十世纪九十年代此事才浮出水面。1922 年 7 月，当她申办出境护照前往英国时，她也在相应条目中填写了自己的格别乌员工证号 15073。这并不一定意味着她曾在格别乌工作。证件是成行前五天签发的，看起来是为了加快官僚手续的办理速度。但是谁发了这张证？那个时代风气还比较清廉，奥西普未必能够这么轻松地搞定这种裙带关系。那么，这位冒险开具了半虚假或干脆就是全虚假证明的高级官员到底是谁？抑或这张证明终究还是能反映一些问题？莉莉有没有为格别乌执行过任何任务？

这些问题看起来可能带有挑衅意味，但考虑到莉莉第一次前往里加的情况，它们并非空穴来风。1921 年 10 月莉莉去里加时，她和一个小伙子、外交人民委员部员工列夫·埃尔贝特乘坐同一辆火车。他将会帮上莉莉很多忙：他一直在里加和莫斯科之间穿梭，同时也是莉莉和她在莫斯科的"兽兽们"之间的信使。但他在外交人民委员部的工作只是一个幌子，实际上埃尔贝特为契卡的外事处工作：拉脱维亚由于地理位置的关系，是契卡在西欧开展行动的重要基地。他们坐上同一列火车是巧合吗？像许多热情如火的布尔什维克一样，埃尔贝特还年轻，只有二十三岁。他出生在敖德萨，这是他第一次出差国外；当然，他对里加一无所知，不像莉莉那样有亲戚住在那里。考虑到奥西普的工作地点，完全可以假设他知道埃尔贝特旅行的真实目的，但莉莉是否也知道呢？或许他们甚至还合作过？抑或他是在利用莉莉来进入她常来往的那些圈子（里面有很多俄罗斯侨民）？

这些问题没有答案，但提出它们仍是必须的，尤其是因为埃尔贝特——这个言谈时爱把话从牙缝挤出来，因而被人称作"假斯文"的人——将成为二十年代末围在马雅可夫斯基和布里克夫妇身边的那群格别乌分子中的一员。

柏林歧路

相聚柏林后，本书各位主人公的人生轨迹便错开了。埃尔莎听从高尔基的建议留在了城里；随着时间的推移，她将会成为一位多产，甚至在某种程度上还很成功的作家。罗曼没有回应什克洛夫斯基让他回莫斯科的呼唤，这可能是受了奥西普讲述的"血腥场面"和苏联驱逐知识阶层事件的影响；他留在了布拉格。什克洛夫斯基由于语言不通,无法习惯在西方的生活,次年秋天返回了苏联,尽管他深知——照他给高尔基的信里的说法——他"将不得不撒谎",并且不指望"会有任何好事";这两种担忧最后都被验证了。布里克夫妇和马雅可夫斯基接下来的方向是事先就确定好的:回到莫斯科,为未来主义而斗争——当时这个术语主要指的是构成主义和生产艺术。

相聚柏林的直接或间接结果是四本带有强烈自传色彩的书。什克洛夫斯基写了《动物园》,讲述了他自己、埃尔莎和雅各布松的故事;后者则将自己的捷克诗歌研究专著题献给了什克洛夫斯基;埃尔莎写了自传散文《小草莓》,其中的主角是他和罗曼,而马雅可夫斯基则写了一首长诗,这将是他抒情创作的高潮,同时也是他与莉莉关系终结的肇始。

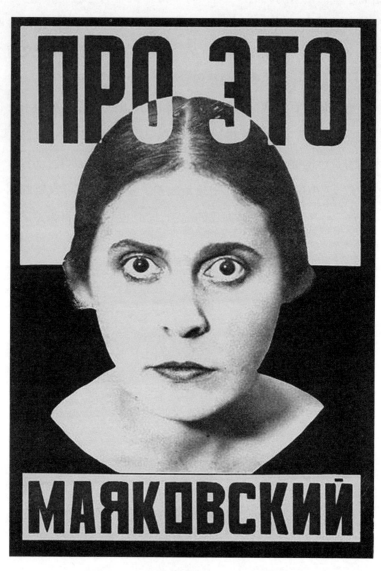

亚历山大·罗琴科为《关于这》设计的封面

第八章 关于这(1923)

次次革命动摇个个王国的小躯壳，

人类马群里牧人不断更替，

但是你，

人心那未加冕的占有者，

没一场暴动能把你触及！

弗·马雅可夫斯基,《人》

1922 年 12 月回到莫斯科后，马雅可夫斯基和奥西普在艺术文化
研究所(Институт художественной культуры,简称 Инхук,艺文所)作
报告，讲述他们的柏林印象，并展示了毕加索、莱热、格罗斯和其他法、
德两国艺术家的真迹和复制品。人们对马雅可夫斯基讲述自己首次
出国旅行的见闻抱有巨大兴趣。12 月 24 日《消息报》刊登了他的报
道《巴黎(人鹅的札记)》(Париж〔Записки Людогуся〕),三天后又刊
登了《秋天的沙龙》(Осенний салон)。为了维护马雅可夫斯基在理工

博物馆讲座《柏林在做什么?》(*Что делает Берлин?*)和《巴黎在做什么?》(*Что делает Париж?*)的会场秩序,当局甚至出动了骑警。在人挤人的大厅里一片混乱,每张椅子上都坐了两个人,观众把过道也全都堵住了,而在舞台边上则坐满了荡腿的年轻人。

莉莉也在台上——她在讲台后面,那里为朋友和熟人们放着椅子。大厅里充满了期待的氛围,但是当马雅可夫斯基在如雷的掌声中开始谈论柏林时,莉莉却很气愤:她觉得马雅可夫斯基谈论的并非自己的经历,而是从别人那儿听来的内容;毕竟她知道,大部分时间马雅可夫斯基其实都在餐厅或酒店房间里打牌。"起初我还在困惑、难过地听着。然后我就开始用令他难堪的,但在我看来却很公正的评论打断他。"马雅可夫斯基恐惧地朝莉莉使眼色,而坐在演讲者旁边的共青团员们贪婪地捕捉着演讲者说出的每个字眼,他们愤慨却徒劳地试图让莉莉闭嘴。

乱子还是闹出来了。中场休息时,马雅可夫斯基一句话都没对莉莉说,活动组织者费奥多尔·多利泽尽一切可能来安抚莉莉,让她别再插嘴了。她一点都不想听,于是多利泽只能让她在下半场留在化妆室。

"在家里因为紧张怎么都睡不着。"莉莉回忆说,于是她服用了大量安定药,结果一觉睡到第二天中午。傍晚马雅可夫斯基出现了,当被问及她是否会来听他关于巴黎的报告时,莉莉回答说"不"。"那怎么办,要不就不讲了?""你爱啥啥。"莉莉回答道。

由于知道关于巴黎自己能讲的比关于柏林的要多,马雅可夫斯基并没有取消报告。但莉莉的批评还是让他得出结论:如果说关于巴黎的报道能登在《消息报》的显要位置上的话,那么《今日柏林》(*Сегодняшний Берлин*)最好还是让俄共(布)中央宣传鼓动部出版署送到外省的报纸去刊载。

当12月27日马雅可夫斯基作关于巴黎的报告时,莉莉留在家里。第二天早晨,他们俩进行了一次漫长而艰难的谈话。那天早上去拜访他们的丽塔发现莉莉和马雅可夫斯基的眼眶都是红的。莉莉回忆说:"我们谈了很长时间,我们的谈话青春而沉重。我们都哭了。"最后她把他赶走了。

在给埃尔莎的信中,莉莉为自己的决定辩解说,马雅可夫斯基沉迷打牌让她"非常厌恶"。诗人在柏林无节制地打牌确实让莉莉和奥西普都很恼火,但这个理由还是很奇怪,因为莉莉和奥西普都是狂热的牌迷:他们每晚都要打牌,常常到半夜也不停。为什么她突然对马雅可夫斯基的牌瘾感到愤恨?她向埃尔莎解释的另一个理由是,他写了太多"哈尔图拉"(халтура)。她用这个俄语词(既可以表示"粗劣作品",也可以表示"外快")指的到底是什么尚不清楚,但她所说的对象很显然是那些宣传诗和政治海报,可想而知,这些作品妨碍他写情诗,而情诗呢,可想而知,都是献给她的。而根据其他消息来源的说法,莉莉觉得马雅可夫斯基酒喝得太多了。

后来在解释冲突的原因时,莉莉强调了其意识形态的一面。她写道,导致冲突的原因是所有人都觉得生活停滞了,因此大家都得重新考虑自己对一切事物的态度。爱,艺术,革命——都已变成了习惯。他们习惯了彼此,习惯了自己的衣服、鞋子,习惯了在特定的时间喝茶配果酱。换句话说,他们资产阶级化了。但要知道,应对马雅可夫斯基"资产阶级化"负责的不是别人,正是莉莉自己!正是她把一个衣衫褴褛的年轻人变成了一个英式花花公子,正是她从里加、柏林和伦敦为他买了衬衫、领带和西服布料。是马雅可夫斯基在效仿莉莉的习惯,而不是反之。然而由于当时正值新经济政策时期,我们不禁要直截了当地再追问一个问题：一个激进倾向的人，一个共产主义者应该对这种资本主义和社会主义的混合体制持什么态度？有一次莉莉请丽塔去一家新开张的私营餐厅，这家餐厅因其精美的瓷器而闻名。"终究还是挺漂亮的，对吧？"莉莉评论说，"当然，我自己还不至于去收藏……"不，对于马雅可夫斯基的圈子来说，收藏沙皇时代的瓷器是不可想象的，因为他们的美学宗旨是设计应简单而实用。

211　　事实上，无论是在给埃尔莎的信中，还是在后来的回忆录中，所有这些解释都是对这场冲突的诗化，而冲突的根源其实深刻得多——他们之间对爱和嫉妒的彼此不相容的看法。马雅可夫斯基认为，如果莉莉真的爱他，她就应该只属于他，但她却不能同意这种观点。对她来说，嫉妒是一种陈腐的情感，它限制了对一个现代人天然而然的情爱自由。他们经常为此争吵，而现在冲突达到了高潮。

　　莉莉过去也曾轰走过马雅可夫斯基，但无论她的做法还是最终的结果，都不像这一回这么戏剧性。刚一落到街头，马雅可夫斯基就走进一家咖啡馆，给莉莉写了一封长信。

莉廖克：

　　我看你已经下定决心了。我知道我的纠缠对你来说是一种痛苦。但莉莉克，今天发生在我身上的事太可怕了，让我不能不把这封信当作我的最后一根稻草。

　　我从未感到这么沉重过——我应该真的是成熟过头了。过去被你赶走的我相信还会相见。现在我却觉得自己被从生命中彻底扯下来了，觉得再也不会有任何东西了。没有你的生命是不存在的。过去我一直这样说，一直知道这一点，但现在我感受到了这一点，用自己的整个生存感受到这一点。曾经我喜悦地念及的一切事情,如今都没有了任何价值——恶心。

我不威胁,也不勒索宽恕。我不会对自己做任何事——我太为妈妈和[姐姐]柳达担心了。从那一天起,关于柳达的想法不知为何就离不开我了。成年人也可以是多愁善感的。我不能向你保证任何东西。我知道没有一种保证是你会相信的。我知道没有一种见到你、与你和好的方式是不会让你感到折磨的。

但我还是不能不写信请求你原谅我的一切。

如果你是怀着沉重的心情、经历心理斗争后做出了这个决定,如果你还想再试最后一次,那么你会原谅的,你会回复我的。

但就算你不回,你仍是我脑海中的唯一,我七年前有多爱你,这一秒就有多爱你。无论你想什么,无论你吩咐什么,我都会立刻满怀欢喜地去完成。如果一个人知道自己爱着,也知道分手是自己的过错,那么分手对他而言会是多么糟糕啊。

我坐在咖啡馆里号啕大哭,女服务生都在笑话我。如果我未来的整个生活就将这样,那真是连想想都觉得可怕。

我只写自己,不写你。如果你很平静,如果每一秒你都在渐行渐远,再过几秒,我就会被彻底忘记,那我真是连想想都觉得可怕。

如果除了痛苦和厌恶之外,这封信还让你感受到别的什么,那就看在基督分上回我吧,立刻回我吧,我跑回家,我会等待的。如果没有,那真是可怕的、可怕的悲伤。(30-32)

吻你。全都属于你的

我

现在是十点,如果到十一点你还不回我,我就知道没什么可等的了。

212 收到这封信后,莉莉要么拨打了马雅可夫斯基的电话号码 30 - 32,要么是以别的方式通知他"有什么可等的"。当天他写的另一封信表明,莉莉——很可能是在诗人意欲自杀的潜在威胁影响下——用两个月的分居代替了彻底决裂:

> 接下来两个月,再小的事情我都会诚实。这两个月我将会用人们对待我的方式衡量他们。大脑告诉我不能这么对一个人。无论我生活中遇到什么情况,假如这种事发生在莉莉奇卡身上,我就会在当天中止这么做。如果莉莉克爱我,她(我能用整个心感受到这一点)会中止这么做,或多少缓和一点。她应该能感受到,应该能理解这一点。我将于 2 月 28 日下午两点半去莉莉克处。如果在期限前哪怕一小时莉莉克仍什么都不做,那我就会知道自己是个爱着的白痴,而对莉莉而言我是一只实验兔子。

他们达成的协议如下:马雅可夫斯基承诺"自愿"(用他自己的话说)在其位于卢比扬卡巷的书房里待两个月,不打牌,不做客,不见莉莉,作为交换,如果两个月的"坐牢"产生预期结果,莉莉就承诺重新考虑关于分手的决定。马雅可夫斯基应该利用这段时间来思考一下他应该如何"改变自己的性格"。虽然莉莉也"不是圣人":她自己承认自己爱"喝茶",但她没有给自己定条件。莉莉只是一个普通人,而马雅可夫斯基却是一位革命诗人,因此必须过一种楷模式的生活。

尽管莉莉只允许马雅可夫斯基在"非常必要"的情况下给她写信,两个月分手期还是保存下了非常多的书信和札记。莉莉偶尔用简短的笔记回复他。马雅可夫斯基通过家里的女佣安努什卡来传信,有时则通过奥西普和阿谢耶夫。偶尔在"非常必要"的时候,他会打电话。

水醉胡同公寓的窗户，马雅可夫斯基悄悄前去那里，希望哪怕能看到莉莉的侧影："……而街角在那，/后面/是她——肇事者。/我用街角之掌遮住窗，/从窗边把一张张玻璃抽出。/全部生命/都押这些窗牌上。/玻璃得分——/而我只能认输。"

他给莉莉送去了鲜花和笼中鸟，作为对自己因禁的提醒——他把这次因禁比作奥斯卡·王尔德在雷丁监狱的经历。他还把分别时出版的《十三年创作》（*13 лет работы*）和《抒情诗》（*Лирика*）这两部选集转交给了她，其中收录了所有与她有关的情诗；这两本书都印有题献"给莉莉娅"。马雅可夫斯基的书房距奥西普和莉莉的公寓只有五百米，但莉莉并未理睬马雅可夫斯基和她一起出去散散步的提议；但他们还是在国立出版社偶然相遇过。他几乎每天都走到她家楼下，在窗户下站几个小时，希望能看见她。他还至少一次走上了他们家的楼梯，在门口听了一会儿，然后就离开了。

这与莉莉所过的生活有天壤之别。她告诉埃尔莎说："我心情好

极了,正在休息。我的面肌抽搐完全没了。我在享受自由！我又开始
跳芭蕾了——每天都要练功。每到晚上我们就跳舞。奥夏跳得很完
美[……]我们甚至雇了一个钢琴伴奏者。[……]物质生活过得不糟
糕——钱我是从廖瓦奇卡那里搞到的,他现在有很多钱。"

213

　　在她窗户下散步时,马雅可夫斯基看到了莉莉在他缺席的情况
下是怎么度日的:永远有客人、音乐、舞蹈——又是一步舞,又是两
步舞。很快,他承诺要克服的嫉妒又开始显露了出来:"你不会回信
的,因为我已经被替代了,因为对你而言我已经不存在了,因为你希
望我永远不出现。"莉莉声称自己没有别的心上人。与此同时,她的
自尊感也使她指责马雅可夫斯基在追求其他女性,她说这话时的那
种威胁语气像极了当初在里加时斥骂马雅可夫斯基放纵玩乐的语
气:"……你那些抒情小事件儿的全部细节我都清楚得很。"马雅可
夫斯基的反应则是绝望的:"只消了解一下我如今的生活,就绝不会
认为会有任何'小事件儿'发生在我身上。可怕的不是怀疑,可怕的
是尽管我对你有着无限的爱,但我却无法提前知晓每一件有可能让
你失望的事情。"

爱是万物的心

214

　　分别时期马雅可夫斯基寄给莉莉的信相当真诚,但最隐秘的想法
他留给了从 2 月 1 日,也就是"坐牢"第三十五天开始记的日记。日记
保存了下来,尽管尚没有完全对研究者开放。但即使读一读它删削后
的样态,仍能看出写作者正处在精神崩溃,乃至自杀的边缘。完整的
文本是对莉莉的全面指控:他指责莉莉对其毫不关心,且毁了他的一
生。他在写日记时痛哭失声,页面上布满了泪痕,粗放的字迹表明日

记出自一个已处在极限的人之手笔。*

马雅可夫斯基写道,他愿意接受这一应受的惩罚,但不想让这种事再次发生:"无论在言语、书信还是事务中,对我而言,12 月 28 日之前的过去是不存在的;对我与你的关系而言,2 月 28 日之前的过去是不存在的。"而如果他再次发现"凡俗生活的开端",他承诺自己会"逃跑"。"我决定不用任何东西,甚至不用呼吸来破坏你的生活——这是主要的。对你来说,哪怕一个月,哪怕一天没有我,也比和我在一起好,这真是个不错的打击。"

在日记的核心片段中,马雅可夫斯基分析了自己对莉莉的爱和莉莉对他的感情。在标题"我爱不爱你?"之下他写道:

> 无论如何,多亏一切,我爱,爱,我过去爱,现在爱,将来也会爱,无论你对我粗鲁还是亲昵,无论你是我的还是别人的。我都爱。阿门。写这些很可笑,你自己也知道。[……]对我来说爱穷尽一切了吗?穷尽了,只不过是用另一种方式。爱是生命,这是最主要的东西。诗、事务和其他一切等都是由爱展开的。爱是万物的心。如果它停止工作,剩下的一切就会枯萎,变得多余,不必要。但如果心脏跳动,它就不能不在这一切之中显现出来。没有你(不是因为"外出"而没有你,而是内在地没有你)我就会终结。永远都是如此,现在也是如此。

---

* 1982 年在准备出版俄语版莉莉和马雅可夫斯基的通信(瑞典语版出版于 1984 年,英语版出版于 1986 年)时,我得到了莉莉·布里克于 1956 年编辑的日记删减版,她打算将其收录在一本回忆录中,但这本回忆录最终也未能面世。几年后,我有机会完整阅读这本日记,但却没有获得摘抄授权。

《你爱不爱我?》这一章讲述的是莉莉的爱情观:

> 对你来说,这应该是个奇怪的问题——你当然爱。但你爱我
> 吗?你爱得让我一直能感觉到吗?
> 不。
> 我已经和奥夏说过了。你那不是对我的爱,你是对一切的
> 爱。我也在其中占有一席之地(甚或还是一个重要的位置),但如
> 果我完结了,我就会像石头被从小溪中抽出那样,而你的爱又会
> 重新漂浮在剩余的一切之上。这很坏? 不,这样对你很好,我也
> 希望这么爱。

215

"我也希望这么爱,"马雅可夫斯基继续明确道,"理想的家庭是
没有的。所有的家庭都会破裂。可能存在的只有理想的爱。而爱并
不是你能用任何'应该',任何'不许'确立的——能确立爱的只有与
全世界的自由竞争。"他试图与莉莉对爱情的理解相交融,但这种尝试
注定会失败。

3 点 01 分

在分别的这段时间里,马雅可夫斯基在希望和绝望之间穿梭。当
他 2 月 7 日收到莉莉提议一起去彼得格勒的来信时,希望的火焰又重
新燃起。但与此同时,他也明白,他们的关系有没有可能继续下去,这
完全取决于**她的**想法、**她的**意愿。他在日记中思考了这个问题:

> 我们分开是为了想一想将来的生活,不想延续关系的是你。

你昨天突然决定,和我的关系是可能的,那究竟为什么我们不昨天就走,而是要再过个三周? 因为我不可以? 我不应该有这种想法,否则我的坐牢就不再自愿,而是会变成囚禁,这是我连一秒钟都不想赞同的。

我永远也不能够成为关系的**创造者**,你挥挥一根小手指,我就能在家号啕大哭坐两个月,你挥挥另一根小手指,我就挣脱,甚至都不知道你在想什么,就抛弃一切冲向你。［……］

我只会做发自我意愿的事。

我要去彼得①。

我要去,因为工作忙了两个月,我累了,想休息一下,散散心。

而与此同时,我正好还想和一个喜欢得不得了的女人一起兜兜风,这是一份始料未及的喜悦。

尽管马雅可夫斯基试图将莉莉的决定说成是他自己的决定,但他还是担心,这次旅行并不意味着与这个"很快就对一切厌倦"的女人恢复了关系。他又一次犹豫不决,一边是希望一切都将回到原来的样子,哪怕会出现一些新的规则,一边则怀疑他们最终不会成行,怀疑莉莉已经改变主意,只不过还不想让他知道。在最阴郁的时刻,马雅可夫斯基甚至觉得她要对他判处真正的"死刑"——在28日见面时让他"见鬼去"。莉莉则保证自己不策划这种事儿。"沃洛西克,我的孩子,小狗狗,我**想**28日和你一起去彼得堡。别期待任何坏消息! 我相信会好的。紧紧地抱你,吻你。**你的**莉莉娅。"

216

———————————

① 即圣彼得堡/列宁格勒的民间称呼。

2 月 28 日的那张附有《华沙女人》歌词的字条

离见面剩下的时间越少,马雅可夫斯基的神经就越紧张。当他得知火车是在截止时间过后六个小时,即晚上八点才发车时,他又一次陷入了绝望:"想象一下,在两个月的旅行后,靠站还要开上两个星期,然后还要在信号旗旁等半天!"

28 日终于到来了,马雅可夫斯基取了车票并寄给莉莉,附言:"亲爱的孩子。寄来车票。火车八点准时发车。车厢里见。"当天晚些时候,莉莉又收到一张字条,上面是《华沙女人》(*Варшавянка*)①的几句歌词:

"黑暗的日子已过去

复仇的时刻来临。"

"同志们,勇敢地前进等等。"

---

① 亦可作《华沙曲》《华沙少女》,通译《华沙工人歌》。但这里引用的歌词其实出自列·彼·拉金(1860—1900)作词、作曲的《同志们,勇敢地前进》。

替代签名的是一只正在快活地叫着的小狗的简笔画,标注的时间精确到了分钟:"23 年 2 月 28 日 3 点 01 分"。

"如果［沃洛佳］［……］认识到这是值得的,那么两个月后我将再次接受他。"莉莉 2 月 6 日给埃尔莎写道,"如果不,那就随他去吧!"然后又说:"已经一个多月过去了:他日日夜夜都在窗户下徘徊,**哪里都**不去,写了一首一千三百行的抒情长诗!! 这就说明起效了!"　217

莉莉的话听上去很犬儒,但实际上并不至于如此。在被马雅可夫斯基这么个嫉妒的追求者弄得疲惫不堪的同时,她也知道只有自己才能逼着他写点宣传诗以外的东西。假如说她不能把马雅可夫斯基当作一个男人去爱的话,她却真诚地把他当作一个诗人去爱。唤醒他的抒情天赋,抑或用马雅可夫斯基本人的话来说,他"心脏冷却的马达"——就算我们不说这是她的使命,也能说这是她独一无二的重要意义。

送莉莉去火车站的丽塔回忆说:"我们坐着马车,天很冷,风很大,但莉莉突然摘下了帽子,我说:'咪咪,你会着凉的',于是她又把帽子戴了起来,看得出她有多紧张。"到了火车站,他们远远看到马雅可夫斯基站在月台上。莉莉吻了丽塔以示告别。"离开时,我转身看见莉莉朝车厢走去,而马雅可夫斯基站在乘降台上,一动不动,就像是石化了……"

火车一发动,马雅可夫斯基就倚靠在包厢门上,开始对莉莉读自己的诗。"他读完后释然地大哭起来。"莉莉回忆道。这是长诗《关于这》,或许也是马雅可夫斯基最优秀的抒情作品。

关于这

至少从 1922 年夏天开始,马雅可夫斯基就产生了写一首关于爱的长诗的想法,当时他在简短的自传《我自己》(最终未能出版的四卷本选集的前言）中写道："有意写的作品：关于爱。一首庞大的长诗。明年写完。"他是如何"有意"写这首长诗的我们并不知情，但它肯定有别于分手所催生的那首长诗，因为《关于这》的基本主题正是这次分手。然而，鉴于马雅可夫斯基笔下隐喻和象征系统的同质性，不能排除一些想法和形象已存在于早期的草稿中。

《关于这》题献给"她和我"。"关于这是关于啥？"序诗的副标题问道。

> 在这又私人，
>
> > 又琐碎，
>
> > > 被翻来覆去
>
> 唱了不止一次，
>
> > 也不止五次的题目里，
>
> 我转起了诗歌的松鼠，
>
> 而且想再旋转一次。

218   这个题目"如今/既是对佛陀的祈祷，/又磨尖了黑人刺向主人的刀"；它"抓着残障者的肘，/把他推向稿纸"，命令他写作；它"来了，/抹去其余一切，/独自一者/亲近得难分难解"，这到底是什么题目？在序诗的最后一行，马雅可夫斯基用省略号代替了让他拿起笔的这个题目——爱：

> 这个题目拿着刀逼近了喉咙。
>
> 持锤的锻工！
>
> > 从心脏敲到太阳穴。

这个题目让白昼昏暗，"冲刺！
向黑暗！用额上的诗行！"它交代。
这个
　　题目的
　　　　名字是
……！

长诗第一部《雷丁监狱之歌》的标题借自奥斯卡·王尔德，他的这首著名谣曲曾被象征主义诗人瓦列里·勃留索夫译成俄语，并给马雅可夫斯基留下了强烈的印象：

被爱者人人得诛，
　　千百年来已成正道，
有人杀时眼中是野蛮的愤恨，
　　有人杀时嘴上挂着媚笑；
懦弱者杀人用狡诈的吻，
勇敢者杀人用手上的刀。

王尔德笔下，杀害爱人的士兵被判处死刑，而马雅可夫斯基则因爱得太深，因自己的阴郁和嫉妒而杀死了自己的爱，因此也注定一死。虽然初稿中的"莉莉娅"在终稿中被代之以"她"，但长诗的自传性质仍是显而易见的。

她在床上。
　　她躺着。

219   1923年夏,配有亚历山大·罗琴科创作的照片剪辑的长诗《关于这》单行本出版。图为《桥上的人》那一章的拼贴画插图。

他。

桌上是电话。

我的谣曲就是"他"和"她"。

我并非新得可怕。

可怕的在于

我就是"他"，

而我的人

是"她"。

　　平安夜。马雅可夫斯基在卢比扬卡巷的房间变成了监狱牢房，最 220 后一根稻草是电话。马雅可夫斯基请电话接线员接莉莉的电话号码：67‐10。"两支明亮的箭"（爱立信当时的商标）不仅把电话机，也把整首长诗烧到白热。铃声像地震一般撼动了莫斯科。睡眼惺忪的厨娘告知说莉莉不想和他通话，于是瞬间变成了1837年在决斗中杀死普希金的丹特斯，电话听筒变成了上膛的手枪，而马雅可夫斯基自己则变成一头哭泣的熊。（熊的隐喻是从歌德那里借用的，他在《莉莉的公园》〔*Lili's Park*〕一诗中把自己写成一头嫉妒的熊。）他的泪流淌成两股"红铜的大溪流"，而他自己则置身"冰块坐垫"，漂浮于涅瓦河之上。他看见在桥上站着自己七年前准备投河自尽的样子——这幅画卷是从长诗《人》中借用的。他能听见自己"祈祷"和"请求"的声音：

"弗拉基米尔！

停下！

别放弃！"

为什么你当初不许我

跳下！

让我抡起臂膀把心往桥墩上猛击！

七年来我就站着。*

　　　　　我看着这水流，

被诗行的绳索捆上栏杆。

七年来这水流没从我目光中游走。

何时

　　才是摆脱的期限？

桥上的诗人问道，也许就连他现在的"我"也会忍不住追求市侩式的家庭幸福之诱惑，然后威胁说：

"别想着逃跑！

　　这是我

　　　　在召唤。

我会把你找到。

　　　　追上。

　　　　　要命。

　　　　　　折磨！"

221　　就像《关于这》的作者那样，桥上的这个"七年前的人"将会在对

---

　　* 在长诗初稿中写的是准确的时间——"五年"。长诗《关于这》问世于长诗《人》之后五年整。但那时马雅可夫斯基已经在自传《我自己》中将长诗《人》的写作时间定为1916 年——出于纯粹政治上的考虑：这个关于耶稣的寓言必须从时代上和十月革命区分开来。

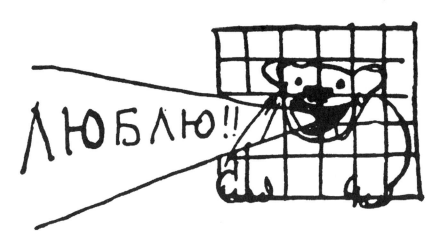

图中俄语意为：我爱!! 2月19日,马雅可夫斯基给莉莉寄去的信上附着如下的回信地址:"莫斯科。雷丁监狱"——指涉的是奥斯卡·王尔德的谣曲。信末的签名是"你的狗狗,又名奥斯卡·王尔德,又名锡雍的囚徒"——指涉的是拜伦的长诗《锡雍的囚徒》(*The Prisoner of Chillon*)。

"爱之救世主"降临的期盼中四处漂泊:"到了棺材里都要铭记/《人》中奔腾的涛声"。

第二部分《圣诞节前夜》描写的是马雅可夫斯基试图让家人和朋友来拯救桥上的人,也就是他自己。但却徒劳无功。人们不懂他。当一个年轻人"从城门走来"时,所有的希望都寄托在了他身上:"这是救世主! /耶稣的样子。"但这却是一个共青团员,他因为不幸的爱情而在马雅可夫斯基面前自杀——原来又是一个分身:"怎么就/这么像我!"七年后,马雅可夫斯基将有理由回忆起这个年轻人的诀别信("别了……/我死了……/请不要责怪……")。

马雅可夫斯基去找家人、母亲和两个姐姐,请他们和自己一起去桥上。见他们不理解,就责备地问道:

你们用茶来替代爱?

你们用织袜子来替代爱？

他带着母亲踏上了环球旅行——他们到处喝茶："撒哈拉,／就连在这里／男黑人和卷发的女黑人／也组成小家庭舔食着茶……"在革命的雷声过后,市侩们再次"布置好,／分摊好各色餐具"。无处寻求帮助。最后,他看见自己也是"双腋下夹着礼物",于是明白自己也变成了"他们"。他回家去找"费奥克拉·达维多夫娜和她老公",结果发现什么都没有改变,尽管发生了革命。在圣像边的墙上挂着新时代救世主的肖像："马克思,被套进鲜红的镜框里,／也还得拉市侩生活的纤绳。"他们也在喝茶："整个茶炊在太阳下容光焕发,／想伸出茶炊的把手和人拥抱。"

最糟糕的是,他认出了他自己：

　　　　但最可怕的是：
　　　　　　　　身材,
　　　　　　　　　　表皮,
　　　　还有服饰,
　　　　　　我本人的脚步!
　　　　在一个人身上,
　　　　　　　——像双胞胎般相像,
　　　　　　　　　　　　我自己
　　　　把我
　　　　　　自己
　　　　　　　认出。

又是分身的动机！换句话说，只能在自己身上寻找拯救。而马雅可夫斯基唯一能找到它的地方就是在她那里。在《无处藏身》这一章中，诗人潜行至莉莉家楼下，爬上通往其公寓的楼梯，以让她能保护仍身处桥上的意欲自杀者：

> 遍地痰迹，
>
> 　　　　脱下靴子，
> 我踏上台阶。
> 心中的痛却毫不平息，
> 一环接一环锻打。
> 拉斯科尔尼科夫
>
> 　　　　　就是这样，
>
> 　　　　　　　杀人既毕，
> 来把门铃猛拉。

提及拉斯科尔尼科夫并非随意为之——《关于这》里满是对陀思妥耶夫斯基——马雅可夫斯基最爱的作家——公开或隐微的引用。长诗的标题其实也典出《罪与罚》。当拉斯科尔尼科夫说关于这（小说中也强调注明）时，他指的就是自己犯下的罪行。马雅可夫斯基在拉斯科尔尼科夫身上认出了自己：不可遏制地醉心于各种思想，狂热地想要做出改变世界的行动，以及拒绝与凡俗平庸和解。

莉莉家有客人，他们跳舞、吵闹。诗人从半开的门中听到的谈话片段既庸俗又无趣，一个可怕的念头笼罩在他心头：她会不会也属于"他们"，就像《穿裤子的云》的女主人公一样，或者像《笛子》中的红发女人一样，有一个"真正的丈夫"，会帮她在钢琴上摆"人的乐谱"。但

223

终究还是她把他从自杀边缘救了回来：

> 他
> 　　用公寓里的烟气腐蚀了生命。
> 高喊：
> 　　　　下定决心
> 　　　　　　从高楼
> 　　　　　　　　向大马路！
> 我跑离大开的窗户之呼唤，
> 爱着跑走了。

他从未在自己的诗中背叛过他们的爱。在诅咒可憎的"凡俗平庸"同时，他仍然保护着自己的爱人：

> "看，
> 　　　　亲爱的，就连在此，
> 当我用诗摧毁凡俗平庸之惊骇，
> 我仍保护着心爱的名字，
> 在我的诅咒中
> 　　　　　　把你
> 　　　　　　　　绕开。"

但就连莉莉也无能为力。而很快又出现了一个分身，他解释说，如果有人认为自己可以处理这件任何人都无法应对的事情，那就太幼稚了：

我站了七年，

　　　　还要再站两百，

如被钉住一般，

　　　　等待着这。

在桥上与年岁同在，

　　　　向着嘲笑，

　　　　　向着鄙夷，

都觉得我要把尘世之爱救赎。

我应该站，

　　　　为所有人而站立，

为所有人偿付，

　　　　为所有人痛哭。

224

　　桥上的人被钉在十字架上，他为全人类受难——就和《云》与《人》中的诗人一模一样。

　　钉十字架主题在下一章延续。马雅可夫斯基在俄罗斯和欧洲四处移动。他被挂在克里姆林宫伊万大帝钟楼的圆顶上，他把"双手举成十字架"，试图保持平衡，但很快就"把爱人、友人组成的/一长条人类/从全宇宙用信号赶到一起"。他们"往掌心吐口水"，"用耳光把脸颊打烂成澡巾"。他们挑起他去决斗，挑衅时往他脸上扔的不是手套①，而是"一家家手套商店"。他绝望地解释说自己"只是一行诗"，"只是一颗心"，但人们却用1841年在决斗中身亡的莱蒙托夫的例子来反驳："不！/你是我们数百年的仇敌。/已经有个这样的人落网

————————————

　　① 欧洲贵族在挑起决斗时，往往会把自己的一只手套扔在对方脸上以示挑衅。

了——/一个骠骑兵！"

　　马雅可夫斯基因胆敢挑战世界秩序——也就是《人》中的"万物的主宰"——而受到了惩罚：死亡，处决则因绵延的残忍而异常可怕：

　　　痛过暴雨，

　　　　　　　猛过惊雷，

　　　眉与眉

　　　　　　齐平，

　　　从所有步枪，

　　　　　　　　从所有炮垒，

　　　从每支毛瑟和勃朗宁，

　　　从百步开外，

　　　　　　　从十步，

　　　　　　　　　从两步，

　　　射击——

　　　　　　　一夹又一夹。

　　　收手，只为把大气出一出，

　　　又开始把铅弹倾洒。

　　　终结他！

　　　　　　　子弹打心脏！

　　　颤抖都别让他有！

　　　终结的终结——

　　　　　　　　终结了一切。

　　　连颤抖也终结。

《关于这》拼贴画中的照片并非罗琴科所摄，而是画家达维德·施特伦贝格的弟弟阿布拉姆·施特伦贝格所摄。这张照片被罗琴科用来创作描绘了马雅可夫斯基等待莉莉来电的那张拼贴画。

当"大屠杀"结束后,敌人"品味着细节"退下了。"只有在克里姆林上/诗人的碎块/如一面小红旗在风中闪耀"——这是对《云》明显的指涉:"……把心灵/给你们掏出,/踏踏扁,/让它大起来! ——/像一面旗帜,让它血淋淋。"

226　　　殉道之死将诗人移向了遥远的未来。长诗的最后部分是以向一位三十世纪无名化学家请愿的形式写就的。诗人站在大熊星座上放眼世界。他声讨"凡俗生活的暴政"的檄文是修辞上的杰作。尽管作为贵族的儿子,他连"旋床"都从没见过——

　　　　　……但以我的呼吸,

　　　　　　　　　　以心脏的跳动,

　　　　　　　　　　　　　　以喉咙,

　　　以惊恐中竖起的头发的每一个

　　　　　　　　　　　　尖锋,

　　　以鼻孔的两个洞,

　　　　　　　　　以眼睛的两颗钉子,

　　　以野兽般磨出咯咯声的牙齿,

　　　以皮肤的猬刺①,

　　　　　　　　以双眉怒气之聚拢,

　　　以一万亿毛孔,

　　　　　字面上说——

　　　　　　　　　全部的毛孔,

　　　无论秋天,

---

① 马雅可夫斯基将阳性名词 ёж(刺猬)改造而得的阴性名词 ёжь。

冬天，

春天，

夏天，

无论白昼，

睡梦，

我不接受，

我痛恨

这一切。

被曾经的奴性打进

我们身上的

一切，

由卑微琐碎的一窝蜂

不断沉淀，

且连在我们的

红旗体制中，

也仍被凡俗生活沉淀下的

一切。

　　马雅可夫斯基想要一种不同的生活，并在斟酌各种不同的可能性。如果他相信会有来世，那一切就会变得很简单，但他却不愿让敌人看到自己是如何"因弹药而止息"的。尽管剩下的只有"诗人的碎块"，但对他的攻击仍然以失败告终。自杀也不是出路："只需/动一动手——子弹/瞬息/就向墓中生活/划出一条轰鸣的路"。不，他"过去，/现在，/都用整颗心的尺度，/竭力相信/这生命，/这/世界"。所以，当在《信》一章中他请求化学家使他复活时，他说的只是肉体和血液的复活。在附和哲学家尼古拉·费奥多罗夫的"复活死者"思想和爱因斯坦的相对论（他在 1920 年春天曾满怀热情地与雅各布松讨论过相对论）的同时，他看到了自己面前的未来——所有的死者都将以其物理上的容貌复生：

> 空气变空气，
>
> 　　　　如同石变石。
> 不为腐烂和粉碎所触及，
> 大放光彩，
>
> 　　　耸立数百年——
> 这是人类复活的车间。

　　这一题材在《望》一章中得到发展，诗人在其中向化学家请求心脏、血液和思想："自己的、尘世的我没有活完，／自己／在大地上的我没有爱完。"如果找不到别的工作，他愿意受雇当动物园守卫，因为他非常喜欢动物。

　　最后一章《爱》总结了整部长诗。在充满极致抒情的预言性形象中，马雅可夫斯基进入了摆脱"凡俗的胡言"的新生命，并与莉莉重新团聚。那里的爱已不再是厄洛斯，而是阿加佩①，狭隘的家庭关系被全人类大同所取代：

> 可能，

------

① Eros 和 agape 是希腊语中表示"爱"的三个词语中的两个。Eros 通常被阐释为欲念之爱，而 agape 在基督教背景下被阐释为人对上帝，上帝对人的最高程度的爱。

也许，
　　　　什么时候
　　　　　　　顺着动物园的小道，
连她——
　　　她很喜爱动物——
　　　　　　　　也把园子走过，
仿佛桌上的相片，
　　　　　就像上面那般
　　　　　　　　　微笑。
她很美——
　　　　想必会把她复活。
[……]
复活我吧，
　　　哪怕就因为
　　　　　　我
　　　　　身为诗者
等待过你，　　　　　　　　　　　228
　　　　已把凡俗的胡言抛弃！
复活我吧，
　　　　哪怕就因为这！
复活我吧——
　　　　我想活完自己！
为了没有那种爱——
婚姻，
　　　肉欲，

面包的女仆。

为了让爱诅咒完床，

　　　　　　从暖炕起来，

能在全宇宙漫步。

为了因苦难而衰老的

　　　　　　　时日，

能不再念基督之名行乞。

为了大地

　　　听到第一声呼喊：

　　　　　　　　"同志！"

就整个转过身体。

为了能生活，

　　　　　却不只为填补家宅的洞眼。

为了

　　在亲人中，

　　　　　从今往后

父亲

　　至少能成为世界，

母亲至少成为地球。

列　夫

马雅可夫斯基和莉莉在彼得格勒的一家宾馆里度过了几天，以防"各路楚科夫斯基们"打听到他们在城里——他们可不需要五年前后者如此慷慨地散布的那些流言蜚语。当丽塔在他们返回莫斯科的那天拜访莉莉时,后者一见面就说:"沃洛佳写了个天才的东西!"傍晚几个朋友和同仁就赶来听作者朗诵自己的新作品,而第二天傍晚在公寓举行的朗诵会现场已是人挤人。消息不胫而走:"马雅可夫斯基写了个天才的东西。" 229

跻身《关于这》第一批听众的有卢那察尔斯基、什克洛夫斯基和帕斯捷尔纳克。人民委员的妻子回忆说:"印象可谓令人震惊,阿纳托利·瓦西里耶维奇被长诗和朗诵完全俘虏了。"《关于这》的朗诵会使他最终确信,马雅可夫斯基是一位"巨大的诗人"。

《关于这》最著名的版本是1923年6月初出版的单行本书籍,其中附有亚历山大·罗琴科的照片剪辑。但长诗早在3月29日就在《列夫》(Леф)杂志上刊登了。

列夫——艺术左翼阵线(Левый фронт искусств)的缩写——是为未来主义美学建立平台的新尝试。在与莉莉分手期间,马雅可夫斯基不仅写作了长诗,而且还尽可能与几乎每天都去拜访他的奥西普一起参与了第一期杂志的筹备。莉莉也有所动作——她为第一期杂志翻译了格奥尔格·格罗斯和剧作家卡尔·魏特夫的文本。

就在与莉莉分手前不久,马雅可夫斯基向宣传鼓动部提出了出版该杂志的请求,1923年1月,国立出版社给出了肯定答复。奥西普是推动《列夫》的思想力量,但马雅可夫斯基则是杂志的门面和主编。俄罗斯先锋派的很多成员——诗人尼古拉·阿谢耶夫、谢尔盖·特列季亚科夫,艺术家亚历山大·罗琴科、安东·拉温斯基、理论家奥西普·布里克、鲍里斯·阿尔瓦托夫、鲍里斯·库什涅尔和尼古拉·丘扎克、戏剧导演谢尔盖·爱森斯坦(当时还未开始拍电影)和电影导演吉加·维尔托夫都加入了列夫小组。

《列夫》宣传的一种新美学,这种美学不反映生活,而是促进"构建"生活——"生活构建"是一个关键词。如果说过去的文学在最好的情况下不过是无倾向性的,而在最坏的情况下的则是反革命的,那么新文学就应该满足社会主义的需求。但是,无论这种文学多么"功利",要影响读者,它还是应该提升到最高的形式水准——而只有未来主义者才能保障这种质量。在美术领域,符合这种美学的流派是构成主义和生产艺术:艺术家不应该从事绘画,而应该从事实际工作,他应该向工厂的工作靠拢:设计工装,为布料上色,装饰演讲厅。正如奥西普在题为《从绘画到印花布》的纲领性文章中所写的那样:"人们越来越相信绘画正在消亡,相信它与资本主义制度的形式及其文化意识形态有着千丝万缕的联系,相信印花布正在成为创作者关注的焦点,相信印花布和印花布加工才是艺术劳动的巅峰。"亚历山大·罗琴
230　科用自己创新的平面艺术设计(除了长诗《关于这》之外,他还设计了《列夫》的各期封面)将《列夫》的理念付诸实践,他的作品被认为是符合这种美学的典范。

　　在文学王国,他们呼吁奥波亚兹的语文学家们要更关注文学的社会学层面。在电影领域强调的是突出形式和技术的可能性而弱化情节:有着"视觉能量"和蒙太奇技术的"电影眼"应该做的不是反映现实,而是创造新的现实和艺术性的人造现实。

　　未来主义者现在围绕着这个美学平台团结在一起,希望在苏维埃的文化生活中占据前沿地位。但这却是一种幻觉,因为党的各位主要意识形态专家在忍受了革命后最初几年的美学迷茫后,已经转到了另一个方向:十九世纪现实主义。卢那察尔斯基也看准了这个方向。换句话说,党决定资助《列夫》并不意味着认可,而是纯粹出于实际考虑。在新经济政策多元主义的背景下,鼓励那些接受革命的团体是很重要的;这些团体既包括列夫派,也包括他们公开的对

手——无产阶级作家，他们的杂志《在岗位上》（*Ha nocmy*）也得到了政府的支持。

而在未来主义者内部也有严重的矛盾。在歌颂"功利"艺术的同时，《列夫》也发表传统未来主义流派的实验性诗歌，而其成员还包括鲍里斯·帕斯捷尔纳克——他的诗歌被许多人认为是个人主义、唯美主义的。在第一期杂志发行后，编辑部的内部冲突立即变得明显起来，而导致这一结果的正是《关于这》。

《列夫》为自己设定的目标是与凡俗生活——长诗《人》中马雅可夫斯基"不可战胜的敌人"——作斗争。在第一期发表的三份宣言中的一份声称，革命前就与凡俗生活抗争的《列夫》**"如今还将与这种凡俗生活的残余进行斗争"**。这篇题为《〈列夫〉咬什么人？》的宣言在结尾中表示：**"我们的武器是示范、鼓动、宣传"**。

尼古拉·丘扎克在第二期《列夫》中正是以纲领的这一点为基础，对长诗进行了批评：

> 一部感伤的爱情长篇小说……中学女生用眼泪灌溉了它……但我们这些知道马雅可夫斯基身上还有别的东西，而且总的来说知道很多别的东西的人，在1923年却丝毫没有被它感动。
>
> 这部"神秘剧"中的一切都处在凡俗生活里。"我的"家。被朋友和仆人包围的"她"。[……]她跳着一步舞。[……]而他则在门外偷听，怀着自己的天才，从一堆市侩跑向另一堆市侩，和他们大谈艺术，放荡地嘲弄自己，[……]并且总结说："无处藏身！"
> [……]

231　　莉莉在柏林动物园的照片,《关于这》对此有所提及:可能,/也许,/什么时候/顺着动物园的小道,/连她——/她很喜爱动物——/也把园子走过,/仿佛桌上的相片,/就像上面那般/微笑。

莉莉和一册《关于这》，亚历山大·罗琴科摄，1924 年

233　　　　还有最后一点：在长诗的结尾据说"有出路"。这个出路就是相信"未来一切都将不同"，将会有某种"令人惊奇的生活"。[……]我认为这是一种绝望的信念，源自"无处藏身"的信念。不是出路，而是毫无出路。

　　凡俗生活一直是马雅可夫斯基存在层面上的敌人，当他惊恐地发现革命后什么都没有改变，他就恢复了对凡俗生活一切表现的抨击。例如，在《败类》(*O дряни*, 1921)一诗中，威胁革命的是一个墙上挂着马克思像的苏维埃市侩、笼子里的金丝雀和躺在《消息报》上取暖的小猫。马雅可夫斯基在《第四国际》中所呼吁的第三次革命仍然不见踪影。

　　不知变通的意识形态专家丘扎克对微妙的智识讨论非常迟钝，更不用说对诗歌了；但在这篇文章中他却正中要害。马雅可夫斯基真的认为，"红旗体制"并没有提供任何比革命前的生活更好的东西。过去统治着凡俗生活和爱的那股力量在共产主义时代也依然存在。因此，唯一的希望就是三十世纪的遥远未来，它"将赶超那一大群／撕碎心脏的琐事"。

　　丘扎克认为，质疑革命能否战胜凡俗生活是一种亵渎："对未来主义者而言，与大熊星座喝交杯酒的岁月已经过去了。需要的已不再是向'永恒'挥手(事实上已不可避免地变成了向'昨天'挥手)，而是顽强地建设'今天'……"在随这篇批评而起的讨论中，马雅可夫斯基压制了《关于这》的抒情动机，断言其主要题材正是凡俗生活——"那个未曾有过任何改变的凡俗生活，那个是我们现在最凶恶的敌人，把我们变成市侩的凡俗生活"。但是，无论马雅可夫斯基想要战胜凡俗生活的愿望多么真诚，他内心深处知道这其实是一种煽动性宣传：在《人》中由"万物的主宰"体现的那种力量并不是一个社会现象，而是人本身和人类天性的一部分。

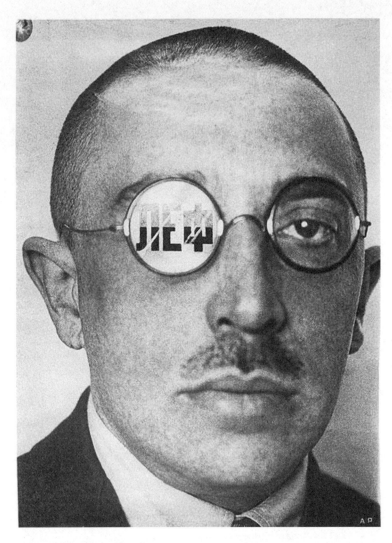

长着列夫眼的奥西普,亚历山大·罗琴科摄影剪辑,1924 年

第九章　摆脱了爱情和宣传画(1923 – 1924)

> 我憎恨
>
> 　　一切死臭皮囊!
>
> 我爱戴
>
> 　　一切生命!
>
> 　　　　马雅可夫斯基,《纪念日的诗》

　　尼古拉·丘扎克很难理解,马雅可夫斯基如何能把《列夫》关于生产艺术的理论与长诗《关于这》的个人主义情绪结合在一起。他的批评是意识形态先行的,其依据是严格要求诗人必须遵守其学说的规定。此外,马雅可夫斯基还不得不再次听到对于其诗歌"难以理解"的批评。他一生都在被人批评"难以理解",这是因为他意欲革新诗歌写作手法的武器库。在革命前对这种指责可以置之不理,并将其归因于对方的"反动"或"资产阶级"品位,然而如今当同样的批评从无产阶级之口道出时,马雅可夫斯基对此感到痛苦,因为他恰恰是把工人阶级视为自己的写作对象。

能否"理解"是知识水平的问题——马雅可夫斯基这样回应批评。5 月初，他对莫斯科工人听众朗诵了《关于这》，他表示说："我首先提请同志们注意的是他们特有的口号'不懂'。假如同志们试着把这个口号带入其他领域的话，那他们能得到的唯一回答就是'去学'。"马雅可夫斯基和列夫派成员们坚信，工人和未来主义者进行的是同样的斗争：工人阶级作为社会领域的历史先锋，视建设共产主义为自己的目标，与此同时未来主义者则努力创造一种与新社会和谐的文化。然而问题在于这种感情并不是相互的：如果说未来主义者竭其所能想将工人争取到自己一边，那么工人则认为未来主义本质上是资产阶级美学的一种表现……

尽管马雅可夫斯基试图为《关于这》辩护，称长诗讲的就是与凡俗生活作斗争，但他终究还是承认，丘扎克对他在主题上偏离了学说教规的批评是有道理的。从今往后，他将把自己近乎全部的能量都投入到写作"生产诗"上，从而在某种意义上成为一名诗歌记者。这符合《列夫》的理论——新闻被认为是提高人民觉悟和教育水平的一种模范体裁。到那年年底，马雅可夫斯基写了大约四十首短诗，全都是在讨论时事热点话题。复活节快到了，他就鼓动反对教会，支持共产主义节日（"公社的复活/是十月二十五日。/脏脏的教堂不是我们的地方"），还至少写了三首关于五一节的诗，抨击英国和法国敌视苏联的政策，写诗讽刺两国领导人，颂扬新成立的苏联空军等。当 1923 年 3 月第一批关于列宁患病的公报发行时，马雅可夫斯基又在《我们不信！》（Мы не верим！）一诗中发表了绝望的评论。

尽管马雅可夫斯基在主题方面试图有所调整，但他对自己的语言实验仍毫不动摇。新的内容需要新的形式！三首五一节诗中的一首——自然刊登在《列夫》上——是对各种诗语形式的详尽思考。虽然大部分五一节诗都是由陈词滥调构成的，马雅可夫斯基仍试图"哪怕不从律，哪怕不用韵"地来歌颂五一节。然而，即使就内容而言，这首诗也包括了一个惊喜：在这个五一节，马雅可夫斯基却要歌颂十二月："万岁啊，严寒和西伯利亚！／把意志变成钢铁的严寒。"让工人阶级起义的不是五月的春意，而是流放寒冷的西伯利亚。手法的确标新立异，但这首五一节诗真正的新元素却在别的地方：马雅可夫斯基的创作中首次显露了布尔什维克式的不可调和性：

> 打倒柔情！
>
> 万岁仇恨！
>
> 百万人对百人的仇恨，
>
> 仇恨，焊紧的团结。

这种咄咄逼人的语气是否就是诗人在试图达到"群众"能理解的程度，试图表达得"清晰易懂"？无论出于什么动机，对这些字眼的使用都表明，即使像马雅可夫斯基这样的诗人，也无法抵御近年来愈发严厉的政策和语言。

对一位不断进行形式实验的诗人来说，试图创作无韵诗是很自然而然的，然而由于精妙组织、建构韵脚是马雅可夫斯基表现其技艺的一种重要方式，这次尝试就成了其创作中的一个例外。然而在题材方面，他继续为实现《列夫》的理念而奋斗。其反抒情倾向最明显的表现可以在长诗《给开采出第一批矿石的库尔斯克工人，弗拉基米尔·马雅可夫斯基建造的临时纪念碑》（ *Рабочим Курска, добывшим первую руду, временный памятник работы Владимира Маяковского* ）中找到。

诗题指涉的是 1923 年开始开采的库尔斯克矿床。同年秋天写的这首
长诗刊登于 1924 年 1 月《列夫》的第四期。诗题有股十八世纪味，而
长诗也确实是一首独特的颂诗①——给矿工和全体工人阶级的新型颂
诗。就像《关于这》一样，这部作品题献给莉莉，可以说这是又一个证
据，证明莉莉是他所有诗歌的灵感来源。

　　在长诗《给库尔斯克工人》中，当时采矿工业那种典型的对未来的
憧憬精神被拿来与统摄文学界的停滞作了对比。卢那察尔斯基不久
前呼吁作家们要"向经典作家学习"，但就不会有任何人去叫矿工们把
铁放下，向后倒退向"大象的牙齿／和猛犸"！此外马雅可夫斯基还嘲
讽了各种作家周年纪念活动，以及美化了莫斯科各条林荫道的作家纪
念碑，嘲讽了那种将会等待着他自己的命运。

　　三万库尔斯克工人的纪念碑会长什么样？"对烟尘的大胡子，／对
噪音的躯体，／没有一个梅尔库罗夫／会想去觊觎。"马雅可夫斯基顺带
嘲笑了这位当时最著名的雕塑家。工人们不需要传统的颂词，而献给
他们的纪念碑应该是一辆用他们开采出的矿石打造的快速列车，它全
速向前奔驰，连乌鸦都来不及在上面排泄。② 工人们也不需要甜言蜜
语的周年纪念演讲；最有说服力的演说家——"拖拉机轰隆作响"便是
在纪念他们。

　　长诗发展了马雅可夫斯基创作的一个永恒主题：作为停滞和反
动的象征、作为旧社会象征的纪念碑。马雅可夫斯基在大学生俱乐部
朗诵时在场的娜塔利娅·布留哈年科回忆说："青年们狂喜地接受了
这些充满对未来信念的新诗。"《给库尔斯克工人》与《关于这》截然相

---

　　①　十八世纪的许多文学作品都有非常冗长的标题，而颂诗则是当时的一种主流体裁。
　　②　露天的名人雕像往往会吸引大量鸽子和乌鸦逗留，因此上面也会附着很多鸟类排
泄物。

反，标志着诗人对抒情的偏离和对文学本身，也包括对《列夫》理论之价值的重估。在将矿工对共产主义建设的贡献与列夫派的贡献进行比较后，诗人判定前者胜出："俄罗斯人/懒惰的趣味/被《列夫》/击中要害部。/库尔斯克弹指一挥，/用百万上升起重机的音乐/战胜了一切《列夫》。"马雅可夫斯基为了与自己的抒情本性作斗争，已开始建造一幢正在自我毁灭的建筑，而长诗中与列夫的各种反诗口号相一致的措辞则又为这幢建筑的地基添上了一块石头，而这样的石头还将会有很多。

四面八方跑遍，不如去莫农联

新经济政策催生的出版业繁荣使各个文学团体能够用一种文明 238 的方式，也就是用语言，进行相互论战和斗争。气氛较为自由，如果不算上 1922 年秋天驱逐哲学家的事件，当局与文坛保持了一定距离。这种多元主义是新经济政策的积极方面。其另一个结果则是在军事共产主义的混乱后，经济得以迅速恢复。然而，也有一些不那么正面的现象：新经济政策（耐普）制造了新资产阶级，也就是所谓的耐普曼（нэпман），他们的无所用心和粗俗往往超过革命前的资产阶级。在私人餐厅和俱乐部里，伏特加和香槟像河水一样流淌，而与此同时大部分居民仍生活在赤贫之中。对于那些相信当局能创建新的非资本主义生产形式的人来说，这是一个艰难的时代。"不少有革命经历的人都没有跟上它[革命的轮船]而落入水中，"尼古拉·阿谢耶夫如是形容时代精神，"很多人未能战胜紧张的矛盾，他们的生命摧折了。"

也正应该在这种背景下审视马雅可夫斯基向生产艺术迈出的下

莫农联的广告。马雅可夫斯基文，罗琴科设计。文案内容："旧世界的残篇，只剩'伊拉'香烟。四面八方跑遍，不如去莫农联。"

一步：1923年夏天，他开始着手创作广告诗画。在这一领域，他与亚历山大·罗琴科及其妻子瓦尔瓦拉·斯捷潘诺娃等艺术家展开了密切合作。

　　马雅可夫斯基认为，广告是打击私营生产，支持国营及合作社商品的重要武器。两年时间里，他编写了数以百计的各类商品的广告——从奶嘴、香烟到糖果、套鞋。主要的订货人是莫斯科的两家国营商厦——古姆（ГУМ）和莫农联（Моссельпром）①，而马雅可夫斯基想出的"四面八方跑遍，不如去莫农联"则成了企业的官方口号。

　　马雅可夫斯基喜欢使用双关语，他用流水线般的速度和生产力来制造奇异奥妙的韵脚。但许多人对他的这项活动持批评态度，认为他把天赋浪费在了微不足道的琐事上。然而用马雅可夫斯基自己的话说，广告诗是他诗歌实验室自然而然的组成部分，他把上文提及的这两行关于莫农联的广告称为"最高品质的诗"。对于罗曼·雅各布松

239

---

　　①　古姆即莫斯科红场上著名的国营百货商店（Государственный универсальный магазин）的缩写，苏联解体后改为私营，更名为主百货商店（Главный универсальный магазин），但缩写仍为原先的 ГУМ 不变。莫农联即莫斯科省立食品加工及农业企业联合会，成立于1921年，1937年被关闭。

的质疑,他反驳说:"以后你会懂的";广告诗中的一些题材后来的确在马雅可夫斯基"真正的"诗歌中被折射出来。

事实上,广告文本是诗人在一战和军事共产主义时期所从事的海报创作合乎逻辑的延续:这是为大家迫切关心的时事写的诗。此外,与创作海报一样,创作广告对家庭收入有着重大意义。

从切尔诺贝利来的人

莉莉在与马雅可夫斯基分手期间写给埃尔莎的信中说:"罗曼史我一桩都没有。自从沃洛佳不来了以后,大家都比从前更缠人了。但我毫不动摇!"

但事实并非如此。一年前,莉莉认识了一个在头脑、受教育程度、风格和地位上都符合其要求的人。他就是远东共和国前领导人亚历山大·米哈伊洛维奇·克拉斯诺肖科夫,一个有着独一无二命运(即使对于那个独一无二的时代而言也是如此)的人。

克拉斯诺肖科夫来自一个犹太家庭,本名阿布拉姆·莫伊谢耶维奇·克拉斯诺肖克(Абрам Моисеевич Краснощек)。他于1880年出生于一百年后将因完全不同的原因而闻名天下的乌克兰小城切尔诺贝利(Чернобыль),父亲是个裁缝。十六岁时,阿布拉姆成为社会民主工党地下小组的成员。1902年,在经历多次囚禁和流放之后,他逃离俄国,借道柏林逃往纽约。他在那里根据母亲的名字托伊巴(Тойба)给自己取名托宾森(Tobinson),因为"克拉斯诺肖科夫"在英语中(Krasnoshchokov)既难读又难写。托宾森起初干的是裁缝和粉刷匠;然而他为自己设定了更高的人生目标,并在1912年通过了芝加哥大学经济学和法学的毕业考试。在随后的几年里,他是一名专门处理

240　　亚历山大·克拉斯诺肖科夫,莉莉 1923 年至 1924 年间的情人

工会和移民问题的律师，参与创建芝加哥的工人大学，讲授经济和法　241
学课程。当 1904 年美国社会主义工人党成立时，他立即加入其中。
他还是美国劳工联合会和无政府工团主义工会"世界产业工人联盟"
（Industrial Workers of the World，即"产工联"，IWW）的成员，并用俄
语、依地语和英语在党和工会的刊物上发表文章。

　　二月革命之后，克拉斯诺肖科夫像许多俄罗斯侨民一样，回到了
俄罗斯。1917 年 7 月末抵达符拉迪沃斯托克后，他立即加入了俄国社
会民主工党的布尔什维克派。很快远东就爆发了红军与外国干涉势
力支持的白军之间的战斗。克拉斯诺肖科夫好几次距离死亡只有一
步之遥，但很快都又获得了英雄地位。1920 年 4 月，他宣布成立远东
共和国，同时担任政府首脑和外交部长。在符拉迪沃斯托克，以及后
来（日军占领该市期间）在赤塔，他与"远东未来主义者"阿谢耶夫、特
列季亚科夫、丘扎克等人结识，并通过他们与马雅可夫斯基建立了间
接联系，后来两人于 1921 年在莫斯科正式结交。

　　克拉斯诺肖科夫是一个生机勃勃且有着坚定目标的人，他对建设
新社会的看法与在莫斯科掌权的那些人截然不同。前文已经提及过，
远东共和国的政府中不仅有布尔什维克，也包括其他政党和团体的代
表，尤其是无政府工团主义者，比如比尔·沙托夫。在美国，克拉斯诺
肖科夫与同为俄侨的无政府主义者埃玛·戈尔德曼有过交流。当
1920 年夏天他来到莫斯科讨论远东共和国的前景时，找到了不久前被
美国当局驱逐回苏俄的戈尔德曼。这位传奇无政府主义者给自己在
工人大学和世界产业工人联盟的同仁描摹了这么一幅肖像：

　　　　他坐他的私人列车从西伯利亚前来，带了一大堆吃的和自己
　　的厨师，并请我们参加莫斯科第一场真正的宴会。克拉斯诺肖科

夫就像在合众国时一样,仍是一个自由和慷慨的人[……]。他保证说,他所在的那部分俄罗斯仍有着言论和新闻自由,所以我们的[无政府主义]宣传在那里前景广阔。[……]他需要我们的帮助,而我们也信任他[……]。"莫斯科怎么会忍受言论和新闻自由?"我不禁自问。在这个遥远的国度,情况是不同的,他可以放开手脚去做。和他合作的有无政府主义者、社会革命党人,甚至孟什维克,而他则用自己的活动证明,言论自由和协同努力能产生最好的结果。

242   克拉斯诺肖科夫1920年春天在西伯利亚政治大动乱的情况下建立的远东共和国既得到了苏维埃俄国,也得到了日本的承认。列宁和克里姆林宫的领导层努力避免在边陲之地发生冲突,以便能将红军的力量集中在俄罗斯中部地区。远东共和国位于俄国境内,其存在与否完全要看克里姆林宫的脸色。然而随着内战逐渐平息,莫斯科开始担心远东共和国会宣告独立,这对俄罗斯来说意味着丧失大片领土。因此,当远东共和国政府中克拉斯诺肖科夫的政敌们指责他同情无政府工团主义者,且有分离主义倾向时,克里姆林宫的领导人立即利用了这一点。且不论他们提出的这些指控到底有几分依据,克拉斯诺肖科夫对社会主义的看法确实区别于布尔什维克,于是在1921年夏天,他被传唤到莫斯科。同年9月,克拉斯诺肖科夫被正式解除了远东共和国政府首脑的职务,而次年11月,远东共和国就加入了俄罗斯苏维埃联邦社会主义共和国。

非常欣赏克拉斯诺肖科夫的列宁后来感到遗憾,因为他和政治局撤掉了一位"干劲十足、聪明能干、十分宝贵的干部","他会多种语言,英语好极了",并且"在远东共和国时他表明自己是个聪明能干的政府主席,那里的一切几乎都是他一手建立起来的"。在 1921 年底,克拉斯诺肖科夫就被任命为财政第二副人民委员,这也证明了列宁的高度评价。但就连在这里他也遭到反对,他只在这一职位上待了几个月;人们说他不愿了解"苏维埃体制的特点"……然而,他在经济领域的知识太丰富了,所以很快大家又需要他帮忙,于是 1922 年 11 月他开始担任新成立的工业建设银行行长,该银行的任务是为苏联企业保障投资资本。克拉斯诺肖科夫 1923 年出版的《工业的融资与借贷》(*Финансирование и кредитование промышленности*)一书与他的新职务直接相关,这本书也证明了他的天赋和工作能力。

莉莉看起来是在 1921 年夏天马雅可夫斯基与克拉斯诺肖科夫结识时第一次遇上了他。然而第二年夏天在普希金诺他们才开始熟悉起来,克拉斯诺肖科夫在那里租下了离马雅可夫斯基和布里克夫妇住处不远的消夏别墅。他当时四十二岁,身材高大,肩膀宽,魅力十足,读过很多书,受过良好教育,而且身上围绕着种种历险和英雄主义的光环。此外,他手上还握着权力。当 1922 年 8 月奥西普和马雅可夫斯基需要护照前往德国旅行时,莉莉就建议他们去找他……

可想而知,要不是她确信克拉斯诺肖科夫确实有本事帮忙,她是不会提出这种建议的。莉莉知道,如果自己或身边的人向他求助,他会尽力而为。马雅可夫斯基也知道这一点,而且他明白个中原因——要去向莉莉最新的欢愉对象求助,他内心想必会有复杂的感受。他的自传《我自己》——在其中他宣告说要写一首关于爱情的"庞大的长诗"——正是那年夏天在普希金诺写下的……

传奇政治家和名声不亚于他的莉莉之间的绯闻立即不胫而走。在给丽塔的信中,莉莉把克拉斯诺肖科夫称作"第二个大家伙",而投

射在 1922 年 12 月莉莉与马雅可夫斯基间不和之上的,正是她对这
"第二个大家伙"情欲的那道黯淡阴影。

莫斯科-柯尼斯堡

莉莉和克拉斯诺肖科夫是莫斯科人最爱八卦的婚外情之一;莉莉
什么都不隐瞒,因为这违背她的本性和原则。但如果说围绕这段罗曼
史的流言蜚语未必会引起她关注的话,那么正在逐渐膨胀的有关克拉
斯诺肖科夫贪污的传闻就不会再让她依旧淡定了。鉴于克拉斯诺肖
科夫作为工业建设银行行长和俄美实业公司总代表握有大量资金,许
多指控似乎并非空穴来风。无论如何,谣言的传播都表明克拉斯诺肖
科夫在党政机关中有许多强大的敌人。

我们并不清楚,有关克拉斯诺肖科夫的流言蜚语是否就是迫使马
雅可夫斯基、莉莉和奥西普在 1923 年 7 月 3 日离开莫斯科的原因,因
为这次出行似乎早在 5 月初就计划好了。但有一个事实不容忽略:在
他们第一次访问德国后仅仅过了六个月,他们就又去了那里,这次是
乘飞机从莫斯科飞柯尼斯堡。这在当时是一种极不寻常的出行方式;
后来马雅可夫斯基会在《莫斯科-柯尼斯堡》(*Москва-Кенигсберг*)一诗
中描绘这段旅程。

他们先在南德度假地巴特弗林斯贝格(Bad Flinsberg)待了一会
儿。在那里拜访他们的罗曼·雅各布松回忆说,马雅可夫斯基一直在
赌,"尤其是一直在和某个从西伯利亚运来大量铂金的富有侨民打牌,
然后从他身上赢钱"。随后他们又前往位于德国北海(North Sea)海岸
边弗里西亚群岛(Frisian Islands)上的度假地诺德奈(Norderney)。维
克托·什克洛斯基和埃尔莎也从柏林赶来加入他们,叶连娜·尤利

1923 年 7 月。老朋友们——莉莉、奥西普、马雅可夫斯基和罗曼·雅各布松在德国度假地巴特弗林斯贝格重逢。

245　耶夫娜也从伦敦过来了。一年前莉莉曾和母亲在伦敦相见,但这是
1918 年侨居国外后叶连娜·尤利耶夫娜第一次见到她的两个男眷;可
以想象,就算她那时还不能欣喜地接受这个不寻常的家庭,至少也已
经把它看作一个不可回避的事实了。

　　"他年轻得就像十六岁一样,很是快活。"什克洛夫斯基如是回忆
那段和马雅可夫斯基在一起的日子。他们白天去游泳,钓螃蟹,晒日
光浴。"马雅可夫斯基像个孩子一样和大海嬉戏。"他随身带着海涅
《北海》(Die Nordsee)的袖珍本;他喜欢海涅,并用自己强烈的俄语口
音朗诵海涅的诗,虽然并不懂自己在读什么。他深深沉醉于弗里西亚
沙丘独特的美,几天后写就了《诺德奈》(Нордерней)一诗,8 月 12 日
该诗刊载在《消息报》上。晚上他们就去饭店。莉莉和埃尔莎一如既
往地和其他护花使者们一起跳舞到深夜,因为什克洛夫斯基和马雅可
夫斯基都既不喜欢也不会跳。

　　在诺德奈海边拍摄的照片上透着晴空万里的夏季田园诗气息,但
事实并非如此:这几位度假者之间的关系极为紧张。就在前几周,什
克洛夫斯基重要的长篇小说《动物园,或不谈爱情的信札》出版了,他
对埃尔莎的爱恋因此成了尽人皆知的事实,这难免会影响到度假的气
氛。再者,什克洛夫斯基依旧对她爱得死去活来,可她还是如此的高
不可攀。莉莉对克拉斯诺肖科夫的爱在她与马雅可夫斯基之间投下
了一道阴影,而马雅可夫斯基与埃尔莎的关系在柏林的那场冲突后仍
然很紧张。莉莉试图调解,但照埃尔莎的话说,"这是很糟糕的和平,
只是表面如此"。埃尔莎刚一到诺德奈就病了,尽管如此,马雅可夫斯
基却故意装出一副无视她的样子。顺带一提,没有一张在那里拍的照
片上有埃尔莎的影子。这是巧合吗? 还是她不想和马雅可夫斯基
合影?

马雅可夫斯基、赖萨·库什涅尔、莉莉和她母亲在诺德奈,1923 年夏

　　根据卢那察尔斯基在马雅可夫斯基启程去德国前寄给外交人民委员的信上的说法,"著名共产党诗人"将以人民教育委员部代表的身份旅行:"教育人民委员部方面完全可以证明他此次德国之行的目的。就提高我国文化在境外的威望而言,此行的目的是完全合理的。"

　　由于苏联公民,特别是有着马雅可夫斯基这样声望的苏联公民在国外经常遇到"各种不愉快事件",卢那察尔斯基向苏联外交部申请为马雅可夫斯基签发公务护照。莉莉和奥西普可能也获得了同样的证件。

　　当时马雅可夫斯基在苏维埃文坛的地位独一无二,近乎被视为国家财富;至少卢那察尔斯基是这样看待他的。然而,他旅行的真正目的是什么? 他在德国度过的十个星期中,有七个多星期待在了度假地和海滩上。他只办了一次诗歌朗诵会(在柏林),写了两首诗——《诺德奈》和《莫斯科-柯尼斯堡》,而且这两首诗在西方也没有任何宣传价值,因为刊登出来的只有俄语版。

246

马雅可夫斯基斯基真的是为了宣传苏维埃文学而去柏林的吗？还是说出国旅行对他而言已是必需，是种特殊的歇息？许多证据表明后一点更有可能。"我必须得出行，"他后来表示，"与活物打交道对我而言几乎替代了读书。"9月15日，即离开柏林的那天，他给在纽约的达维德·布尔柳克寄了一封信。他很乐意"过两三个月"去探望布尔柳克，假如后者能帮他搞定美国签证的话。他在信中说："今天我要去莫斯科三个月。"也就是说，下一次出国旅行——无论目的地是美国还是其他国家——已经安排好了。

摆样子审判

马雅可夫斯基于9月17日或18日返回莫斯科。第二天，克拉斯诺肖科夫被逮捕，他被控犯有多项罪名：据称他给自己的兄弟、"美俄建筑设计"公司经理雅科夫提供了利息过低的贷款，并在列宁格勒的欧洲饭店大搞酒席和聚众淫乱活动，给前来助兴的吉卜赛姑娘支付纯金。此外，他还被控让俄美实业公司给其妻子（已回美国）发工资（每月两百美元），用公款给情妇买鲜花、皮草，租了间昂贵的消夏别墅，还至少养了三匹马。当时列宁已经病入膏肓，即使他愿意，也已无法再为克拉斯诺肖科夫说情。

克拉斯诺肖科夫被捕的消息造成了巨大的轰动。这是第一次有身居如此高位的共产党员遭到腐败指控，给整个党的机关都蒙上了阴影。为了防止流言蜚语，工农监察人民委员瓦列里安·古比雪夫在其被捕后立即声明，"已经查明了无可争议的事实——克拉斯诺肖科夫将总务处资金非法用于个人目的，用这些资金大搞不成体统的纵酒狂欢活动，使用总务资金中饱其亲属的私囊等"。克拉斯诺肖科夫还被断言"罪恶地破坏了大家对他的信任，应在法庭上受到严厉惩罚"。

换句话说，克拉斯诺肖科夫被提前定罪了。所以客观公正的法庭审判是不会有的，这场审判的目的就是杀鸡儆猴："苏维埃政权和共产党将比以往任何时候更严厉地打击新经济政策的种种丑恶现象，并将提醒那些沉醉于资本主义生活方式之乐趣的先生老爷们：他们生活在一个由共产党领导的工人国家。"逮捕克拉斯诺肖科夫被赋予了非常重要的意义，因而古比雪夫的讲话被同时刊登在《真理报》和《消息报》上。古比雪夫与检察官尼古拉·克雷连科交情良好，后者一年前就曾担任审判社会革命党人的控方，并将随着时间的推移把摆样子审判和捏造指控变成一门纯粹的艺术。

克拉斯诺肖科夫被捕时，莉莉和奥西普还在柏林。但在马雅可夫斯基于其被捕几天后写给他们的信中，他却对这一轰动性新闻保持沉默。他告知了可以为他们往俄罗斯运家具（想必是在柏林买的）一事颁发许可的驻柏林使馆馆员的名字，还有他们家的那只松鼠仍活着，以及列夫·格林克鲁格正在克里米亚。唯一重要的消息是他去了卢那察尔斯基处讨论过《列夫》的相关事宜，就这个问题他还打算去找托洛茨基。而对整个莫斯科都在讨论，且与莉莉息息相关的那起事件却是只字不提。

对克拉斯诺肖科夫的审判是在 1924 年 3 月初进行的。坐在被告席上的除了其兄弟雅科夫外，还有三名工业建设银行的工作人员。克拉斯诺肖科夫的律师为其作了出色的辩护，他解释说，作为银行行长，他有权视具体的交易来确定贷款的利息，而为了取得最好的结果，就必须灵活行事。就有关不道德行为的指控他指出，他的工作要求有一定的招待支出，而在莫斯科市郊昆采沃（Кунцево）的"豪华别墅"无非是一幢被遗弃的房子,而且这还是他唯一的永久住所(就仿佛命运开的一个玩笑,这幢楼在革命前属于舍希特尔家族,1913 年春天马雅可夫斯基还常去那里——见本书第一章《沃洛佳》)。至于余下的事情,克拉斯诺肖科夫指出,他的私生活并不属于法院的管辖范围。法院却不同意这一观点,认为克拉斯诺肖科夫的生活方式是不道德的,而一个共产主义者本应该为他人树立榜样,不受新经济政策的诱惑。克拉斯诺肖科夫还被判滥用职权惠及其亲属的贸易操作,并给银行带来一万金卢布的损失。他被判处六年徒刑,剥夺公民权三年。此外,他还被开除出党。他的兄弟雅科夫被判三年徒刑,其余工作人员的刑期则较短。

事实上,克拉斯诺肖科夫是一位非常成功的银行行长:从 1923 年 1 月到 9 月被捕,他借助灵活的借贷政策等手段,促使美国大量投资俄罗斯,从而成功将工业银行的资本增加了十倍。不能排除一种可能性,即对克拉斯诺肖科夫的指控是由财政人民委员部和与克氏构成竞争关系的苏联国家银行方面的人士推出的;就在被捕前不久,克拉斯诺肖科夫曾提议让工业银行接管国家银行的所有实业和金融业务。结果却适得其反:克拉斯诺肖科夫受审后,工业银行变成了国家银行的分支。

至于所谓聚众淫乱的指控则不太可能有真实依据;克拉斯诺肖科夫并没有搞纵酒狂欢的名声,而且他的"招待支出"也未必会超过其他高官的开支。然而他有自己的死穴:在已有妻子儿女的情况下,他还养了两个,而非一个情妇。大家可能会以为诉讼材料中提及的那个情妇就是莉莉,但其实那是他的秘书多娜·格鲁兹——六年后她将成为他的第二任妻子。就起诉书涉及克拉斯诺肖科夫私生活的那一部分而言,这一事实无疑损害了大家对他的信任。

1924 年冬天在巴黎进行的娜杰日达·拉马诺娃时装展引起了法、英两国媒体的兴趣。这张照片在英国被附了如下注释："苏维埃口袋时尚——由于苏维埃俄国布料短缺,莫斯科的时装设计师拉马诺娃女士用做口袋的粗麻布制成了这对衣服和帽子。"

当判决下达时,莉莉已经在巴黎待了三周。她去那里并没有什么特别事务,只是为了散散心。不过她随身带了苏联时装设计师娜杰日达·拉马诺娃的作品,她和埃尔莎将会在一家巴黎报社举办的两场晚会上展示这些服装。她很想去尼斯,但完全没戏,因为俄侨正在那里开大会,2 月 23 日她如是告知了在莫斯科的马雅可夫斯基和奥西普。去不成尼斯的她便打算去西班牙或法国南部其他某处"小晒上一周的太阳"。但莉莉最终留在了巴黎,她和埃尔莎不断外出跳舞。她们有两个"多多少少是永久性的护花使者"——费尔南·莱热(马雅可夫斯基 1922 年在巴黎与之相识)和一个伦敦的熟人,后者不管去哪里都会带上她们——"从各种最阔气的地方到贼窝"。"我们在这里玩疯了,"她告知说,"埃尔莎奇卡在小本子上记下我们所有的见面,得提前十天。"由于巴黎的衣服也很贵,她要求奥西普和马雅可夫斯基若打牌赢了"发疯一样多的钱"的话,那就给她寄上一小点。

249

那封信是在克拉斯诺肖科夫受审前两周写的。"亚［历山大］·米［哈伊洛维奇］怎么了？"莉莉在报告自己寻欢作乐的中途插了一句。但是她没有得到答复，或者说答复没有保存下来。她在巴黎待了一个月，并于 3 月 26 日登上一艘船前往英格兰看望得病的叶连娜·尤利耶夫娜。然而莉莉却被迫于当晚返回加来，因为她在多佛尔被边防禁止入境，尽管 1923 年 6 月她在莫斯科拿到了英国签证。她不可能知道，在 1922 年 10 月第一次访问英国之后，她已被指定为不受欢迎人士，1923 年 2 月 13 日"面向欧洲和纽约"的所有护照检查点都收到了一份秘密通告。

250　"你不知道从英国边境回来有多么屈辱，"她写信告知马雅可夫斯基，"对此我有很多假设，届时当面告诉你。尽管听起来很古怪，我还是觉得不放我入境是因为你。"事实证明，这一推断是正确的：一份英国外交部的文件证实，对她造成负面影响的正是她与在《消息报》上写了"非常诽谤性的文章"的马雅可夫斯基之间的关系。更奇怪的是，尽管有这份禁令，三周后莉莉还是抵达了伦敦。英国移民局显然没有登记这次旅行——这是否意味着她是非法入境的？

在莉莉前往巴黎的同时，马雅可夫斯基去乌克兰巡讲：诗歌朗诵会是重要的收入来源。在敖德萨停留期间，他在报纸采访中表示自己计划不久开展世界巡讲，因为他受邀去美国演讲并朗诵诗歌。两周后他回到莫斯科，然后在 4 月中旬前往柏林。一周后莉莉在柏林与他汇合。根据报纸的报道，马雅可夫斯基是在"前往美国的路上"经过了德国首都。

环球之旅未能成行，因为马雅可夫斯基没能拿到必需的签证。在莫斯科无法申请美国签证，因为两国间尚无外交关系。因此他打算通过第三国进入合众国。英国第一届工党政府刚承认苏联（1924 年 2 月

B. 795 H.O. **(17a)**

9th February, 1923.

DECARDED
VLADIMIR MAYAKOVSKY.
30 JUN

Born in Bagdady on 7/6/1894.

In 1907 became a member of the Bolshevist faction of the Russian Social Democratic Party (now re-christened Communist Party). Under the *nom-de-guerre* "Comrade Constantine" took part in active revolutionary propaganda among the Moscow workers. Was elected member of Moscow Committee of Bolshevist party (in 1907) together with LOMOFF, SMIDO-VICH, etc. Later was arrested and imprisoned by the Russian Imperial police. Was set free in a few months, re-arrested and served 11 months in Bytirki prison in Moscow. Began to write poetry, became Russia's first futurist poet. During war took active part in definite propaganda, together with MAXIM GORKI, etc.

When Bolshevists came to power in October, 1917, immediately offered his services to Proletcult for propaganda work.

In 1919 became one of the principal leaders of the "Communist" propaganda and agitation section of the "Rosta" (Russian Telegraph Agency). In 1921 began to write for Moscow Iszvestia, chiefly unsigned propaganda articles.

He should not be given a visa or be allowed to land in the United Kingdom : all British Overseas Countries also warned accordingly.

W. HALDANE PORTER,
H.M. Chief Inspector, Aliens Branch, Home Office.

Home Office Ports.
Scotland House.
Passport Control for all Controls and Consuls
Military Controls.
India Office.

MAYAKOVSKY. | 23 | M. | Ru | Commu- | BoL. | RD. | B. 795
VLADIMIR | | | | nist

禁止马雅可夫斯基入境英国领土的英国内政部 B.795 号通令

251

1 日），马雅可夫斯基就于 3 月 25 日向英国驻莫斯科使馆申请英国签证，他想从英国前往加拿大和印度这两个英属殖民地。

英国驻莫斯科代理大使在给首相拉姆齐·麦克唐纳的信中请后者告知该如何行事，信中称使团人员并不认识马雅可夫斯基，但知道他是"共产党党员，据说还是著名的共产党宣传者"。假如这封信的作者知道 1923 年 2 月 9 日内政部已经发出过一份关于马雅可夫斯基的密令，那么他也就不必多此一举了。密令中称，马雅可夫斯基是"俄通社'共产主义'宣传与鼓动部的主要领导之一"，他自 1921 年以来就在《消息报》上不断发表宣传文章，他"不应获颁签证或被允许踏上联合王国［及其殖民地］"。该密令被派发给英国所有的港口、领事处、护照和军事检查站，以及外交部的苏格兰司和印度事务部。但是，在一个最应该知晓这份文件的地方，也就是在国王陛下驻莫斯科的使馆里，人们竟然对它一无所知……

在等待英国人答复时，马雅可夫斯基两次在柏林发表演讲，他介绍了列夫，并朗诵诗歌。英方的通知就是不来，在厌倦了等待之后，马雅可夫斯基于 5 月 9 日和莉莉，连带她在英国领养的一只叫阿苏（Скотик）的苏格兰梗犬返回莫斯科。抵达莫斯科后，马雅可夫斯获悉，5 月 5 日伦敦向英国驻莫斯科使馆发出指示，要求拒绝其签证申请。

弗拉基米尔·伊里奇

克拉斯诺肖科夫案引起了很多关注，但关于这起案件写得还是不够多，因为它的风头被一起更重大的政治事件盖过了：1924 年 1 月 21 日，弗拉基米尔·伊里奇·列宁在患病数年后去世。

马雅可夫斯基和莉莉从英国带回来的阿苏。1924 年夏天摄于   253
普希金诺的消夏别墅。阿苏爱吃冰激凌,照罗琴科的说法,马
雅可夫斯基"非常温柔地看着阿苏吃冰激凌并舔嘴"。"他把
阿苏抱在怀里,然后我就在花园里给他们拍了照,"摄影师回忆
说,"我拍了两张照片。沃洛佳保持着他温柔的微笑,注视着阿
苏。"事实上,与阿苏的这张合影是马雅可夫斯基屈指可数的微
笑照片之一。

通往列宁停灵处工会大厦的队伍

告别仪式在工会大厦（Дом Союзов）举行，数以千计的悼念人群排成长队围绕大厦，马雅可夫斯基、莉莉和奥西普也跻身其中。列宁的死深深震撼了马雅可夫斯基。"我们边哭边在冰冷的天气里站在红场的队伍中，就是为了看他一眼，"莉莉回忆道，"马雅可夫斯基有一张记者证，所以我们可以不用排队。我觉得他看了十次遗体。我们都深感震惊。"列宁的去世激起的不仅是其政治追随者深刻而诚挚的感情。对革命及领袖的态度远比马雅可夫斯基冷淡的鲍里斯·帕斯捷尔纳克和奥西普·曼德尔施塔姆也来与列宁告别。"死去的列宁在莫斯科！"曼德尔施塔姆在自己的报道中呼喊，"在这一刻怎能不感受莫斯科？谁不想看见那张珍贵的面容，那张俄罗斯自己的面容？几点了？两点，三点，四点？还要站多久？没人知道。计算时间的能力已经丢失了。我们站在深夜奇迹般的人类森林中。和我们在一起的还有几千个孩子。"

　　列宁去世后不久，马雅可夫斯基便开始着手创作他迄今为止最有野心的诗歌项目——一首关于列宁的大型长诗。他过去在 1920 年就为列宁的五十寿辰写了一首关于他的诗（《弗拉基米尔·伊里奇！》〔*Владимир Ильич!*〕），在 1923 年冬天领袖第一次中风时又写下了《我们不信！》；然而这都只是短诗。后来马雅可夫斯基声称自己早在 1923 年就开始酝酿一首写列宁的长诗。不管是真是假，真正让他拿起笔的还是 1924 年 1 月列宁的死讯。

　　马雅可夫斯基对列宁生平与活动的了解相当肤浅，因此为了书写列宁，就不得不学习；他的导师一如既往是奥西普，后者为他搞了个列宁学"简明课程"。诗人本人对于加工材料这样细致复杂的工作既没时间也没耐心。长诗的创作用了整整一个夏天，1924 年 10 月初宣告完成。它得名《弗拉基米尔·伊里奇·列宁》（*Владимир Ильич Ленин*），并且成为诗人所有长诗中篇幅最长的一首，有三千行，几乎是《关于这》的两倍长。1924 年秋，马雅可夫斯基多次朗诵这首长诗，并在各家报纸上发表其片段；1925 年 2 月推出了单行本。

254

　　这样一来，紧接抒情性《关于这》的就是一首史诗性长诗，这也符合支配着马雅可夫斯基创作节奏的那个有意识或下意识的规划。如果说就连像《给库尔斯克工人》这样的宣传作品诗人也能题献给莉莉，那么现在这样的题献就不再行得通了。《弗拉基米尔·伊里奇·列宁》题献给俄罗斯共产党，而在长诗开头微妙但清晰地指涉《关于这》的同时，马雅可夫斯基解释了自己为什么要这么做：

　　　　我将会写

　　　　　　关于那

　　　　　　　　和关于这，

　　　　但如今
　　　　　　并非爱情闲聊
　　　　　　　　　　的时机。
　　　　我
　　　　　　把自己
　　　　　　　　嘹亮诗人力量的总和
　　　　交给你，
　　　　　　　进击中的阶级。

255　　　在长诗中，列宁以弥赛亚的形象被呈现，他在历史舞台上的出现是工人阶级产生的必然结果："很久以前，/二百年开外，/最早关于/列宁的消息/发端起来。"卡尔·马克思揭示了历史规律，他的理论让工人阶级"双脚行走"。但马克思只是理论家，在适当的时候将会有一位能把理论付诸实践的人取代他，这个人就是列宁。

　　　长诗节奏不规则，考虑到其篇幅，这并不足为奇。但其语言——韵脚和用词的创新——则完全与诗人的最佳作品不分伯仲，而对悲痛和怀念列宁的描绘则达到了真正的高峰，把长诗变成了一首安魂曲。然而史诗性的部分却失之过分冗长、详细。对共产党的赞美及其空洞的修辞也是如此：

　　　　我想
　　　　　重新光耀
　　　　那最最宏伟的字——
　　　　　　　　　　党
　　　　个体！

谁需要个体?!

个体的声音

　　　　细过鸟啾鸣。

谁能听到他?

　　　　也就妻子!

[……]

党是

　　百万指之手

紧握成

　　一个

　　　　破敌的拳头。

个体是胡言,

　　　　个体是零。

[……]

我们说列宁,

　　　指的就是

　　　　　党,

我们说党,

　　　指的就是

　　　　列宁。

　　无产阶级批评家和狂热的反未来主义者吉·列列维奇是长诗为数不多的评论者,他完全准确地指出,《弗拉基米尔·伊里奇·列宁》 256 "在绝大多数地方都是**理智的,是在堆砌辞藻**",相比起它来,《关于这》中"极端个人主义的诗行"反而"真诚得令人震惊"。面对这一"悲剧性"事实，马雅可夫斯基唯一能做的便是试图"跨过自我"。列列维奇写道："这首关于列宁的长诗是诗人意欲踏上这条道路的一次并不成功，但却意味深长且不乏收获的尝试。"

作为一部诗歌作品，《关于这》比献给列宁的这首长诗有说服力得多，这一点列列维奇说得对。然而，真正"悲剧性"的并非列列维奇所说的那样，而是另一个事实——马雅可夫斯基对个体和个体意义的否认。为了"跨过自我"，也就是克制自己内在的抒情冲动，马雅可夫斯基势必要往这个方向继续前进——他也确实这么做了，尽管这违背了他的天性。

长诗《弗拉基米尔·伊里奇·列宁》中最珍贵的并非献给列宁和共产党的酒神颂歌，而是诗人的警告：列宁在死后会变成一幅圣像。马雅可夫斯基崇拜的列宁是"一个普通男孩"，他出生在俄罗斯的外省，长大后成了"最人性的人"。假如他变得"君王般和神灵般"，马雅可夫斯基肯定会提出抗议，并"会责备游行的队伍，横在崇拜和人群前方"。

> 我
>   如雷的口
>   将找到
>   诅咒的字眼，
>   当人群
>   踩踏
>   我
>   和我的呼号
>   我会把

渎神言语

抛向天边，

一颗颗炸弹

扔向

克里姆林：

打倒！

马雅可夫斯基最担心的是人们会像对待马克思一样对待列宁，把他当成一个"被禁锢在大理石里，因石膏而变冷的老头"。这里他提及自己那首曾把列宁描绘成一座凝固纪念碑的《第四国际》：

257

我生怕

游行队伍

和陵墓，

生怕制定

崇拜的规章制度，

会用甜腻的圣油

淹没

列宁的

单纯朴素。

马雅可夫斯基如是警告道。然而他却忘了，他自己也用一部长达七十五页的长诗促成了这种局面。

人们担心列宁死后会被封圣，诗人深刻意识到了这种担忧，而且这种担忧也有其充分的依据。没过多久，就连国立出版社（！）都开始为自己出产的石膏制、青铜制、花岗岩制和大理石制的"与真人相等或两倍大"的领袖半身像打广告了。半身像复制自雕塑家梅尔库罗夫——马雅可夫斯基在长诗《给库尔斯克工人》中揶揄过的那位——的原作。目标群体包括"国立机构、党和职业组织、合作社等"。

《列夫》对死去领袖的纪念形式则与众不同。《列夫》1924 年第一期(总第五期)的理论部分专门讨论列宁的语言。作者中有各位杰出的形式主义者,如维克托·什克洛夫斯基、鲍里斯·艾兴鲍姆、鲍里斯·托马舍夫斯基和尤里·特尼亚诺夫,他们的作品是从形式主义视角来分析政治语言的创新尝试。对他们而言,列宁是一位"去圣者",他以语言效率的名义"压低了崇高文体"。这种对高效朴素的追求与列夫派的理论野心相吻合,却与列宁尸骨未寒时便已开始的封圣行动截然对立。

整期《列夫》其实就是对局势如此发展所进行的论战式抨击:讨论列宁语言的文章还只是拐弯抹角,而社论则已完全开诚布公。在直接引用了贩售列宁半身像的广告后,《列夫》编辑部在题为《不要买卖列宁!》(*Не торгуйте Лениным!*)的纲领性声明中向当局发出如下呼吁:

> 我们坚持:
> 不要模压列宁。
> 不要把他的肖像印在海报、油布、盘子、杯子、烟盒上。
> 别把列宁变成青铜。
> 不要剥夺他在主持历史的同时仍然保留下来的鲜活步态和人性面容。
> 列宁依然是我们的同时代人。

258

1924 年 5 月从柏林归来后，马雅可夫斯基会见了日本作家内藤民治。坐在他和莉莉旁边的是谢尔盖·特列季亚科夫的妻子奥莉嘉，内藤（中）的左边是鲍里斯·帕斯捷尔纳克和谢尔盖·爱森斯坦，右边则是苏联外交官阿尔谢尼·沃兹涅先斯基和内藤的翻译。

> 他在活人之列。
>
> 我们需要活的列宁，而不是死的列宁。
>
> 因此，——
>
> 学习列宁，但不要把他封圣。不要崇拜一个终其一生都在与各种崇拜作斗争的人的名字。
>
> 不要买卖列宁。

只消想想对列宁的崇拜后来在苏联会膨胀到何等程度，我们就可以说，这一文本的洞察力堪比先知的预言。但是《列夫》的读者最终却

259　没能读到它。杂志的目录写着这一期的正文从第 3 页的社论《不要买卖列宁!》开始。但是在正式发行的杂志中却没有这篇社论,页码则是从第 5 页开始的。负责发行《列夫》的国立出版社领导因杂志批评列宁半身像的广告而大发雷霆,导致社论被删去。但这篇文章奇迹般地在几本样书中保存了下来——它们在审查官挥动剪刀前就被寄去了图书馆。

像张嫉妒的皮,熊躺着,徒有利爪

　　纪念碑主题之所以会在这时变得迫切现实,不仅仅是因为列宁去世;这里也有诗人个人的背景。正值三十岁的马雅可夫斯基如今是最成功、最著名的苏维埃诗人。鲍里斯·帕斯捷尔纳克和谢尔盖·叶赛宁、奥西普·曼德尔施塔姆和安娜·阿赫马托娃都是杰出的诗人,也都是他的同时代人。和他们相比,他也许不是最好的,但无疑仍是最佳之一;然而与他们不同的是,在最初的怀疑之后,他积极地站到了新社会制度的一边。苏维埃国家的最高领导人也赐予了他恩惠,先是列宁和卢那察尔斯基,近来则是军事人民委员列夫·托洛茨基——作为革命最辉煌的智囊之一,他高度评价马雅可夫斯基"巨大的天赋",认为他"对革命的接受比任何俄罗斯诗人都更自然"。于是乎,马雅可夫斯基自己变成纪念碑的可能性也变得相当之大。

　　1924 年春,当他在酝酿献给列宁的长诗时,他还在创作另一首有关纪念碑和纪念日的短诗。1924 年 6 月 6 日是亚历山大·普希金诞辰一百二十五周年纪念日,这一事件使马雅可夫斯基又一次表述了他对自己这位同行的态度。

　　如果说对马雅可夫斯基本人而言,他对普希金的态度已被一劳永逸地确定了，那么这个问题的答案对别人来说似乎并不怎么明显。1918 年 12 月，在一首题为《高兴早了》(《Радоваться рано》) 的诗中，马雅可夫斯基这么攻击自己的诗人同行："为什么/普希金就攻不得？/而其他的/经典作家将军们呢？"这句话触怒了卢那察尔斯基，他认为这种对经典的蔑视态度违背了工人阶级的利益：过去的伟大作家不应被如此机械地扔进垃圾堆，而是应该向他们学习。马雅可夫斯基反驳说，他攻击的不是诗人普希金，而是他的**纪念碑**，他和其他未来主义者一样，反对的并非旧文学，而是它被推为当代文学典范这一事实。此外，他还强调不应从字面上来理解自己的话。

260

　　事实上，马雅可夫斯基非常爱普希金。当他创作《纪念日的诗》(Юбилейное) 时，奥西普给他朗诵《叶夫根尼·奥涅金》(Евгений Онегин)，尽管马雅可夫斯基能背诵整部作品，他还是切断了电话，以免有人干扰他们。然而，在由革命催生，并由列夫派自己积极营造的那种美学氛围中，要公开承认爱普希金并不是一件易事。为了给自己对普希金的爱辩解，马雅可夫斯基不得不把他写成自己在文坛的战友，一个列夫派。诗中断言，十九世纪二十年代的普希金实际上和如今一百年后的马雅可夫斯基一样，是在为革新诗歌语言作斗争，假如普希金是他的同时代人，那么马雅可夫斯基就会把他请去当《列夫》的共同编辑，并且让他写宣传诗和广告诗。

　　文学理论家、"年轻一代形式主义者"尤里·特尼亚诺夫在作于1924 年的关于当代文学的论文《过渡时期》(Промежуток) 中沿袭了这一想法。特尼亚诺夫将马雅可夫斯基的广告诗视为一项必要的语言实验工作，与普希金的"低体裁"实验 (如纪念册题诗) 一脉相承。

　　《纪念日的诗》的标题就已反映了马雅可夫斯基对这类节日的反讽态度。这首诗是以和普希金谈话的形式写就的，马雅可夫斯基把他从位于莫斯科特维尔林荫道（Тверской бульвар）的纪念碑台座上拉下来，想和他谈谈："我呢，/和你一样，/已拥有永恒。/我俩浪费/个把小时/又怎样?!"随后这首诗沿两条主线发展。第一条是对变成纪念碑的恐惧——一种普希金已遭受到，且正在威胁马雅可夫斯基的命运：

> 或许
>   就我
>   一个
>   真心遗憾，
> 今天您
>   不在活人之列。
> 趁还活着
>   我得
>   和您
>   讲讲。
> 很快
>   我也
>   要死了，
>   也将沉默。
> 死了后我
>   几乎
>   就站您身旁：
> 我在 M 头，
>   而您

261

在 P 末。

马雅可夫斯基喜欢的普希金是"活的,而非木乃伊",是"被刷上选篇读本光泽"前的那个度过了澎湃一生的诗人。他在诗末把普希金送回纪念碑基座,并赌咒发誓说:

或许我

还活着就要

照章给我树雕像。

那我就摆上点

炸药,

——一声

轰鸣!

我憎恨

一切死臭皮囊!

我爱戴

一切生命!

第二条主线讲的是抒情诗人与公共诗人之间永远迫切的对立。马雅可夫斯基写道,当"必须完成/无聊的业务"时,"梦想是害,/幻想也无益处":

在诗歌的沙滩上,

像我们这样的人

只有

韵脚的鳃

会被频繁张开。

未来主义者们在寻找"精准的／和赤裸的／言语",于是"抒情诗／不断被／上刺刀攻击",

但诗歌是个

顶顶下流的玩意儿:

它就是在那里——

踢它的牙都不动。

262   诗歌存在,因为爱存在——在一个新社会中亦然,尽管存在着各种禁欲理想:

他们说——

我的题材个！人！主！义！

Entre nous[①]...

(为了不让审查官删节。)

我帮你讲——

他们说——

有人注意:

甚至

中执委里

———————

① 法语,意为"私下讲讲","就我俩知道"。

也有俩委员爱得热烈。

尽管语带反讽,但马雅可夫斯基对爱和诗的思考有着相当具体的背景。1924 年春天,在催生了《关于这》的那场分手过后一年多,在马雅可夫斯基和莉莉之间出现了比以往任何不和都更为严重的新危机。她对克拉斯诺肖科夫的感情如此强烈,以至于她决定和马雅可夫斯基一刀两断。由于莉莉难以做到当面宣布自己的决定——"谈话太沉重了",——她决定以书信的形式宣布:"你答应过我,如果我说出口,那就不会争辩。我再也不爱你了。我觉得你对我的爱也少了许多,你不会很痛苦的。"因为后来马雅可夫斯基说过,最后一件他和莉莉一起做的事情就是那条叫阿苏的狗,所以可以把分手时刻确定在他们 5 月初逗留柏林期间。

莉莉和马雅可夫斯基之间的关系一直很固定,且尽人皆知,而她和克拉斯诺肖科夫的关系也传遍了整个莫斯科。因此,读者并不需要什么特殊的洞察力就可以破译《纪念日的诗》中下列几行直接提及《关于这》的诗句:

我
　如今
　　摆脱了
　　　爱情
　　　　和宣传画。
像张嫉妒的皮,
　　　熊躺着,
　　　　徒有利爪。

[……]

啊没有过啊：

窗下的徘徊，

263　　　书信，

神经肉冻的颤抖。

普希金死于与妻子情夫丹特斯男爵的决斗。马雅可夫斯基则在这首诗中把莉莉最新的护花使者比作丹特斯，而同时代人则可以毫不费力地猜出这个护花使者的名字：

他们

到今天

还有很多在游走——

觊觎

我们妻子的

各路猎手。

莉莉和马雅可夫斯基分手的消息在文化圈引起了广泛轰动，也让亲近的朋友们感到震惊："注意！莉莉和马雅可夫斯基分手了，"什克洛夫斯基回国后向在布拉格的罗曼·雅各布松报告说，"她爱（缠）上了克[拉斯诺肖科夫]。别告诉埃尔莎，如果你还和她联系的话。"

为什么什克洛夫斯基不希望埃尔莎知道莉莉和马雅可夫斯基分手的事？因为她可能会伤心或不安？因为她和马雅可夫斯基之间依旧存在着感情，而分手的消息会让她心生无端的希望？或者是因为他认为那两人的关系会像过去多次发生的那样重新恢复，因此不必愚蠢地打扰埃尔莎?

　　什克洛夫斯基这么谨慎行事是正确的。莉莉和马雅可夫斯基分手了,但这并不意味着他们共同生活的终结——尽管这将会以另一种形式进行。

马雅可夫斯基在曼哈顿

第十章　美国(1925)

哈德孙河上

我们亲吻

（非法地！）

你们的

长腿妻子。

弗·马雅可夫斯基,《挑战》,1925

一往情深地爱着莉莉的马雅可夫斯基因为被她抛弃而伤心不已。
5 月底他在莫斯科度过了几周,那时他就请卢那察尔斯基往苏联驻各
国使团开一封推荐信:为了排解悲伤情绪,他又打算出国了。然后却
没有成行。夏天一如既往在普希金诺度过,但与前几年不同的是,马
雅可夫斯基今年只在周末前来——工作日他待在卢比扬卡巷的家中。

克拉斯诺肖科夫在监禁中度过了这个夏天。根据契卡的报告,莱
福尔托沃监狱(Лефортовская тюрьма)以肮脏、潮湿、臭气和空气浑浊

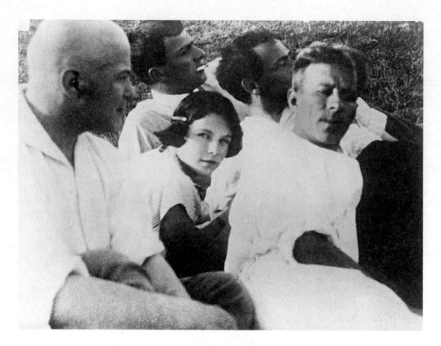

卢埃拉·克拉斯诺肖科娃与什克洛夫斯基、马雅可夫斯基、阿谢耶夫和鲍里斯·库什涅尔(后)在普希金诺,亚历山大·罗琴科摄于 1924 年。

而闻名,这对于一个肺病患者而言可不是最好的地方。他的转狱请求被驳回,但还是获准在囚室中工作。他把沃尔特·惠特曼译成了俄语,并于 1924 年 11 月完成了《当代美国银行》(Современный американский банк)一书。两年后这本书出版时,克拉斯诺肖科夫在前言中解释说,本书"因与作者无关的情况"而推迟出版。他用两个字母标明了写作地点——Л. И.,大多数读者都可以轻易猜到这指的是Лефортовский изолятор——莱福尔托沃看守所。

　　莉莉尽可能频繁地探视克拉斯诺肖科夫,为他带去食品和书籍。对他的照顾也延伸到了他十四岁的女儿,后者已经搬去了普希金诺的消夏别墅。亚历山大·米哈伊洛维奇已婚,且有两个孩子——卢埃拉(Луэлла)和叶夫根尼(Евгений),他们于 1910 年和 1914 年出生于芝

加哥。卢埃拉得名于新泽西的卢埃林公园(Llewellyn Park)——她的
父母喜欢在其中散步。在俄罗斯的最初几年,一家人都住在一起,但
1922 年 12 月,他的妻子——名叫格尔特鲁达的波兰犹太人——带着
儿子回了美国,而卢埃拉则自愿和父亲留在莫斯科。不难猜测是什么 266
原因使克拉斯诺肖科夫的妻子离开了苏联。

　　卢埃拉刚到普希金诺没几天,莉莉就对她说:"会有人跟你说,我
能在任何一堵围墙下与所有人接吻,什么都别信,你自己将会知道我
是个什么样的人。"莉莉给了卢埃拉两套自己的内衣,并亲手用白色印
花布给她缝了一条连衣裙——简单、肥大、无袖,领口很深,符合时代
的实用风格。白天她们在草地上晒太阳。"莉莉晒得很黑,浑身都成
了深棕色,就像个黑人,"卢埃拉回忆道,"当时那是一种运动——比谁
晒得黑。"到晚上大家就下象棋,玩多米诺骨牌,或是唱歌——除了五
音不全,且对音乐毫无兴致的马雅可夫斯基。每到马雅可夫斯基周末
前来,他都会给卢埃拉捎上七板巧克力,让她每天吃一板。

　　8 月底,马雅可夫斯基去南俄和高加索地区巡讲了一个月。他显
然渴望离开莫斯科,摆脱那段虽未彻底破裂,但在本质上已经变了味
的关系。他需要时间来思考这种新局面。当他回来时,莉莉和卢埃拉
从普希金诺搬去了位于狩隼人区(Сокольники)的一间过冬别墅,那 267
里离市中心较远,但离莱福尔托沃和卢埃拉就读的学校都很近。

　　如果说挑选地点是出于这些动机的话,那么实际搬迁则是由于其
他原因。在卢比扬卡巷的那个房间被列在马雅可夫斯基名下,但同时
他在水醉胡同的公寓也登记过。莫斯科住房短缺,同时登记两个户口
是一种不被允许的奢侈行为。因此当局想拿走一间马雅可夫斯基的
房间。(当时帕斯捷尔纳克也面临着会被逐出他与家人共住的公寓的
威胁。)马雅可夫斯基向法院提出了上诉,尽管如此,他还是不得不放

弃位于水醉胡同的房间。莉莉和奥西普无法继续在这种条件下生活，尤其因为他们的住所同时还要充当列夫的总部。因此，奥西普把女佣安努什卡登记成自己的秘书，并将其注册为作家协会成员，从而保住了水醉胡同的一间房间。

在狩隼人区他们租下了房子的整个底层——包括一个大饭厅，两个供莉莉和奥西普使用的不大的房间，以及一间除了床什么都放不下的斗室。马雅可夫斯基来的时候就在饭厅过夜，那里非常凑巧地摆了一张台球桌。但他还是更喜欢卢比扬卡巷的那间房，不仅因为它位于市中心，还因为在那里没有任何东西会让他想起莉莉为什么要和自己分手。

但他们到底算是分手了吗？这一时期的通信中充满了一如既往的柔情。"我亲爱的，亲切的，可爱的小抹香鲸，我可想可想你呢。"马雅可夫斯基写道，而莉莉则在回信中"拥抱"和"吻"他。要说有什么新情况，那就是莉莉不再把马雅可夫斯基当成"丈夫"或"情人"，但他依然是莉莉心爱的朋友和诗人，他的创作依旧让莉莉心动不已。与马雅可夫斯基彻底决裂意味着将会打破他们多年来与奥西普共同构建的同盟，这种同盟的基础并非肉体的爱，而是共同的理想和兴趣。如果马雅可夫斯基想留在这个同盟中，他就必须忍受莉莉的各种新关系，这些关系多少会让人想起 1918 年之前的情况。

未成行的旅程

在莫斯科待了一个多月后，马雅可夫斯基又出国了。10 月 24 日，他借道里加和柏林前往巴黎。出发前一天，他收到莉莉的问候，她希望能很快见面，或许是在美国。所以说，关系的变化并不意味着就不能一起旅行了。这对马雅可夫斯基来说是一个重要信号。同一天，马雅可夫斯基永远的守护天使卢那察尔斯基写了一封信给国民经济人民委员部的行政总务部门，请他们在马雅可夫斯基出国期间保留其在卢比扬卡巷的房间。被赶出家门的威胁一直悬在他的头顶。

　　11 月 2 日他抵达巴黎，但在火车站却没有人来接他，因为发给埃尔莎的电报迟到了。不会法语的诗人不得不自行前往位于蒙帕纳斯的伊斯特里亚旅馆（Hôtel Istria），埃尔莎那年从柏林返回后就一直住在那里。根据她的回忆，宾馆"从里面就像一座塔，狭窄的楼梯间里是一座狭窄的楼梯、五个不带走廊的楼梯平台；每个平台四周围着五扇单扇门，每扇门后面各有一间小房间，每间房间四周都糊着像褥子花纹一样带有刺眼条纹图案的墙纸，每间房间里都有一张双人床、一张床头桌、一张靠窗的桌子、两张椅子、一个镜柜、一个热水洗脸池，地板上铺着一块磨破的黄色斑纹假獭绒地毯"。

　　房间实在是小得出奇。"弗拉基米尔·马雅可夫斯基是当代俄罗斯最大的诗人，"应一家巴黎杂志请求前来采访马雅可夫斯基的年轻俄罗斯侨民作家弗拉基米尔·波兹奈尔指出，"他是如此之庞大，以至于就算他已经坐在那里，你还是想请他坐下。"被惊到了的波兹奈尔略带夸张地告诉读者，房间狭窄得无法同时容纳下诗人和他的鞋。"鞋子放在了门外，而为了让我能进去，马雅可夫斯基不得不躺在床上。"访谈结束后，波兹奈尔走了，留下"马雅可夫斯基像奥林匹斯山上的神一样湮没在云雾缭绕中"。"我从没见过他掏烟或点烟，香烟就仿佛自己跑去了他的嘴角。"离开房间后，波兹奈尔单膝跪地，想看看马雅可夫斯基的皮鞋，然后怀着钦佩和恐惧的心情告诉大家，诗人穿的是 46 码。

　　马雅可夫斯基自己在《魏尔伦和塞尚》（*Верлен и Сезанн*）一诗中

如是描述了这间房间：

> 我撞到
>> 桌子，
>>> 撞到橱的角尖——
> 每天都把四米丈量。
> 我在这感到拥挤，
>> 在 Istria 宾馆——
> 在小矮子
>> Rue Campagne-Première^① 上。

269　　　马雅可夫斯基的房间与埃尔莎的房间位于同一楼,他渐渐喜欢上这家宾馆,喜欢到了将来每次造访巴黎都只住这里的地步。这些年来,许多著名艺术家都住过伊斯特里亚酒店,包括弗朗西斯·毕卡比亚、马塞尔·杜尚、曼·雷,以及著名模特吉吉。蒙帕纳斯有许多艺术工作室,此外它还靠近蒙帕纳斯大道(Boulevard Montparnasse)上的那些咖啡馆——圆亭咖啡馆(the Rotonde)、菁英咖啡馆(the Select)、多摩咖啡馆(the Dôme),1927 年后还开了圆顶餐厅(La Coupole),这里一直是艺术家和作家的聚会场所。

　　但在 1924 年秋天,巴黎只是中转站。可以推测,马雅可夫斯基再次尝试由此出发,开始一场环球旅行。然而他知道自己无法前往加拿大,而美国则尚未与苏联建立外交关系。此外,法国人对这个被认为

---

①　法语,“第一战役街”,即宾馆所在的街道。这条街全长不到三百米,想必因此马雅可夫斯基将其称为“小矮子”。

是布尔什维克宣传者的人也特别警惕,甚至打算将马雅可夫斯基驱逐出境;然而他还是成功续上了签证,并在巴黎待了一个半月,几乎什么都没做。他在信中向莉莉解释说:"……我累极了,特地给自己留了两三周的休假时间——之后我会立即给各处写东西。"巴黎确实给他的几首诗带来了灵感,但它们只是在第二年春天才出版的。他还会见了画家同仁毕加索和罗伯特·德劳内。与马雅可夫斯基特别要好的是费尔南·莱热。"这两个壮士不用谈话就互相理解了。"和莱热一起带马雅可夫斯基参观巴黎的埃尔莎回忆说。马雅可夫斯基还接受了两次采访,并在采访中断定,俄罗斯"正在经历文学的复兴","诗歌显著扩大了自己的影响范围","群众自己觉得有义务评判诗的优点,因为诗现在正被大批民众阅读"。对于法国文学他什么也不能评判,因为他不懂法语:"对于伟大的法国文学,我崇敬,我赞美,所以我沉默。"

大部分时间马雅可夫斯基都是在咖啡馆和餐厅度过的。有一天,他说服埃尔莎和他一起去马克西姆餐厅(Maxim's),但心情却很糟糕,他与侍者争吵,举止不雅;埃尔莎和一个职业舞者跳了一晚上的舞(收费服务)。可以合理地假设,其余的夜晚马雅可夫斯基都是在赌桌旁度过的。就算没坐到赌桌旁,肯定也还是在赌——拿他走在路上碰到任何一样东西打赌。有一天,在从蒙马特(Montmartre)回家时,他看到一栋房子外挂了一块金冠状的招牌。"沃洛佳精准地把手杖扔过了金冠当中的孔,有个人接过手杖,也试图把它扔过金冠。"埃尔莎回忆道。他们立即宣布开始比赛,制定了一套规则……"沃洛佳赢了所有人。他的眼神和手都很准,再说那金冠几乎就和他肩膀一样高……"

白天他就去逛商店——肯定得让埃尔莎陪着:"到来的第一天献给了为你购物,"他给莉莉写道,"我们帮你订了个很棒的箱子,还买了各种帽子[……]。寄了香水(但不是一升——这我做不到)——一瓶,如果能完好送达,我就逐渐寄点同样的过来。"他给奥西普买了衬衫和象棋。马雅可夫斯基喜欢实用、高质量的东西,他给自己也买了很多。照着安德烈·特里奥莱(埃尔莎又和他恢复交往了)的建议(同时也是靠了他的钱),马雅可夫斯基在旺多姆广场(Place Vendôme)一家价格不菲的裁缝铺给自己订了一批衬衫,在马勒塞尔布大道(Boulevard Malesherbes)上的威士顿(J. M. Weston)买了双前后都包铁的皮鞋("穿到永恒!"),在老英格兰百货(Old England)买了领带、袜子、睡衣和折叠橡胶浴缸,在新潮百货(Innovation)买了梳妆盒、玻璃杯,装在皮套里的刀、叉、勺等。因为有洁癖,他总是随身携带这些玩意。埃尔莎回忆说:"沃洛佳洗起手来就像医生在手术前那样,他往自己身上直接浇古龙水,老天保佑你可别在他面前割到自己!有一回他逼我用碘酒擦手,就因为包装袋红绳子的颜色褪到了手上。"

埃尔莎一直作为向导和翻译在他身边——用他自己的话来说,他在巴黎和人交流说"特里奥莱语"①。不懂外语让他气得发疯。诗的精灵陪伴着他,俏皮话、双关语和灿烂的韵脚在他口中如烟火绽放,可一到国外,他却不得不沉默!他因为不理解别人和别人不理解他而生气,有时他的反应粗鲁到让埃尔莎或其他翻译都不好意思转达他的话。埃尔莎回忆说:

> 我和他在一起常常会感到很艰难。艰难是因为每天晚上都
> 要到处闲逛,与此同时却不得不忍受沉默,乃至那种对话(还不如

---

① 这可能也是个双关语,既是指埃尔莎的夫姓特里奥莱,也有可能指涉了"克里奥尔语"——美洲、非洲等一些被殖民地区的民众为方便交际,往往会使用以殖民者语言为基础,混合了本地各种语言元素而形成的混杂语言,即皮钦语(洋泾浜话);几代人后,皮钦语逐渐发展成有正式语法规则的完备语言,这就是克里奥尔语。

沉默)的全部负担。而当我们与人见面的时候,这比我俩在一起更折磨人。马雅可夫斯基会突然开始示威性地,或者换种说法,"高声地"沉默。或者出乎意料地捎一个成年人,一个很受敬重的人去给自己买烟……

这种行为再次使埃尔莎确信,如果马雅可夫斯基情绪不佳,那么他可以打破其他人忍耐的极限。

马雅可夫斯基不会因为汤里盐放多了而任性妄为、大吵大闹,在日常生活中他是一个异常细腻、礼貌、温柔的人。可他对亲近者的要求却完全不同:他需要支配他们的心脏和灵魂。他身上有一种极其发达的,被法国人称为 le sens de l'absolu① 的东西——在友谊和爱情中,他需要那种绝对的、最高的感觉,一种无论面对什么都永不减弱、永处巅峰、毫无妥协、毫无瑕疵、毫无退让、毫无折扣的感觉……

271

根据他是否感到自己被爱或不被爱,他有时会如得了躁狂症般兴奋,有时则堕入最深的绝望,用埃尔莎事后觉悟的话来说,他时而"zum Himmel hoch jauchzend"——欢呼上高天,时而"zum Tode betrübt"——悲伤到死。

马雅可夫斯基和埃尔莎之间的关系仍然有些暧昧。他才来巴黎三天,她就在日记中倾吐道:"我很依恋他,感激他爱莉莉——也同样爱我。显然是'同样',尽管他对我说了各种不该说的话。他对最琐碎

① 法语,"绝对感"。

的小事做出了什么样的反应,怀着多么大的力量! 他怀着多么大的力量对微不足道的事情做出反应! 用他的体格! ［……］他把自己视为一个彻头彻尾温柔、善良的人! 他身上有这些,但不止这些……我们之间会发生什么?"

对那时已认识马雅可夫斯基十年的埃尔莎来说,他难相处的性格并不是新鲜事。1922 年他们在柏林吵架,1923 年共同度过的夏天也并未改善他们的关系。然而在 1924 年秋造访巴黎期间,用埃尔莎的话说,马雅可夫斯基"尤其阴郁"——当时正在巴黎,有时会为马雅可夫斯基当翻译的画家瓦连京娜·霍达谢维奇也赞同这种观点。根据她的回忆,他"阴郁且凶恶"。个中原因其实就是因为与莉莉分手,对此埃尔莎想必已经非常清楚。

在巴黎待了一周后,马雅可夫斯基意识到他设想的旅行将很难实现。但他无法立即回家——他对莉莉,也对那些自己已经承诺会为其提供作品的出版社感到惭愧。要知道这已经不是他第一次向记者宣告自己要去美国了。再说了,他在莫斯科又能干啥,在给莉莉的信中他反问道,随后补充说:"我没法写,而你是谁,你是什么,我还是完全、完全不知道。还是没有什么能用来安慰自己的。你是我亲爱的,深爱的,但你还是在莫斯科,而你要么是别人的,要么不是我的。对不起,但我很忧伤。"

他像受虐狂般地担心莉莉的感受,用他的话说,就是"担心［她的］抒情诗和状况",这指的是她与克拉斯诺肖科夫的关系。莉莉回信说:"怎么办呢? 我不能抛下亚·米,只要他还在牢里。耻辱! 这辈子从没如此耻辱过。你换位思考一下。我做不到——去死会更容易些。"尽管他疯狂地思念着莉莉,但对莉莉的解释却并不满意:

272

你最近的一封信对我来说沉重而费解。我不知道该如何回答。你写到了**耻辱**。难道这就是把你和他联系起来的**全部**，是妨碍你和我在一起的**唯一**？我不信！——而如果是这样的话，要知道这太不像你了——那么不坚决，那么非本质。这不是在澄清一段不存在的关系——这是我的忧伤和我的想法——不要考虑这些。照你想的去做，**无论什么**，**无论何时**，**无论如何都不会改变我对你的爱**。

马雅可夫斯基的信以绝望的恳求结尾："爱我一点点吧，孩子！"对这封信的答复没有保留下来。然而却有莉莉的一封与马雅可夫斯基去信时间交叉的信，信中完全没有提及克拉斯诺肖科夫。她写了除他以外一切别的事情：《列夫》有麻烦了——国立出版社想把杂志关停，她那件绒毛没摆对的皮草大衣遭遇的"二十二件倒霉事"①，她的里加老熟人阿尔特送了她一只杜宾犬，以替代死去的阿苏，还有几位列夫派成员通宵打牌打到早上七点。她问马雅可夫斯基现在留什么发型，是长发呢还是剪短了。

信中尽是日常生活的种种烦恼和老生常谈——像莉莉大多数的信一样。然而，之所以要对亚历山大·米哈伊洛维奇的事情保持沉默，不仅仅是因为她内心细腻而不愿触及这个话题。这种谨慎是有充分道理的。与克拉斯诺肖科夫的关系与她过去的种种经历有很大不同。亚历山大·米哈伊洛维奇是一个因滥用公款而被捕的党内高层。此外，此案还不仅仅牵扯到她一个人：在案件的审理过程中，奥西普

---

① 典出契诃夫的剧本《樱桃园》，剧中的谢苗·叶皮霍多夫因笨手笨脚，且总是摊上倒霉事，被戏称为"二十二件倒霉事"。

的名字也曾隐隐出现——作为律师,他为雅科夫·克拉斯诺肖科夫的"美俄建筑设计"公司制定了章程。因此,与克拉斯诺肖科夫的联系在政治上相当危险。

也许这就是为什么马雅可夫斯基会说自己不仅关心她的"抒情诗",还关心她的"状况"。毫无疑问,克拉斯诺肖科夫案既给马雅可夫斯基,也给布里克夫妇的处境蒙上了阴影,况且后两者还失去了从前的靠山:1924年1月1日,奥西普被格别乌当作"逃兵"除名。使用这种强硬措辞的理由是布里克过于频繁地以健康状况为由逃避作战。如果是这样,这无疑会给他带来好名声。不过也有另一种可能,那就是格别乌如今已不再那么需要"资产阶级专家"的效劳了。

优雅的欧洲

273　　1924年12月13日离开巴黎前一周,马雅可夫斯基给莉莉发了一封电报:"即来电报,想稍见我否。"莉莉当天回复说:"很想。念。吻你。"

不管最后大家是怎么来迎接他的,当新年前几天马雅可夫斯基在莫斯科踏出火车时,很可能处于非常阴郁的精神状态中。这次旅行以彻底失败告终。巴黎本应成为环球旅行的过境点,但马雅可夫斯基却为了等待签证而在那里耽搁了一个半月,最后什么都没拿到。他逃离莫斯科,逃离莉莉和克拉斯诺肖科夫,指望自己能消失一段时间,但却一无所获回到了家。

马雅可夫斯基阴森消沉,但莉莉的感觉也没好到哪里去。1月7日她告诉丽塔说:"沃洛佳回来了,我们很可能在六周后去巴黎。亚·托[宾森]病得很重。他在医院。我未必能见到他。我在考虑自杀。

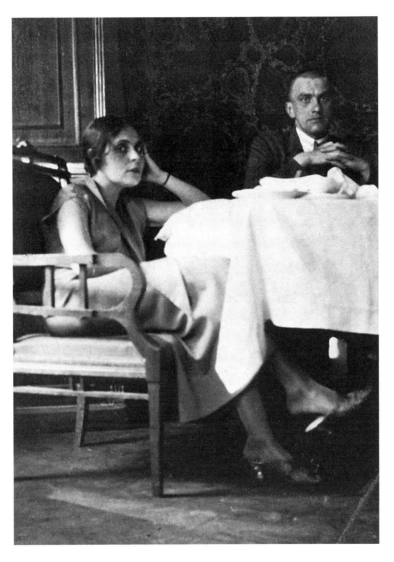

莉莉和马雅可夫斯基在水醉胡同的"沙龙",他们在那里接待了
保罗·莫朗。

不想活了。"

　　克拉斯诺肖科夫在 11 月染上了肺炎,生命危在旦夕。因此他被转到莫斯科市中心的一家政府医院,并于 1925 年 1 月获得赦免。尚不清楚为什么他在六个月后才被释放;然而毫无疑问该命令是由最高层下达的。显然克拉斯诺肖科夫已不再被视为威胁;更何况他所受的惩罚比其他类似案件严厉得多。格别乌领导费利克斯·捷尔任斯基受命为克拉斯诺肖科夫找一套公寓,这一事实可能表明当局对他怀有某种愧疚感。

　　虽然赦免是件令人高兴的事,但对我们的各位主人公来说,形势依然复杂:克拉斯诺肖科夫躺在医院里,马雅可夫斯基嫉妒而沮丧,莉莉则在考虑自杀。此外 2 月初莉莉得了重病。"我真的已经躺了三个星期了!"23 日她告诉丽塔,"原来我体内有一个超大的肿瘤,而这下流胚还在发炎。"给莉莉治疗的是莫斯科的首席妇科医生伊萨克·布劳德,而马雅可夫斯基则"像保姆一样"照顾她。

　　克拉斯诺肖科夫被赦免后不久,他的案子就成了文学作品的情节,这可未必有助于莉莉的康复。1925 年 2 月,年轻剧作家鲍里斯·罗马绍夫的剧本《蛋奶酥》(Воздушный пирог)在革命剧院(Театр революции)首演。剧本是以克拉斯诺肖科夫案的诉讼为基础的。主要人物是银行家科罗梅斯洛夫和他的情妇,演员兼芭蕾舞者丽塔·克恩。科罗梅斯洛夫被描绘成一个腐化的共产党员,但他主要是腐败的环境,尤其是其兄弟的牺牲品。他说:"我可能醉心于商业幻觉中,我可能不了解周围发生的情况,但我未曾背叛过工人的利益。"尽管女主人公是多娜·格鲁兹和莉莉·布里克的综合形象,但公众还是将其与后者联想起来,这不仅是因为女主人公和莉莉一样跳芭蕾,也因为莉莉是一个著名人物,而多娜·克鲁兹不是。

剧本是由剧院的政治指导员（политрук）、强硬的意识形态专家奥莉嘉·加米涅娃委托创作的。加米涅娃——列夫·托洛茨基的妹妹——自革命以来一直是未来主义狂暴的反对者，这一事实可能也与此有一定关系；打击克拉斯诺肖科夫和莉莉，就是在间接打击马雅可夫斯基和他的小组。无论如何，这部话剧都是党的领导层往克拉斯诺肖科夫背后插进的又一把刀子。

在这种情况下，马雅可夫斯基和布里克的同居生活不仅仅在俄罗斯成了热门话题。几年来一直以作家身份而闻名的四十岁法国外交官保罗·莫朗也在1月拜访了他们。催生了莫朗之兴趣的不仅是他对布尔什维主义的好奇心，还因为他的父亲出生并成长在彼得堡，而他的祖父阿道夫·莫朗则是在十九世纪中叶搬去了那里。出生在法国的莫朗无疑觉得自己在某种程度上也是俄罗斯人。

当1925年1月底莫朗出现在布里克家时，他已经在莫斯科度过了几周，所以很清楚自己是在拜访谁。多亏了报刊报道和各种流言蜚语，他已经事无巨细地知晓了这一"婚姻卡特尔"。

这一表述出自莫朗讲述其苏联首都行的小说《我烧了莫斯科》（*I Burn Up Moscoe*）。小说的女主人公是瓦希莉莎·阿布拉莫夫娜、她的丈夫本·莫伊谢耶维奇和"红色诗人"莫迪凯·戈德瓦塞尔，他们生活在同一间公寓的"爱情托拉斯"中；后来莫朗证实，第三个主人公的原型就是马雅可夫斯基。为主人公选择犹太名大概是因为布尔什维克高层中有非常多的犹太人，尤其是在莫朗自己所说的"1917年至1925年的托洛茨基时期"。《我烧了莫斯科》是文学新闻报道的杰出典范作品，其中充满了精确的观察和犀利的讽刺抨击。"在他笔下，法语像爵士舞步一样移动。"路易-费迪南·塞利纳如是评价莫朗的文体。

这些肖像并非完全就是写生而得，比如说，本·莫伊谢耶维奇就兼有克拉斯诺肖科夫的特征,后者的女儿卢埃拉在小说叙事中成了他们家的"养女"。这些主人公身上也有从旁人处借来的特征。对莫斯科的描绘也带有合理的艺术变形的印记。然而,令我们感兴趣的不是这些偏差,而是对偏执狂般的、政治化的苏联社会的准确描绘,以及主人公的可信肖像。莫朗断言,包括他本人在内的所有人都义无反顾地爱上了充满诱惑力的瓦希莉莎,她属于"一个如此普遍的类型,即能够让任何男人都觉得自己已经占有了她";他注意到戈德瓦塞尔从巴黎给她买的昂贵香水,这在一定程度上证明了她的"政治信念并不深刻"("尽管她自称共产主义者");书中也提到了本·莫伊谢耶维奇与特务机构的密切联系。假如书中关于他们房间里有一尊列宁半身像的说法是真的,那实在是给了读者们一个令人兴奋的提醒:理论与实践并非永远一致……

戈德瓦塞尔被描绘为一个有着"开阔、讨人喜欢面孔"的"巨人",一个有着"原创风格"的诗人,他创作一切东西,从政治剧、国营企业产品广告、无神论儿童歌曲到歌颂在农业中使用肥料的诗歌。用莫朗的话来说,他有着"太过艺术的天性",因而不得不受到神经官能症的困扰。在小说中,戈德瓦塞尔的神经官能症被称为疑病症。"所有人都知道他对感染的恐惧;这个共产主义者会刷洗一切够得着的物体,给自己的餐具消毒,戴橡胶手套,在没有人能接触到的高度开门。"在家庭的三个成员中,他是最富有的,供养了其余两人:"这是我第一次看到在一个国家由诗人为别人付账。"大部分收入无疑都是出书和朗诵带来的,但他也赌赢了相当多的钱。当临近深夜,在场人士开始打牌时,莫朗注意到诗人"牌打得相当天才,毫不留情地翻倍加注"。

1925 年 4 月,《我烧了莫斯科》在《明天》杂志(*Demain*)刊登,同年稍晚收录于在巴黎出版的《优雅的欧洲》(*L'Europe galante*)一书。作为"世界上第一个工人国家"的一员，马雅可夫斯基、莉莉和奥西普对作者把他们描绘成战后那个"优雅欧洲"的代表，以及他们在书中的形象感到愤慨。埃尔莎认为这部中篇小说是反犹的，而马雅可夫斯基则说莫朗"看起来是个下流胚子"。照埃尔莎的说法，马雅可夫斯基一度醉心于写一篇答复，要在其中逐页驳斥莫朗的所有说法，并且解释"实际情况是怎么样的"；但最后却不了了之。

文学与革命

回到莫斯科后的第二天，也就是 1924 年 12 月 28 日，马雅可夫斯基参加了一场会议，讨论如何设计第二年春天巴黎艺术工业博览会的苏联馆。参加筹备委员会还有俄罗斯左翼艺术的其他代表，包括亚历山大・罗琴科以及展馆的设计者建筑师康斯坦丁・梅利尼科夫。马雅可夫斯基负责广告部。1925 年 1 月，上级决定苏联将展出来自不同行业的十七张原创海报，其中包括马雅可夫斯基创作的海报。

1 月 12 日，马雅可夫斯基获得了新的出境护照，这表明他打算很快就回巴黎，甚至可能早于计划于 4 月底进行的展览开幕式。但不同于 3 月份前往巴黎的罗琴科，马雅可夫斯基直到 5 月底才离开莫斯科。让他滞留的有几个原因：第一，苏联馆直到 6 月初才准备就绪；第二，文化政治形势要求他留在莫斯科。

1925 年冬天，文化界知悉党正在编写一份文件，阐述其对文学发展的观点。有鉴于此，列夫派感到有必要明确自己在组织和意识形态两方面的立场。马雅可夫斯基和布里克一直在争取创建一个先锋派活动者的自由同盟，把这些活动者结合起来的是他们对新艺术的共同看法，他们包括未来主义者、构成主义者、形式主义者和其他各路在形式领域有所创新的作者(如鲍里斯·帕斯捷尔纳克)。最初他们设想《列夫》不仅是俄罗斯艺术家的平台,也应该是国际先锋派的平台;杂志的潜在合作者包括格奥尔格·格罗斯、特里斯坦·查拉、费尔南·莱热,以及如今侨居国外的未来主义者的同道布尔柳克、雅各布松。杂志的先驱兼范本是《物》(*Вещь / Objet / Gegenstand*)杂志,该杂志于1922 年在柏林出版了三期,由伊利亚·爱伦堡和埃利·利西茨基编辑;马雅可夫斯基是杂志的一位合作者。虽然国外作者也在《列夫》的个别几期中发表过文章,但它还是未能获得国际性机关刊物的地位。

1923 年秋天,文化和政治的现实情况迫使列夫派与俄罗斯无产阶级作家联合会(Российская ассоциация пролетарский писателей,亦即拉普,РАПП)的莫斯科分会莫普(МАПП)结成同盟,尽管他们主张的是更为自由的联合。

鉴于对文学的看法截然对立,这种同盟需要双方都作出重大的原则性让步:对于无产阶级作家来说,内容比形式重要得多,而列夫派成员则一如既往地强调形式的决定性作用。将莫普和列夫联合起来的是为一个共同目标——他们心目中的"共产主义艺术"——而进行的斗争,以及对所谓"同路人"的批评(托洛茨基发明的这一术语是指那些虽非党员,但对革命不抱敌意的作家,如叶赛宁、皮利尼亚克、扎米亚京、左琴科、巴别尔、弗谢沃洛德·伊万诺夫等)。因此,这个同盟并不是建立在彼此的好感基础之上,而是纯粹出于战略考虑:他们希望联合起来后能对苏联文化政策产生更大的影响。

然而这一幕并没有发生,部分原因是列夫未能解决其内部矛盾。1925 年冬季和春季,马雅可夫斯基的小组与尼古拉·丘扎克的支持者多次讨论了组织方面的问题,后者要求有清晰的组织结构和统一的美学纲领。然而他们未能达成妥协。

278

当列夫·托洛茨基(1878－1940)在 1929 年被驱逐出境后,其影响和活动的所有痕迹都被消灭了,其中也包括他与马雅可夫斯基进行接触的证据。诗人的全集中有《关于未来主义的一封信》(*Письто о футуризте*),写作日期为 1922 年 9 月 1 日,却未标注收件人。事实上,它是写给托洛茨基的,后者两天前来信问马雅可夫斯基,有没有"阐明未来主义诗歌方面主要特征的根本性文章"。"您自己能不能用几句话,如果不是描述,那么至少纯粹罗列一下未来主义的主要特征?"《关于未来主义的一封信》是对托洛茨基这一请求的回应。马雅可夫斯基回复得快速而详尽,他知道托洛茨基正在撰写《文学与革命》一书,其中将会有论述他和未来主义的一章。马雅可夫斯基在其回复中列举了未来主义的各个美学理念,强调文学是一种"语言艺术",其中最重要的就是创作语词(自造词、声效、节奏和句法等)。尤里·安年科夫绘于 1923 年。当时托洛茨基还是统治精英,他的《文学与革命》一书刚刚问世。

　　共产党在作家战线上寻求和解与团结,对列夫和莫普主张的激进思想并不抱太多同情。1925 年 7 月发表的"关于党在文学领域的政策"的决议得到了绝大多数人的积极响应,但其中却不包括列夫派,他们曾希望党能把建设新文化事业的核心角色交给自己。然而决议中却对列夫只字未提。无产阶级作家也有不满的理由。决议虽然承认了他们的重要性,但同时也批评他们不尊重文化遗产,有着"党员的傲慢"以及试图创造一种"纯温室性质的'无产阶级'文化"。胜利者竟然是声名狼藉的"同路人"们,他们不仅免遭打击,而且在从资产阶级文化向共产主义文化过渡的这段时期被赋予了特别重要的作用。

　　决议中的一项具有原则意义的重要内容是党支持"不同小组和不同派别的自由竞争"。"尽管党在物质和精神上都支持无产阶级文学以及无产阶级农民文学,帮助'同路人'等,但党不能为任何一个小组,哪怕是在思想成分上最为无产阶级的小组提供垄断权[……]";"[……]总的来说,党不能**在文学形式领域**将自己束缚在任何一个流派上。在对文学进行总领导的同时,党不应支持任何一个文学派别[……],就像不应借助各种决议来解决家庭形式问题一样"。

　　这份决议主要是由在文学问题上信守"柔和"路线的尼古拉·布哈林起草的,无论同时代人还是后来的分析者都将这份决议视为"自由主义"的。在某种程度上确实如此,因为它没有给某个特定团体带来特权。但是,它有着明显的双重性:一方面党赞成"自由竞争",另一方面却主张"在方向上指导文学"。在托洛茨基身上也能发现同样的矛盾,他在《文学与革命》(*Литература и революция*,1923)一书中声称,"艺术领域并不是党一定要指挥的领域",但同时也宣称,"在艺

术领域党一天都不能遵循自由主义的 laisser faire, laisser passer[*]
原则"。

托洛茨基与卢那察尔斯基和布哈林这三个人是党内少数受过教 280
育的领袖,托洛茨基对当代文学的分析表明他有很强的洞察力,而他
论述未来主义和列夫的文章也是如此。他在称赞其语言实验以及将
艺术与工业生产相联系的理论的同时,也批评列夫派拒绝分析人的内
在世界和心理。

"一篇聪明的文章。"马雅可夫斯基如是评价这篇论未来主义的著
作。他与托洛茨基有过几次接触,包括他写书的时候。尽管如此,托
洛茨基仍是根据政治价值而非美学价值来评判文艺作品这种苏联传
统的首创者之一。但是与党想要领导文化生活一样令人担心的,是许
多作家正争先恐后想成为党和政府的宠儿——同一批作家过去曾坚
定、勤勉地反抗沙皇的审查制度,也曾在十月事变后反对布尔什维克
意欲控制文化的做法。马雅可夫斯基是否已经把 1917 年自己那句骄
傲的口号"在艺术的领域不应该有政治"彻底忘记了呢?

再赴巴黎

许多作家和评论家对党的决议发表了评论,其中包括奥西普,他
指出了一些可以被阐释为间接支持列夫的条款,尤其是其中关于文学
形式的论述。马雅可夫斯基没有表态。当 7 月 1 日决议在《真理报》
和《消息报》上公布时,他已经坐上了一艘开往墨西哥的大西洋轮船。

5 月 25 日,马雅可夫斯基前往巴黎,再次尝试从那里前往美

---

[*]　法语,"放任作为,放任通行"。

国——他本应于 20 日离开莫斯科,但却把路费赌输了,于是耽搁了几天,指望能把钱赢回来。为了避免再次陷入夹着尾巴回到莫斯科的愚蠢处境,马雅可夫斯基不再试图在欧洲申请美国签证,并决定借道于一年前承认苏联的墨西哥迂回进入美国。由于他刚在巴黎待了一周就被告知文件已就绪,因此可以推断,他在莫斯科时就已经和墨西哥当局进行过联系。

281
但开往墨西哥的轮船在马雅可夫斯基抵达法国首都两周后才启程,因此他不得不在巴黎滞留了一段时间。和之前几次造访时一样,他与费尔南·莱热以及其他艺术家们过从甚密,并且见识到了两个不同的巴黎:从两个皮条客在他眼皮底下互杀的蒙马特的廉价舞厅,到贵族街区和豪华餐厅。一天晚上,他与意大利未来主义领袖菲利波·托马索·马里内蒂会面,自后者 1914 年访问俄罗斯以来两人就一直未曾见面。遗憾的是,并没有资料记载他们用"特里奥莱语"谈了些什么。

根据埃尔莎的说法,她只记得马里内蒂试图向马雅可夫斯基证明,法西斯主义对意大利和共产主义对俄罗斯是一样的,而马雅可夫斯基后来声称自己没什么可以和马里内蒂谈的,他们只是"出于礼貌用法语寒暄了几句"。然而,根据一家报纸的说法,他们谈话的记录原本是打算发表的,可以由此得出结论,谈话的内容比马雅可夫斯基所说的要丰富得多。要去凭空想象餐厅里的"特里奥莱语"谈话并不容易,但这条消息还是引起了我们的兴趣:埃尔莎的选择性失忆和马雅可夫斯基的回避都很有可能表明,两位诗人之间的共同点多于分歧。①

---

① 马里内蒂是意大利法西斯主义的奠基人之一,与墨索里尼有过非常紧密的合作,因此埃尔莎和马雅可夫斯基才会对与他的会面讳莫如深。

马雅可夫斯基的肖像。摄影师皮埃尔·舒莫夫1925年摄于巴黎。
诗人就和其他照片中一样严肃、专注。他很少发笑。"他一般保持
沉默，然后说出些什么让大家全都哈哈大笑的话。"罗琴科回忆说，
"大笑的是我们，而他只是微微一笑，然后观察⋯⋯"

能证明这一点的是马里内蒂在马雅可夫斯基记事本上留下的"未来主义祝福":"给亲爱的马雅可夫斯基和伟大的俄罗斯——充满能量、具有乐观主义精神的国度"。假如会面真的就像这些祝福那般友好的话,那马雅可夫斯基就没有理由这么说……

"我在这里过得比以往更无聊[……],"他对莉莉抱怨说,"我每天睡两次,吃双份早餐,洗澡,然后就没了。"甚至在 6 月 4 日举行的艺术工业展览会苏联馆开幕式也没有给他带来欢乐,尽管他的广告海报赢得了银奖。展览是"一个无聊透顶、无益透顶的地方",它"恶心极了","尤其是围绕它的谈话"。他看了一部卓别林的电影,朗诵了诗歌,像往常一样给莉莉和奥西普带礼物(这次是套装)。也许他是在给莉莉的信中有意夸大无聊,以博得其同情。在抱怨著名的"巴黎之春"(它"一文不值,因为什么花都没开,只有四处都在修马路")的同时,他还在向几位俄侨美女大献殷勤,她们之所以会吸引他,恐怕可不止因为她们会法俄双语。经过了前一晚的寻欢作乐,"他早上起床后常常会有些尴尬地请我陪他一起去圆亭咖啡馆或多摩咖啡馆赴约,"埃尔莎回忆说,"实际上,他醒来时就会看到自己妥善叠好的东西摆在面前,当他喝多了并想对自己证明没醉时,就常常会这么做……"

要在远离莫斯科的地方待多久,马雅可夫斯基其实并不知道——一切都取决于其美国计划的执行情况。他随身带着一大笔钱,两万五千法郎,大约相当于法国教师一年的工资和一位苏联公民将近三年的工资。两万五千法郎相当于两千四百卢布,这表明马雅可夫斯基有着特殊地位:按照规定,一名苏联公民每月可带出境的钱款数额不能超

1925 年 6 月马雅可夫斯基和埃尔莎在巴黎的"空中旅行"。在他们之间的是画家罗伯特·德劳内、作家夫妇伊万和克莱尔·戈尔,以及当时正在巴黎工作的画家瓦连京娜·霍达谢维奇。法德诗人伊万·戈尔曾是马雅可夫斯基的狂热崇拜者,并且在 1921 年将长诗《战争与世界》的片段译成德语,刊登于表现主义文集《人》(*Menschen*)上。

过两百卢布。* 马雅可夫斯基手头的资金可能看起来相当多,但它们是要供他用上几个月的,且船票非常昂贵;所以他尽力像在给莉莉的信里写的那样,"一个子都不花"。用他自己的话说,他靠在《巴黎通报》(*Парижский вестник*)上刊诗的稿费过活,这是苏联驻巴黎的外交使团为了与"白匪"刊物抗争而办的报纸。这份报纸刊登了诗人从上次造访法国首都后写下的大部分巴黎主题诗歌。他每写一行诗能拿

---

　　* 卢布的价格由国家银行确定,而且非常武断。战后法郎下跌,所以一卢布折合十法郎。因为卢布不是可兑换货币,所以在离开苏联前必须买外汇。顺带一提,当局把购汇汇率定得相当优惠,这样就能确保为数不多的那几个出境者到了国外不会显穷,从而成为苏联经济成就活生生的证明。

两法郎。这笔钱派上了用场，因为 6 月 10 日马雅可夫斯基被盗，身边一共只剩下三法郎。他在给莉莉的信中报告说：

> 小偷在伊斯特里亚租了正对我的房间，当我出门二十秒处理我肚子的事务时，他以非凡的天赋拿走了我所有的钱和钱包（里面有你的照片和所有钞票），然后离开房间，往一个未知的方向消失了。我一次次报案都没有带来任何结果，他们唯独根据蛛丝马迹判断说，这是个非常出名的专搞这类事的小偷。由于我还年轻，钱还不是太可惜。但一想到我的旅程将要终止，而我又要像个傻瓜一样回来迎接你的嘲笑，我就气得发疯。

马雅可夫斯基把自己所有的现金，两万五千法郎都装在钱包里，这可能会让人觉得奇怪。他真的是被偷了吗？还是他又把钱给输了？但除了他是个躁狂的赌徒之外，没有别的证据能证明这个假说。假如这笔钱当真是他输掉的，那他恐怕一辈子都不敢向莉莉坦白，他会为此寻找一个不同的解释。考虑到几周前他已经在莫斯科输掉了一笔旅费的数额，这种假说也并非完全空穴来风。

不管钱消失的原因是什么，马雅可夫斯基还是很走运：3 月他与国立出版社签了份出版其四卷本著作集的合同。尽管仍对诗人持否定态度的出版社方面有强烈的反对意见，合同还是签订了——因为卢那察尔斯基保证"党内最上层［对马雅可夫斯基］的看法很好"，而马雅可夫斯基也作出了重大让步，包括接受了一个低得不同寻常的稿费标准：每行十二戈比。如今在莉莉的帮助下，他已经拿到了两千卢布预付款，这几乎相当于两万一千法郎，也就是说差不多能抵上他损失的金额。剩余部分则从"埃尔莎的安德烈"和在巴黎参展的俄罗斯人那里借到了。就连借钱也被马雅可夫斯基变成了一场赌局：一旦在咖啡馆发现一个俄罗斯人，他和埃尔莎做的第一件事就是评估其财务能力，如果他之后借出的金额更接近埃尔莎的推断，那么差额就归她，而如果马雅可夫斯基说出了更准确的数字，那钱就归他……

在收集到继续旅行所需的资金后，马雅可夫斯基于 6 月 21 日登上了应把他送往墨西哥的两万吨巨轮西班牙号（*Espagne*）。几天后，埃尔莎去了莫斯科，在那里接她的不仅有莉莉和奥西普，还有叶连娜·尤利耶夫娜——趁马雅可夫斯基不在，她回到了自己的城市。这是 1918 年以来母亲和埃尔莎首次访问苏维埃俄国。

纽约城让我欣喜若狂

去墨西哥韦拉克鲁斯（Veracruz）港的路上花了十八天。7 月 3 日，当船驶近古巴时，马雅可夫斯基给莉莉写道："不能说我在船上过得很愉快。十二天与水作伴对鱼和职业探索者来说是件好事，但对陆生动物来说实在多了点。我没有学会用法语和西班牙语交谈，却培养出了面部的表现力，因为我用表情来达意。" 285

表情在玩扑克时也提供了帮助，照一家墨西哥报纸的说法，他把大量时间献给了打牌，因为他无法与旅伴交流——他是船上唯一的俄罗斯人。但马雅可夫斯基也在工作。然而他在这段时期写的六首诗都不属于其创作巅峰水平，而是恰恰相反：除了个别诗行以外，可以说是他的智识发生了某种贬值。比如在一首诗中，他挖苦了船上的六位修女："女人身上突出的/某些对称的地方//她们没有，——/有的却是凹槽：//一个凹槽里/是银十字，//另一个里是［教宗］利奥/和庇护/的纪念章。"这种廉价笑话或许能在没受过教育的工人那里得到响

马雅可夫斯基和达维德·布尔柳克在纽约的洛克威海滩
(Rockaway Beach),1925 年 8 月

应,却配不上一个写出了《人》和《关于这》这般作品的诗人。

如果说巴黎是前往墨西哥的中转站的话,那么墨西哥只是踏上计划中美国之旅(可能的话甚至是环球之旅)的一个中途歇脚点。在回答记者关于他是否接受过苏联政府的什么任务,以及他是否党员的问题时,马雅可夫斯基强调,他"早已脱离了官方活动",他在墨西哥的逗留"仅有文学性质,没有任何政治意义"。这个谨慎的,但并不完全属实的答复针对的并非墨西哥报纸的读者,而是讲给美国移民局听的。马雅可夫斯基很清楚,他获得美国签证的主要障碍正是其作为苏维埃诗人、政权喉舌的身份。

达维德·布尔柳克无权给马雅可夫斯基寄邀请函,因为他在美国居住的时间太短,因此他请自己的一位画家朋友发邀请。但这也无济于事,两周后,失去一切希望的马雅可夫斯基向法国驻墨西哥的外交使团申请法国签证。"如果合众国没结果,那我会在 8 月 15 日左右启程回莫斯科,9 月 15 日至 20 日前后能到莫斯科。"他给莉莉写道。但到了第二天,也就是 7 月 24 日,他就去了墨西哥城(Mexico City)的美国领事馆,在那里留下一份美国临时入境许可申请书。在签证表中马雅可夫斯基宣称自己并非作家,而是一个去美国展览作品的画家。这一回就顺利多了,他拿到了为期六个月的入境签证。高达五百美元的保证金——美国人年均收入的一半!——诗人是从苏联驻墨西哥城大使馆的一位员工处借的。1925 年 7 月 27 日,马雅可夫斯基在拉雷多(Laredo)市穿越美国国境,三天后他来到纽约。

马雅可夫斯基在纽约联系的第一个人自然是达维德·布尔柳克。他们已经七年没见了。他的未来主义老战友回忆说:"我特别紧张地在电话里听着他那洪亮的、男子气的深沉低音。我奔向地铁,疾驰去弗·弗·马雅可夫斯基所住的第五大道。我远远地就看到一条正在跨越门槛的巨大的'俄罗斯'腿,还有一对被卡在门上的笨重箱子。"

假如说美国当局之前没意识到这一点的话,那么现在他们已经清楚地知道,这条腿的主人并非画家,而是一个诗人。"过去十年里苏维埃俄国最著名的诗人",其诗歌"以数百万的印数在新俄国传播"——弗拉基米尔·马雅可夫斯基的肖像和采访开始出现在许多报纸(主要是共产主义媒体)上。而《纽约时报》的读者们则可以了解到关于他的下列信息:"俄罗斯最受欢迎的诗人马雅可夫斯基同时也是最富有的诗人——只要他的祖国尚且还允许国民拥有财富的话[……]。他最新的一本书给他带来了大约一万美元。马雅可夫斯基是俄罗斯最著名的牌手。他打牌输的钱比挣的稿费多得多,而过日子靠的则是赢来的钱。"这篇报道还写道,这位"无产阶级诗人更喜欢打扮成英式花花公子,在巴黎最好的裁缝那里定制服装",他"喜爱舒适和奢侈,但同时又蔑视它们"。尽管有明显的硬伤和添油加醋,但值得注意的是,马雅可夫斯基嗜好打牌的名声已经远远传到了俄罗斯以外的地方;尽管我们不能忘记一点:他的"财富"是以卢布这种不可兑换的货币计算的,因此到了境外几乎一文不值。

马雅可夫斯基在纽约举办了几场轰动的演讲,在东部各州巡讲期间造访了克里夫兰、底特律、芝加哥、费城和匹兹堡。他读诗,讲述苏联,并分享自己对美国的印象。他在纽约中央歌剧院(Central Opera House)的演讲吸引了两千人。"他就像苏维埃俄国本身那样朴素而庞大!"犹太共产主义报纸《自由晨报》(*Morgen Freihait*)写道,"巨人般的身躯,结实的肩膀,一件朴素的夹克衫,大寸头和宽广的俄罗斯式的鼻孔。[……]大批听众全神贯注地听着马雅可夫斯基的诗,而这些诗则是由诗人自己用高超的技艺朗诵的。""诗人朗诵的每一首诗都能唤起纽约革命工人如雷声一般,仿佛永不停歇的掌声齐鸣。"但也有一些人缺乏这种热情,比如有一位评论家写道，《穿裤子的云》的作者在过去七年里，也就是革命之后，挥霍了他的才华，于是"他的缪斯抛弃了他"。

在采访和演讲中，马雅可夫斯基从意识形态和美学的视角批评了美国的技术化和工业化。尽管美国人取得了令人印象深刻的物质成果，但人本身并没有提升到相应水平，仍然生活在过去。"在智识方面纽约人还只是外省人，"他在由记者迈克尔·戈尔德主持的第一次采访中表示，"他们的心智尚未接收工业时代的完整指示。"这座城市"缺乏组织"，它不是"那些懂得自己想要什么，并且能像一个艺术家那样来规划城市的人所设计出的完全成熟的产品"。俄罗斯的工业时代将会不同，它将会"有规划，它将会是自觉的"。马雅可夫斯基举的例子是摩天大厦——虽然这些文艺复兴的大师们做梦才能想到的五十层建筑挑战了万有引力定律，但美国的建筑师显然并不明白自己已经实现了奇迹，却要继续用"过时而愚蠢的哥特式或拜占庭式点缀"来装饰他们的杰作。"这就像把粉丝带系在蒸汽挖掘机上，或者把丘比娃娃放在火车头上。"他如是说道，并且提议说未来主义和工业时代的艺术是一种替代选项，而这种艺术的基本原则就是功能性："什么多余的都不要有！"马雅可夫斯基相信，"艺术必须拥有功能"——正如他清除了自己诗歌中的华丽辞藻并回到实质一样，"工业时代的每一件产品都应该具有功能"，未来主义"赞成技术，赞成科学组织，赞成机器，赞成规划，赞成意志力，赞成勇气，赞成速度，赞成准确——并赞成用所有这一切武装起来的新人"。有趣的是，访谈以托洛茨基论未来主义那篇文章中的几句话作为结尾，其中将马雅可夫斯基描述成"巨大的人才"和"勇敢的大师"。这句引文很有可能是诗人自己向记者提示的。

马雅可夫斯基的美国诗也是高度意识形态化的，但在那几首最佳作品中的两首，也就是《布鲁克林大桥》（Бруклинский мост）和《百老

289　汇》(*Бродвей*)中,他无法抑制美国的技术奇迹和这座沸腾的大都会在他心中激起的孩子般的热忱:"你向左看——/哎哟我妈! //向右——/我的亲娘呀! //还是有东西能让莫斯科弟兄瞅瞅。[……]//这是纽约。/这是百老汇。/好杜油杜! //纽约城让我/欣喜若狂。"

长湖夺命舟

马雅可夫斯基不仅在诗歌中,还在 1926 年 8 月以单行本出版的游记《我发现美洲》(*Мое открытие Америки*)中书写了自己的美国见闻。美国之旅在他头脑中留下了深刻的印象,因而回到苏联后,他作了相当之多的报告,讲述其所见所闻。然而有两个事件他在文章和报告中都没有提到,尽管这两起事件震撼他的程度不亚于与美国现实的碰撞。

帮马雅可夫斯基拿到签证并找到第五大道上那间公寓(第五大道 3 号,临近华盛顿广场)的是住在这幢楼里的以赛亚·胡尔金。数学家、天文学家胡尔金 1923 年来到美国,担任德俄交通公司美国分公司的负责人。由于负责苏美贸易的组织业绩不佳,他建议外贸人民委员克拉辛(伦敦阿尔科斯的前负责人)组建一个新的股份公司,于是 1924 年 5 月美国贸易公司(美贸,Амторг)成立。公司以一百万美元的启动资金开始运营,但才过了一年其运营资金就达到五千万美元。到马雅可夫斯基来美国的时候,胡尔金在纽约金融界已有了"一个乐观开朗、聪明、敏锐、爱讥讽的人"的声望。由于美贸是从阿尔科斯在美国的分公司分离出来的,马雅可夫斯基与胡尔金的联系想必是通过克拉辛(马雅可夫斯基曾与其在巴黎会见),或通过该公司的另一名雇员,甚至有可能是通过仍在阿尔科斯伦敦办公室工作的叶连娜·尤利耶夫娜进行的。

无论莉莉和马雅可夫斯基关系是否融洽,他们在旅途中都会定期写信、发电报。然而,在纽约逗留的两个月里,马雅可夫斯基没有给莉莉写过一封信——只发了十四封简短、空洞的电报。第一封发自 8 月 2 日:"亲爱的喵喵,暂无详情。刚到。吻。爱你。"但他并不是"刚到",而是四天前就到了纽约——这一点都不像马雅可夫斯基,他通常是一抵达就立刻拍电报的! 莉莉当天就回了信,在信中请求他"寄签证和钱来",然后威胁道:"你要是敢忘了我!!! 我爱你,亲吻、拥抱你。"在同一天发出的电报中,她再次表明自己"很想来纽约"。三天后,马雅可夫斯基回复说:"在很努力搞签证。若不行就自己回家。"在那之后马雅可夫斯基沉默了**整整一个月**;这下终于轮到莉莉用信和电报追击他了。由于一直等不到回音,她给他发了一封绝望的电报:"你去哪了",署名写的是"莉莉",而不是通常的"你的喵喵"。

两天后,马雅可夫斯基回了一封电报:"亲爱的喵,胡尔金的不幸打乱了签证计划。[……]回复请温柔。爱你。吻。"

事情是这样的:8 月 27 日,以赛亚·胡尔金在纽约附近的长湖(Long Lake)泛舟时淹死了。和他一起在摩托艇上的是三天前以苏联"莫布料"托拉斯主席身份抵达美国的埃夫拉伊姆·斯克良斯基。事故的官方原因是突发风暴,但斯大林的秘书鲍里斯·巴扎诺夫在 1928 年逃离苏联后表示,这是斯大林下令进行的政治谋杀。在 1925 年解除托洛茨基军事人民委员的职务后,斯大林发起了一场打击党内托派的运动。斯克良斯基是托洛茨基最亲近的人之一,也是他在革命军事委员会的副手。两个月后,斯克良斯基在革命军事委员会的继任者,同时也是接替托洛茨基担任军事人民委员的米哈伊尔·伏龙芝在手术台上"去世",这看来是在故技重施将谋杀伪装成不幸事故。

胡尔金的死在纽约的俄罗斯侨民中引起了悲痛和不安。他很受欢迎，没有人相信他的死是一场意外。哀痛者中也有马雅可夫斯基，据目击者说，他"未曾离开过棺材"。他还在追悼仪式上发言，并将胡尔金的骨灰缸抬上开往俄罗斯的轮船。但对胡尔金的死他一句话都没说：真相他不能写出来，而说谎他又不愿意。随着胡尔金去世，为莉莉获得美国签证的可能看来也消失了。

埃 莉

胡尔金和斯克良斯基死后不久，马雅可夫斯基应美国激进派律师查尔斯·雷希特之邀参加了一场鸡尾酒派对，他曾为美贸和产工联提供过咨询，也为马雅可夫斯基获颁签证出过力。也正是在雷希特家马雅可夫斯基度过了自己在纽约的第一晚。在鸡尾酒派对上，马雅可夫斯基遇到了一个年轻的俄罗斯姑娘埃莉，她和胡尔金认识，然而后者之前拒绝把她介绍给马雅可夫斯基，理由是马雅可夫斯基诚然是个"很有劲的人"，但却有着"女人心征服者"的名声。最后他们在这里见面了。她说，无论在纽约或莫斯科她都没去看过他的讲演，但他的诗她是读过的。马雅可夫斯基对此回答说："**所有**漂亮的姑娘都这么说。但当我问她们读的是哪首诗时，她们总是回答：一首长的一首短的！"而埃莉的回答"我不知道您的短诗，除了那些广告口号"想必给马雅可夫斯基留下了深刻印象。

埃莉在证件上叫伊丽莎白（Елизавета），1904 年 10 月出生于乌拉尔地区的多夫列卡诺沃（Довлеканово）村。所以在遇到马雅可夫斯基时，她还只有二十岁。她的父母彼得·海因里希·西贝特和海伦娜·西贝特都是德意志门诺派教徒的后裔，这是一个信奉和平主义的新教

在访问"勿灰心"（Nit Gedaige）犹太夏令营期间，马雅可夫斯基和布尔柳克各自为埃莉·琼斯画了一幅像，就像十一年前为玛利亚·杰尼索娃画像一样（见第32页）。马雅可夫斯基画的版本（右图）于1932年刊登在一家纽约俄侨报纸上。

宗派，十八世纪末应叶卡捷琳娜二世的邀请前往巴什基尔（Башкирия）务农或从事手工艺。尽管门诺派宣扬朴素精神，并且奉行严格的宗教生活方式，但伊丽莎白的父亲却是位富有的地主，在俄罗斯境内外都有贸易往来。这个家庭讲双语——在家讲德语，在外讲俄语。此外，伊丽莎白还懂英语和法语。

革命和内战夺去了西贝特一家的全部资产。年轻的伊丽莎白做了几年管理萨马拉（Самара）街头流浪儿童的工作，并在赫伯特·胡佛领导下的美国救济署（见《新经济政策，螺丝在拧紧》一章）担任翻译。在美国救济署工作期间，她结识了英国会计乔治·琼斯，并于

1923 年 5 月嫁给了他，当时她只有十八岁。他们搬去了伦敦，随后又从那里搬去纽约。然而婚姻却并不成功；很可能他与伊丽莎白——或者按照后来大家在西方的叫法，埃莉——结婚是为了帮她离开俄罗斯。一段时间后他们分居了，琼斯在 71 街为埃莉租了一套公寓；苗条的埃莉靠当模特独立养活自己。

　　与马雅可夫斯基的第一次会面结束得颇具戏剧性。他邀请她去吃晚餐，但当他们离开雷希特家后，晚会上喝的自酿杜松子酒（当时正值美国禁酒时期）让埃莉感到难受。马雅可夫斯基和埃莉的女友把她带去了他的公寓，她在那里睡着了。清晨，他们根据马雅可夫斯基的提议，坐出租车前去给诗人——事实上所有在纽约的俄罗斯人都如此——留下最深刻印象的地方。"在布鲁克林大桥上散步的他真是太**开心**了！"埃莉回忆说。

　　马雅可夫斯基起初对埃莉的兴趣看来主要是出于实际考虑。他292不会说英语，他的外衣口袋里有一张纸，上面写着唯一一句他会说的话：我为打招呼时没有握手感到抱歉。而精通俄语和英语的埃莉想必是个理想的翻译，尤其是在需要买服装、化妆品或其他女士用品的时候。"我明白他为什么会有风流情圣的名声。"在雷希特家的鸡尾酒派对上，诗人问他能否陪自己帮"妻子"买点礼物，事后埃莉在日记中写道："他一下子就说自己已婚。但却仍然坚持让我把自己的电话号码留给他。"信号非常明确：我在纽约的时候，咱们可以快活一把，但到了莫斯科会有另一个女人在等我。在他们第一次共进晚餐后，埃莉已经忘记了自己的怀疑："他与我相处时行为举止完全得体，我度过了一段美好的时光，[……]很有趣，[……]即使一点酒都没喝。"

　　那天晚上分别时，马雅可夫斯基说他第二天还想见埃莉。功利的想法已经打消，情感占据了上峰。"他每天早上都来找我，我们就一起

看书、散步度过一天。去各种地方。被人邀请去这儿那儿。他到哪里
都带着我，他大可以抛下我，但却从未这么做。"他们的关系很快就变 　293
得暧昧起来，但他们精心掩饰了这一点。埃莉仍是乔治·琼斯的妻
子，在美国只有临时居住许可；假如丈夫和她离婚——过去当他们争
吵时，他曾用离婚相要挟——她就很难留在美国。但马雅可夫斯基也
应该小心行事：与侨民的恋情不仅会损害其无产阶级诗人的声誉，甚
至会给他带来生命危险；就算他过去还不知道这一点，那么发生在长
湖的那起不幸事件表明，格别乌的手完全能伸到祖国以外的地方。
"我们在别人面前总是以'您'相称，"埃莉回忆说，"他和布尔柳克都
称呼我'伊丽莎白·彼得罗夫娜'以示尊重。当人的面他会亲吻我的
手。在美国人面前，他从来都只叫我'琼斯夫人'。"

　　马雅可夫斯基访问纽约的官方纪事中只提及他的演讲以及他与
美国社会主义者、共产主义者的会晤。但除此之外他还做了什么？
"马雅可夫斯基一直在工作，"埃莉回忆说，"他特别喜欢白天在第五
大道散步，晚上在百老汇散步。"她依然记得他鞋子底下的包铁敲击地
面的声音。他们通常在几家不贵的亚美尼亚和俄罗斯餐馆，或是第五
大道上的一家儿童餐馆吃饭。"他一直在东区（East Side），也就是俄
裔和犹太人的街区闲逛，用便宜的早饭款待自己和另一个爱搞乐子的
人布尔柳克。"他的一个同胞如是向莫斯科报告。马雅可夫斯基的钱
很少，现金很快就用完了。埃莉断定说，马雅可夫斯基是她见过的"最
穷的男人"。

　　马雅可夫斯基在14街的台球房里消磨了很多时间，还经常去哈
莱姆（Harlem）的一家黑人小酒馆。埃莉回忆说，黑人俱乐部（The
Negro Club）里所有男士都穿燕尾服，女士都穿晚礼服——只有马雅可
夫斯基、布尔柳克和埃莉除外，同时他们也是晚会上仅有的白人。马

雅可夫斯基和她都不跳舞，前者是因为不喜欢，后者则是因为从小被教导跳舞是罪孽。有一次他们被《新大众》(*The New Masses*)杂志的编辑迈克尔·戈尔德请去自己家。还有一次他们去了南曼哈顿格拉梅西公园(Gramercy Park)旁的一间豪华公寓，在那里有一名女士问马雅可夫斯基，他对前不久和妻子伊莎多拉·邓肯一起来美国的谢尔盖·叶赛宁有何看法。马雅可夫斯基回答说："语言上的障碍使我无法恰如其分地回答这个问题。"活动很无趣，过了一会儿马雅可夫斯基起身用俄语宣布，伊丽莎白·彼得罗夫娜累了，他必须送她回家。他宁愿和埃莉共度时光，而不愿和那些他不能与之谈话的人浪费时间，更何况这些人往往还把他当作一个充满异域风情的节目：诗人，还是个俄国人！在小故事《我是怎么逗乐她的》(*Как я ее рассмешил*)中马雅可夫斯基幽默地描写了自己的感受：

294　　　外国人想必尊重我，但也可能认为我是个白痴——俄罗斯人怎么想我暂且不提。您要不先听我讲讲美国的情况。有人邀请了一位诗人，然后跟他们说：是个天才。天才——这就比"著名"更厉害了。我刚一到马上就说：

"Giv mi pliz sam ti!"

好呗。给了。我等了一会儿，又开口了：

"Giv mi pliz..."又给了。

于是我一次又一次，用不同的声音，换了各种表达说：

"Giv mi 复 sam ti, sam ti 复 giv mi。"我翻来覆去地说。晚会就这样进行着。

精力充沛、面容恭敬的老头们倾听着，景仰着，思考着："果真是俄国人，多余的话从来不说。思想家！托尔斯泰！北国！"

美国人为工作而思考。美国人的头脑在六点之后是不进行思考的。

他不会想到,我连一个英语词都不懂,我的舌头正因渴望说话而在蹦跳,在拧螺丝,我用滚铁圈的棍子支起了舌头,努力把那堆徒劳的、打散的、不同的 O 和 V 串起来。美国人不会想到,我正在抽搐地分娩出一些野蛮的超英吉利语句:

"Yes, wayt pliz faif dubl arm strong. . ."

我觉得,那些已被我的口音迷倒,被我的机智诱惑,被我的深邃的思想征服了的腿长一米的姑娘们正在屏息凝神,而男人们正在众目睽睽之下逐渐消瘦下去,并且因为完全没有在竞争中胜过我的可能而变成了悲观主义者。

但女士们在听到我第一百次用美妙的男低音求茶后,就逐渐挪开了,而绅士们则散到一个个角落里,虔诚地拿我的少言寡语开着玩笑。

"翻译给他们听",我冲布尔柳克吼,"假如他们懂俄语,那我可以在不弄脏前襟的前提下,用舌头把他们钉在他们背带的交叉上,我可以用舌头当烤扦,让这群昆虫全都打转……"

忠于职守的布尔柳克这就开动起来了:

"我伟大的朋友弗拉基米尔·弗拉基米罗维奇想再要一小杯茶。"

马雅可夫斯基与激进派犹太人圈子的代表进行了许多交流,并在《自由晨报》上发表了两首诗的依地语译文。周末他有时会前往位于纽约以北六十公里处哈德孙河畔隶属《自由晨报》的"勿灰心"野营地;有一天他带着埃莉和布尔柳克一起去了那里。他们给他和埃莉分配了一个帐篷过夜,这让两人都很尴尬。他不希望埃莉被人视为马雅可夫斯基的"性伴侣"。他俩吵了一架,然后应埃莉的要求坐末班火车返回纽约。到纽约后,她禁止马雅可夫斯基送她回家,也拒绝去他家。尽管年轻,埃莉却有着很强的性格。

很可能这已不是他们第一次吵架。我们知道,马雅可夫斯基要求朋友在任何情况下都必须服从于他,并要求亲密的女性只属于他一个人。于是这个故事接下去的发展就是非常典型的马雅可夫斯基式的套路了。每当起冲突时,他就会大搞情绪讹诈,面对埃尔莎和莉莉时甚至会威胁自杀。至于埃莉,由于她曾向马雅可夫斯基保证"只和他相见",所以他没有走得这么极端;但腔调还是一样的。

他们三天没联系,随后马雅可夫斯基公寓的房东一大早给埃莉打去电话,告知说马雅可夫斯基病得很重,出不了家门。来到第五大道上的公寓后,埃莉发现他正面朝墙躺在床上,"绝对是病了":"我已经看见过他这副样子。真的是太抑郁了。"埃莉把路上买的鸡汤给他热了一点。"别去工作。别走!"马雅可夫斯基恳求她。"我不想一个人待着,求你了! 对不起,如果我伤害到了你的话。我太不敏感了。"但埃莉必须得走,她还有一件差事等着完成,但她保证一结束就回来。等她晚上再次出现在公寓里时,她惊讶地发现马雅可夫斯基正站在门口等她。"他接过了我一只手里的帽盒,另一只手紧握我的手。然后一切就都好了。"马雅可夫斯基又一次得到了证明:这世上有人爱他,或者至少有人关心他。

那次危机后,埃莉搬去了格林威治村,以便离马雅可夫斯基近些。他们每天都见面,但除了布尔柳克之外,很少有人知道两人关系的性质。埃莉的形象在他的诗歌中也没有出现,只是在《挑战》一诗中被间接提及:"哈德孙河上/我们亲吻/(非法地!)/你们的长腿妻子"。(在

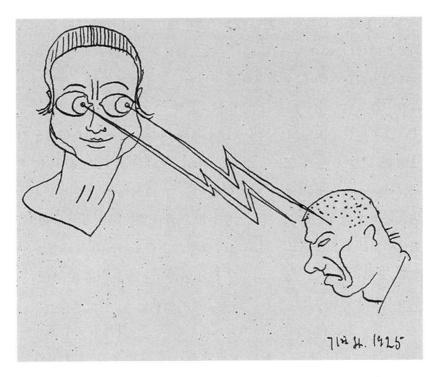

从这幅马雅可夫斯基画的素描来看,他和埃莉之间的关系非常"来电"。

初稿中用的是单数"我",而非"我们"。)

　　除了外表——大眼睛,苗条的身材,年轻——埃莉身上还有什么吸引了马雅可夫斯基? 和她这一代的许多人一样,埃莉在几年中看到的、经历过的比许多人一生还要多。她还只有十三岁时,就发生了那场给她家带来混乱和不确定性,让她对未来失去信心的革命,他们的生命有可能在任何时候终结。为了生存,她只能依靠自己。革命后的六年里在俄罗斯经历的那些苦难和考验使她成了一个坚强的人。在这一切开外,她还有天生的聪明才智,于是我们就能明白,马雅可夫斯基在埃莉身上看到了第二个莉莉: 聪明,博学,独立,要求严格。吸引他的正是这样的女人。

10 月 28 日马雅可夫斯基踏上了要把他送去勒阿弗尔（Le Havre）的罗尚博号（*Rochambeau*）轮船。他这么做并非天职的召唤，而是因为他不能再留在纽约了，就算他乐意也不行。他根本就没钱。他四处走穴有一部分也是出于经济上的考虑。但到 10 月底，钱已经彻底用完了。这不仅仅是因为纽约的生活成本昂贵。9 月 22 日，莉莉告诉他自己拿到了意大利签证——她要去帕尔马附近的萨尔索马焦雷（Salsomaggiore）的度假地。马雅可夫斯基 10 月份寄给她的电汇总计达九百五十美元，大约相当于他旅行时随身携带的那两万五千法郎。他从哪里搞来了这笔钱？他讲演的报酬并不算多。一部分钱是他借来的，字据证明了这一点。此外大概还赌赢了一点。但无论如何，马雅可夫斯基本人离开纽约时口袋里已分文不剩。

尽管一穷二白，他还是在出发前给埃莉买了一件暖和的衣服——纽约的气温当时降到了前所未有之低。他们在布鲁明戴尔百货（Bloomingdale）给她买了一套棕色毛线套装和"我们能找到的最便宜的粗花呢大衣"（用埃莉自己的话说）。"然后他帮我付了一个月的房租——五十美元，或者差不多这个数字。"其实这钱是他自己省出来的。这一回他克制了自己的旧习惯，只买了一件简单、便宜的上装外套，而如果说从巴黎来时马雅可夫斯基坐的是头等舱，那么回程的八天他是在最底层甲板的一个床位上度过的，他的头顶就是人们在跳舞："所有船舱中我在差中之差舱——/整晚头顶上都在用腿钉马掌"。

很多人前来码头告别。埃莉不想送他，但马雅可夫斯基还是说服了她。吻了她的手之后，他登上轮船。船起航后，雷希特送她回家。"我想扑到床上痛哭，[……]但却不能，"埃莉回忆说，"我的床上铺满了鲜花——勿忘我。他真的连一分钱都没有！可是他却能这样。"这是典型的马雅可夫斯基式的夸张作风：追求女人时，他不送一篮鲜花,而是送几篮,不送一盒糖,而是送十盒,即使买彩票他也不会只买一张,而是一下子买光……

和埃莉的恋情是 1915 年认识莉莉以来最持久、深刻的。他不觉得自己有义务忠于后者已经快一年了。"我们彻底分手了。"他向埃莉坦白,告诉她莉莉曾试图服药自尽,并因此失明了一段时间。但他还是吃莉莉的醋。在巴黎等待墨西哥签证时,他从熟人那里得知莉莉正在伏尔加河度假。"伏尔加怎样啊?可笑的是,我是从熟人那里偶然得知的。要知道我对此是感兴趣的,哪怕仅仅是你健康与否这一点。"他如是责备道。他知道,或是能感觉到莉莉并不是一个人在度假……

莉莉的回答非常明显:"详细写写你是怎么过的(和谁一起过的可以不写)。"这两个人都有为数众多的艳遇;不同的是,在得知莉莉的种种经历时,马雅可夫斯基会难过得发狂;而莉莉却很可能还会感激他拈花惹草,只要这不会威胁到他俩和奥西普的共同生活,因为马雅可夫斯基这么做就会给予她自由行动的道德权利。不过无论如何,发生在地球另一端的罗曼史也未必值得担心。然而,正是与埃莉·琼斯的这段关系带来了所有人都始料未及的后果。

1926 年瓦尔瓦拉·斯捷潘诺娃在亨德里科夫公寓楼的小花园里
拍下了马雅可夫斯基、什克洛夫斯基和罗琴科

第十一章　新规则(1926 - 1927)

生活要在一起;旅行要在一起。

或者就分手——最后一次,直到永远。

莉莉致马雅可夫斯基

离开美洲大陆时,马雅可夫斯基有什么感受? 在墨西哥和美国的
四个月里,他内心宣传诗人和抒情诗人的面相都心满意足:前者对诗
作和演讲感到满意,后者则对私生活感到满意。除了和埃莉·琼斯的
恋情外,旅途中每天与达维德·布尔柳克的会面给他带来了强烈的怀
旧情绪。布尔柳克参与组织了马雅可夫斯基的各场讲演,并为他在纽
约逗留期间出版的两本诗歌单行本绘制插图。

但是无论布尔柳克在政治上有多么"进步",两位老朋友在一起时
想必不只谈论政治。布尔柳克配图的那两首诗——《马雅可夫斯基夏
天在消夏别墅的不寻常历险》和《克里斯托弗·哥伦布》(*Христофор
Колумб*)——都不是政治作品。布尔柳克不仅是"俄罗斯未来主义之

父",而且在某种意义上也是"马雅可夫斯基之父",正是他发现了马雅可夫斯基的才华,使他成为诗人。在 1910 年代他们曾共同为未来主义的美学理想而奋斗,而在革命之后则是为让艺术摆脱国家而奋斗。布尔柳克是马雅可夫斯基的一个亲密朋友,他们对许多事情有一致的观点。如果说有人能让我们的诗人舒缓心灵的话,那布尔柳克肯定是其中一员。布尔柳克在纽约从马雅可夫斯基嘴里听到的自白"这七年我多苦闷啊"*——不能仅仅被看作是诗人疲惫、抑郁或暂时性情绪激动的表现。何况它还与 1923 年冬马雅可夫斯基与莉莉分手时期所写的一条日记相吻合,他在日记中提到"只有从一七年绵延至今,现已无人可倾吐的恐惧"。**

马雅可夫斯基特有的二重性,他对自身创作和祖国的矛盾态度在诗歌《回家!》(*Домой!*)中完全暴露了出来。他是在驶离纽约的轮船上开始创作这首诗的。在赞颂共产主义创造性力量的同时,马雅可夫斯基也强调,诗人对革命事业的贡献和工人的贡献相比同样重要,尽管他们是在从不同的方向接近共产主义:

　　　　无产阶级
　　　　　　走向共产主义是从

---

　　* 有关马雅可夫斯基在纽约期间向达·布尔柳克抱怨"苦闷"这一点是尼·哈尔志耶夫在 1976 年 8 月 20 日的谈话中告诉我的。根据他的说法,布尔柳克在给瓦·卡缅斯基的一封信(已佚失)中透露了这一点。试比较玛·布尔柳克(达·布尔柳克之妻)1967 年 1 月 1 日给友人尼·阿·尼基福罗夫的一封信里的说法:"有一次我看见他[马雅可夫斯基]用左手遮着脸,便走上前去,悄悄地、悄悄地说:'弗拉基米尔·弗拉基米罗维奇,不要忧伤。'马雅可夫斯基清醒过来,也悄声说道:'玛[丽亚]·尼[古拉耶夫娜],最近五年我不知所措。'"(达·达·布尔柳克,《谢·杰尼索夫收藏的书信》[*Письма из коллекции С. Денисова*],坦波夫,2011,第 680 页)

　　** 在我手头的那份打字稿中,"无人"(никем)写的是"无物"(ничем),但这看起来很可能是马雅可夫斯基本人或转抄日记者的笔误。

　　　　　　　　　　　下面——

　　从矿井、

　　　　　镰刀、

　　　　　　　草叉往上来，——

　　而我则是

　　　　　跃入共产主义——

　　　　　　　　　　从诗的诸天，

　　因为

　　　　没有它

　　　　　　我感受不到爱。

　　就像在长诗《关于这》中一样，马雅可夫斯基认为，若没有新的共产主义社会，真正的爱就是不可能的。

　　与此同时，他发展了自己先前作品的另一个主题，即诗歌应该服从政治，而诗人有义务完成所谓的"社会订货"。（见下文第347页）他觉得自己是一家"出产幸福的／苏维埃［……］／工厂"，他想从国家计划委员会处获得"一年的任务"，"让时代的政委／用一道命令笼罩／在我思想上"，想让"工作结束时／厂委／用锁／闩上我的唇"，想让"人们同等看待／笔和刺刀"，想让斯大林在政治局报告"诗行的工作"。（之所以选斯大林作为报告人，并不是因为马雅可夫斯基对列宁的这位继任者有特殊好感，而是因为"钢"〔стали〕和"斯大林"〔Сталин〕正好押韵；众所周知，斯大林对文学问题很少发表意见。）

　　马雅可夫斯基对诗的否定还从未走到过这么远的地步。最可怕的事情在于他是在没有外部胁迫的情况下这样做的——官方对文人并没有类似要求。这种冲动是从内心传来的：马雅可夫斯基知道，在许多圈子里对他有各种各样的怀疑，借着这一声明，他想表明自己并非"同路人"，而是比党本身更为共产主义。

301 然而，马雅可夫斯基显然怀疑自己的誓言能否产生应有的效果，尽管誓言在政治上十分正确。他渴望得到党和人民的理解，但却担心会有反作用，这一点可以从诗的最后一节明显看出：

>想让我的国能懂我，
>
>要是不懂，
>
>   ——又能怎样，
>
>我就改道
>
>   绕过我的故国，
>
>像场斜雨
>
>   划过身旁。

马雅可夫斯基对自己的诗能否在新社会找到一席之地感到怀疑，这一点值得我们注意，但同样值得注意的是，他后来删去了这几行诗。建议他这么做的是奥西普，他认为，一个"视无论如何都要被国家听到、理解为自己全部工作之目标、生命之目标"的诗人是不会写下这种诗句的。虽然马雅可夫斯基喜欢这几行诗，但他同意删去它们，从而扬弃了其佳作所特有的那种矛盾对立情感间的相互作用。（而同样的矛盾也体现在草稿中，在草稿第五行中，诗人在截然相对的"故国"和"异国"两个词间摇摆不定。）

未完成的长篇小说

在更深的层次上,《回家!》一诗表达了任何诗人——无论他身处哪个国家——都能体会到的那种疏离感,用茨维塔耶娃的话来说,就是"任何诗人本质上都是侨民,即使他仍身在俄罗斯"。但当马雅可夫斯基写这首诗时,除了这种存在层面上的疏离外,也有非常具体的理由让他觉得自己在国内不受重视。

"在巴黎短暂停留后,弗·弗·马雅可夫斯基匆忙赶往莫斯科,处理国立出版社出版其著作全集的相关事务。"纽约的《俄罗斯之声》报(*Русский голос*)写道。尽管五个月前,也就是离开莫斯科的时候,他已把第一卷的手稿转交给出版社,但书稿至今仍未被送去排版。在签订合同时,马雅可夫斯基已作出相当大的让步,但出版社的商务部仍然打算废除合同,因为对马雅可夫斯基的书"缺乏[……]需求",它们正"大量囤积"。马雅可夫斯基大可争辩说这是因为出版社营销不善,但他回国后还是不得不重新谈判了合同条款,并同意延长出版期限,结果第一卷在三年后,也就是1928年12月才出版。

与国立出版社的分歧并未妨碍马雅可夫斯基在回国后签署四本新书的出版合同,其中包括他的美国游记。此外他还承诺在1926年4月前写完一部篇幅四百页左右的长篇小说。"你在写长篇小说吗?"莉莉在寄去墨西哥的信中问到。显然他是努力过的,因为在纽约俄语报纸上发表的一篇文章中,布尔柳克说马雅可夫斯基正在写一部长篇小说,但不愿透露内容是什么。照布尔柳克的说法,他"成功偷听到"小说讲的是在俄罗斯的生活,但其中也有某些关于美国的东西。写长篇小说的想法并不新鲜,早在1923年诗人就想过这个问题,如果不是更早的话。马雅可夫斯基回国时,媒体上出现了关于未来长篇小说的札记,其故事发生在从1914年"到我们今天"的莫斯科和彼得堡,其中"描绘了文学生活和凡俗生活、各流派斗争等"。然而这本书最后也没有写出来。

马雅可夫斯基后来解释说:"长篇小说在头脑里已经写完了,但没有搬去纸上,因为:在逐渐写完的时候,对构思出来的内容产生了仇恨[……]。"他开始思考如何用"文学传记",而非长篇小说的形式写下这一切,但还是一无所获。为什么?很可能因为马雅可夫斯基的气质和生活方式使他无法实现如此繁重的项目。马雅可夫斯基是在头脑中创作诗行,然后再搬去纸上。但是大型长篇小说需要别的创作方法。马雅可夫斯基习惯于快速工作,快速出成果。难道一个急躁得连书都很少读完的人(照莉莉的说法),一个为了不在进食上浪费时间而只吃不带刺鱼肉的人(照姐姐柳德米拉的说法)能有写作长篇小说所需要的时间和安宁吗?

不会再折磨你了

"让我们不要在莫斯科,而是在国外某处见面吧。"7月26日莉莉给还在墨西哥的马雅可夫斯基写道。她不介意来美国找马雅可夫斯基,但正如我们已经看到的那样,她不得不放弃这一计划。"如你不寄签证,我9月去意大利。"8月13日她发了这么一封电报。她已从妇科手术后清醒——"完全[……]恢复了",但由于"意大利人"承诺给她发签证,她觉得自己有义务去意大利北部帕尔马附近的萨尔索马焦雷泥疗度假地。9月22日,她告知马雅可夫斯基证件已经就绪。预计马雅可夫斯基会在意大利与她汇合。一个月后他给莉莉拍电报说:"我就在等签证了。"这当然并非完全诚实的解释。

朋友们相聚一堂,欢迎马雅可夫斯基从美国回家。上排:马雅可夫斯基和莉莉的礼物——斗牛犬阿牛,奥西普,鲍里斯·帕斯捷尔纳克,谢尔盖·特里季亚科夫,维克托·什克洛夫斯基,列夫·格林克鲁格,奥西普·别斯金,列夫的秘书彼得·涅兹纳莫夫。前排坐着的是:埃尔莎,莉莉,赖萨·库什涅尔,叶连娜·帕斯捷尔纳克,奥莉嘉·特列季亚科娃。

然而,马雅可夫斯基不得不在没拿到意大利签证的情况下离开纽约。11 月 6 日抵达巴黎后不久,他收到一封信,莉莉在其中说她要去一趟罗马,试图在那里为他拿到签证。"拍电报过来,如果你有钱。我完全成了个叫花子,所有东西都穿破洞了。什么都得在意大利买,——那里便宜得多。要是能帮你拿到签证就好了,这样你就能来找我了![……]不可思议地想念你!我们想去威尼斯逛个十来天,——然后回家!我在莫斯科给你准备了一件绝妙的礼物。"结果签证却办了几个星期,于是莉莉和马雅可夫斯基并没有在意大利碰头,而是 11 月 14 日在柏林见了面。那是他们近六个月来第一次见面。

先到德国首都的是马雅可夫斯基。莉莉下火车时,他因为激动而

304 把手杖掉在了地上。他已经为莉莉在选帝侯宾馆开好了房间——莉莉一走进去，便看到篮子和花瓶里插满鲜花，还有一整株盛开的茶花。四处放满了从墨西哥带来的礼物：木制玩具，用天然羽毛制成的鸟，鲜艳的地毯，装满各色哈瓦那雪茄的烟盒（当时莉莉还抽烟）。其中还有一件时髦的美国新货——旅行便携熨斗。莉莉则给马雅可夫斯基送了一头镶青铜的伊朗象。

　　见面、礼物以及礼物所见证的关心都让两人欢喜。莉莉穿着紫色连衣裙，点了根紫色雪茄。他们说个不停。一切都跟以前一模一样，还是说没有？在旅馆里，他们和往常一样分住两间。晚饭后马雅可夫斯基去见莉莉。她后来回忆道，马雅可夫斯基在房间的门槛上停下来，靠在门的侧框上，轻柔地说："晚安，孩子。不会再折磨你了。"他意识到，如果继续违背莉莉的意愿把自己强行倒贴上去，他将无可挽回地失去莉莉。在认识十年之后，他已相当了解莉莉的性格，足以明白为他们关系定调的是莉莉——而非他——的意愿与感受。他的这句话宣告了他们身体关系的彻底终结。

　　他对莉莉很了解，因此确信自己和埃莉的恋情不会触怒她。他们的关系所遵循的法则要求他们不要对彼此隐瞒自己的罗曼史。所以马雅可夫斯基无疑把埃莉的事告诉了莉莉。随后他匿名去柏林医疗诊断研究所做了华氏试验（Wasserman test），以检查自己是否染上了梅毒，可以有把握地说，他是在莉莉知情的情况下前往的，甚至有可能就是莉莉让他去的；鉴于马雅可夫斯基不懂德语，他无论如何都不会一个人去看医生。检验结果为阴性。

　　在柏林待了四天后，莉莉和马雅可夫斯基过境立陶宛返回苏联。在莫斯科火车站接他们的是奥西普和埃尔莎，后者还记得莉莉穿着松鼠皮草大衣下了火车；在国外待了一个月后，她不再是"叫花子"

罗琴科在他和瓦尔瓦拉·斯捷潘诺娃的工作室里拍摄的热尼娅，
1924 年，也就是她和奥西普相识前一年。她穿着瓦尔瓦拉·斯捷
潘诺娃为社会教育学院的学生们设计的运动服。左边墙上是罗琴
科的广告海报。

了……马雅可夫斯基随她身后出现,在狩隼人区别墅迎接他的是斗牛犬阿牛(Булька)的吠叫——这便是莉莉那"绝妙的礼物"。

然而,回家带来的不仅是欢乐的惊喜。假如说马雅可夫斯基之前还没有意识到这一点的话,那么现在他不得不承认:他们"爱情托拉斯"的游戏规则确实改变了。

让他确信这一点的并不是莉莉对出版工作者奥西普·别斯金稍纵即逝的激情——尽管1926年初她还曾在他家住了一段时间,而是一起彻底改变了奥西普·布里克生活的事件。1925年1月,他认识了在莫斯科某儿童图书馆工作的一个年轻姑娘。二十五岁的叶夫根尼娅(热尼娅)·索科洛娃是导演维塔利·热姆丘日内的妻子,但当她和奥西普走到一起后,她就抛弃了自己的丈夫。尽管奥西普与莉莉之间的亲密关系在十多年前就已中止,但区区一个年轻的图书管理员唤醒了他沉睡的欲望,这一点深深触怒了莉莉,更何况沉默、封闭的热尼娅与通常造访布里克夫妇沙龙的那些女人完全不同。"我不明白他俩能谈些什么话题。"莉莉恼火地评论说。除此之外,她身上欠缺"文雅"这一点也让莉莉很反感。这个永远能成功驯服自己的"兽兽",让他们百依百顺的莉莉,这个从不反对马雅可夫斯基在外拈花惹草的莉莉如今却不得不承认,她从童年起就爱着的奥西普现在找到了一个能燃起其欲火的女人。而在奥西普看来,自己能和热尼娅相逢是一个真正的"奇迹",正如他在他们结识二十周年时写的那首诗中所说:假如他信仰上帝,他会因为自己与热尼娅走到一起而跪倒在上帝面前……

生活要在一起

莉莉很难接受奥西普情感生活的唤醒,幸而热尼娅并没有搬进他们的"家庭"。这样一来，他们三人同居的生活就像过去一样延续了下来。这是最重要的。

莉莉、奥西普和马雅可夫斯基之间的关系从来都不是肉体意义上的三人生活；如今就连一般意义上的三人生活都不是了。毫无疑问，莉莉的自由恋爱理论给马雅可夫斯基带来了无尽的折磨，但他们共同生活的基础是一种更深刻的共性。无论马雅可夫斯基因莉莉丰富的经历而陷入多么绝望的境地，他都知道没有人能像她这样欣赏自己的诗。而且无论莉莉对他的孩子气、嫉妒和种种不可能实现的要求有多厌烦，她都知道自己在他的创作中扮演了多么重要的角色。至于奥西普，她爱了他一辈子——布里克的博学和敏锐头脑就像马雅可夫斯基的诗一样让莉莉钦佩。

这一等式的第三个环节是马雅可夫斯基对奥西普的态度，这是一种透着柔情的深厚友谊。正是马雅可夫斯基激起了布里克对诗的兴趣，从而将他的生活推向了另一个圈子。奥西普的才智以前关注的是法学和家族生意，在遇见马雅可夫斯基之后，才把焦点放在文学和文艺学问题上，并能在二十年代成为俄国文化生活中的一个领衔思想家。其理论的灵感来源首先就是马雅可夫斯基和他的诗。

用莉莉的话说，马雅可夫斯基"重建了奥夏的思维"，但同时奥西普也对马雅可夫斯基的发展产生了巨大的影响。马雅可夫斯基的阅读量很少，也不成系统，而奥西普则每天都要去旧书店转转，并且随着时间的推移收集了大量藏书。马雅可夫斯基毫无保留地信任奥西普的美学品位和能力。这是一种罕见的联盟形式，其基础是友谊、信任、幽默、共同兴趣，以及对于自己正在建造一个更美好的新世界的政治信心。

如果说马雅可夫斯基是诗人，奥西普是文化理论家，那么莉莉就是涉及他们共同生活的那些问题的理论家。她在这方面既受到性别平等和女性解放这两种革命思想的影响,也和自己与生俱来的自由感有关。她决定,为了使他们的联盟有效持续,需要做到如下一点:白天人人都能做自己想做的事,但傍晚——可以的话,还有夜里——他们必须在同一屋檐下度过。1923 年那段分居时光过后不久,莉莉在给马雅可夫斯基的信中陈述了自己的想法:

> 我们不能再像过去至今这样生活。无论如何我都不会的!**生活要在一起**;旅行要**在一起**。或者就分手——最后一次,直到永远。
>
> 我想要什么。我们现在应该留在莫斯科;张罗公寓。你难道不想和我一起过像人样的日子吗?! 然后,在共同生活的基础上,再去谈其他一切[……]。
>
> 必须刻不容缓就开始这么做,当然,如果你想的话。我呢,是非常想的。似乎又快活,又有趣。我现在大可以喜欢你,大可以爱你,假如你**与我**并**为我**。假如不管白天去了哪里,做了什么,我们可以在傍晚或晚上**一起**肩并肩躺在一张干净舒适的床上;一间空气清新的房间;泡过一个热水澡!
>
> 难道不是吗? 你肯定觉得我又在自作聪明,又在耍任性了。
>
> 像个成年人一样认真考虑一下吧。我想了很久,并且是**为自己决定**的。我希望你能对我的愿望和决定感到高兴,而不只是服从! 吻你。
>
> 你的莉莉娅

308　　一封奇怪的信,如果考虑到写下这封信的是一个指责**马雅可夫斯基**屈服于资产阶级生活诱惑的女人。但作为一份纲领性声明,它具有一定的意义。莉莉、奥西普和马雅可夫斯基之间的关系是现代家庭联盟的一个例子,这种生活方式符合车尔尼雪夫斯基的革命理想。这种家庭结构已经获得了近乎象征性的地位,而它也是无法被摧毁的,无论莉莉对情欲和智识多样性的需求,还是马雅可夫斯基无法克制的嫉妒爆发,对它来说都不是威胁。因为"罗曼史"都是在屋外搞的,"家庭"并没有解体。莉莉建立的这种共同生活保障了她赖以生存的那种自由。马雅可夫斯基知道这一点——正如他也知道,如果他不接受莉莉提出的这些条件,那么他们俩的关系将会永远中止。

Changez vos dames!

莉莉、奥西普和马雅可夫斯基的"婚姻卡特尔"可能是当时现代家庭结构最招人议论的例子,但在世界第一个无产阶级国家,这种自由恋爱关系是很常见的现象,尤其是在知识阶层圈子里。奥西普·曼德尔施塔姆与妻子住在一起,但同时也和诗人玛丽亚·彼得罗维赫保持关系,而他的妻子娜杰日达·雅科夫列夫娜很欢迎这种关系,认为这种三人生活有非常多的积极元素。已婚的马克西姆·高尔基先是与女演员玛丽亚·安德烈耶娃,随后又和玛丽亚·扎克列夫斯卡娅-本肯多夫-布德贝格(Мария Закревская-Бенкендорф-Будберг)男爵夫人公开同居。在尼古拉·普宁和安娜·阿赫马托娃共同生活的所有岁月里,他们每晚都会和普宁的第一任妻子共进晚餐。还可以往这份名单中增添一批十九世纪的伟大先驱——车尔尼雪夫斯基、屠格涅夫和涅克拉索夫。曼德尔施塔姆夫妇的好友埃玛·格尔施泰因评论说:"这些故事丝毫没有在道德和美学上让我感到不安。我们生活在性革命的时代,我们是自由思想者,而且也年轻[……]。对我们来说,

309   一位现代女性在 1924 年给现代摄影师亚历山大·罗琴科摆造型

能构成私密生活行为准则的只能是我们个人的口味——看谁喜欢
什么。"

这种行为的基础是大约始于十九世纪中叶的对社会虚礼的挣脱。
(见《莉莉》一章)这一进程在革命后得到官方承认,并体现在新的婚姻
法规中。这些法规中最早的一批于1918年通过,法律规定只承认民事
婚姻,不承认宗教婚姻,简化了离婚手续,并使婚生和非婚生子女享有同
等权利。1926年通过的下一部婚姻法宽松到了使婚姻登记在法律上毫　310
无意义的程度;只要生活在一起的男女认为自己是夫妻就足够了。离婚
程序进一步简化,现在只要夫妻一方提出离婚即可,另一方连在场与否
都无所谓,更不用说他是否同意。这部婚姻法同样也准许堕胎。

新立法的根源在意识形态上被追溯到马克思主义经典,尤其是弗里
德里希·恩格斯的著作。婚姻自由和性自由被认为是应当在新社会实
现的普遍自由的一个组成部分,自由恋爱的支持者将旧社会的私有财产
与一夫一妻制(即占有妇女的权利)与共产主义社会的公有财产与自由
个人的自由恋爱对立起来。在革命后的第一个十年里,共产党尽可能不
去干涉公民的私生活。1923年,教育人民委员卢那察尔斯基称国家对
个人生活的管控会"威胁共产主义",并断言"共产主义社会道德的本质
在于其中没有任何清规戒律,这将是一个绝对自由人的道德"。他强调,
不允许"公众意见带来任何压力,不应该有任何的'comme il faut'①!"

恋爱自由——或者更确切地说,性自由——最激烈的宣传者是资
深党员亚历山德拉·柯伦泰。根据她提出的"杯水理论",在一个不受
资产阶级道德束缚的社会中,人满足性需求可以像喝一杯水一样容
易;无论男女都有性自由的权利。

---

① 法语,"恰当,得体,体面"。

很难说"杯水理论"的传播范围到底有多广,但它在知识阶层和年轻人中很受欢迎。例如,一个共青团员就曾报告说,由于现在所有女孩都乐意和他共度良宵,所以再也不必去寻花问柳了!而当1927年让敖德萨的大学生回答"是否有爱"这个问题时,只有60.9%的女性和51.8%的男性给出了正面回答。

柯伦泰等人的激进理论是马克思主义关于共产主义社会中自由人——或被解放的人——之思想的逻辑结果,这些思想诚然极端,却很难用马克思主义的逻辑对其展开质疑。由于共产主义和性自由是齐头并进的(就像旧的性道德和资产阶级社会是齐头并进的一样),对"新道德"的任何反对意见都会被认为是有偏见的和反动的。

革命十年后,起初以"自然人"的名义歌颂性自由的阿纳托利·卢那察尔斯基开始采取更冷静的立场,并在1927年用以下这段带有反讽意味的释义总结了"马克思主义"对男女关系的看法:

> 丈夫和妻子要生儿育女——这是个资产阶级玩意儿。一个尊重自己的共产主义者,一个苏维埃人,一个先进的知识分子,一个真正的无产阶级应该警惕这种资产阶级的玩意儿。"社会主义,"这种"马克思主义者"说,"为男女之间的交往带来了新的形式,即自由恋爱。一男一女走到一起,只要彼此喜欢就住一起,不喜欢就分开;短时间走到一起,并不形成稳固的经济结构;无论男女在这段关系中都是自由的。"[……]"真正的共产主义者,苏维埃人,"他们说,"必须避免一对一婚姻,并努力通过'change vos dames'①的方式来满足自己的需求——这个说法来自过去的卡德

---

① 法语,字面义为"更换您的太太",在卡德里尔舞中自然是指"更换您的舞伴"。

里尔舞,它以跳舞时丈夫、妻子、父亲、孩子间多变、自由的关系而闻名,所以你根本搞不清谁和谁到底是什么关系。这就是社会建设。"

尽管这段话有反讽意味,但它相当准确地反映了莉莉的理想,而这些理想则得到了当时尚且有效的苏联法律的支持。直到 1936 年通过的下一部婚姻法则标志着对婚姻和家庭的传统看法得以恢复。

死掉在此生并非难事

1925 年 12 月 28 日上午,一个可怕的消息将俄罗斯从睡梦中唤醒:三十岁的谢尔盖·叶赛宁被发现死于列宁格勒的英吉利宾馆(Hôtel d'Angleterre)。他是在自己房间里的水管上上吊自尽的。

谢尔盖·叶赛宁在很大程度上就是马雅可夫斯基的对立面。如果说马雅可夫斯基是大都市和革命的诗人,那么叶赛宁就是俄罗斯农村的歌颂者。他们彼此的接触主要限于争论,尤其是当叶赛宁在二十年代初加入未来主义者的对手意象派时。当马雅可夫斯基在美国之行中被人问及叶赛宁时,他称他"无疑有天赋,但是保守",并补充说,他是"在为富农的旧乡村恸哭,而与此同时苏维埃俄国战斗的无产阶级却不得不与这个'乡村'斗争,因为富农们把粮食藏起来,不给挨饿的城市"。他还有一次无意开了一个关于叶赛宁嗜酒成瘾的玩笑。笑话很粗鲁,但并非毫无根据。叶赛宁过着放荡的生活,尤其是在与豪放、乖张的舞蹈家伊莎多拉·邓肯短暂的婚姻期间。他们坐着邓肯的五座别克车巡演欧洲,一路上是不停的争吵、餐厅闹事以及叶赛宁搞的醉酒狂欢。

312

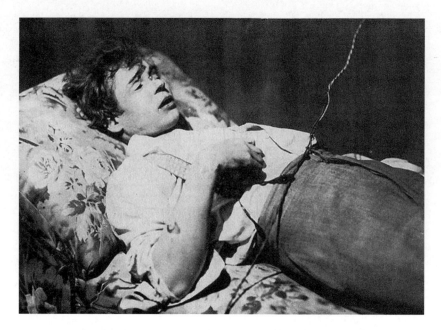

谢尔盖·叶赛宁用电线把自己吊死在英吉利宾馆的水管上

　　1925 年秋,叶赛宁的情况非常糟糕,他患上了震颤性谵妄,还起了幻觉,因此于 11 月 26 日被送进莫斯科精神病院。癫痫(和酗酒一样,似乎是遗传性的)和催生自杀想法的严重抑郁症(为此他的病房门一直敞开着)使他的病情更加恶化。12 月 21 日,叶赛宁自愿中断治疗并离开诊所——可能是因为他听到医生说他只剩下了半年生命。两天后他前往列宁格勒,并在那里自尽。

　　对一直把自杀视为一种现实可能性的马雅可夫斯基而言,叶赛宁的死开启了一系列保护机制。近几年来已经有古米廖夫、勃洛克和赫列布尼科夫等好几位大诗人离世,但他们的死都不如叶赛宁的自杀那样能引起马雅可夫斯基如此痛苦的反应。尽管按照莉莉的说法,马雅可夫斯基"出于原则"而从未表现出"他对叶赛宁的正面看法",但私底下他却认为叶赛宁"魔鬼般有才",并且在某种程度上和他有着"亲

313

缘的心灵"——两个人一样容易受伤、暴躁、永远在探求,又都是如此绝望。1922 年嫁给梅耶荷德的叶赛宁发妻,演员济娜伊达·赖赫没感受到叶赛宁和马雅可夫斯基的心灵状态有任何不同,在她看来,两个人都有着"内心疯狂的不安,对年轻时代的荣耀正在消逝而感到不满、恐惧"。

叶赛宁自杀后,将两人命运相比附的诱惑变得更加强烈,尤其因为马雅可夫斯基想必知道这并不是叶赛宁第一次尝试自杀。此外,叶赛宁诗中的自杀动机并不比他自己诗中的少。照诗人阿纳托利·马里延霍夫的说法,叶赛宁就像马雅可夫斯基一样,因自己自杀的想法而躁狂。

在上吊前,叶赛宁割伤自己,并用血写下一首绝命诗:"死亡在此生并非新事,/但活着当然也不更新鲜。"第二天,这首诗被刊登在所有报纸上。"在这几行诗后,叶赛宁的死成了一个'文学事实'。"马雅可夫斯基评论道。只有将叶赛宁的死变成文学,将其客体化,马雅可夫斯基才能克服自己的感受。1 月底,他去俄罗斯南部进行了一次为期三个月的巡回讲演。自杀这一话题在演讲和听众提问中都经常出现——而当他在哈尔科夫被问及叶赛宁时,他很恼火地回答说:"我死后不会在乎一切纪念碑和桂冠的……好好珍惜诗人们吧!"

为了直面叶赛宁的自杀,他尝试就这一话题写点什么,但工作进展得很缓慢。尽管他在漫长的旅途中"日复一日地"想着这件事,却"想不出任何有益的东西",唯一爬进他头脑的就是"各种长着蓝脸,带着一条条水管的鬼东西"。照他的话说,让他无法写作的原因在于"他所描述的内容与个人身处的状况过于吻合。同样的房间,同样的水管和同样迫不得已的孤独"。虽然马雅可夫斯基这里指的是外在的相似——宾馆房间里的孤独诗人,但很明显,叶赛宁的死激起了马雅可夫斯基一直在回避的想法。这时,他个人生活的处境也发生了根本的变化,未来一片模糊。他得和莉莉住在同一间公寓里,却不再是以丈夫的身份。他的生活会如何发展,谁来填补莉莉留下的感情空白?

314　　　三个月痛苦创作的成果便是诗作《致谢尔盖·叶赛宁》(*Сергею Есенину*),马雅可夫斯基于 3 月底将其交付印刷。它一瞬间就广为人知,手抄版甚至在印刷版问世前就开始传播了。"一下子就可以看出,这行有力的诗——恰恰是这**行诗**——会把多少动摇的人推向索套和左轮手枪,"在主要讲述这首给叶赛宁的诗之创作历程的札记《怎样作诗》(*Как делать стихи*)中,马雅可夫斯基写道,"你无法用任何,任何的报刊分析和文章来废除这行诗。必须用一行诗,而且也**只能用一行诗**来与这首诗斗争。"用他的话说,马雅可夫斯基的诗应该"深思熟虑地瘫痪叶赛宁最后那些诗行的效用,让叶赛宁的结尾不再有趣",因为"劳动的人类需要将所有力量贡献给业已开始的革命,而这[……]就要求我们颂扬生命的喜悦,以及迈向共产主义的最最困难的行军之欢乐"。

为了"让叶赛宁的结尾不再有趣",马雅可夫斯基决定改写叶赛宁诗中的最后两行:

死掉

　　在此生

　　　　并非难事,

创造生命

　　却要难得多。

这两行诗不仅回答了叶赛宁,也回答了马雅可夫斯基在诗开头所表达的那种深刻的痛苦：

> 您去了，
>> 常言所谓，
>>> 另一世。
>
> 虚空……
>> 飞翔，
>>> 您闯入群星。
>
> 你既没了酒吧，
>> 也没了预支。
>
> 清醒。
>
> 不,叶赛宁,
>> 这
>>> 不是嘲讽。
>
> 喉咙里
>> 不是笑声——
>>> 是痛苦。
>
> 我看见——
>> 割破的手微微磨蹭,
>
> 您摇晃着
>> 皮囊中
>>> 自己的骸骨。

315

叶赛宁的自杀会把"动摇的人""推向索套和左轮手枪",一个说出这种想法的人肯定清楚地知道自己也属于此类;实际上,《致谢尔盖·叶赛宁》本应先"废除"马雅可夫斯基自己自杀的念头。一年后在造访列宁格勒时,他让马车夫绕过英吉利宾馆——他不忍看到叶赛宁在其中自杀的那幢大楼。

亨德里科夫

为了实现莉莉有关共同生活的想法,需要有一间面积更大的公寓。只要他们还生活在拥挤的环境中,就只能执行纲领中的部分条款:傍晚他们一起在牌桌旁或屋外度过,但夜里马雅可夫斯基通常还是会回自己在卢比扬卡巷的房间过夜。

就在 1925 年 12 月从美国返回后,马雅可夫斯基在离莫斯科市中心稍有些距离的塔甘卡区(Таганка)的亨德里科夫胡同(Гендриков переулок)①获得了一套公寓。公寓不大——有三间十平方米的卧室,一间十四平方米的客厅,但毕竟不是集体公寓,而是独套的。他们打算在这里实践莉莉的理论。但首先要把公寓装修整饬一番,而这花了将近半年时间。

正是为了挣装修费,马雅可夫斯基又跑去巡讲了。他在出发前请卢那察尔斯基(第几次了哟?!)张罗一下,以免房子在巡讲时被没收,这次指的已经是亨德里科夫胡同的这套公寓了。事情办成了,不光如此,莫斯科市苏维埃还下达特别决议,不让"紧凑使用"马雅可夫斯基的公寓,这样诗人就可以根据自己的意愿"紧凑使用"公寓,也就是把莉莉和奥西普的户口给迁进来。

马雅可夫斯基不在时,装修方面的实际问题都是莉莉操办的。

---

① 这条街如今已改名为马雅可夫斯基胡同。

亨德里科夫胡同的房子。马雅可夫斯基和布里克夫妇的公寓位于二楼。房间都很小,空间应该得到最大化利用。因此马雅可夫斯基让人设计了一个带镜子的衣柜和一个折叠梳妆台(右图)。左下图中的是客厅。

"我亲爱的小太阳,"2月20日他从巴库给莉莉写道,"因为你要折腾公寓的事,所以很可怜你。但我也很嫉妒,因为折腾这事是极有趣的。"他把自己所有挣来的钱都寄给了她。资金非常必要,因为公寓的状况很糟糕,壁纸下面到处都是臭虫在爬,所有东西都需要更换、重做。由于房间很小,家具不得不专门订制。这一切都是莉莉负责的——她一个个车间地跑,为书架和书橱讨价还价,和木匠们讨论形状和尺寸。他们为前门订制了一块铭牌:"布里克。马雅可夫斯基"。施坦威钢琴不得不卖掉,因为没地方放,而为安置那些在奥西普新房里搁不下的书,他们在大门旁不供暖的楼梯间打了两套带挂锁的特制橱柜,然后把书放在里面。莉莉回忆道:

316

埃尔莎和莉莉1925年在狩隼人区的别墅，这是1918年后埃尔莎第一次来莫斯科。

公寓的装修原则与曾几何时初版《云》的装帧原则一样：没有任何多余的东西，也没有任何漂亮的东西——没有红木、油画、装饰。裸墙。只有在弗拉基米尔·弗拉基米罗维奇和奥西普·马克西莫维奇的沙发床上方挂着从墨西哥带回来的彩虹条纹布（сарапи），而我的沙发床上面是一块用羊毛和小珠子织成的狩猎花纹老地毯，是未来主义时期的马雅可夫斯基尚在1916年时送给我"逗乐"的。地上铺的是花花绿绿的乌克兰地毯，弗拉基米尔·弗拉基米罗维奇房间里还有我的两张照片，是我们相识那年在彼得格勒我送给他的生日礼物。

4月底，也就是由亚历山大·罗琴科设计封面的单行本诗作《致谢尔盖·叶赛宁》出版的同时，马雅可夫斯基、莉莉和奥西普得以搬进翻修后的公寓。自前一年夏天以来一直在莫斯科，并且在狩隼人区的别墅和马雅可夫斯基在卢比扬卡巷的公寓里轮流住的埃尔莎已经回巴黎去了。在这段时间里,她出版了自己的作家处女作——带有虚构特征的游记《在塔希提》,此书 1925 年在列宁格勒发行,用罗曼·雅各布松的玩笑诗作题词。(见《渴望西方》一章)私生活和文学是无法分开的:在 1926 年出版的自传性的《小草莓》中,埃尔莎把罗曼·雅各布松对她的感情变成了文学(见《第一次和第三次革命》一章),就像当初什克洛夫斯基把自己对她的爱情变成了《动物园》一样。

囚 囚

这次搬家花去马雅可夫斯基一大笔钱,而他那一年在财务检查员那里还碰到了不小的麻烦。税务局希望对马雅可夫斯基按小企业家和手工业者的标准征税,而由于马雅可夫斯基没有记账习惯,他不得不详细记录自己的支出——路费、文具、支付打字员的费用等,然后将其列入自己的申诉书。此外他还用诗歌的形式写了一份申诉书,即《和财务检查员谈诗》(*Разговор с фининспектором о поэзии*),作者在其中证明,与其他人不同,"诗人/永远是/宇宙的债务人,/在痛苦中/支付/利息/和罚金"。最终他们为马雅可夫斯基算上了 50% 的"生产成本"(和母亲的赡养费),因此,其六个月的纳税收入是其总收入(九千九百三十五卢布)的一半,也就是四千九百六十八卢布。与此同时,他还在自己和他人身上浪费了数量非常可观的钱财,他对金钱的态度极为轻率。他天性慷慨又挥霍,可以不假思索地在打牌或玩台球时下极为庞大的赌注。《纽约时报》曾称他为"俄罗斯最富有的诗人之一"。但实际上他到底挣了多少钱?马雅可夫斯基给税务部门的申报材料让我们能大致估算他的收入。他说 1925 年第四季度和 1926 年第一季度自己的总收入为九千九百三十五卢布,比平时的收入多三千卢布,因为在此期间他把文集的版权卖给了国立出版社。因此,他一般半年的收入约为六千卢布,即每年一万两千卢布。通过将这一数字和苏联产业工人的年收入——约九百卢布——进行比较,可以估算出马雅可夫斯基赚的钱差不多是工人的十三倍。另一个可供比较的标准是,他从纽约到勒阿弗尔的船票价格为四百卢布。

如果说马雅可夫斯基为装潢新居花了很多钱的话,那么莉莉就在装修上花了自己全部的精力,于是在搬迁后不久,她就去黑海度了几周假。当她回来后,马雅可夫斯基前往南方,计划在克里米亚讲演;他于6月19日离开莫斯科。在雅尔塔他收到莉莉的一封信,莉莉在其中讲述自己的生活:"每周一在我们家聚集了莫斯科文学、艺术、政治和金融界的精英";"每周日我们去看赛马——妙极了!""其余日子,奥夏去找女人(奥克萨娜、热尼娅)";她自己则去拜访"上层人士",其中包括住在银松林(Серебряный Бор)别墅区的阿尔特。"但你可别吃醋,沃洛西特!"她要求马雅可夫斯基道。

320　　　根据莉莉的规则,"家庭"的三位成员都有权自由恋爱,只要不妨碍他们的共同生活就行。奥西普与热尼娅的交往越来越密切,而莉莉可能仍与克拉斯诺肖科夫保持关系,后者于1925年秋从克里米亚的疗养院返回,1926年夏开始担任农业人民委员部棉花总委会处理金融问题的经济学顾问。同年,他的妻子和儿子从美国前来,但家庭团聚的希望并没有实现——仅过了一个半月,他们又回了纽约,格尔特鲁达在美贸得到了一份工作。由于有了新职位,克拉斯诺肖科夫在莫斯科获得一套公寓,他和女儿卢埃拉一起搬进了那里。

可想而知,马雅可夫斯基吃醋了,尽管莉莉告诫他不要这样做。但是,当他在7月中旬收到她的信时,另一件事让他的生活变得更加

莉莉和卢埃拉,亚历山大·罗琴科摄

丰富,也更加复杂,并把他的嫉妒情感推到次要地位。6 月 15 日,埃莉·琼斯在纽约产下女儿,她的教名是海伦·帕特里夏,但大家都叫她埃莉,就像叫她母亲一样。这一消息并不意外,因为马雅可夫斯基知道或怀疑过埃莉怀孕了。很可能在给埃莉发的新年电报中他已经暗示了这一点:"啥都写写。都写。新年好。"但埃莉因害怕苏联审查机构会拦截消息而没有写。当 5 月 6 日她终于通知马雅可夫斯基自己即将分娩,并请求物质援助时,她用了非常笼统的表述,并未说明钱具体要用在哪里:"三周后必须向医院支付六百美元。如果可以的话,请寄去这个地址[……]。我想,您懂我的沉默。如果我死了——all right①——如果没有,我们会再相见。"马雅可夫斯基回复了一封电报,告知说"客观情况"不允许汇钱,无论他多么想这样做。

尽管极度谨慎,但马雅可夫斯基一发现自己当了爹,就立即联系了埃莉。他的信遗失了,但埃莉的回信保存了下来。"您的信多么让我高兴啊,我的朋友!为什么,为什么之前不写来?"7 月 20 日她带着责备问道,"我还很虚弱。只能勉强蹒跚。不能写太多。不想回忆起对我来说那有如噩梦般的春天,那会让人沮丧。要知道我还活着。很快就会康复的。抱歉,用那张愚蠢的字条让你心烦了。"她等他的信等了很久,她接着写道,但也许这些信至今还留在写字台的抽屉里?"唉,弗拉基米尔,您真的不记得您喜爱的小爪子了吗?您真是好笑!也许有朝一日咱俩都得去找弗洛伊德。"

马雅可夫斯基对这一事件的反应简要地反映在他 1926 年的一本记事簿中:他在空白的一页上写下了"囡囡"(дочка)一词。从埃莉给他的信中可以清楚地看出,他计划去纽约:"如果您最终决定来,就拍

---

① 英语,"好,正常"。

1926 年 8 月莉莉和马雅可夫斯基在克里米亚的恰伊尔(Чаир)度假地

电报。"和上次一样,应该让查尔斯·雷希特帮忙搞签证。

但马雅可夫斯基最终却没有去成。阻碍他向美国汇款的那个"客观情况"在决定他能否出国旅行的时候变得更为"客观"了。他这么着急要去美国,动机是什么? 真正的原因他既不能向苏联当局,也不能向美国当局,甚至不能向自己的朋友们告知。当马雅可夫斯基终于看到自己女儿时(其法定父亲被认定是乔治·琼斯),已经过去了将近两年。

与此同时,他通过写作儿童诗来释放自己的父爱,而且用他自己的话说,他对这项工作"怀着特别的热情"。女儿出生后不久,他写了电影剧本《孩子们》(Дети),讲述的是一个挨饿的美国矿工家庭,家庭中的母亲就叫埃莉·琼斯,而女儿则叫伊尔玛——可能他还不知道自己女儿的真名。剧本里充满了关于资本主义惨无人道的刻板印象,但在邀请伊尔玛去苏联与少先队员见面的那个桥段中,我们听到的声音并不是来自一个意识形态专家,而是来自一个梦想看到自己孩子的父亲。

一年后发生在布拉格的一件事说明了无缘见到自己孩子的马雅可夫斯基有多么忧伤。当民俗学家彼得·博加特廖夫一岁大的儿子跑进房间时,马雅可夫斯基高喊道:"把他弄走!"记下这一幕的罗曼·雅各布松认为这种情绪爆发证明了马雅可夫斯基不喜欢孩子,并认为他们是"凡俗生活的延续"。但雅各布松并不知道马雅可夫斯基在美国有个女儿,而他的吼声反映的其实是他的绝望。

莉莉知道马雅可夫斯基和埃莉有一段罗曼史,但她什么时候才知道他成为父亲了呢? 7 月底她前往克里米亚,在那里获得了电影《农地上的犹太人》(*Евреи на земле*)助理导演的职位,这部由维克托·什克洛夫斯基创作剧本的电影讲述了在克里米亚建立犹太农业殖民地的尝试。拍摄结束后,她在恰伊尔膳宿宾馆与马雅可夫斯基共处了十四天。可能正是在那时她获知了其女儿出生的消息。

像个疯子一样到处跑

尽管搬进了新居,但莉莉和马雅可夫斯基那一年待在莫斯科的时间极少。马雅可夫斯基已经连续五个月不在了。8 月底从克里米亚返回后,秋天他又好几次离开首都。他从南俄的克拉斯诺达尔寄给莉莉的一封信让我们对他焦头烂额的生活有了一定了解:

> 像个疯子一样到处跑。
> 已经演讲过的地方——沃罗涅日、罗斯托夫、塔甘罗格,然后又是罗斯托夫、新切尔卡斯克,然后又是两次在罗斯托夫。现在坐在克拉斯诺达尔,今晚我不是去演讲,而是去嘶吼——我恳求

组织者别再把我带去新罗西斯克了,而组织者则恳求我还要再去斯塔夫罗波尔。

讲得有点艰难。每天都要讲:例如周六晚上八点半到凌晨十二点三刻在新切尔卡斯克朗诵,然后他们请我早上八点就去大学讲演,然后十点去骑兵团讲演,但我不得不拒绝,因为十点去了罗斯托夫,在拉普从一点半朗诵到四点五十分,而五点三十分我已经在列宁工场了,拒绝是无论如何都不行的:因为是给工人读,而且免费!

在冬天以及随后的 1927 年全年,马雅可夫斯基的旅程仍在延续,他连续一百八十一天没有出现在莫斯科;他造访了四十座城市,举行了一百多场讲演。"我正在续写被中断的中世纪游方诗人传统。"他在信中报告说。每次讲演都要求神经高度紧绷,平均每场会持续三个小时,随后还有听众提问环节。同年马雅可夫斯基还写了七十首诗,二十篇文章和随笔,三部电影剧本和献给十月革命十周年的长诗《好!》(*Хорошо!*)。成果令人印象深刻,但同时也使他疲惫不堪。

之所以马雅可夫斯基会往自己肩上抗起这种近乎非人能承受的 **323** 重担,是一系列交织的原因造成的。第一,他感到有必要与读者见面,并向他们普及自己的创作和美学原则;他是一个天生的舞台诗人,这是他的本能。第二,他需要钱。第三,埋头工作会让他不去想莉莉在莫斯科过的那种生活——而他自己呢,用他写给莉莉的信里的说法,"在精神和浪漫方面[……]都不咋地"。

但莉莉也不是一直待在莫斯科;欧洲又一如既往地在诱惑她了。1927 年 1 月 16 日,也就是马雅可夫斯基奔赴又一轮巡讲——这次是在伏尔加河沿岸城市——的那一天,莉莉踏上了前往维也纳的火车。

我们并不清楚她在奥地利逗留的情况,以及她去那里的动机,我们只知道她与埃尔莎见了面,后者则刚去了捷克斯洛伐克的疗养地弗朗岑斯巴德(Franzensbad),以治疗自己在塔希提岛开始患上的风湿病,并且创作自己的新书《保护色》(*Защитный цвет*)。在维也纳三周逗留的唯一证据是几封请马雅可夫斯基和奥西普汇款的电报。这需要得到当局的批准,2 月 3 日马雅可夫斯基告知说,他已将两百九十五美元汇入维也纳的工人银行(Arbeiterbank),而剩余部分将在"近日"寄出。

给高尔基的信

从 1925 年年初开始,马雅可夫斯基的团体被剥夺了其美学理念的传声筒。《列夫》寿终正寝:1926 年 1 月它发行了第七期,也是最后一期,计划中的第八期最终也未能刊印。由于党关于文学的决议完全无视了未来主义和列夫,国立出版社便以此为借口,认为自己有权中止杂志的出版。同一时间作出的推迟出版马雅可夫斯基著作集的决定也未必是个巧合。

如果说"未来主义"这个词先前在苏联的文化讨论中仍有着可疑的广告价值,那么如今它明显只剩反作用了。1925 年 10 月在纽约的一次演讲中,已经得知国立出版社想废除文集出版合同的马雅可夫斯基声称:

> 未来主义曾有过自己的地位,并永远在文学史中青史留名,但它在苏维埃俄罗斯已经发挥完了自己的作用。
>
> 苏联的志向和所做的工作并不体现在未来主义,而是体现在列夫中。列夫歌颂的不是赤裸的、混沌的技术,而是合理的组织。

324

未来主义和苏联的建设[……]不能同行……从现在起,我反对未来主义;从现在开始我将会和它作斗争。

这些都是口头上的诡计;重点——以文学创新为准绳——并未改变。1926 年冬,奥西普和三位诗人(阿谢耶夫、帕斯捷尔纳克和接近未来主义者的构成主义者伊利亚·谢利温斯基)在托洛茨基的接待时间找上门去,向他抱怨创新的作者所面临的困难。尽管他属于党内反对派,但托洛茨基在文化领域的地位仍然相当稳固,因此拜访他的原因是可以理解的,更何况奥西普不久前加入了反对派,声称自己再也"忍受不了了"。马雅可夫斯基以前曾与托洛茨基见过几次面,但没有参加这次会面,想必是因为他当时不在莫斯科。或许是靠了托洛茨基帮忙(他毫不迟疑地召集主要艺术家开了一场会议),1926 年 9 月列夫派与国立出版社签订协议,出版月刊《新列夫》(Новый Леф),发行量为一千五百份。它的篇幅为三印张,即四十八页,大大少于"旧"《列夫》,后者虽然是不定期发行,但有时篇幅长达几百页。

1927 年 1 月出版的第一期《新列夫》的社论如是解释杂志的做法:近年来,文化状况"变成了一个彻底的沼泽",这个沼泽"有回到战前准则的危险",而《列夫》则是"一块抛向凡俗生活和艺术沼泽的石块"。文章最后呼吁文化界人士站出来捍卫革命美学:"我们为质量、工业化、构成主义(即艺术中的合理性与经济)而进行的不懈斗争如今与我国的主要政治、经济口号是一致的,并且应该把所有新文化的活动人士吸引到我们这边来。"

紧接着社论的是马雅可夫斯基的一首诗,他在诗中批评高尔基不来"建设明日世界",而是生活在境外。在如此显眼的地方刊登《作家弗拉基米尔·弗拉基米罗维奇·马雅可夫斯基给作家阿列克谢·马

克西莫维奇 · **高尔基**的一封信》(*Письмо писателя Владимира Владимировича МАЯКОВСКОГО писателю Алексею Максимовичу ГОРЬКОМУ*)是个直白的挑衅,因为之前《消息报》曾拒绝发表这首诗,而这也导致了马雅可夫斯基不再与这家政府报纸进行合作。

1921 年离开俄国后,非布尔什维克民主社会主义的主要象征高尔基在自己身后留下了一片巨大的空虚。"假如俄罗斯历史上未曾有过您,我便不知道革命会给我留下什么,不知道它的真相在哪里。"帕斯捷尔纳克给他写道。"整个苏维埃俄罗斯始终在想您。"叶赛宁在自杀前不久告诉高尔基。而散文作家米哈伊尔·普里什文开玩笑地断言,高尔基是如此之重要,以致他简直就不能回来,因为那样的话他会"被撕成碎片"。

如果说叶赛宁或帕斯捷尔纳克还有可能把高尔基劝回来,那么马雅可夫斯基的机会就实在是微乎其微。在因杜撰梅毒传言的风波而闹翻后,马雅可夫斯基和高尔基的关系就一直糟得不能再糟。高尔基是个非常勤恳的通信人,而马雅可夫斯基则是少数几个高尔基连一封信都没给他写过的作家之一。尽管高尔基密切关注着苏联的各种文学事件,但他从未对马雅可夫斯基的创作发表过只言片语(考虑到马雅可夫斯基的地位,这简直可以算是一种壮举)。

马雅可夫斯基的《信》与其说是挑衅,不如说是斥责。在马雅可夫斯基看来,高尔基不在祖国就像叶赛宁的自杀一样是种背叛。高尔基在德国住了几年后,于 1924 年移居到卡普里岛(Capri)对面的索伦托(Sorrento),先前在 1906 年至 1913 年期间他已在那里度过了七年流亡岁月。"我很遗憾,高尔基同志,/在我们如今的建设中,/您,/我没看见。/您以为,从卡普里,/从小山上,/您看得更真切?"但批评的动机不仅仅是政治上的分歧。旧伤尚未愈合,从诗的开头几行可以清楚地看出这一点：

> 阿列克谢·马克西莫维奇，
>
> 　　　　我记得，
>
> 　　　　　　咱俩间
>
> 有过点啥，
>
> 　　　像是对骂，
>
> 　　　　或是打斗。
>
> 我走了，
>
> 　　　把磨破的裤子
>
> 　　　　　夸炫，
>
> 而您呢
>
> 　　　则被那国际的弹簧抓走。

马雅可夫斯基既不能原谅高尔基对其私生活的干涉，也不能原谅他眼中的政治背叛。1927 年 4 月当他在罗曼·雅各布松位于布拉格的家读给高尔基的信时，苏联大使安东诺夫-奥夫谢延科开始为高尔基辩护，马雅可夫斯基愤怒地反驳他说："那有请啊，让他来呗。他在那儿坐着干啥呀？"然后，照雅各布松的说法，他开始对高尔基评头论足，说他"基本上就是个不道德的东西"。

326

这种敌意是相互的，以下事实就证明了这一点。那年秋天尼古拉·阿谢耶夫去索伦托拜访高尔基时，他连马雅可夫斯基名字都不敢提。他想要让两位作家重归于好，便给高尔基读了马雅可夫斯基的这首诗，但没有说出作者的名字，然而高尔基却不停地用各种借口打断他；他不可能认不出马雅可夫斯基的文体。"我非但没让高尔基与马雅可夫斯基和解，反而让高尔基记恨我起来了。"阿谢耶夫断定说。假如他知道高尔基对马雅可夫斯基这封《信》的回应——"马雅可夫斯基一直就是个流氓，而且一直到死肯定也还是个流氓"——的话，他或许就不会去冒险搅这摊浑水了。

过得如何？

1926年至1927年之交的秋天和冬天，亨德里科夫胡同上的公寓成了列夫的"司令部"。每周都会举办"列夫星期二"，所有接近列夫派的人都会前来——尼古拉·阿谢耶夫、谢尔盖·特列季亚科夫、鲍里斯·帕斯捷尔纳克、年轻的谢苗·基尔萨诺夫、维克托·什克洛夫斯基、弗谢沃洛德·梅耶荷德、谢尔盖·爱森斯坦、维塔利·热姆丘日内，以及列夫·库列绍夫。要不是因为客厅太小，大可以把他们的聚会称为"沙龙"。

列夫的新理论规定，当代艺术家应该使用并非基于想象中的现实，而是基于事实的体裁，如报道、报刊小品文、回忆录和传记。按照这种美学理论，摄影和电影被认为是模范艺术形式。奥西普对电影很感兴趣，如今他在各种电影杂志上发表文章，宣传"民族志新闻电影"，其范例就是影片《农地上的犹太人》。

"电光影戏"早就开始吸引马雅可夫斯基了（见《第一次和第三次革命》一章），如今他又再次对电影艺术产生兴趣，这可能是受了莉莉参与拍摄电影《农地上的犹太人》的鼓舞。在一年多时间里，他写了九个剧本，然而只有两部被搬上了银幕。影片《孩子们》于1928年春上映。

在未被采用的剧本中，有《被胶卷束缚的女人》的新版本《银幕之心》,还有一部全新的剧本《过得如何?》(*Как поживаете?*),两者都是1926年秋写的。按照支配着马雅可夫斯基创作的那种节奏,在长诗《弗拉基米尔·伊里奇·列宁》后面应该跟着一部抒情作品。事实的确如此,只不过这一次马雅可夫斯基没用诗体形式,而是在电影剧本中表达了自己内心最深的情感。剧本《过得如何?》用"五个电影细节"描述了"一个人二十四小时的生活",它不仅在主题上,而且在隐喻系统上都与抒情长诗《人》和《关于这》呼应。和这些作品中一样,主角"普通人"就叫作者的名字。他家大门前的铭牌"布里克。马雅可夫斯基"也强调了影片的自传背景。

《过得如何?》包含着他创作的两个主要动机:一是自己不被理解、被低估的感觉,二是自杀作为可能的出路。马雅可夫斯基是诗人("没有烟囱和管子的工厂"),他创作不为任何人所需的诗歌。"我不需要您的诗。"喝着茶的一家之长说道。他长着一张猪脸,又突然变成一只红猩猩——这一场景就仿佛是从《关于这》中截取的。唯一对诗感兴趣的是工人们,他们在剧本中的代表是几个共青团员。当马雅可夫斯基去报纸编辑部卖自己的诗作时,上演了如下场景:

38. 马雅可夫斯基走进编辑部办公室。当他踏进房间的时候,在门上变大,并占据了整个门框。

39. 编辑和人握手。人缩小到编辑的身材。编辑,也就是报界官僚,让他朗诵。

40,41,42. 过去同样身材的编辑逐渐缩小再缩小,完全变小了。马雅可夫斯基拿着手稿向他进攻,变成硕大的尺寸,是编辑的四倍。在编辑椅子上坐着的已经是一颗渺小的象棋棋子。

43. 诗人朗诵,背景是听众。

44. 编辑听了之后恢复原来大小,他翻了翻手稿,做出生气的表情,向诗人进攻。

马雅可夫斯基在变小。编辑正变得硕大,是诗人的四倍大。诗人像一颗象棋棋子站在椅子上。

45. 编辑批评,背景是红猩猩家族。

最终结果是编辑给马雅可夫斯基预支了十卢布,但出纳处却关了,于是诗人没拿到这笔钱。

这些场景传达了马雅可夫斯基经常在编辑部遭受的羞辱。尽管他那易受伤害的心理有时会把冲突夸大到令人难以置信的程度,但官僚对他的阻挠也的确是事实。"我记得他有一回从国立出版社回来,在那里等某个人等了很久,站在出纳处前的队伍里,试图证明某件根本不需要证明的事情[……]," 莉莉说,"他一回到家就全身挺直扑向沙发床,脸朝下,真的就是在号哭:'我再也受不了了……'我这就因为可怜、担心他而大哭,然后他忘了自己,扑过来安慰我。"

莉莉担心马雅可夫斯基的生命,但是在《过得如何?》中自杀的并非马雅可夫斯基,而是他的前女友。他在报纸上读到了关于自杀的事:

328

122. 报纸升起,变成一个角,像一面巨大的屏风。

123. 从报纸阴暗的角后走出一个女孩的身影,她绝望地举起一只拿着左轮手枪的手,手枪朝太阳穴,手指触碰着扳机。

124. 像狗捅破马戏团箍面的环,马雅可夫斯基冲破报纸,跳进了由报纸形成的那间房间。

125. 马雅可夫斯基拼命抓住并推开她握着左轮手枪的手,但是晚了——姑娘摔倒在地。

　　126．人在退后。脸上写着恐惧。

　　自杀的念头是马雅可夫斯基挥之不去的想法，在当时的讲演中他喜欢朗诵《致谢尔盖·叶赛宁》一诗。但在这部电影剧本中，折磨他的是另一件他从未从记忆中抹去的事件之阴影：1918 年安东宁娜·古米林娜因他而自杀。

动物园里的狮子

　　剧本《过得如何？》是为订货而写的。起初预计影片将由列夫·库列绍夫拍摄，而他的妻子亚历山德拉·霍赫洛娃则扮演了自杀的女孩。剧本并没有被搬上银幕，却以另一种独特的方式实现了：库列绍夫和莉莉陷入了一段近乎产生致命结果的热恋。

　　二十八岁的列夫·库列绍夫比莉莉小八岁。尽管年轻，但他已从事电影行业多年，并被认为是二十世纪苏联电影艺术革命性发展的促成者之一。他的学生包括吉佳·维尔托夫（《电影眼》〔Киноглаз〕）、谢尔盖·爱森斯坦（《罢工》〔Стачка〕、《战舰波将金号》〔Броненосец «Потёмкин»〕）和弗谢沃洛德·普多夫金《母亲》〔Мать〕）。库列绍夫本人在 1924 年因导演了由阿谢耶夫撰写剧本的电影《韦斯特先生在布尔什维克国非同寻常的历险记》（Необычайные приключения мистера Веста в стране большевиков）而为人所知，他的妻子也在这部电影中扮演了一个角色。

　　库列绍夫疯狂地爱上了莉莉，他给莉莉写小情诗，给她拍了张很漂亮的肖像照，送给她一个根据自己画的草图制作的狮子胸针（他的

329   骑着自己摩托车的列夫·库列绍夫,莉莉和马雅可夫斯基都曾满
足地坐在摩托车跨斗上去兜风。照片是从一个典型的亚历山大·
罗琴科式的角度拍摄的,1927 年。

名字列夫在俄语中是狮子的意思)。莉莉也被库列绍夫迷住了,他的
举止和腔调都让人想起好莱坞明星。他打猎,热爱运动,骑摩托车在
莫斯科兜风,还常请莉莉去坐他的摩托车跨斗。

如果说在二十年代的苏联,摩托车还只是稀有品,那么私人汽车
则会被认为是种闻所未闻,且在意识形态上很可疑的奢侈品。但是库
列绍夫(莉莉也是)非常想要一辆车,当1927年4月15日马雅可夫斯
基出国时,除了一如既往的服装和香水订货外,他还得到了一项新任
务:买辆"小汽儿车"——"我们想了很久,到底买哪种。最后决定了,
福季克①最好。因为1)它最适合我们的路,2)它的零配件最容易搞
到,3)它不是豪华车,而是工作车,4)它最容易开,而我想一定得自己
开。**唯独有一点,买的时候必须认准最新款的福特,带加强胎的那种;**
要有全套工具和尽可能多的备用零件。"

"我们"指的想必是莉莉和库列绍夫。莉莉还请马雅可夫斯基为
后者的"摩托儿"买下她在一张特别清单上记下的"全部":"我们开它
开得非常勤。"库列绍夫的妻子也没有被遗忘,马雅可夫斯基应该为她
捎一种"涂牙齿的电影用化妆品"。

马雅可夫斯基这次的海外之旅去了华沙、布拉格、柏林和巴黎。
在离开的近一个月里,他很少给莫斯科打电报,而且也只写了一封
信——回复莉莉关于"福季克"的指示,他在4月29日抵达巴黎时收
到了这些指示。"我刚闯进伊斯特里亚,就立刻把你的信拿来了——
我甚至连帽子都还没来得及摘,"他告知说,"我开心得要命,并且之后
的生活已遵循你的指示去过——我关心了埃尔莎,考虑了汽车,等等,
等等。"然后,他抱怨"令人极为反感,讨厌得难以置信"的生活,并声

330

331

---

① Фордик,福特(Форд)的俄化指小表爱形式。

称他会尽一切努力减少"在这些烂透了的国外"逗留。

信没有写完,也没有寄出,但是福特(运动款)还是买到了,并被送去莫斯科。马雅可夫斯基非常慷慨,从海外旅行回来总是带着好几个装满礼物的手提箱。罗琴科回忆说:"在履行别人任何请求的时候,他是多么认真啊。"马雅可夫斯基给他带了德国产的摄影器材,而且还为此去搞了进口许可——库列绍夫的福特同样需要如此。购买汽车体现的不仅是马雅可夫斯基特有的慷慨,还表明他渴望能不断取悦莉莉。不难想象他要为此付出什么样的代价——而且不仅仅是金钱上的代价。

莉莉用那种对她而言非常自然的方式秀出了自己与库列绍夫的关系;她这么做也是想让马雅可夫斯基明白,他俩的恋爱关系已经无可挽回地结束了。马雅可夫斯基不得不假装配合,尽力不让自己充满愤恨的嫉妒心理占据上风。夏天他们一如既往地在普希金诺度过,尽管偶尔会因外出而中断:7月初,莉莉和库列绍夫去高加索待了两周,而一段时间后马雅可夫斯基也踏上了为期六周的巡讲。但在普希金诺,他们的日子过得就像什么都没发生过一样:采蘑菇,打麻将(麻将牌是莉莉的母亲从伦敦带来的)和乒乓。把乒乓介绍给他们的是库列绍夫,而马雅可夫斯基则要求库列绍夫教他怎么打。他们打了整整一昼夜,来钱的,起初马雅可夫斯基输掉了"天文数字",但最终把输掉的钱都赢了回来,最后甚至还赚了一点。

出于可想而知的原因,一头狮子出现在"喵喵和奥夏之家"可不会让马雅可夫斯基太高兴,尤其因为库列绍夫的性癖与曾几何时哈里·布卢门菲尔德在慕尼黑让莉莉领教过的一样"淫荡"。1927年11月14日,亚历山大·罗琴科的妻子瓦尔瓦拉·斯捷潘诺娃在日记中写道,马雅可夫斯基"感觉很不好","神经十分紧张":"开始看不清了,医生让他戴眼镜。原因出在神经上。"即使考虑到马雅可夫斯基在革

年轻的列夫派成员瓦西里·卡塔尼扬和其妻加林娜对普希金诺别墅居民们的那种道德观持不同看法。十年后，瓦西里·卡塔尼扬将和妻子离婚，并将自己的人生和莉莉结合在一起。

命十周年之际的紧张工作，也很难排除身体疲惫以外的其他因素对其精神状态的影响。

　　然而受折磨的不止他一个人。莉莉和奥西普能接受这种彻底自由的性关系，但库列绍夫的妻子却完全无法容忍，她出身名门世家：父系这边她是名医世家博特金家族的后裔，外祖父则是特列季亚科夫美术馆（Третьяковская галерея）的创始人。她的丈夫和莉莉几乎就在她眼皮底下纵情缠绵。当梯弗利斯（Тифлис）①来的年轻列夫派成员瓦西里·卡塔尼扬和妻子加林娜 7 月底第一次来普希金诺时，坐在露台上的"一群衣着华丽的优雅男女"给他们留下了深刻印象。"大

332

---

　　①　苏维埃格鲁吉亚首府，现格鲁吉亚首都第比利斯在 1936 年以前的俄语名称。

多数女性都很漂亮，"加林娜指出，然后继续说道：

> 库列绍夫带着霍赫洛娃来了。莉莉娅和库列绍夫立刻上楼，在那里待了相当长的时间。热姆丘日内带着热尼娅来了之后也发生了同样的事——奥夏和脸上因害羞、欢快泛着粉色的热尼娅立即消失去了楼上。霍赫洛娃不动声色地在露台上与女士们交谈，但热姆丘日内没有这般训练有素，忧郁地在花园里形单影只地踱步。目睹的这一切让我有些疑惑，在回家的路上我问瓦夏，这算怎么回事？瓦夏思索了一会儿，向我解释说，现代人必须超越嫉妒，嫉妒是一种市侩习性。

333　　霍赫洛娃的"不动声色"是演出来的，因为她也不想被人当作市侩。事实上，她内心痛苦万分，有一次甚至试图自杀。"舒拉①在自杀的门槛上被阻止了，"莉莉说，"真的就是被当场拦下。"她未能在银幕上扮演的那个角色，她在生活中扮演了——而在导演椅上坐的竟是同一个人。莉莉不理解霍赫洛娃的反应，这种做法在她看来是"老阿婆脾气"的表现。而奥西普也对他们的家庭戏剧做出了贡献——他写作了电影剧本《克莱奥帕特拉》(Клеопатра)，计划由库列绍夫导演，霍赫洛娃主演，但这部剧本和《过得如何？》一样都没能拍摄。

列夫的成员们信奉同样的美学和伦理信条，而且非常团结一致，以至于几乎可以说他们是一个教派。"我几乎不认识他们以外的任何人，"莉莉回忆说，"其他人无非是我在电车、在剧院里碰到而已。而列夫派的成员们却是在彼此眼皮底下成长的。列夫刚开始发展时还不

---

① 亚历山德拉的爱称。

莉莉、奥西普、亚历山大·罗琴科和瓦尔瓦拉·斯捷潘诺娃在亨德里科夫胡同的餐桌上,1926 年或 1927 年。二十年代后半叶,列夫派妻子们流行剪短发,莉莉第一次也是唯一一次剪短了头发。奥西普反对,因为用瓦尔瓦拉·斯捷潘诺娃的话来说,他"在对待妇女时是个著名的反动派",他认为"女人一剪短发马上就像是妓女"。

叫列夫,它从一五年,从《穿裤子的云》,从沃洛佳的讲演开始,经过'共产未来',经过《公社艺术》。[……]这是一个由相同想法的苏维埃人组成的友好团体。"他们被共同的理念和共同的敌人联合起来,几乎昼夜不停地在彼此交流。当他们不讨论艺术和文学的时候,就坐到牌桌旁。"麻将在列夫派的娱乐休闲中占据一个主要地位,"瓦尔瓦拉·斯捷潘诺娃在日记中写道,"所有人都打。他们分为狂瘾派——沃洛佳、科利亚[·阿谢耶夫]、莉莉娅——和古典派——维佳[·什克洛夫斯基]、奥夏、我、廖瓦。罗琴科是个特殊的牌手,他是独立的。从半夜打到早上六七点。有时连续打十七个小时。"在莉莉的日记中也能找到关于列夫派成员们整夜不间断打牌的记录。就像存在着列夫美学和列夫道德一样，这么多年来也逐渐形成了一种特定的列夫生活方式。

娜塔莎

加林娜·卡塔尼扬所描述的那种情景会引起马雅可夫斯基绝望的嫉妒爆发，但卡塔尼扬夫妇初次造访普希金诺的那一天，他正好跑去乌克兰、克里米亚和高加索各城市巡讲了。7 月 25 日，他在哈尔科夫火车站碰到了莉莉，后者在与库列绍夫一起休假后返回莫斯科。当马雅可夫斯基请她在哈尔科夫留一天听他的新作时，她没等火车发动334 就把手提箱扔出了窗外。马雅可夫斯基欣喜若狂——无论莉莉和库列绍夫或其他男人如何厮混，他依然完全依赖着莉莉的赏识和认可。"我记得旅馆里我们坐的桌子上有一个传统的细颈水瓶和一个水杯，他立刻就在半夜里给我们读了刚写完的长诗《好!》的第十三、十四章。"

长诗《好!》系为纪念十月革命十周年而作，篇幅和《弗拉基米尔·伊里奇·列宁》一样长。他在哈尔科夫的宾馆读给莉莉听的那两章讲述了 1919 年至 1920 年之交的那个饥寒交迫的冬天在波卢埃克托夫胡同的共同生活：

十五
　　平方米的住所。
有四位
　　住里面——

莉莉娅，

　　　　奥夏，

　　　　　　我

和

　　狗仔犬。

　　那是一段幸福的时光,尽管艰难困苦,尽管"饥饿的浮肿"把莉莉
的眼睛变成了"两条缝":

如果

　　我

　　　写过什么,

如果

　　说过

　　　什么——

罪责都在

　　　　天空般的眼,

我

　最爱

　　的眼。

圆圆的,

　　　　栗色的,

滚烫

　　到燃烧。

335   1927 年的娜塔利娅·布留哈年科，当时她和马雅可夫斯基的计划
       让莉莉有所警觉。

他回忆自己如何搞到两根"价值连城的"胡萝卜,然后把它们带给因缺乏维生素而眼睛浮肿的莉莉。他写道,自己"在温暖的各国瞎逛过/许多"——

但只有
　　　在这个冬天
我才
　　　开始
　　　　　懂得
爱情、
　　　友谊
　　　　　和家庭的
　　　　　　　温暖。

336

这段对莉莉——和奥西普——无条件的爱之告白写作于马雅可夫斯基生命中最重大的危机时期之一,当时莉莉正公开与另一个男人生活。这到底是不可思议的自我强迫之结果,还是真实情感的反映?答案是:两者皆有。

如果库列绍夫也在那列火车上的话,那么我们可以推测,当他抵达莫斯科的时候,莉莉已经不在他身边了。而等莉莉也打道回府后,马雅可夫斯基在哈尔科夫举行了几次讲演,然后前往雅尔塔。出发当天,他给莫斯科发了一封紧电:"莫斯科,国立出版社,布留哈年科。急盼。13 日你出发来塞瓦斯托波尔见。今去拿票。雅尔塔,俄罗斯宾馆,热烈问候,马雅可夫斯基。"

电报的收信人是娜塔利娅·布留哈年科,在国立出版社图书馆工作的二十一岁大学生。之所以要发加急电报请对方在十二天后赶到，一方面是因为火车票必须在发车前十天购买，另一方面则是因为对这位冲动且不耐烦的诗人来说，加急电报是一种自然而然的通信手段。娜塔利娅没能立刻买到车票，两天后她收到了一封新电报："等你电报：几日几点。速来，望在此共度你的整个假期。甚念，马雅可夫斯基。"

1926 年春天，马雅可夫斯基在国立出版社结识了高挑、动人的娜塔莎，然后立即邀请她去咖啡馆与奥西普会面。他带着孩子般的直率指着娜塔莎说："像这样又漂亮又大只的我就很需要。"然后奥西普走了，马雅可夫斯基建议她去自己位于卢比扬卡巷的家，在家里他用香槟、糖果招待她，并轻轻地，近乎用耳语给她朗诵了自己的诗。"然后他走近我，非常出乎意料地解开我的长辫子，然后问我会不会爱他。"当娜塔莎说自己想走时，他没有反对。他家楼下一层住的是一位花柳病医生，下楼时马雅可夫斯基警告没戴手套的娜塔莎不要碰栏杆。

娜塔莎很失望，这样一位"非凡的诗人"原来也只是一个"凡人"，她在街上告诉了马雅可夫斯基自己的看法。"那您想要什么呢？想让我像佛一样肚子上涂满金油漆？"他回答道，然后做了个手势，就仿佛在漆自己的肚子。

这个插曲就像是一道闪光，照亮了马雅可夫斯基性格的典型特征——他的疑病症，他的没耐心，他的冲动，他对立刻得到满足的需求，以及他出乎意料且往往是剧烈变化的情绪。全都要或者全都不要——而且得是现在，不能以后！由于马雅可夫斯基无法控制自己的感情，他很容易把别人，特别是女性吓跑。因此，尽管满怀温情，他很难满足自己对爱和温存的需求。十一年前他也用同样的方式向莉莉发起"进攻"，后者的回应则是在长达几年的时间里与他保持距离。

娜塔莎被吓到了,他们下一次见面是在一年多之后的 1927 年 6 月马雅可夫斯基来出版社取他的著作集第五卷时(第五卷是最早问世的)。一看到娜塔莎,他就指责她"连爪爪都不挥一下"就逃离他而去。"他邀请我当天和他共进午餐,"她回忆道,"我答应了,并且保证再也不逃跑。"

与娜塔莎第二次见面时,莉莉和库列绍夫正打得火热,马雅可夫斯基比以往任何时候都更需要一个"像这样又漂亮又大只的"女人。"从这一天起,我们开始经常约会,几乎每天都见。"娜塔莎回忆说。马雅可夫斯基很难忍受独处,孤独会让他抑郁。人们会觉得,他对与人共处的狂热需求会妨碍他的工作,但事实并非如此。与大多数作家不同的是,他既不是在书房,也不是在特定时段工作。他是一刻不停地在工作,散步的时候,无论一个人还是和别人一起,他都会用手杖打节奏;有时候他掏出笔记本,记下某个韵脚。捷克画家阿道夫·霍夫迈斯特惊讶于马雅可夫斯基"一分钟都不会无所事事",他一边喝酒、抽烟,一边不停画画;娜塔莎回忆说,在饭店等菜时,他在纸桌布上画满涂鸦……只有在读校样或者其他不太有创意性的工作时,他才会坐在桌旁——但就连这个时候他也希望能有个人坐他身边。

娜塔莎接受了马雅可夫斯基的条件,如今他把她叫到了雅尔塔。 338 早上七点,他在塞瓦斯托波尔火车站接她——马雅可夫斯基晒黑了,穿着灰衬衫和灰色法兰绒裤,戴着红色天鹅绒领带。

他们一起度过了一个月——娜塔莎的整个假期——还多一点。她出席了马雅可夫斯基在克里米亚各城市以及后来在高加索的讲演,他们始终陪伴彼此。有一次当他们坐巴士返回雅尔塔时,马雅可夫斯基订了三个座位,这样就能坐得舒坦些。在她命名日那天,他也表现出同样的慷慨——或夸张。娜塔莎一醒来就得到一束玫瑰,这束花大到只能放进水桶里。然后他们到海滨去散步，马雅可夫斯基走进海滨所有的商店，在每家商店都要买一瓶最贵的古龙水。当买来的东西已经拿不下时，娜塔莎请他收手，但马雅可夫斯基却转而去了一家花亭并开始买花。她提醒说，宾馆房间里已经有整整一桶玫瑰了，而马雅可夫斯基则反驳道："一束花太微不足道了！我想让你能铭记，给你送的不**只是一束花**，而是**一亭子的玫瑰和雅尔塔城所有的古龙水**！"

马雅可夫斯基并没有掩饰自己与娜塔莎的关系。她不仅去他的书房，还去亨德里科夫胡同和普希金诺找他。在克里米亚和高加索度假期间，她一直陪在他身边。但是如果说奥西普至少见过她一次的话，那么由于时间冲突她和莉莉暂时没有见面：当马雅可夫斯基和娜塔莎开始恋爱时，莉莉正和库列绍夫一起在外。但莉莉一直都掌握情况，想必知道马雅可夫斯基在恋爱。娜塔莎抵达克里米亚几天后，莉莉给马雅可夫斯基寄了一封长信，在讲述了一些毫无新意的消息（阿牛和它生的小狗，公寓的装修情况以及各种出版事务）后，她在信末发出一个请求，尽管口味戏谑，但仍甚为严肃：

> 太爱你了。请不要当真去结婚，因为**所有人**都跟我保证说你深陷爱河，一定会结婚的！我们三个互相都结婚了，我们不能再结婚了，这是种罪孽。

马雅可夫斯基回了一封电报，首先是关于其"十月长诗"（它在这封电报中得到了自己最终的名称，也就是《好！》）的指示，结尾则是这么一句话："吻我唯一的喵喵和奥夏之家"。9 月 15 日，当马雅可夫斯基和娜塔莎返回莫斯科时，在火车站接他们的是莉莉和丽塔。"那是我第一次见到莉莉娅，"娜塔莎回忆说，"但就那么一瞬间，因为她立刻

转身回家了。"莉莉把丽塔带在身边这一事实表明,这次的情况对她来 339
说也并不好应付。

马雅可夫斯基和娜塔莎继续约会、散步、看电影,他们一起看了爱
森斯坦的《十月》(Октябрь)。11 月 28 日,也就是她的生日,她收到
了再次出门在外的马雅可夫斯基发来的贺电以及五百卢布邮汇。第
二天一早,娜塔莎致电莉莉,向她打听马雅可夫斯基的地址以表感谢。
莉莉睡了,但她没有多问,而是直接告知:罗斯托夫,某某宾馆。娜塔
莎的做法就是莉莉心目中库列绍夫妻子应该做到的样子——理解而
不嫉妒。莉莉很可能已经明白,一个年轻的图书管理员不会对他们的
三位一体构成威胁。娜塔莎把莉莉视为朋友而非竞争对手,这就符合
了整套游戏规则。也许她当时就已猜到自己将来不得不容忍的事
情——在马雅可夫斯基的生命中,只有一个他真正爱的女人。

塔季亚娜·雅科夫列娃,1932 年

第十二章　塔季亚娜（1928－1929）

爱——

　　　　　这是从被失眠

　　　　　　　　　磨破的床褥

挣脱，

　　　　因为嫉妒哥白尼，

把他，

　　　　而非玛丽亚·伊万娜的丈夫

当作

　　　　自己的

　　　　　情敌。

　　　　弗·马雅可夫斯基，《从巴黎寄给
科斯特罗夫同志的有关爱情本质的信》

　　对马雅可夫斯基而言，1927 年的秋冬季是在革命长诗的印记下度341
过的。他自己觉得《好!》就像《穿裤子的云》对那个时代一样，是一篇纲领性的作品，但对它的反应却不尽一致。对卢那察尔斯基而言，这是"浇铸成青铜的十月革命"，"纪念我们节日的一曲庄严的号角齐鸣，其中连一个虚假的音符都没有[……]"。相反，马雅可夫斯基的反对者，尤其是拉普的代表，却利用任何一点微小机会来对他发起猛攻。他们声称马雅可夫斯基实际上"远不了解十月，不了解其内容、其实质"，他所写下的是"一堆周年纪念性质的'廉价'史诗"。与此同时，也有批评家试图更深入地观察，例如哈尔科夫《无产阶级报》(*Пролетарий*)的一位专栏作家就断定，这部史诗并不属于马雅可夫斯基创作的最佳范例："他在这里一直都很失败，而且也没有超越低水平政论的层次。对此诗人可能会愤慨，可能会与之斗争，但看起来他无法克服自己的抒情'宪法'。"

马雅可夫斯基在 10 月对莫斯科党部成员朗诵这首长诗，在朗诵前他请求听众告诉他是否能听懂。在随后的讨论中，他照例被人批评搞个人主义，"刻画了个别英雄，但没有表现群众"，不过大多数听众认为长诗在形式和内容上都是成功的。而且让马雅可夫斯基极其高兴的是，没有人说长诗"不能懂"。晚上结束时通过了一项决议，认为《好!》是"向前迈出的一步，值得在实际工作中将其用作艺术宣传手段"。

无论马雅可夫斯基对党内集体的反应有多满意，他都知道这并没有代表性。每次讲演时，他的反对者们都想尽办法试图伤害他的自尊心，而一旦他们觉得自己得逞了，便会在那里幸灾乐祸。要流氓的人中既有他在文学界的对手，也有纯粹来挑事儿的人。马雅可夫斯基是一位出色的舞台诗人，他的讲演往往会变成真正的秀，这在很大程度上恰恰要归功于他格挡不怀好意听众攻击的非凡能力；他那盖过一切的有力男低音也促成了这一点。听众的问题可以口头提出，也可以通过往台上递条子。"您呀，既没有人要读，也没有人问起! 活该! 活该!"一个列宁格勒的图书馆员欢呼道。而在巴库,马雅可夫斯基收到这样一张纸条,上面写着:"如果一个人的灵魂空洞,那他有两条路可走:要么沉默,要么喊叫。您为什么选择了第二条路?"马雅可夫斯基以他特有的机智回答说:"这张纸条的作者忘记了还有第三条道路:那就是写这种无能的纸条。"听众全都大笑起来。

在大多数情况下,马雅可夫斯基闪电般、致命的回应都能让整个听众厅站到自己这边来,但有的听众提出的问题太过卑鄙,以至于让他觉得自己作为诗人的一生都在受到质疑——难道他如此忠于革命和工人阶级,得到的回报就是这个? 讲演有时长达几个小时,待到讲演结束,马雅可夫斯基往往觉得自己完全被掏空。"奶被挤光了。"他对娜塔利娅·布留哈年科如是说。几百场讲演下来,他收集了如此多的提问纸条——约两万张——以至于他甚至想给提问者们写个"万能"回答。假如他写出了这个回答,那么其中肯定会包括他在 1928 年第一期《新列夫》刊登的《工人和农民不理解您》(*Вас не понимают рабочие и крестьяне*)一文中提出的如下想法:"我还没见过有任何人吹嘘说:'瞧我多聪明——不懂算术,不懂法语,不懂语法。'但'我不懂未来主义者'这一欢快的呼喊却流传了十五年,一度平静下来,然后又重新激昂、欢快地轰响起来。有人靠着这声呼喊建立起自己的职业生涯,搜集钱财,成为一个个流派的领袖。"

马雅可夫斯基的一生和全部诗歌都与政治、共产主义建设以及 343 "诗人在工人队伍中的位置"息息相关。但是,虽然他很乐意在诗中评点迫切的时事热点话题,但是对重大政治案件他无论在诗作还是信件中都不置一词——除了在 1927 年至 1928 年间,那两年里发生了几起从根本上改变苏联社会的事件。在马雅可夫斯基用长诗《好!》歌颂革命纪念日的同时,斯大林对自己的对手们进行了无情的清洗:11 月 14

马雅可夫斯基在莫斯科最爱的舞台是理工博物馆。1927 年 10 月 20 日,也就是十月革命十周年纪念日前几天,他在这里朗诵了长诗《好!》。

日,他将所谓的左翼反对派代表开除党籍,两个月后,其领导人列夫·托洛茨基和另外三十名反对派人士被流放阿拉木图。摆脱了左翼反对派后,斯大林开始对付由尼古拉·布哈林领导的右翼反对派,其威胁在 1928 年被逐渐排除。经济领域的转变也同样深刻。尽管声称新经济政策仍是社会主义建设的基础,但实际操作的经济政策却与新经济政策的原则相抵触:1927 年至 1928 年,加速工业化和农业强制集体化的最初几步已经迈出。

沙赫蒂

344　　激进的经济变化在各个工作场所都引起了怀疑和不安,因为人们对当前的游戏规则失去了信心。民众通过激烈的讨论、给当局去信乃至罢工表达自己的不满。为了把大家的注意力从真正的问题上移开，党的领导层发起了一场运动，以证明眼下的困难都是政治阴谋使然。1928 年 3 月，国安机构(1924 年起改称欧格别乌〔ОГПУ〕，即"国家政治保卫总局")宣布揭露了所谓的"资产阶级专家"在顿涅茨克矿区沙赫蒂(Шахты)的阴谋。("资产阶级专家"指的是革命后共产党政权由于缺乏自己的专家——1927 年只有 1% 的共产党员受过高等教育——而与之展开合作的工程师以及其他经验丰富的员工。)他们声称这些工程师和技术工作者为巴黎的反革命中心工作，并指控这些专家企图危害矿场，以破坏苏联经济。

　　1928 年 5 月 18 日到 7 月 6 日进行的这场审判的背景是当时充满偏执妄想的政治氛围：法国共产党的活动导致莫斯科与巴黎的外交关系复杂化；1927 年 6 月，苏联驻波兰大使彼得·沃伊科夫在商讨互不侵犯条约最紧张的关头遇刺，导致苏波关系受损；同年苏联因试图向中国输出革命而遭到猛烈反击。但最强烈的打击还是英国当局于 1927 年 5 月 12 日至 15 日对阿尔科斯公司所在地进行的搜捕，因为该公司员工涉嫌从英国航空部窃取一份机密文件。

　　这一行动导致英国断绝了与苏联的外交关系；本书的一位人物，即莉莉的母亲，也受到波及——她被列入应从英国驱逐出境的"危险共产主义分子"名单。叶连娜·尤利耶夫娜在接受军情五处询问时保证，她"不是阿尔科斯共产主义小组的成员，对政治完全不感兴趣"，她"出身资产阶级家庭，她的丈夫支持沙皇政权"，"由于俄国革命她失去了丈夫遗留下的所有财产"。不知道到底是什么影响了调查人员——是她的这些说法，抑或"她是位优秀的钢琴家，在阿尔科斯俱乐部聚会时演奏〔……〕，此外还训练了阿尔科斯的合唱团"这一事实，但反正叶连娜·尤利耶夫娜最终被从名单上剔除，并被允许继续留在英国。

这些与沙赫蒂案同时发生的国际问题为苏联报刊掀起的警告即将爆发战争的宣传攻势提供了素材；这种威胁是虚构的，但却加剧了围绕着整起案件滋长的仇外心理。坐在被告席上的是五十三名俄国和三名德国矿业专家。罪行被界定为"暗害活动"——这是该术语的第一次使用。担任检察官的是已经在同类案件中证明了自己的尼古拉·克雷连科，而担任法官的则是新手安德烈·维辛斯基，这次审判为他之后在三十年代通过捏造案件打下的光辉仕途奠定了基础。除了被告在威胁和刑讯逼供下说出的供词外，法院没有其他证据。十一人被判处死刑，而那些在审讯过程中告发同事者的死刑被改成了徒刑。媒体大量报道了这起案件，目的是煽动对所谓威胁社会主义建设的暗害者——无论他们到底是不是——的仇恨。

皇帝们和暗害分子们

马雅可夫斯基是暗害分子的第一批谴责者——审判后第二天他就在《共青团真理报》(*Комсомольская првда*) 上发表了诗作《暗害分子》(*Вредитель*)。他指责工程师们对苏联当局的慷慨——体面的公寓和最好的口粮——报之以暗害，而推动他们这么做的是外国资本。这首诗写得粗陋原始，在政治上非常天真；或许马雅可夫斯基是接受订货写了这首诗——当时《共青团真理报》是他的主要雇主。但这并不是辩护的理由。他并非这个自以为是者合唱团中的唯一成员，但这也不是辩护的理由，因为也有一些诗人相信国家受到了威胁，但是这威胁并不来自采矿工程师，而恰恰是来自捏造的指控，沙赫蒂案就是这种捏造指控的例证。

鲍里斯·帕斯捷尔纳克就是这么认为的。在沙赫蒂案前一周写给表妹奥莉嘉·弗赖登贝格的信中他断定：

> 你知道，恐怖又开始了，曾几何时，在贸易、名利和不雅的"罪孽"最猖獗的时候，他们还曾为它寻找过道德基础和正当理由，如今连这些都没了：要知道，如今当道的早已不是，也远远不是那些在那个时代表现得如同复仇天使般的清教徒圣人。总的来说，就是一团可怕的混乱，是某些不属于这个时代的海浪在翻滚。什么都搞不懂。

另一个反对国安机关愈发强势的诗人是奥西普·曼德尔施塔姆，他为六名被判死刑的银行高管辩护。在沙赫蒂案审判开始的那天，他向《真理报》主编、政治局委员尼古拉·布哈林寄去了他的诗集，诗集上的题词据其妻子的回忆大致如下："……这本书里的一切都在抗议你们想做的事情。"非常诡异的是，抗议竟然产生了效果：过了一段时间，布哈林告知曼德尔施塔姆，死刑判决已改判为徒刑。

马雅可夫斯基既不是机会主义者，也不是犬儒，但他在政治上太天真，因为渴望参与建设一个全新的、更好的社会，他表现出的盲目使他无法看出类似案件实际上阻碍了这种发展；而且，不同于帕斯捷尔纳克的是，他并不具有哲学分析的倾向。但他并不嗜血，在内心深处的某个地方，他也明白帕斯捷尔纳克明白的那个道理——暴力并不是出路。

1928 年 1 月在斯维尔德洛夫斯克(Свердловск)四天逗留期间写下的两首诗体现了这种复杂的心理体验。《铸工伊万·科泽廖夫讲搬进新公寓的故事》(*Рассказ литейщика Ивана Козырева о вселении в новую квартиру*）叙述一个工人的经历,他从工人住房合作社得到了一间敞亮的有冷热水的新公寓,感觉自己"就仿佛/去/社会主义做客"。这首诗歌颂了苏维埃政权,与马雅可夫斯基那些年创作的数百个时事文本毫无区别。但与此同时,他还写了一首不同类型的诗——《皇帝》（*Император*）,这首诗虽然在诗人生前也发表了,但很长一段时间里只为专家所知。

1918 年夏在叶卡捷琳堡（Екатеринбург,1924 年改名为斯维尔德洛夫斯克）沙皇家庭被处决。这首诗用回忆开头:"……抑或复活节,/抑或……/圣诞节",莫斯科大街上挤满了警察,一辆四轮敞篷马车驶过马雅可夫斯基面前,上面坐着"一个蓄着美髯的/年轻军官"①,他身前是"四个闺女"——马雅可夫斯基用的是"女儿"一词（дочь）的指小表爱形式 дочурки。在下一段我们已经来到了斯维尔德洛夫斯克。马雅可夫斯基与"执委会主席"一起在寻找沙皇家族尸骸被抛弃其中的矿井。"雪笼罩了/宇宙",唯一能看见的是"狼腹留下的/印迹/沿着野山羊的/足迹"。但他们最终找到了所探寻的地方:"……雪松下,/树根边,/有条路,/在路下——/皇帝在此埋。"这里只有"乌云/像旗一样游,/还有乌云中/鸟的谎话,/聒噪的,单头的/乌鸦在詈骂"——"单头的乌鸦"代替的自然是绘有双头鹰的皇室旗帜。这幅骇人的画面给人留下深刻印象。它描绘的是什么? 沙皇专制的崩溃? 那当然。但也许诗人也在指涉些别的什么? 这首诗草稿版本中的几行诗暗示了这一点:"我投反对票。/［……］活人也能送进动物园,/和鬣狗、豺狼共处。/生者的用处再不值钱,/仍然多过死者用处。/我们扭转了历史的奔腾。/请把旧东西永远送别。/共产主义者和人/不能够残忍嗜

———————

① 指的是沙皇尼古拉二世。

血。"这里表达了一种禁忌的思想,亦即杀害沙皇一家是不道德的——
且不是一般意义上的不道德,而是就共产主义的伦理准则而言也依然
不道德。

347

"鸟的谎话"又是什么?是关于杀害沙皇的谎言?关于处决皇帝
和他的四个"闺女"有理的谎言?我们在这里听到的是不是慈父马雅
可夫斯基的声音?他是不是在想象 1918 年的夏天,叶卡捷琳堡伊帕
季耶夫宅(Ипатьевский дом)的地下室里,四个"闺女"被机枪扫射放
倒在地板上的样子?在 1927 年春天访问华沙期间,马雅可夫斯基会
见了同年 6 月在那里遇刺的苏联驻波兰大使彼得·沃伊科夫。沃伊
科夫是杀害沙皇家庭的主谋之一,也正是他获取了毁坏遗骸的酸液。
他有没有告诉过马雅可夫斯基处决是如何进行的?有没有向他指出
过遗骸被抛在哪里?

我们并不知晓答案。但我们知道另一件事:在满天星斗的西伯
利亚夜空下,沉浸于冥想中的马雅可夫斯基除了这首涵义暧昧的《皇
帝》外,还写下了这样一首哀歌,并且不言而喻,诗中写的是莉莉:

> 已是一点,你想必睡下了,
>
> 有如银色奥卡河是夜空的奶路,
>
> 我不着急,何必用电报的
>
> 一道道闪电来把你惊扰、催促。

催化剂帕斯捷尔纳克

1927 年至 1928 年期间,巨变不仅发生在政治领域,也发生在文学
领域。二十年代初以来,文学生活的特点是不同作家联合会之间的斗

争。除了政治正统的拉普派无产阶级作家和列夫的美学教条主义者之外，还有各种各样的小团体和联合会，以及一些不属于任何小组的作家。"同路人"就属于后者之列，他们主要的守护者是《红色处女地》(Красная новь)杂志主编兼评论家亚历山大·沃隆斯基。1927年，当沃隆斯基因转向托洛茨基反对派而被革职时，"同路人"得到了一个新的喉舌：《新世界》(Новый мир)杂志，其主编维亚切斯拉夫·波隆斯基蔑视拉普和列夫的极端主义，坚持更为"自由主义"的路线，评价经典作家时也心怀尊重。

349　　列夫美学之基础是"社会订货"说，即艺术家的任务就是通过无产阶级国家的中介来完成时代给他的"订货"。马雅可夫斯基的俄通社之窗被视为这种艺术观的典范。这一思想则构成了"文学事实"理论的基础，根据这一理论，用阿谢耶夫的话来说，"想象是会欺骗的，而由事实所证明的现实一定会在艺术中留下痕迹"。新闻将会取代小说，摄影和纪录片将会取代绘画。这种"反浪漫主义"在本质上是浪漫主义的，因为它体现了对新的社会主义现实的崇拜，而在他们看来，这种现实不应被个别作家的艺术想象——幻想能通过一些纯事实来表达"现实本身"——所扭曲。

　　列夫派还没来得及在《新列夫》第一期上发布自己的纲领，波隆斯基就对他们发起了猛攻。一切文学"小圈子文化"(групповщина)的反对者波隆斯基认为宗派主义和冗余的理论化对文学是有害的：马雅可夫斯基、阿谢耶夫和帕斯捷尔纳克作为作家是非常杰出的，但当他们作为某个小组的一员和某种特定理论的信徒发声时，他们就压抑了自己的个人主义，于是就变成了现在这样。在波隆斯基看来，"社会订货"理论意味着艺术家必须接受订货人（在当前时代就是无产阶级国家）的条件和趣味。"可要知道推动艺术前进的并不是由逆来顺受

鲍里斯·帕斯捷尔纳克比许多其他人对苏联正在发生的情况有更深刻的理解，1926 年摄

的'订货'执行人，而恰恰是反抗者、旧趣味的推翻者、公认偶像的毁灭者、经典形式的否认者。"

在波隆斯基看来，"社会订货"是一种卑躬屈膝的表达，对真正的艺术家而言，朝着社会主义的过渡一定是困难的："无产阶级不需要那些能写作他们想要的东西，以及能以他们想要的方式写作的人，如果这些人与此同时在社会、心理、意识形态上仍与无产阶级格格不入的话。"在波隆斯基看来，鲍里斯·帕斯捷尔纳克是一个努力试图去理解苏联政治进程的诗人——他在某种意义上也是波隆斯基与列夫派美学冲突的催化剂。帕斯捷尔纳克参与了《新列夫》的筹备工作，也是1927 年 1 月出版的第一期杂志的作者中的一员。这一期杂志中刊登了其长诗《施密特中尉》(Лейтенант Шмидт) 的选段。但波隆斯基认为，帕斯捷尔纳克从来都不曾是未来主义者，尤其当如今"未来主义的尸体"开始腐烂分解时，他更不是未来主义者。

综上所述，波隆斯基得出结论：社会主义不需要列夫。列夫派在回应中（阿谢耶夫撰写）提醒波隆斯基，他在《新世界》上刊登的"同路人"鲍里斯·皮利尼亚克的《不灭的月亮的故事》(Повесть непогашенной луны) 用隐晦的形式描写了斯大林操纵的军事人民委员米哈伊尔·伏龙芝遇害一事（见第 290 页）。在当时的政治氛围下，写这种文章已近乎告密。虽然帕斯捷尔纳克认为，在这场冲突中列夫派和波隆斯基的做法都很虚伪，但他还是更偏向后者，并于 1927 年 6 月离开列夫，因为列夫"以其过剩的苏维埃性，即压迫性的卑躬屈膝，即手持官方颁布的暴行委任状大搞暴行"而让他"不快和反感"。"我一直都认为，马雅可夫斯基与生俱来的天赋会在某一刻炸掉，也应该会炸掉那些在化学上纯属胡言乱语的层次。这些胡言乱语就其毫无意义的本性而言仿佛一场幻梦。这十年里他自愿陷进这些层次里，陷得

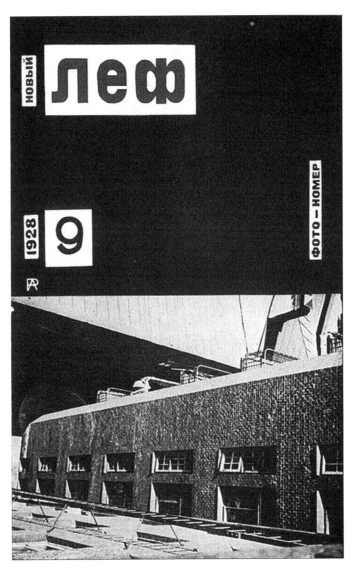

亚历山大·罗琴科为 1928 年《新列夫》第九期设计的封面。马雅可夫斯基已不再是这期杂志的编辑;他领导下发行的最后一期杂志是第七期。

1927 年秋天，为纪念《消息报》创刊十周年，发布了一张报社员工的漫画群像。身材最高的那个大嗓门就是马雅可夫斯基，但他并没有走在最前头。敲鼓者是党的宠儿杰米扬·别德内，他住在克里姆林宫分配的公寓里，与斯大林一直关系密切。尽管别德内只是个二流诗人，但马雅可夫斯基很羡慕他的地位以及当局对他的推崇。

ДРУЖЕСКИЕ ШАРЖИ
Бор. Ефимова

都认不出他来了，"1927 年 5 月他给朋友赖·尼·罗蒙诺索娃写道，随后又补充说，"出于对他深厚的感情，我仅仅倚靠这种希望活着。"

帕斯捷尔纳克的希望成真了，但那还得再过一年。他希望马雅可夫斯基能跟他一起离开列夫，但还有两个人走在了马雅可夫斯基前头。谢尔盖·爱森斯泰因马雅可夫斯基批评他的电影《十月》"唯美主义"而悲愤不已，并于 1928 年春退出联合会。而什克洛夫斯基退出的直接原因是与莉莉的冲突，后者在列夫的作用越来越大。当奥西普和热姆丘日内在编辑部会议上开始批评什克洛夫斯基的电影剧本时，他大发雷霆，而莉莉却在一旁火上浇油，建议改拿"随便哪个别的坏剧本"来讨论：什克洛夫斯基跳起来，对莉莉吼道，"老板娘"（也有人说是"女主人"）应该知道自己的位置，当"干活的人谈话"时，她不该指手画脚，然后扬长而去。第二天他写信请求原谅，但莉莉却不愿妥协："我痛苦万分，对最亲密的人们感到失望。我不想活了。我第一次觉得完全没有人需要我。就连奥夏这次都不理解我。"

争吵时马雅可夫斯基并不在场，但他在得知此事后忧心如焚，不过还是一如既往地站到了莉莉一边。9 月 26 日，也就是莉莉和什克洛夫斯基之间的冲突过去一周后，他在题为《比列夫更左》(Левее Лефа) 的演讲中宣布自己将离开小组。这一决定令人震惊，因为除了奥西普之外，他事先没有征求任何人的意见。许多列夫派成员认为，他突然迈出这一步是出于个人原因：在阿谢耶夫看来，马雅可夫斯基与列夫决裂显然是在为莉莉报仇，而什克洛夫斯基则认为"列夫已经分裂或粉碎了，因为莉娅莉[原文如此]不可能和我共处一室"。莉莉自己则毫不怀疑自己就是马雅可夫斯基退出的原因："[……]当有人说：'我就算粉身碎骨，也要为你复仇'时，没有一个女人会拒绝的……"

激烈的讨论是列夫文化的一部分，因此，什克洛夫斯基的话引起了莉莉如此强烈的反应,这可能会让人感到奇怪。问题在于他说出这些话的时候,莉莉正因自己对列夫事业的贡献没得到应有重视,甚至遭人质疑而感到非常失望。有一次库列绍夫在和她吵架时喊道:"没有人爱你,你的列夫派朋友们根本不能忍受你!"她本来还不相信这一点,但什克洛夫斯基的这番话却证实了库列绍夫是对的。莉莉反问道:

> 难道帮沃洛佳改所有校样的不是我吗? 难道夜以继日在俄通社工作的不是我吗? 难道在他经常性外出旅行的时候,到处张罗他所有事务的不是我吗? 我在国立出版社儿童部工作过,我把写给成人的书改编成儿童读物。我做得很好,但我却必须署名"奥·布里克编"或"尼·阿谢耶夫编",虽然他们不会也不想做这事。出版社对我的工作很满意。但我的名字却无法博得信任。
>
> 当我和热姆丘日内写完《玻璃眼》(*Стеклянный глаз*)的剧本,然后他们委托我们把它给拍出来的时候,那些人每天都想把我踢走。排练中途发来命令,要求我立刻把所有工作都交给热姆丘日内,因为我在这里工作是凭关系,而不是凭专长。剧本是布里克替我写的,片子是热姆丘日内拍的,库列绍夫剪的。制作结束得极其艰难。[……]剪辑《玻璃眼》时,他们给热姆丘日内派了下一部电影,所以是我完全独立地把《玻璃眼》给剪完的[……]。

不论什克洛夫斯基的做法多么唐突,或看起来多么唐突,真正导致马雅可夫斯基和列夫分道扬镳的都未必是他;很可能这只是个方便的借口。

353

354　　　在官方层面上,马雅可夫斯基是这么解释其出走的:"因为琐碎的文学划分已经过时了",而且必须"放弃文学宗派主义"。这些话让人想起帕斯捷尔纳克的说法,但马雅可夫斯基追求的目标截然相反:他寻求的并非更多的个人自由,而是更为接近"社会订货人"。他解释说:"作为目的本身的文学必须让位于社会订货,不仅是报纸和杂志的订货,还有所有对精练的语言有所需求的经济和工业机构的订货。"因此他鼓励列夫派继续进行创新性工作——但不是在"实验室"中,而是在田野——在报纸、电影和电台上。尽管谴责作为小组的列夫,马雅可夫斯基仍继续宣传它的美学——一种笼统的未来主义美学。"我们的确不同,"马雅可夫斯基就围绕列夫的冲突对帕斯捷尔纳克说,"您爱天空中的闪电,而我爱电熨斗里的闪电。"

　　与列夫决裂后,马雅可夫斯基宣布要"大赦伦勃朗",还"需要歌曲、长诗,而不仅仅是报纸"。这句话震惊诗人身边人的程度不亚于决裂本身。然而"大赦"并不是阵营变化的结果,而是基于这样一种信念,即如果他想继续在文化政策中发挥作用,那么他应该至少在言论上更接近一般的意识形态。但不管其背后隐藏了什么战术,对于一个曾认为伦勃朗和拉斐尔是过时美学象征的人来说,踏上这一步都意味着投降。

　　如果关于要大赦伦勃朗的断言未必真诚,那么关于"歌曲、长诗"的话就值得认真对待。即使马雅可夫斯基不愿意公开承认这一点,但他却被一种想法所折磨——不停创作"时事诗"正在妨碍他写作"真正的"诗。他在私下谈话中有时会坦陈,他担忧作为诗人的自己已经自我穷尽。1927年初春的一个早晨,当伊利亚·爱伦堡走进伊斯特里亚宾馆马雅可夫斯基的房间时,他发现床丝毫没动过。原来马雅可夫斯基整夜没睡,面色阴郁,一见爱伦堡来,立刻连招呼都不打就问道:

"您也觉得我从前写得更好吗?"

在长诗《关于这》之后,马雅可夫斯基没有写过任何抒情作品。二十年代下半叶时,他在人们心目中首先是"革命的信使",而与他不同的是,帕斯捷尔纳克虽然也写过两首革命主题的长诗——《一九〇五年》(*Девятьсот пятый год*)和《施密特中尉》——但却被视为**诗人**。"1922 年以来就没人把马雅可夫斯基太当回事,毕竟'四面八方跑遍,不如去莫农联',而与此同时帕斯捷尔纳克写的东西未及刊载,手抄稿就已传得到处都是[……]。"诗人贝内迪克特·利夫希茨在 1926 年冬告诉达维德·布尔柳克说。

对马雅可夫斯基而言,出于财政上的顾虑,创作一些时事诗歌是必要的。当时他是《共青团真理报》的永久员工,但写一行诗却只能拿七十戈比。因此他有时不得不一天写三首诗——这种工作量可以耗尽最丰富的抒情源泉。但决定其创作方向的只有物质因素吗?还是说公民诗是个避难所,因为他不知道能写些什么,因为他没有**题材**?而如果评论时事热点话题的话,他每天都能轻松获得一些题材。在莉莉不再充当其抒情自我表现催化剂的情况下,这种做法是方便的,或许也是必需的。

355

"沃洛奇卡[……]毫无目的地工作,他给报纸工作,这反而救了他。"奥西普评论道。先前在 1919 年至 1921 年间,马雅可夫斯基就经历过类似的创作危机,当时他除了海报文本外只创作了二十首诗。但在那轮诗兴干涸后,他还是找到了创作大型诗歌——《150 000 000》和《我爱》——的力量。"或许他能再次找到摆脱困境的办法。"维克托·什克洛夫斯基在 1928 年秋曾如是希望。他声称马雅可夫斯基掉进了诗歌的死胡同,而这恰恰也是除什克洛夫斯基与莉莉的冲突以外列夫危机的另一个原因。他的希望没有落空,而且比他所推测的还要快;事实证明,马雅可夫斯基已经找到了"摆脱困境的办法"。

小雷诺什卡

　　海外旅行 1928 年仍在继续。4 月中旬,莉莉前去柏林,她在那里要和母亲见面。母女俩的关系依然很冷淡,证明这一点的是他寄给莫斯科"兽兽"们的第一封信:"妈妈走了,总的来说这很好!!"不过莉莉去柏林不仅是为了看妈妈。她和列夫派成员维塔利·热姆丘日内,也就是热尼娅的丈夫一起在制作影片《玻璃眼》。(见上文)这是对当时所有影院都在播放的那些商业电影的戏拟,同时也是"对新闻片的宣传"。莉莉去柏林就是为了购买外国电影杂志(打算把它们剪辑进《玻璃眼》里)。电影是由国际工人援助制片厂(Межрабпомфильм)的工作室拍摄的,莉莉指望着他们能报销开支。"奥斯利特! 想想我的电影事业吧!!!"她给奥西普写道,"要是什么都没买到,那就太屈辱了! 这终究也不是一笔很大的钱! 说服管委会吧。"电影制片厂似乎提供了这笔钱,因为电影在 8 月拍摄,在秋天剪辑,并于 1929 年 1 月进行了首演。奥西普的剧本《克莱奥帕特拉》就没有这么幸运了,莉莉试图吸引德国导演的兴趣,但未获成功。

356

　　马雅可夫斯基得了严重的流感,在莫斯科躺着,但打算病情一好转就来柏林。如果成行的话,照莉莉信里所写的,他必须带上:"1)粒装鱼子酱;2)两到三盒(方形金属盒)水果硬糖;3)两磅葵花籽和 4)一百支(每盒二十五支装四盒)'莫农联'烟卷。"她自己给奥西普寄去一条围巾,给库列绍夫寄去一副汽车手套。然而马雅可夫斯基痊愈得很缓慢,最后还是留在了莫斯科。

　　所以莉莉马不停蹄去了巴黎,并在那里待了十天。当时埃尔莎生

马雅可夫斯基抱病参
加了 5 月 1 日红场的
庆祝活动,在那里他
被拍下了这张照片,
嘴角是他永远叼着的
烟卷。

1928 年 4 月 28 日给莉莉的信末马雅可夫斯基的签名:"病中的狗狗"

活在极其拥挤的条件下,靠把人工珍珠乃至通心粉串成项链来谋生。莫斯科和巴黎之间的通信一如既往主要涉及物质话题,而这次的焦点是埃尔莎。马雅可夫斯基从莫斯科给她寄钱,而莉莉则给了她十英镑,这应该够花两个月了。叶连娜·尤利耶夫娜也拿到了资助。但莉莉也没有忘记自己:"我买了一打长筒袜、六套内衣(三黑三粉)、两双十字编织皮鞋、拖鞋、手帕、包包。"钱是从哪来的? 在巴黎,莉莉购物靠赊账,并在回莫斯科的途中从柏林汇款还清。可能他们在柏林有

357 钱? 叶连娜·尤利耶夫娜选择在那里,而不是在离伦敦更近的巴黎与莉莉见面,是否也是因为这个?

　　1928 年的夏天又是在普希金诺度过的,而马雅可夫斯基则进行了为期三周的克里米亚巡讲。8 月 11 日,也就是他返回莫斯科的那天,莉莉告知正与热尼娅一起度假的奥西普说:"沃洛佳回来了,并下定决心要造幢房子,然后把车子运回国。"同一天,在给丽塔的信中,她谈到了马雅可夫斯基的计划:"一个半月后他将过境日本前往美国。或许也不是去美国,而是去欧洲,但去日本是一定的。"

这一次,环球旅行的先决条件比以往任何时候都更为有利。6月,《共青团真理报》编辑和共青团中央向各级机构发出以下建议:

> 马雅可夫斯基同志由全苏共青团中央和《共青团真理报》编辑部派往西伯利亚——日本——阿根廷——美国——德国——法国和土耳其,以进行环球报道,并在报纸上讲述青年人的习俗和生活。我们极为重视这次访问,请求在旅行组织方面为马雅可夫斯基同志提供尽可能的帮助。

尽管得到了鼎力支持,但环球之旅却再次未能成行。当10月8日马雅可夫斯基开赴巴黎的时候,夏天的各项计划中只剩下买汽车的决定了。每次出国时,他都会从莉莉那里拿到一份详细的清单,其中列出了需要购买的物品,这一次的清单如下:

在柏林:

针织西装,44号,深蓝色(不是套头的那种)。给它配一条羊毛围巾和一件针织套头衫,戴领带穿。

很细的、不太亮的长筒袜(按样品买)。

哒啦啦……两短一长。

蓝色和红色绡布。

在巴黎:

两件用非常柔软材料制成的好玩的羊毛连衣裙。

一件非常优雅、古怪的带衬裙的乔其纱连衣裙。花花绿绿,色彩缤纷的挺好。最好是长袖,但也可以无袖。用来迎新年穿。 358

长筒袜。串珠项链(如果她们还戴的话,那就要天蓝色的)。手套。

很时髦的小玩意。手帕。

包包(可以在柏林买便宜的,在西百货店〔K.D.W.〕)。

香水:和平大街(Rue de la Paix)、真我密室(Mon Boudoir)和埃莉娅说的。多买点不同的。两盒阿拉克斯(Arax)的扑面粉。咖啡色眼线笔,霍比格恩特(Houbigant)的眼线笔。

车:

最好是封闭式的,即 conduite intérieure①,带所有零配件,带两个备用轮,手提箱能放后面。

如果不是雷诺,那就如图所示。

后窗要有小玩具。

一周上弦一次的钟。

汽车手套。

马雅可夫斯基在柏林买到了"哒啦啦"——拉链的象声指代,并且马不停蹄地把它们顺带寄去了莫斯科。但最重要的显然是汽车,马雅可夫斯基在出发前就已搞到了进口许可。在帮库列绍夫弄到福特之后,莉莉现在想有一辆自己的车。马雅可夫斯基打算把自己尚未出版作品的版权卖给柏林的马利克出版社来资助莉莉买车——这家出版社四年前发表了长诗《150 000 000》的德语版。出版社表现出了兴趣,

① 法语,"内驾驶",司机和乘客都在同一个密闭空间内的新式汽车,区别于源自马车,司机独自坐在前部的旧式汽车。

"车很讨喜，你自己应该知道是什么样的车，" 1928 年 11 月 12 日
马雅可夫斯基给莉莉写道，"画得当然很蹩脚，但我把目录里的照
片连同订单一起还掉了，而其他照片暂时还没有。我请他们涂成
灰色，他们说如果来得及就照办，不然就深蓝色。"

但还想等马雅可夫斯基完成他当时正在创作的新剧本。所以他并没
能在柏林拿到钱。

　　刚一到巴黎，马雅可夫斯基就收到莉莉的一封信：她重复了清单
的所有细节，并补充了一些项目：前后保险杠，额外的侧灯，前窗玻璃
电动雨刷，有 STOP 字样的尾灯，指示车辆转向何处的电动指针，水箱
防冻套……"颜色和形制（封闭的……敞开的……）取决于你和埃莉
奇卡的口味。唯独别像出租车。最好是别克或雷诺，只要别是阿米尔
卡（Amilcar）！我明早开始学开车。""一切都寄希望于马利克，"马雅
可夫斯基回答说，"它想和我签一份合同——取决于剧本的质量。"他
正在"加紧"写完它，与此同时"特地去看了汽车行"，但对着各种汽车
暂时只能"舔口水"。

　　莉莉很失望："狗狗！呜！呜呜！呜呜呜！呜呜呜
呜！……！……！……沃洛西特！呜呜呜呜呜呜呜——呜——

359

鸣!!!"10 月 28 日她回信说,"汽车真的不会有了吗? 可我学车学得多好啊!!! 求你了!"马雅可夫斯基尽一切努力来满足莉莉的愿望,为了搞钱,他试图让导演雷内·克莱尔关注他正在创作的剧本。"雷内·克莱尔那边怎样?"莉莉担心地问道,"如果钱不够,那好歹寄四百五十美元(通过美贸)弄辆不带零件的福季克。"尽管电影项目没有实现,但马雅可夫斯基还是在 11 月 10 日给莉莉拍了电报:"正买雷诺。六马力四缸,内驾驶,灰毛帅马。"几天后他告知说,"钞票我会在人世间那些善良心灵的帮助下搜刮拼凑、拼命赚回来的"。他附上了自己画的车子,并告知说他还要在巴黎待一会儿,"亲自去工厂验收车子,打包再寄出,否则会拖延几个月"。目前他正在"歼灭戏剧和电影的剧本,这是雷诺什卡试图吞下的第一口汽油"。

马雅可夫斯基买的是最便宜的型号。它价值两万法郎,约合今天的一万欧元。1929 年 1 月这辆车被运到了莫斯科。

理想和被子

马雅可夫斯基想让雷内·克莱尔关注的剧本叫作《理想和被子》(*Идеал и одеяло*);保存下来的只有一份用法语记下的剧本略稿:

> 马雅可夫斯基爱女人们。女人们爱马雅可夫斯基。一个有崇高感情的人,他在寻找一个理想的女人。他甚至开始读托尔斯泰。他在想象中创造出完美的生物,他承诺只把自己的命运与一个符合他理想的女人结合起来,——但总是碰上其他女人。
>
> 一个这样的"其他女人"有一次走出她的劳斯莱斯,差点摔倒——要不是理想主义拉住她的话。与她的关系——一种庸俗

360

的、感性的和激烈的关系——原来正是马雅可夫斯基所希望逃避的关系。这种关系使他感到厌烦,尤其当他给某人的号码——号码是在一封偶然落入他手中的信里提到的——打电话时,他被一个充满人性、令人激动的女声所俘虏。但他们的相识并未超过谈话、信件的界限,只有一次,他梦见一个手里握着信的一闪而过的形象。他越来越愤怒,回到了那个无法回避的情人身边,但同时也没有失去摆脱她的希望,并依然幻想最爱的那个陌生女人。

情人用一切手段阻挠他的探寻,但他多年的探寻终于动摇了陌生人的倔强。她说她将会属于他,而他将通过断绝自己的尘世之爱来自我净化。被秘密环绕着的陌生女人被带到一个富丽堂皇的约会地点。马雅可夫斯基满怀着幸福的预感,走向自己生命的开始和终结。

他第一次转头过去看她——原来他的陌生女人就是那个与他共度了所有这些岁月,并且刚刚被他抛弃的女人。

诗人被肉体之爱("被子")和纯爱("理想")撕裂——他梦想着完美的爱,而这一动机也是"永远/为爱所伤"的马雅可夫斯基之爱情诗的典型特征。但即使主人公和作者同名,也不能把他和作者的人生过于简单地相提并论。虽然马雅可夫斯基和莉莉一起度过了"所有这些岁月",而且莉莉也想要一辆车(尽管不是"劳斯莱斯"),但他们的关系并不"庸俗",相反,剧本中的情人不是某个特定的女人,而是对**厄洛斯**、肉体爱的隐喻,就像在马雅可夫斯基作品中经常出现的那样,这一隐喻与理想之爱、**阿加佩**相对立。但从某种意义上来说,剧本《理想与被子》确实是自传性的:它反映的正是这段时期,即1928年秋天马雅可夫斯基对新爱情的渴望。

两个埃莉

马雅可夫斯基向莉莉详细通报了买车情况，但还有一些事情他保持沉默。"**去随便哪里休息一下吧！**"莉莉在寄去巴黎的第一封信中鼓励他，"代吻一下埃莉奇卡，告诉她**把你打发去休息一下**，然后给我写信。""遗憾的是，我在巴黎，这座让我烦得恶心、厌恶到麻木的城市，"马雅可夫斯基回信说，"今晚我要去尼斯住两天（来了几个女熟人），然后选择去哪休假。要么在尼斯住四周，要么回德国。没有休息就不能完美地工作！"

361　　　马雅可夫斯基的"女熟人"是两位讲法语的年轻女性，马雅可夫斯基带上她们是为了掩盖此行的真正目的——与在尼斯度夏的埃莉·琼斯以及他们的女儿见面。这次行程事先并没有计划——两个埃莉都在法国一事是马雅可夫斯基在巴黎偶然碰上一个共同的纽约熟人后得知的。

　　尼斯行的时间并不长：马雅可夫斯基 10 月 20 日离开巴黎，25 日就回来了。对于这次见面，我们所知道的只有埃莉在五十年后对女儿帕特里夏讲述的内容。她问马雅可夫斯基为什么不一个人来，他回答说（埃莉事后的转述）："我不曾想让你难堪。"他们站了很久，拥抱彼此，然后去了马雅可夫斯基的房间，而且由于在下大雨，埃莉不得不在那里过夜。他们流着泪谈了一整夜，临近早晨时才在彼此怀里睡着。但他们并没有亲近。对埃莉来说，抗拒马雅可夫斯基是很难的，但是她害怕会再次怀孕。他们都明白，无论在美国还是在苏联，他们都永远无法建立家庭，他们的关系不会有前途。

　　回到巴黎后的第二天，马雅可夫斯基写了一封信给"两个可爱的、

亲爱的埃莉",信中唯一保存下的片段是:

> 我已经全身心地在想念 您了。
>
> 梦想着再来找 您,哪怕一个星期也好。会接受我吗? 会善待我吗?
>
> 请回答。
>
> Paris 29 Rue Campagne Premiere Hotel Istria①。(生怕这只是一个梦想。如果可以的话,我周三周四出城来尼斯。)
>
> 很遗憾此行的仓促和偶然让我没有机会用健康把自己的脸颊吹得鼓鼓的,就像你们喜欢的那样。希望在尼斯能焕发容光,并把我全部微笑着的美呈现在 你们面前。
>
> 请快一点,快一点写信来。
>
> 吻 你们所有的八只爪爪。

几乎在同时,也就是 10 月 27 日,埃莉给马雅可夫斯基写了一封信,保留下来的只有信封。两天后她收到了马雅可夫斯基的信,便又给他写了一封:

> 她们当然会为 您的到来感到高兴的,怪兽! [……]请立即将 您的决定电报告知。我们来接 您! [……]四只爪爪在睡觉! 我们代沃洛佳或为沃洛佳吻了右脸,为妈妈吻了左脸。以后我们要解释很久很久,这样才能搞清楚,沃洛佳的吻在右脸上。[……]如果不能来的话,知道吗,在尼斯将会有两

---

① 法语,"巴黎,第一战役街 29 号,伊斯特里亚宾馆"。

个非常伤心的埃莉——那就经常写信给我们。从莫斯科寄一小团雪来。我想如果我去到那里,我会高兴得发疯。我又在时刻梦见　您了!

362　　马雅可夫斯基没有回尼斯;看起来埃莉的信他也没回复。她的下一封信(第一页没有保留下来)夹杂着对他的柔情和指责。这封信标注的日期为11月8日,邮戳上的日期为11日:

363　　　您说:"我们都撒了那么久的谎,那就再继续撒吧"。现在我要说:如果　您在这里所说的一切都是**出于礼貌**,那就请保持礼貌,如果这件事对　您来说并非难得可怕的话。　您无法想象,我这一周过得有多紧张!我不知道　您在想什么——但即使这样我已经很沉重了——我**不是非常**爱您——而只是纯粹爱你。为什么要让我更痛。这样的话,又何必前来。或者就连第一封信也不需要写。我请求过　您拍电报!没时间吗?一下子就把两个埃莉都忘了?还是说,也许不喜欢我的信?还是说,去找两个着了凉的,与此同时还在下达资产阶级指示的女人没啥意思?

　　亲人啊!请(小姑娘说: bitte, bitte, bitte①)永远不要把我蒙在鼓里。我完全发疯了!如果你不想给我写信,那就说:这是我最后一封信。不知为何难以下笔。抑或某种类似的感受。只是,每当走廊里传来脚步声,每当传来敲门声时,都要紧张不已竖起耳朵听——这甚至很骇人。[……]

---

①　德语,"请,请,请"。

1928 年 10 月马雅可夫斯基在尼斯第一次见到自己的女儿

[小姑娘]一直跑到阳台上,她以为 您应该开汽车来。然后我哭了,她就来安慰我,威胁不给我糖吃。我开始跟她解释是怎么一回事,说:"Volodja ist dummm und ungezogen"①,他不仅不来,而且连信都不写。没教养这点她显然同意,但却坚决地说:"沃洛佳 ist nich dumm,谢廖扎 ist dumm②。"[……]

我已开始不再那么思念 您了,但 您这却来了,让我又一次非常想要 您,让我想念俄罗斯。[……]

真的,弗拉基米尔,不要让 您的 girl friend③ 伤心! 您都能把自己的肝给狗吃*——而我们要求的又是那么少。要知道我们也是兽,有脚,有眼! 我可以保证,是非凡的兽。只不过没被打上标记。为了宁静,我们极其需要知道大家对于我们在想些什么。好歹一个月(十五日是姑娘生日)想我们一次吧! 写信吧,如果没时间,就从杂志和报纸上剪下点什么自己的东西,然后寄过来。还有书,答应过的! [……]

保重自己,行吗? 去求那个 您爱的人,让她禁止 您从两

---

① 德语,"沃洛佳又笨又没教养"。
② 德语,"沃洛佳不笨,谢廖扎笨"。
③ 英语,"女朋友"。
* 典出长诗《关于这》:

> 我爱野兽。
> 　　　　看到一只小狗仔——
> 浑身秃光,
> 　　　　面包店旁孤身犯怵——
> 我愿意
> 　　　从身上掏出肝来。
> 我不可惜,亲爱的,
> 　　　　　请用!

头点蜡烛！为什么要这样？别这么做。

　　来吧！但别带翻译！即使没她们,您的每一分钟,就算不能说塞满了,那无论如何也能说已经够忙的了!!!!

从信的倒数第二句话可以推断,马雅可夫斯基并没有向埃莉隐瞒 364自己唯一真正爱的女人是莉莉。无论他对莉莉的爱看起来多有受虐倾向,尤其是那段时期,但他所追求的每个女人都不得不接受这一事实。他和娜塔莎·布留哈年科关系的破裂就发生在1928年春天这样一场谈话后:

　　"您认为我很好,很漂亮,很为您所需要。您甚至说我的脚也很漂亮。那您为什么不对我说您爱我?"

　　"我只爱莉莉娅。其他人我可以待她们好,或者非常好,但爱的话我只能把她们放在第二位。您想要我把您放在第二位来爱您吗?"

　　"不!最好完全别爱我。最好还是待我好。"

娜塔莎与马雅可夫斯基保持交往,并和莉莉、奥西普交了朋友。这一切都是按照莉莉想要的方式进行的,而且也发生了不止一次了:马雅可夫斯基的女友也都成了莉莉的朋友。然而这种选项对埃莉的情况却完全不适用。

厅里走进一个美人

埃莉的信没有寄到巴黎,而是寄到了莫斯科的卢比扬卡巷。这表明马雅可夫斯基无意在法国首都逗留,而是计划尽快返回莫斯科。为什么?是不能在情感和实际层面应付这种情况吗?是在逃避这个无解的难题吗?

但他并没有像告知埃莉的那样回到莫斯科。10 月 25 日他返回巴黎的那天,埃尔莎正要去见塞尔日·西蒙大夫,并请马雅可夫斯基陪她一同前往。在他们等待的时候,出现了一个年轻女子。"当我走进客厅时,"她后来讲述道,"我看到了主人、埃尔莎·特里奥莱和一位身材高大的先生,打扮优雅极了,身上是一套非常结实的西装,脚上是一双很好的皮鞋,有点无精打采地坐在椅子上。我一出现,他就立刻向我投来专注、严肃的目光。我一下子就认出了他的寸头和漂亮面孔的巨大轮廓——这是马雅可夫斯基。"一听说她的名字塔季亚娜后,马雅可夫斯基立刻猜到了她是谁:巴黎友人们向他说起过这个姑娘,而他则在彼此尚未结识的情况下就让朋友们转致问候……

365　　这位年轻女子咳嗽得厉害,但他不顾自己的洁癖和疑病,提出要送她回家。出租车里很冷,他便脱下了自己的大衣给她盖腿。"从那时起,我感到了对我的柔情和关怀,强烈到不可能不去回报的程度。"塔季亚娜回忆说。

在西蒙大夫处见面并非偶然:埃尔莎与医生的俄裔妻子娜杰日达是朋友,她告诉后者,马雅可夫斯基在巴黎很无聊,需要有个人来陪他。她不久前认识的塔季亚娜就完全符合其口味:美女,会说俄语,同时还对诗感兴趣。当塔季亚娜打电话给西蒙大夫主诉其严重的支气管炎时,他让她立刻前来,而他的妻子马上联系了埃尔莎,并请她和马雅可夫斯基一起前来。埃尔莎以前也当过"媒人",但这是第一次女方完全符合所有既定标准。

埃尔莎对于自己为什么要让马雅可夫斯基和塔季亚娜相识的解

塔季亚娜·雅科夫列娃,1928 年前后

释很可能是真的。但她为什么要这么着急,非要在他从尼斯回来的那一天就这么做呢?塔季亚娜经常在巴黎的各个俄侨圈子来往,大可以在任何时机,比如在蒙帕纳斯找家咖啡馆安排见面……还是说埃尔莎有其他的动机?或许是埃尔莎——也就是说,莉莉也一样——听说了马雅可夫斯基和埃莉在尼斯的相遇?需要让塔季亚娜来分散他对"两个埃莉"的念想?莉莉怕马雅可夫斯基会和女儿以及她母亲一起去美国?所以在不为我们所知的一封信或一通电话中请埃尔莎为马雅可夫斯基找个女人?如果是这样的话,这一请求也确实符合埃尔莎本人的利益——让马雅可夫斯基留在巴黎对她有好处,因为她贫困潦倒,而马雅可夫斯基的钱包能让她过得轻松些。如果是这样的话,当马雅可夫斯基一走下从尼斯归来的火车便告知埃尔莎说自己要回莫斯科时,后者想必会陷入惊恐。

在与马雅可夫斯基结识时,塔季亚娜·雅科夫列娃二十二岁;据埃尔莎的说法,"她身上有着青春的勇气","生命气息过分活跃地跳动着,说起话来上气不接下气,她游泳,打网球,崇拜者数不胜数"。1906 年塔季亚娜出生于彼得堡,但 1913 年搬去莫斯科东南五百六十公里开外的奔萨(Пенза),她的父亲建筑师阿列克谢·雅科夫列夫受命在那里设计一座新的城市剧院。他们家还有一个女儿,比塔季亚娜小两岁,叫柳德米拉,人称莉拉。1915 年,她的父母离异,父亲去了美国。不久之后,母亲嫁给了一位富有的企业家,但他在革命年代失去了自己的全部财富。1921 年南俄大饥荒期间,继父死于营养不良和肺结核,之后母亲又第三次出嫁。

1922 年塔季亚娜也患上了肺结核,很可能是由继父传染的,其身居巴黎的伯伯亚历山大·雅科夫列夫在企业家朋友安德烈·雪铁龙的协助下,给她安排了一个来法国的机会。1925 年夏天,年仅十九岁的塔季亚娜来到巴黎,她在那里和祖母以及姑姑桑德拉一起住了几年,后者是一位歌剧演员,经常和沙利亚平一起演出。

塔季亚娜最初几年一直在恢复身体,没有出入社交界,但当她出现在巴黎的上层圈子时,立刻引起了轰动。她身材高挑,身高一米八,长着两条大长腿,有着非凡的魅力,总是被男人们的目光包围,其中包括石油大亨曼塔舍夫。由于外表出众,她很快开始在电影中跑龙套,并给香奈儿(Chanel)当模特,此外,整个巴黎都贴满了以她为模特的长筒袜广告海报。她还靠做帽子赚钱,这后来将成为她的主业。她的伯伯亚历山大是著名的旅行家,也是一位成功的画家,他帮塔季亚娜结识了艺术圈人士——作家让·科克托和作曲家谢尔盖·普罗科菲耶夫(在与马雅可夫斯基初次见面前一天晚上,塔季亚娜与普罗科菲耶夫还一起四手联弹了勃拉姆斯)。

无论埃尔莎的动机是什么,她介绍马雅可夫斯基和塔季亚娜相识时所抱有的希望——指望两人会有一段轻松快活的风流韵事——并未实现:他们一见钟情,并开始每天约会。在结识塔季亚娜后,马雅可夫斯基有两周多没往莫斯科写信,他姗姗来迟给莉莉发去的第一条电报就是告知即将购买雷诺的那条——这固然是个令人高兴的消息,只不过他对帮他挑选车子颜色的是自己的新欢一事却只字不提。但如果说莉莉对塔季亚娜一无所知的话,那么塔季亚娜却知道莉莉的一切。就像当初和埃莉在一起时一样,他一直和塔季亚娜说莉莉,用塔季亚娜的话说,马雅可夫斯基说自己把莉莉"当作朋友来爱戴",尽管已经好几年没有和她住在一起了。

"了不起的一对,"一位经常看见他们在一起的熟人回忆说,"马雅可夫斯基非常帅,大高个。塔妮娅也是个美人,高挑挺拔,两人非常般配。马雅可夫斯基让人感觉是个安静的、陷入爱河的人。她钦佩 367

他，且明显很欣赏他，为他的才能而骄傲。"然而，马雅可夫斯基和塔季亚娜都不愿大肆宣扬他们的关系：塔季亚娜这么做是因为她那历经千辛万苦把她从苏联带出来的家庭有着极强的反苏情绪；而马雅可夫斯基则是因为身为无产阶级诗人他不应和侨民交往。但是看起来政治在他们的交往中并没有起到特殊的作用，他们谈诗谈得很多。给马雅可夫斯基留下印象的不仅有塔季亚娜的外表，还有她非凡的记忆力——她可以连背几小时的诗。其实她自己也写诗，但从不敢对他坦白。

有时他们会在和很多人一起的时候在著名咖啡馆里碰头，但往往还是去些不太贵的地方，因为在那里可以不被人认出来。马雅可夫斯基一般在早上给塔季亚娜打电话，这时电话不会被她祖母接到，然后他们在电话里约定晚上何时何地碰头。有时他在她家附近坐在出租车里等着，然后他们上剧院，去埃尔莎家做客，或是去找某个知道他们关系的朋友。"奶奶和姑姑是古典派，"塔季亚娜给在奔萨的母亲写道，"她们当然不理解这一类人，他的诗她们也不会懂。"不过当马雅可夫斯基有几次去塔季亚娜家时，他"对她们客气得让人难以置信"，这"多少博得了她们的欢心"。

"这是第一个能在我心中留下印迹的人，"塔季亚娜对母亲承认，"这是我见过的最有才华的人，最重要的是，他的才华是在我最感兴趣的领域。"尽管塔季亚娜出于谨慎没有说出"爱"这个词，但毫无疑问，她对马雅可夫斯基有着强烈的感情。但当他们认识两周后，他请求塔季亚娜嫁给他，并和自己一起去莫斯科时，她只能支吾搪塞。她的犹豫不决激起了马雅可夫斯基沉睡的抒情力量，他一夜之间写下一首诗，第二天当他们在餐厅见面时他把这首诗读给她听，而诗的结尾是对其犹豫的回应：

不想?

　　那你就留下过冬,

这份

　　侮辱

　　　　我们串进公账里。

我还是会

　　把你

　　　　抓走,早晚成功——

只抓你

　　或是和巴黎一起。

　　什克洛夫斯基的预言是正确的:马雅可夫斯基找到了"摆脱困境 368
的办法"。《给塔季亚娜·雅科夫列娃的信》(*Письмо Татьяне
Яковлевой*)是马雅可夫斯基在那个巴黎之秋写下的两首抒情诗之一。
第二首《从巴黎寄给科斯特罗夫同志的有关爱情本质的信》(*Письмо
товарищу Кострову из Парижа о сущности любви*)完成得较晚,差不
多是在他回家前。在《关于这》中,马雅可夫斯基曾反问莉莉:"但在
何处,亲爱的,/在何处,我可爱的,/在歌里的/——何处! /我背叛了
我的爱?"他过去从没这样做过,他把自己所有的诗都献给了她。当他
身处巴黎时,在国内出版的著作集第一卷也是以献词"莉·尤·布"开
篇的——这就意味着他把自己所有的创作都献给了莉莉。但《给塔季
亚娜·雅科夫列娃的信》这首诗是马雅可夫斯基第一次"在歌里""背
叛"莉莉。这是 1915 年以来第一首不以莉莉为抒情对象的情诗——
也是他最优秀的情诗之一:

只有你和我

　　　　身高同一般，

眉与眉齐平

　　　　站在身旁，

让我们

　　　把这

　　　　重要的夜晚

像人一样

　　　讲一讲。

贫穷、苦难的俄罗斯需要像塔季亚娜这样的"长腿人"：

你曾用

　　　这两条腿

把雪地

　　　和伤寒

　　　　踏过，

何必

　　将其献上

　　　　晚餐会

给石油大亨们

　　　抚摸。

别想了，

　　快把两道眉弧绷直，

只须眯缝起眼眸。

来这里吧，

来我那两只

笨拙大手的

　　369

十字路口。

　　尽管不愿张扬自己与塔季亚娜的关系，马雅可夫斯基还是给埃尔莎以及巴黎的各个俄侨圈子读了这首诗。塔季亚娜自然感到尴尬，但同时也为诗人把对她的爱变成诗而感到满足，而且看起来马雅可夫斯基几乎成功说服她和自己一起回莫斯科："他激起了我内心对俄罗斯，以及对你们所有人的想念，"她给母亲写道，"我真的差点就回来了。"她没有这么做，但他们同意尽快再会。离开巴黎前，马雅可夫斯基和一家花店讲定，让他们每周日早上都给塔季亚娜·雅科夫列娃送一束玫瑰，直到他归来。每束花上都附有一张名片，背面则是诗歌和图画。

　　马雅可夫斯基于 12 月 3 日离开巴黎，第二天早上刚到柏林，他就给塔季亚娜发了电报，还打了电话。在给母亲的信中，塔季亚娜把电话里的对话描述成"接连不断的哀号"。12 月 8 日他回到莫斯科，两天后向塔季亚娜寄去了其著作集第一卷，并题有献辞："送给/我的她/书一卷，/五月前/我用它/把我/代替。/为什么不是三月前？/碍事的可是地图和日历。"刚到莫斯科的第一天，他就找到了塔季亚娜的妹妹柳德米拉，她想侨居巴黎，塔季亚娜请他帮妹妹获取出境签证。①

　　当马雅可夫斯基在巴黎的时候，莉莉对塔季亚娜的事情一无所知。11 月 12 日，马雅可夫斯基在唯一一封给她的信中说："我的生活

---

①　在苏联，公民出境不仅需要目的地国的入境签证，还需要苏联当局颁发的出境签证。

有些奇怪,没有大事件,但有许多细节,这不是书信的素材,而只能在逐个整理那些箱子的时候讲,而这件事我最迟将在[12 月]8 日至10 日做。"如果说这句话还未能引起莉莉特别不安的话,那么马雅可夫斯基的请求"电汇三十卢布给奔萨红街 52 号 3 室柳德米拉·阿列克谢耶夫娜·雅科夫列娃"应该会让她警觉起来。她过去可从来没听说过什么雅科夫列娃!

通常埃尔莎会让莉莉知道发生的一切,但这次情况完全不一样。起初打算只是欢愉一场,如今却变成了严肃的关系,导致这一切的罪魁祸首就是埃尔莎。虽然埃尔莎不敢把这出打得火热的巴黎爱情正剧告知姐姐,但马雅可夫斯基还是一如既往地刚到莫斯科就把塔季亚娜的事和盘托出。"他到了,[……]因热恋而狂喜,"莉莉回忆道,"一个漂亮姑娘,有天赋,干净,自己人,苏维埃式的。她不顾所有石油大亨选择了他,他是她第一个献身对象。爱着。等着。谁也管不了。在工作。"但莉莉的反应让他失望。她很快就意识到塔季亚娜并非其一时之欢,意识到马雅可夫斯基爱她,而且真的想让她回莫斯科。12 月17 日,在给埃尔莎的一封信中,莉莉敲响了警报:"埃莉克!请给我写写,这个让沃洛佳发了疯,这个他打算写信召到莫斯科来,这个他为之写诗(!!),这个在巴黎生活了那么多年,还能因为听到 merde* 这个词而晕倒的女人到底怎么回事!? 不知为何我有点不相信一个巴黎的俄罗斯女帽匠会很清白! [……]**不要告诉任何人我对 你的这个请求,并且把一切都详细写给我。没有人可以读我的信。"**

莉莉对塔季亚娜"清白"的怀疑表明她认为后者是在钓金龟,但事

---

* 法语,"屎",法国国骂一种。
** 引文第一部分摘自俄语原文(瓦·瓦·卡塔尼扬档案),最后一句话只有法语译文保留下来。

实并非如此;马雅可夫斯基能满足她的一项需求,而这是她的其他追求者无法提供的。"我到现在还非常想念他,"塔季亚娜在 1928 年圣诞节给母亲写道,"最重要的是,我遇到的人多数都是'世俗人',他们连稍稍动下脑子的愿望都没有,或者就是有一堆被苍蝇玷污过的想法和情感。"同一天马雅可夫斯基写信给塔季亚娜,说他高举着她的名字,"就像城市大楼上的节日旗帜",不会让它下降一毫米。一周后他又告知说:

> 你的几行字是我生活美好的那一半,而且总的来说也是我全部的私人生活。
>
> 我最近没能在纸上泛墨(对写作的职业性痛恨),但假如让我记录下我和我自己进行的所有关于你的谈话,所有没写完的信,所有没说出的温存话,那么我的著作集一下子就会胀开,而且全都是抒情诗!
>
> 亲爱的!
>
> 我一点也不喜欢没有你。斟酌一下,整理一下你的想法(然后整理一下东西),然后用自己的心丈量一下我对握着你的爪子,把你带到莫斯科咱们身边、带到自己身边的希冀。[……]
>
> 我把我们的分离当作考验。
>
> 如果我们爱,那么把心和时间花费在电报杆之间令人疲惫的迈步上真的好吗?

除夕夜亨德里科夫巷的情绪很压抑。马雅可夫斯基不停想着塔季亚娜,当他半夜"被愁闷给浸透"时,莉莉控制不住自己的嫉妒,对他大喊道:"既然你这么忧伤,为啥不现在就去找她呢?"奥西普也很阴郁,他们整个共同的生活突然开始晃悠了。

马雅可夫斯基会很乐意去找塔季亚娜,但是他却不能。他在巴黎创作的剧本已经完成,正准备在梅耶荷德剧院上演。他计划在《臭虫》(*Клоп*)排练结束后立刻离开。与此同时他向塔季亚娜保证,工作和对她的思念是"**我唯一的喜悦**"。

从巴黎寄给科斯特罗夫同志的有关爱情本质的信

《给塔季亚娜·雅科夫列娃的信》在马雅可夫斯基生前并未发表,这似乎是应塔季亚娜的要求,她之前就不喜欢诗人在巴黎的各个俄侨圈子里朗诵这首诗。但第二首巴黎诗《从巴黎寄给科斯特罗夫同志的有关爱情本质的信》刊登在了第二期《青年近卫军》(*Молодая гвардия*)杂志上,其主编是塔拉斯·科斯特罗夫,他向马雅可夫斯基预订了巴黎诗。这封《信》成了一枚炸弹,引爆了拉普的各位无产阶级作家强烈的抗议——在他们看来,一位自称共产主义者的作家就不应该写类似题材。

莉莉不能公开抗议,但被马雅可夫斯基的"背叛"深深触怒了——尤其"心脏/冷却的马达/再次/被开动工作"这几行诗是对她作为诗人缪斯地位的有力打击。写下这首诗的事实本身就已经令她气恼,而公开发表则等于证实了此前人们仅通过口耳相传得知的事情——如今为马雅可夫斯基的诗歌马达提供燃料的已不再是莉莉了。

在描述了西蒙医生处的初次见面——"厅里/走进一个美人,镶着/皮草和项链"——后,马雅可夫斯基对爱下了定义,这几行诗可被视为俄罗斯抒情诗上最强有力的诗句之一:

爱——

　　意味着：

　　　　　　跑入

院子深处，

　　　　直到突嘴鸦的夜阑，

劈砍木柴，

　　　用闪光的斧，

将自己的　　　　　　　　　　　　　372

　　力量

　　　　把玩。

爱——

　　这是从被失眠

　　　　　磨破的床褥

挣脱，

　　因为嫉妒哥白尼，

把他，

　　而非玛丽亚·伊万娜的丈夫，

当作

　　自己的

　　　　情敌。

　　发表这首对爱之力量的颂歌是在拿自己无产阶级诗人的声望冒险，马雅可夫斯基自然很清楚地意识到了这一点。任何有关他没有按（批评家眼里）应有的样子去生活的暗示都会招致他痛苦的回应；和一个"白俄"侨民的恋爱关系则让他彻底沦为了攻击的靶子。而在一个私家车数量屈指可数的国家,买车也是一件非常微妙的事情。意识到雷诺车会成为自己的一个扣分项,马雅可夫斯基写下了《答未来的诽谤》(*Ответ на будущие сплетни*)一诗为自己辩护,他解释说,他是用自己的笔墨支付了购车费:"方向盘,/弹簧,/和辐条里,/是两千六百行/最最无眠的诗";"我是逃不过/恶劣的诽谤。/怎么办呢,/敬请原谅,/我从巴黎/带了辆雷诺,/而不是香水,/也不是领带。"

这首诗在汽车运到莫斯科之前就写好了,并刊印在一月号的《开车》(*За рулем*)杂志上。但很难相信这会减少人们对马雅可夫斯基的不信任,尤其是因为每个人都知道,购买这辆汽车并不意味着香水或领带的进口就真被排除了。

市侩乌斯·庸俗伊斯

在写作这两首抒情诗杰作同时,马雅可夫斯基还在创作他一生中最为反抒情的一部作品。12 月底完成的剧本《臭虫》受到了十年前将《滑稽神秘剧》搬上舞台的弗谢沃洛德·梅耶荷德的热烈欢迎。从布景、服装到排练的导演工作在不到一个月的创纪录的短时间内完成了;年轻作曲家德米特里·肖斯塔科维奇为戏剧配乐。

在 1928 年 4 月撰写的自传第二版中,马雅可夫斯基说,承接著名革命长诗《好!》的应该是一首题为《坏!》的长诗。但这首长诗并未写成,马雅可夫斯基构思了剧本《臭虫》以取而代之,其主角是一位爱喝酒,爱拨弄吉他的多愁善感党员普里撒普金,他是马雅可夫斯基在长诗《关于这》中戏拟过的那位苏联公民的庸俗化变体。普里撒普金为了迎娶修指甲师兼出纳员爱思唯尔·文艺复兴而抛弃了自己的旧爱,女工佐娅·别廖兹金娜,她绝望地试图自杀。在理发店举行的婚礼上起了大火,所有在场者全部身亡。

五十年后的 1979 年,人们在房子的地下室发现了灭火时淹死的普里撒普金被冻了在冰里,人类复活研究所受命把他解冻。和普里撒普金一起被复活的还有一只臭虫——"在本世纪初相当常见的一种已经灭绝的昆虫极为罕见的样品",这种昆虫能够传播那些在当时早已消失,只能在字典里读到的传染病:热恋,浪漫曲,自杀,跳舞,烟草,伏特加……当一个年轻女孩开始跳查尔斯顿舞并嘟嚷诗歌时,教授们解释说"这是急性'热恋'发作——这是种古老的疾病,症状是一个人原本被理性分配给一生的性能量突然在一周时间内在一次炎症过程中迅速凝结,导致各种难以置信的不审慎行为"。而当教授的助手——不是别人,正是老去了的佐娅·别廖兹金娜——承认五十年前自己曾因为爱情而试图自杀时,教授高喊道:"胡说……爱明明应该让人造桥、生孩子……"这些台词显然是自传性的,在这里可以听到对安东宁娜·古米林娜的自杀以及女儿埃莉·帕特里夏出生的暗示。

当臭虫最终被捕获后,它和普里撒普金一起被送去动物园。他俩虽然尺寸有别,但本质却相同:这就是著名的"'臭虫乌斯·普通伊斯'和……'市侩乌斯·庸俗伊斯'[①]。两者都常见于时代发霉的褥子里"。他们把和吉他、伏特加和烟卷一起关在笼子里的普里撒普金——动物园园长称之为"生物"——向好奇的公众展出。特殊的过滤器会"拦截某些表述",他粗俗的言语传到观众耳朵前会受到技术处理。有时他抽烟,有时靠伏特加来"提神"。园长让他"随便说上几

[①]　在西方语言中,每种具体生物的学名通常都是用拉丁语表示的,结构一般为一个名词和一个形容词。"乌斯""伊斯"则是拉丁语名词和形容词的一种词尾,马雅可夫斯基这里便是在将俄语的"普通臭虫"和"庸俗市侩"用拉丁语的语法结构表示,从而拟构出这两种生物的拉丁语学名。

句"，于是普里撒普金对剧院的观众们大喊道："公民们！弟兄们！各位自己人！各位亲人们！你们打哪儿来？你们有多少人?！啥时候把你们都给化冻的啊？为什么只有我一个人被关在笼子里？各位亲，各位弟兄，欢迎来加入我！我为了什么要吃这苦?！公民们！……"

如果说臭虫是对普里撒普金的隐喻的话，那么普里撒普金就是对马雅可夫斯基——一个怀着对"不可思议爱情"的幻想，替全人类受苦的诗人——的漫画式描绘。为了强调这种相似性，马雅可夫斯基坚持要求主角的扮演者要模仿他的腔调。《臭虫》是诗人在和自己年轻时对光明未来和拯救之爱的种种幻想算旧账。剧中苏联的未来是一个没有灵魂的机械化社会，在其中爱被还原为纯粹的生理学和性吸引。长诗《关于这》中马雅可夫斯基复活后将在"动物园的小径"遇到自己的爱人，这种幻想在《臭虫》中遭到了无情的戏拟：复活后的诗人之另我（alter ego）被和一只害虫一起关在了动物园笼子里。在长诗《人》中，马雅可夫斯基宣布自己是"为了心"，但在未来社会中却没有人知道什么是心。而如果说他在《150 000 000》中相信"新世界中／被玷污的玫瑰和幻想将由诗人揭开，／一切都让我们／大孩子般的双眼／欢愉！"，那么《臭虫》中 1979 年的现实看上去却是另一种样子："只有园艺教科书上有关于玫瑰的内容，只有在医学中研究睡梦的部分会谈幻想。"

《臭虫》的写作令诗人疲惫不堪，马雅可夫斯基昼夜不休地工作，几乎不睡觉。但这部作品使他精疲力竭不仅是由于生理上的原因，还因为这个剧本是对其创作中一个核心主题的变奏——而这也是这个主题多年来第一次展现全部力量。塔季亚娜一直在他的脑海里，而剧本则是用她送的威迪文（Waterman）笔写完的。"望能去疗养休息。必须是里维埃拉。请和埃尔莎一起张罗。请拍电报，写信。爱你。

马雅可夫斯基和弗谢沃洛德·梅耶荷德以及年轻的德米特里·肖斯塔科维奇在《臭虫》排练现场。马雅可夫斯基身边站的是亚历山大·罗琴科,他为发生在1979年的剧本第二部分设计了戏服。

念。吻。你的沃。"他在 1 月 13 日拍了这么一封电报。娜塔莎·布留哈年科 1 月拜访马雅可夫斯基时,他以"朋友般的巨大信任"告知她说,如果不能和他爱的女人相见,他将开枪自杀。但娜塔莎却辜负了他的信任:因为担心他的生命安危,她立刻打电话把一切告诉了莉莉……

马雅可夫斯基无法在《臭虫》首演前离开。首演于 2 月 13 日举行,批评界绝大多数人士都给出了好评。但首演后一天他就立刻离开了莫斯科。他从俄国边境给塔季亚娜发去一封电报:"今走。在布拉格、柏林停几天。"让马雅可夫斯基不顾对塔季亚娜的想念,取道布拉格和柏林的原因是钱。2 月 1 日他与国立出版社签署了一份全局性合同,授权其出版"一切已出版和尚未出版的作品,以及作者在合同期限(四年)内创作的所有作品"。出版社承诺每月向他支付约一千卢布的工资作为回报,这就让他"可以不必着急工作,不把时间浪费在围绕合同产生的各种繁琐事务上"。但如果考虑到他的未来规划,那么光有和国立出版社的这个合同是不够的,因此马雅可夫斯基极其需要额外的收入来源。

所以马雅可夫斯基去了布拉格,因为那里有人对《臭虫》表示了兴趣。罗曼·雅各布松安排他与葡萄园剧院(Vinohrad Theater)的剧目负责人会面,马雅可夫斯基为他朗读了剧本;但是,尽管创新的戏剧写作和高超的朗诵给他留下了强烈的印象,合同还是未能签订,而马雅可夫斯基则在第二天就离开了布拉格;用雅各布松的话说,他"一心冲向巴黎",并且公开谈论自己对塔季亚娜的爱:"喏,我这一恋爱,就把这儿的一切全都抛一边。"

在这次布拉格之行期间,苏联使馆对马雅可夫斯基的接待比两年前冷淡得多。"是因为他还是因为我,我不知道。"雅各布松回忆说,不过他从莫斯科来的人那儿听说"骂[马雅可夫斯基]已经被认为是一桩有利可图的时髦事儿,因此所有不是懒汉的人都在抨击他"。

如果说布拉格带来的是失望,那么柏林的情况就稍微好些。他在那里与马利克出版社签订了他在去年秋天就希望缔结的那份合同,也就是与国立出版社那份全局性合同的德国版本。在合同上签下名字后,他得以继续前往巴黎:"明22日二时坐蓝色快车来。"他于2月21日给塔季亚娜打了这封电报。

如果我死了,请通知……

"他回来时比离开时恋得更深。"塔季亚娜回忆说。马雅可夫斯基把《臭虫》的手稿送给她作礼物。马雅可夫斯基在法国逗留了两个月,期间他们每天都见面。"弗·弗夺去了我所有的闲暇时间。"塔季亚娜向母亲解释她为什么很少写信。他们最喜欢的地方是蒙帕纳斯的穹顶咖啡馆和大茅舍(Grande Chaumière)餐厅。由于苏联不放映最新的美国和法国电影,他们便常去看电影,马雅可夫斯基和塔季亚娜一起在新片电影院(News)看了自己的第一部有声电影。

　　他和之前一样与埃尔莎保持联系,但现在他们见面的频率已经降低,交流时也不再那么信任彼此了。埃尔莎不再住伊斯特里亚宾馆,1928年11月6日,也就是马雅可夫斯基与塔季亚娜相识后不久,埃尔莎遇见了法国超现实主义诗人路易·阿拉贡,他们一见钟情。与阿拉贡相识时,埃尔莎正站在人生的十字路口。与特里奥莱的婚姻早就结束,她的私生活并不顺利,而且还很缺钱,而作为作家她只在苏联为人所知。到1928年秋天,埃尔莎的处境已绝望到她不得不请求马雅可夫斯基帮她回祖国。可如今,她在两段失败的恋情后认识了阿拉贡,过了两个月她就搬去他家住了! 新恋情一下子改变了她的生活处境,并且让她在和姐姐永恒的竞争中打成了平手:如今埃尔莎身边也有了一个大诗人……

　　马雅可夫斯基和塔季亚娜在法国大西洋海岸边的勒图凯(Le Touquet)或多维勒(Deauville)度周末,在那里没人打扰他们,而且还有几家赌场,有可能让他们补贴路费。马雅可夫斯基是个慷慨乃至挥霍无度的护花使者,他的钱包日复一日地在变瘦。他本来指望着国立出版社给的钱,但3月20日莉莉告知说自己不被允许向巴黎汇款。马雅可夫斯基试图在赌桌上弥补这次失败,但却不走运。他玩轮盘赌时输到两人只能搭便车回巴黎。塔季亚娜回忆说:"所有的项目他都赌得非常出色,但那里有人比他赌得更好。"

　　在他获悉汇款被冻结后两天,马雅可夫斯基去了尼斯,逗留时间

"取决于钱够用多久",——在那段时间保留下来的唯一一封信中他告诉莉莉,"显然只够花最最少的时间"。尼斯之行有两个目的:他一方面想在蒙特卡洛(Monte-Carlo)赌场试试手气,另一方面想再见见自己的那两个美国朋友。

377　　　等待他的却是双重失败。马雅可夫斯基在蒙特卡洛赌输了他最后的那点法郎,饥饿的他不得不问画家尤里·安年科夫借钱,后者已经在法国住了几年,被马雅可夫斯基在尼斯街头偶然撞上。马雅可夫斯基问他打算何时返回莫斯科,安年科夫回答说,他甚至没想过要回去,因为他还想继续做艺术家。安年科夫回忆说:"马雅可夫斯基拍了拍我的肩,然后立刻阴沉下来,用沙哑的嗓音说道:'而我却要回去……因为我已经不再是个诗人了。'"然后是一个真正戏剧性的场景——马雅可夫斯基开始号啕大哭,并用几乎听不见的声音嘟囔道:"如今我就是个……官儿……"

　　至于两位埃莉,她们已经在米兰一位女性友人处住了一个月。当她们在 4 月中旬返回尼斯,以便让小女孩在回美国前再晒晒太阳时,马雅可夫斯基已经走了。"她还没忘记　您,尽管我从不说起　您,"埃莉在答复马雅可夫斯基一封未保存下来的信时写道,"几天前我们在米兰散步,她突然说:'Der große Mann heisst 沃洛佳'①。　您很久以前有一次告诉我说从来没有过一个女人能抗拒　您的 charm②。显然　您是对的!"如果说之前埃莉还曾希望将来能和马雅可夫斯基一起生活的话,那么现在她已经放弃了这些想法。她告知了自己在纽约的新地址,最后不祥地补充道:"怎么说呢,把这个地址记在笔记本上

---

① 德语,"大人叫沃洛佳"。
② 英语,"魅力"。

吧——'如果我死了,请通知……'下面把我们也写上。请保重自己。"

马雅可夫斯基听从了她的话,把文本写在了笔记本上。是什么让她觉得诗人将不久于人世?他才三十五岁。在一封信中谈及自己的某个朋友时,埃莉说她"**也**是自杀候选人"(粗体为本书作者所标),这让我们可以得出结论,马雅可夫斯基的自杀倾向对她来说并不是什么秘密:看来他曾告诉过埃莉自己曾数次企图自杀,而且自杀的念头依然萦绕于心。但对其不安的另一个解释是,马雅可夫斯基担心自己会遇害。二十年代是个无法无天、盗匪横行的时代,他们在狩隼人区和亨德里科夫胡同的房子遭受过多次未遂抢劫,马雅可夫斯基一直随身携带指虎手套和一把上膛的手枪。他的诗歌和挑衅姿态往往会激起人们的强烈反应,有一次就有个疯子试图开枪打他。

而近来随着苏联政坛权力斗争加剧,发生了一些新情况:1 月托洛茨基被从哈萨克斯坦驱逐到土耳其,4 月布哈林被解除《真理报》主编的职务。党政机关内部的整合伴随着经济权力的集中化:新经济政策已经终结,农业集体化和工业国有化开始实行。国内气氛变得越发幽闭恐怖,当局在一切地方都看到敌人,告密盛行,报纸登满了孩子们与父母(想必是"反革命分子")断绝关系的声明。马雅可夫斯基和塔季亚娜在巴黎肯定受到了欧格别乌特务们的监视,很难想象马雅可夫斯基会不知道——或至少没有怀疑——自己的同胞们正在跟踪他的一举一动。他帮塔季亚娜的妹妹离开苏联的努力也同样引起了注意。苏维埃俄罗斯的第一诗人竟然与一个著名侨民家庭沆瀣一气!

埃莉的信揭示了他自杀的念头,而与安年科夫的谈话则暴露了马雅可夫斯基内心的分裂以及他所承担的那种诗歌和政治角色的暧昧性。从这一时期为数不多、内容贫乏的通信来看,他与莉莉的关系显然已经相当冷淡。在这种背景下,与塔季亚娜的关系顺利就是件**必需**

378

的事情！**必须**让她成为自己的妻子，并和他一起去苏联！但塔季亚娜持怀疑态度，而她在奔萨的母亲也深感不安。"我全然没决定跟着马走，或者用你的话说，'飞奔，'"塔季亚娜在 2 月马雅可夫斯基回巴黎前不久的一封信中安慰母亲道，"此外他肯定**不是来接我的，而是来找我的**，而且不会很久。"她现在还不想出嫁，但假如她要出嫁，那就嫁马雅可夫斯基。他是如此"聪明"，以至于所有剩下的追求者们都根本没有和他比较的必要。与马雅可夫斯基结婚的另一个好处是这样的话母女就又能团聚了。

马雅可夫斯基屡屡向塔季亚娜求爱求婚，但他爱的到底是塔季亚娜还是爱本身？"沃洛佳写了一首漂亮的诗给塔季亚娜。可怜的，可怜的塔季亚娜！"1928 年 12 月 3 日马雅可夫斯基离开巴黎的那天埃尔莎在日记本中写道："大可以围绕这件事写部长篇小说。但实际上还是沃洛佳在自己诗里写得最好。但像我这样了解一个人是多么可怕啊——何时，何事，如何——我知道关于他的这一切，不必交流只言片语，我就能看出他处在什么状态。他的狡猾和野兽般的攻击，要么是对台球，要么是对爱。而如今是对塔塔——年轻、漂亮，被所有人和每个人温柔地爱着的姑娘。"

379　　对埃尔莎来说，马雅可夫斯基和塔季亚娜的关系是对她和莉莉非常熟悉的那个主题的变奏：一场要求即刻的、百分百互相倾心的情绪风暴。塔季亚娜明白这一点吗？她是否明白，自己与其说是其爱的对象，毋宁说是其**对爱之需求**的对象？几乎没有。她被他的攻势震慑，对自己受到一位最优秀的俄语诗人关注而心满意足，她不可能知道**所有**被马雅可夫斯基追求过的女性都遭受过这样的情感突袭。

那他们的关系到底有多亲密？马雅可夫斯基告诉莉莉，他是塔季亚娜第一个为之"献身"的男人，而莉莉不愿意相信这一点。一个这么漂亮,有那么多追求者,而且还有红颜祸水名声的女人会这样?! 这种贞洁或拘谨的表现是莉莉很难理解的……然而按照塔季亚娜的说法,在他第一次巴黎行期间他们并没有亲近。"他是个猎人,一个真正的猎人,他热爱胜利,他需要胜利。"多年后她在接受采访时说道,"假如我第一次就和他睡,那他可能就再也不会回来了。"

不管他们之间的亲密程度如何,当 1929 年春天马雅可夫斯基加大压力,"开始绝望地劝［她］回俄罗斯"时,矛盾的情感撕裂了塔季亚娜。与此同时他对她,就像之前对安年科夫那样解释说,在祖国有许多事情让他"失望"。但这次塔季亚娜也没能作出决定。也许是因为马雅可夫斯基对国内发生的事情越来越持怀疑态度,这一点让她感到不安? 他是不可能留在法国的。一旦离开苏联,作为诗人的他就只有死路一条。没有苏联的氛围他无法呼吸,而没有莉莉和奥西普他无法创作——因为没有人能像他们一样理解他的人格、欣赏他的诗;不管他和莉莉的关系变得多么复杂,对他而言都没有比她更亲近的人。也许明白了这一点也是阻拦塔季亚娜的一个因素。

马雅可夫斯基在 4 月的最后几天离开了巴黎。他在自己最爱的大茅舍餐厅举行了告别会。除塔季亚娜外,到场的还有埃尔莎和阿拉贡以及其他几人,其中包括苏俄作家列夫·尼库林和一个认识的"汽车驾驶员",他在晚宴结束后开车把他们送去了巴黎北站开往柏林的列车。"弗拉基米尔·弗拉基米罗维奇和送他的女伴手牵手在月台上走,直至登车时间到。"尼库林回忆说。他打算 10 月回巴黎娶塔季亚娜。

在离开巴黎前,马雅可夫斯基给莉莉发去电报,请她汇一百卢布到苏波边境的涅戈列洛耶(Негорелое)火车站。他的钱彻底用完了,需要人接济才能走完最后一段回家路。

韦罗妮卡·波隆斯卡娅,马雅可夫斯基最后的爱

第十三章　大转折的一年(1929)

> 我们这里现在比任何时候都好。任何历史
> 都不曾听闻过这种规模的共同劳作。
>
> 1929 年夏马雅可夫斯基给塔季亚娜的信

　　"沃洛佳给我读了《从巴黎寄给科斯特罗夫同志的有关爱情本质 381
的信》后,我很伤心。"莉莉后来如是讲述她的反应。这是种委婉的说
法,事实上她经历的不是伤心,而是失望和心烦。这首诗证实了马雅
可夫斯基对塔季亚娜的感情,因而也对她的自尊心造成了可怕的打
击;她在马雅可夫斯基生活和诗歌中的地位第一次受到动摇,她对此
感到震惊。1928 年至 1929 年之交的冬天,莉莉的精神状况明显恶化,
促成这个结果的另一个原因是她与库列绍夫关系破裂,而合适的替代
者暂时还未能出现。三十七岁的她失去吸引力了吗? 当马雅可夫斯
基在巴黎的时候,莉莉狂热地爱上了另一位电影导演弗谢沃洛德·普
多夫金,他在 1926 年因将高尔基的《母亲》搬上银幕而成名,两年后他

又拍摄了影片《成吉思汗的后裔》(Потомок Чингис-хана,剧本作者为奥西普)①,该片为他带来了国际性声誉。

普多夫金也符合莉莉的口味:社交名人,精通法语,还是个出色的网球运动员。他虽然已婚,但和自己的演员妻子分居,所以莉莉计划中的那种没有嫉妒之痛苦的恋情已万事俱备。只有一件事没有料到:与大多数男人不同,普多夫金并没有屈服于莉莉的魅力,后者于是为此自杀。莉莉吞下大量安眠药,虽然被救了下来,但康复却花了几个月时间。当马雅可夫斯基从巴黎回来时,莉莉把一切都告诉了他。值得注意的倒不是她的坦率——毕竟他们同意彼此之间不隐瞒任何事情——而是马雅可夫斯基的反应。“他猛地一抽,”莉莉回忆说,“没有听我说完就离开了房间。”对自杀的任何提及都会让他产生阴暗的念头。

所以,当马雅可夫斯基5月2日从巴黎返回,并铁了心打算在10月再次前去那里迎娶塔季亚娜时,他们的“家庭”关系紧张到了极点。三个人在亨德里科夫胡同的饭桌旁进行了漫长、绝望的谈话。从莉莉的记录来看,她试图让马雅可夫斯基相信,塔季亚娜并不是他以为的那种人,她肯定还有其他情人,而且就算她嫁给他,她也永远不会跟他回莫斯科。但他对塔季亚娜的感情比对娜塔莎·布留哈年科的那种好感更深,莉莉的那些论据也没有起到作用。5月8日,他迟了一天祝贺塔季亚娜二十岁生日,5月15日又给她发了信和电报。这是对塔季亚娜一封未保存的信的答复,她显然在指责马雅可夫斯基不给自己写信。“我的头这才变得不那么晕,可以稍微思考点什么,稍微写点什么。请不要对我发牢骚,也不要隐瞒——有多少烦心事啊,从苍蝇般

---

① 国内通常根据英语译名将本片译为《亚洲风暴》。

小的到大象般大的,所以真的不应该对我生气。"随后马雅可夫斯基如
是描述自己的处境:

　　1）我完全、非常**爱**塔尼克。

　　2）刚开始工作,将把我的《澡堂》(Баня)写出来。

　　3）莉莉奇卡[塔季亚娜的妹妹]炸了,为我没把她立刻运上
埃菲尔铁塔上而生气,但她现在平静下来,因为索契(Сочи)之行
而暂时和解了,两天后她将启程前往那里。希望能说服你妈也
去。我将会倚仗你给她下达的休息指令。顺带一提,我们将在那
里见。

　　4）昨天收到你妈来信,她问你情况如何——今天会回信。

　　5）今天给你寄书:第四卷和两期有《臭虫》的《青年近
卫军》。

　　6）6月15日至25日前后我从莫斯科出发巡游高加索和克
里米亚——朗诵。

　　7）**一定**要一直给我写信,还要拍电报,没你的信我真的一点
都不行。

　　8）完完全全就是前所未有地思念你。

　　9）,10),11),12)等,永远非常、完全爱你的全部。

　　塔季亚娜的回信没有保留下来,但她的状况可以从那几天她写给
妹妹的信来判断:"写一下他的心情以及他看起来如何。我真的很想
他。这里很少有他这般规模的人。"塔季亚娜给她寄了三双长筒袜、一
双米色灰皮鞋和一条开心果色连衣裙,马雅可夫斯基答应帮她们办理
通关手续;他对塔季亚娜母亲和妹妹的关心真诚感人。柳德米拉看来

383　是去克里米亚了,而她母亲却没有。"你不想去克里米亚让我很失落,"塔季亚娜给她写道,"弗·弗也给我写了一封很失落的信。他本来想帮你安排的。要知道照顾你和莉柳什卡是他唯一能做的让我高兴的事(因为那么长时间不在)。无限的善良和关切。"(柳德米拉因马雅可夫斯基没能立刻让她去成巴黎而产生的忘恩负义反应让我们不禁怀疑,她主要是在利用马雅可夫斯基的"善良"实现自己的利益。)

　　他们曾说好要经常写信给对方,每三天一次,但最终没有这样做。5 月 15 日马雅可夫斯基寄出信之后迎来的是三周的中断。要么是他们没写信,要么是邮政系统出了错,要么是信件遭到审查,要么是信没保留下来。*但对这种沉默还有另一个解释——莫斯科艺术剧院的年轻演员韦罗妮卡·波隆斯卡娅。

诺　拉

　　韦罗妮卡被朋友们称作诺拉,她曾在 1929 年 1 月首映的由莉莉和热姆丘日内制作的电影《玻璃眼》中扮演一个主要角色。尽管生于 1908 年的美人诺拉还很年轻,但她与自己在莫艺的演员同事米哈伊尔·扬申结婚已有四年了;但婚姻并不美满,他俩过着各自的生活。莉莉和她在拍摄电影时认识,并且觉得诺拉是马雅可夫斯基无法熄灭的对女性美貌和关怀之需求的潜在对象。马雅可夫斯基很容易坠入爱河,莉莉希望诺拉能让他忘掉塔季亚娜;剩下需要做的就是找一个合适的契机介绍他们认识。

---

　　* 马雅可夫斯基死后,莉莉销毁了塔季亚娜的所有信件。塔季亚娜保留了马雅可夫斯基的信和电报,但在第二次世界大战逃亡美国期间其中有一部分遗失了。

韦罗妮卡·波隆斯卡娅在莉·尤·布里克的影片《玻璃眼》中

于是莉莉和奥西普5月13日在莫斯科赛马场安排他们见了面。"请注意,沃洛佳的身材是多么不协调,"奥西普向诺拉指出,"他这么高大,但腿却很短。"马雅可夫斯基身高几乎有一米九,而由于上身巨大,被许多人当成巨人。他在诺拉眼里也是这样,她对马雅可夫斯基的第一印象是"一个穿着白色斗篷的荒诞大个子,戴着低拉在额头上的宽檐帽,精力充沛地拄着一根手杖"。他的"吵闹"和"只有他才有的那种谈吐"吓到了诺拉。

出席赛马的还有诺拉的丈夫,以及尤里·奥列沙、鲍里斯·皮利尼亚克和瓦连京·卡达耶夫这三位作家,他们说好晚上在卡达耶夫家碰头。马雅可夫斯基答应在诺拉的戏结束后开车接她,但他在菁英宾馆被一局台球给拖住了,于是诺拉和丈夫一起去了卡达耶夫家。到达之后,她获悉马雅可夫斯基打了好几个电话询问她的情况。又一通电话过后,他本人终于现身了。当被问及为什么没去接她时,马雅可夫

384

斯基回答说:“人的一生中常会有一些不能抗拒的状况……所以您可别骂我。”

陷入爱河的马雅可夫斯基一如既往地需要立刻证实自己的魅力，于是他约了诺拉第二天就见面。他们第二天下午碰头后一起去散步。“马雅可夫斯基这一次给我的印象与前一天晚上截然不同，”诺拉回忆说，“他一点都不像昨天的马雅可夫斯基——文学团体中的一个尖锐、喧闹、不安的人。”如今他“像个平常人一样轻柔、客气，谈论着最朴素、平常的事情”。几天的交谈和散步过后，马雅可夫斯基便邀请诺拉到自己位于卢比扬卡巷的房间，他在那儿“用巧妙掌控的强烈、低沉的嗓音”朗诵自己的诗——“充满非同寻常的表现力，带着最出乎意料的语调”。

然后马雅可夫斯基便开始故技重施了。他问诺拉：“喜欢我的诗吗，韦罗妮卡·维托利多夫娜”，而当她回答了“是”之后，马雅可夫斯基开始“出乎意料、紧紧地”拥抱她，在遭到反抗后，“他吃惊得要命，
385 像个孩子般委屈”。他“噘着嘴，变得阴沉起来”，然后说：“好吧，算了，蹄子给我，我再也不这么做了。真是个小气鬼。”然而诺拉已经明白，只要马雅可夫斯基想，他就一定会——用她的话说——“进入她的生命”，几天后他们便发生了亲密关系。事后开车送她回家时，他突然开始在卢比扬卡广场当中跳玛祖卡舞——“如此高大、笨拙的人，可与此同时跳起舞来却非常轻松、滑稽”。

从来不跳舞的马雅可夫斯基突然在莫斯科市中心挑起了玛祖卡！这很能说明他的内心状态，但也表明他身上不存在“羞耻感”。他是个婴儿般的自我中心者，日常的行为举止就仿佛身边一个人都没有一样。他从不会感到尴尬，可以在路中央脱掉自己进了石头的靴子，并在电话里大声讨论最私密的问题，根本不在乎会不会有旁人听到。在

这里我们能看到马雅可夫斯基特性格的一个重要特征：他不会虚伪、狡猾、作假、耍阴谋诡计；他决不假装。

和其他人一样，诺拉也被马雅可夫斯基情绪的剧烈波动惊到了："我不记得马雅可夫斯基有过平稳、安静的样子：他要么火花四射，吵闹，快活，惊人地有魅力，总是来回叨念某几行诗，用他自己谱的独特的音乐动机唱出这些诗，要么就阴沉沉，一连几小时保持沉默。"

尽管马雅可夫斯基的性格带来了种种困难，但夏天他们的关系变得更认真了。7 月马雅可夫斯基开赴克里米亚展开年度巡讲，而诺拉则在那里与莫艺的女友们一起度假。他们在索契和霍斯塔（Хоста）一起待了几天，并计划一周后再在雅尔塔碰头，结果诺拉生了病，所以不能前来。马雅可夫斯基紧张到失控，用一道道电报的闪电轰炸她，其中一条电报长到让报务员都不知道该如何是好。他恳求诺拉前来，否则就亲自去索契找她，而诺拉则在回复中提议在莫斯科见；已经有不少关于他俩的闲言碎语了，她担心这些话会传到她丈夫耳朵里，而后者似乎是唯一一个尚对此事一无所知的人。8 月 22 日马雅可夫斯基回到莫斯科。当六天后诺拉来莫斯科时，马雅可夫斯基在火车站接她，"激动"，"前所未有地温柔"。马雅可夫斯基手里拿着两枝，而不是一大束玫瑰——实际上他真的很想给她送这么一大束，但却怕自己看起来会像个"恋爱的中学生"，用他对诺拉母亲解释的话来说。

诺拉并不怀疑马雅可夫斯基的感情，当时她已准备好和他一起生活了。假如马雅可夫斯基"那时［向她］提出和自己彻底在一起"，她"会感到幸福"，然而尽管如此，马雅可夫斯基却并未谈及他们关系的"未来形式"，这让她很失望。阻挠因素自然是塔季亚娜，诺拉理应知道她的存在，因为《有关爱情本质的信》当时已经发表了。所以马雅可夫斯基没法隐瞒此事。为了保持和诺拉的关系，他得让她相信自己和

387   1929 年 8 月在马雅可夫斯基与演员阿内尔·苏达克维奇一起在
霍斯塔

塔季亚娜的关系已经是过去时了。然而塔季亚娜并不属于过去,而是在很大程度属于将来。"别忧伤,孩子,要说你我不会永远在一起,这是不可能的,"6 月 8 日,也就是马雅可夫斯基在积极追求诺拉的时候,他给塔季亚娜写信说,"你询问我生活的细节。细节没有。""细节"一词在马雅可夫斯基那里往往表示某些他不愿或不能说出的事情。诺拉就是这里不存在的那个"细节"。马雅可夫斯基的书信从来没有太多丰富内容,而塔季亚娜可能只是好奇,纯粹想知道一下其生活最大致的境况。但塔季亚娜也很有可能已经听说了关于他与诺拉的流言蜚语——如果的确如此,那想必是从埃尔莎那里,而告知埃尔莎的则是莉莉。让马雅可夫斯基对塔季亚娜的感情冷却下来——我们可不要低估她对这件事的兴趣。

　　整个夏天马雅可夫斯基都在紧张地写作新剧本——《臭虫》的续篇《澡堂》。但抒情诗却几乎没写,至少没写那种能让他自豪的。"一行诗都没写,"他在同一封信中对塔季亚娜抱怨说,"在写了你那两首诗后,其余的感觉都很平淡。我现在冲去工作了,同时也记得离 10 月已经不剩太多时间了[……]。我可爱的、亲切的、最爱的塔尼克。请不要忘记我。我还是这么**爱**你,急着想要见你。"一个月后的 7 月 12 日,他又责怪她几乎没写信,并继续道:"我完全不能想象 10 月之后(我们约好的)没有你。从 9 月起我将开始给自己装上飞向你的小翅膀。"四天后写的另一封信仍在延续示爱:"当我想着最让我愉快、最让我亲近的人时,我想的永远是你。孩子,请你爱我吧。这是我径直需要的。"用他在信中的话说,他"有规律地"思念她,"最近几天甚至不是有规律地,而是更为频繁地"思念。然后他列举了她嫁给他然后回苏联的种种好处:

我们这里现在比任何时候都好。任何历史都不曾听闻过这种规模的共同劳作。

能投入这项紧张的工作就像一件巨大的礼物一样让我高兴。

塔尼克！你是个最最能干的姑娘。来当工程师吧。你真的可以的。别把自己都耗在帽子上。

请原谅这种非我所特有的好为人师行径。

但我多么希望如此啊！

工程师塔尼卡在阿尔泰某处！

来吧，啊！

无论塔季亚娜如何看待这一建议，无论究竟哪些关于诺拉的谣言传到了她耳边，她还是非常期待马雅可夫斯基的到来。"非常高兴地等待着他在秋天到来，"她给母亲写道，"这里没有像他这种规模的人。在对女人的态度上（尤其是对我的）他绝对是一位绅士。"

一个月后，马雅可夫斯基关于自己"一行诗都没写"的说法已失去效力。在克里米亚，他写了《苏联护照诗》（*Стихи о советском паспорте*），其开头是对官僚主义的猛烈攻击：

　　我要像狼般

　　　　把官僚主义

　　　　　　咬碎。

　　对图章

　　　　我不尊敬。

　　统统

　　　　滚去见他妈的

　　　　　　　　　鬼——
所有的手续证明。

　　不过有一个例外,那就是苏联护照。马雅可夫斯基用让人头晕目
眩的夸张手法描写了检查护照的场景:英国人、美国人、波兰人、丹麦
人"和各种/其他/瑞典人"的证件被海关官员平静地收走,而与此同时
当他们接过马雅可夫斯基手里的"红皮大护照"时,

　　　　像接过——
　　　　　　　　炸弹,
　　　　　　　　　　接过——
　　　　　　　　　　　　　刺猬,
　　　　像一把
　　　　　　　双刃的剃刀,
　　　　像接过
　　　　　　　一条响着尾
　　　　两米长
　　　　　　　的蛇,
　　　　　　　　　信子二十条。
　　[······]　　　　　　　　　　　　　　　389
　　　　统统
　　　　　　　滚去见他妈的
　　　　　　　　　　鬼,
　　　　所有的手续证明。
　　　　　　　　但这个······

我

　　从肥大的裤腿里

　　　　　　掏出，

　　仿佛把无价货物的运单

　　　　　　握紧，

　　读一读吧，

　　　　　　任由你们嫉妒——

　　我是

　　苏维埃联盟的

　　　　　　公民。

1929 年夏天是在折磨人的等待中度过的——等待一个再次吓唬法国边检的机会，但 8 月 28 日，根据莉莉日记的记载，她和奥西普"与沃洛佳进行了一次严肃的谈话，有关他在巴黎被偷换了一事"。消息很可能来自埃尔莎，莉莉让她保持跟踪巴黎的消息，而莉莉也告诉她在莫斯科发生的一切。关于塔季亚娜生活情况的另一个消息来源无疑是驻巴黎的苏联特务，他们通过与莉莉和马雅可夫斯基要好的欧格别乌员工传递了这些情报。肯定是有东西能说的。假如说马雅可夫斯基在同时追求两名女性的话，那么塔季亚娜的崇拜者备胎名单里也至少有三个人。其中一位是俄国诺贝尔医学奖得主伊利亚·梅奇尼科夫的同名孙子。"我现在有一大堆好戏，"塔季亚娜于 1929 年 2 月告诉母亲，"假如我想和马在一起，那伊利亚怎么办呢？除了他还有第二个。好一个无法化解的魔圈！"另一个备胎是贝特朗·杜普莱西子爵，当时正担任法国驻华沙大使馆的随员。

　　之所以要进行关于"在巴黎被偷换了"的谈话，就是为了让他相信塔季亚娜已经背叛了自己，而去巴黎也不再有意义。很可能他们试图说服马雅可夫斯基不如干脆留下来，和全心全意爱自己的诺拉在一起。但谈话却并未带来期待的结果。第二天马雅可夫斯基发电报给　390
塔季亚娜："甚念。多、勤来信。吻。永远爱你。你的沃。"

　　1929 年夏天马雅可夫斯基打的双重感情算盘表明其深刻的茫然与绝望——尤其因为除了塔季亚娜和诺拉外，他还要考虑莉莉这一项。他的生活、他的未来将会如何？他能否创建一个更为传统的家庭？很多迹象表明，他正在朝这个方向努力。抑或他将留在从 1918 年起生活至今的"婚姻卡特尔"里？无论经历了什么，他最爱的还是莉莉，而奥西普则是他最好的朋友和参谋。即使是一个精神状况比马雅可夫斯基更稳定的人，也很难找到所有这些问题的答案。

目的优先，与不问政治作斗争

　　各种矛盾冲突不仅使马雅可夫斯基的私生活更加复杂，而且也影　392
响了他的文学和社会活动。前一年秋天他退出了列夫，因为"琐碎的文学划分已经过时了"，也就是说，1929 年冬是马雅可夫斯基自 1912 年以来第一次身处文学协会之外，对于这位天生的斗士来说这并不容易。因此，尽管他声称"琐碎的文学划分"已经过去了，但他从巴黎回来后立即组织了一个新的团体。过去的左翼艺术阵线，也就是列夫如今变成了革命艺术阵线（Революционный фронт искусства），简称莱夫（Реф）。但是，旧组织和新组织之间的区别不仅仅是名字里的一个辅音，莱夫的整个方针都是新的。取代了"做什么？"和"怎么做？"这两个老问题的是新的问题兼口号："**为了什么做**？"。"也就是说，"马雅可夫斯基解释道，"我们规定**目的优先于内容和形式之上**。"因此，要

1929 年 6 月，莉莉获得了驾照，她是苏联第一批拿到驾照的女性。
有一次她撞了一个小女孩。案子在人民法院审理，而莉莉胜诉了。
"法庭的一位成员用抒情的语调给我打了电话！我甚至因为意外
而张皇失措，"莉莉在日记中写道，"沃洛佳吃我醋了。"
莉莉有一回和罗琴科约定，让她在造访列宁格勒的时候给她拍点
开车的照片："我们在莫斯科拍过照片，那时我穿着一件衣服，然后
换了衣服，开去土堤道（Земляной вал）加油，他从后座上拍摄，等
等……我们说好我开出城二十来公里，他拍照，然后回家，而我再
继续开。但我并没有再往下开，因为发现路况很糟，车开始打喷
嚏，而且总的来说一个人开这么远又无聊又危险。"

拒绝"赤裸裸的事实",并向艺术要求"倾向性和方向性"。莱夫的目的是"与不问政治作斗争,并自觉将艺术定性为对社会主义建设的宣传鼓动"。尽管莱夫派成员(差不多就是列夫的原班人马,除什克洛夫斯基、谢尔盖·特列季亚科夫和其他几位没有加入)并不是党员,但他们现在声称将"无条件跟党[走]"。

不同于列夫的是,莱夫没有起到任何文学和政治上的作用,况且莱夫计划中的丛刊最终也未能问世。其创始人之一彼得·涅兹纳莫夫可能是对的:这个团体是"由于惯性"而产生的,因为马雅可夫斯基"没有足够的忍耐力,无法只用沉默去回击那些幸灾乐祸、吹毛求疵的小人"。

无论如何解释,莱夫的理论还是反映了社会的普遍苏维埃化。当马雅可夫斯基写信给塔季亚娜说,"任何历史"都不曾听闻过苏联的"这种规模"时,他有这样说的充分理由。1929 年,用斯大林的话来说,是"大转折的一年"——这一年的转变在许多方面要甚于 1917 年。为实现国家工业化制定了五年计划,而农业则遭遇了强制集体化。随后实行了做五休一的工作周制度,休息日可以落在任何一天上,而不一定是星期日。这一"改革"的目的不仅是为了提高劳动生产率,也是为了加强与宗教的斗争:全国各地大量拆除教堂,1929 年是复活节的教堂钟声最后一次响起。新的历法不再从基督诞生,而是从 1917 年开始纪年。

393　　1929 年,关于苏联人民取得巨大经济成就的欢欣鼓舞的报告一篇接一篇地出现。意识形态机器满负荷运转,整个国家正在满怀热情地建设共产主义。至于农业集体化的残酷、血腥,工业化的计划不周则只有少数人理解或敢于承认。而对那些信仰社会主义革命的人来说,这种变革确实只会意味着"这种规模"。马雅可夫斯基亦然,他很高兴自己能"投入这项紧张的工作",并用自己的诗歌为打击宗教和做五休一工作制的落实做出贡献。

1929 年至 1930 年期间苏维埃化进程的另一步是"对苏联机关进行大规模检查和清洗",即在各人民委员部和公共机构中消除"异己成分"。如同在沙赫蒂案中一样,清洗针对的是社会出身可疑的专家和/或持有可疑政治观点的人员。最重要的清洗标准不是职业素养,而是对国家(即党)的政治忠诚程度。在文化和学术领域也进行了类似的清洗。1929 年春发起了一场针对科学院的运动,因为据称科学院在鼓吹"不问政治",许多杰出的学者被控"暗害活动",整个科学院被重组。"形式主义者"最后的堡垒之一艺术史研究所(Институт истории искусств)也遭此厄运。莫斯科艺术剧院的领导层被替换,而在列宁格勒,普希金之家(Пушкинский дом,该市主要的文学档案馆)的所长被革职并流放。政策收紧的另一个环节是内务人民委员部下令禁止(当时是秘令)组建新的文学、艺术和学术联合会。最能体现当时政治气候的事件是教育人民委员阿纳托利·卢那察尔斯基被解职。官方说法是他于 9 月 13 日主动辞职,但其实 7 月 15 日政治局就做出了决定,而仅仅过了两周就任命了他的继任者——斯大林的忠实战友安德烈·布勃诺夫。

意识形态清洗在 8 月以对鲍里斯·皮利尼亚克和叶夫根尼·扎米亚京的批判达到最高潮,这时"自由主义"的卢那察尔斯基已经去职,无法出手干预。这两位作家因在国外发表自己的作品而受到谴责:皮利尼亚克在柏林的一家出版社(还是亲苏的出版社!)出版了自己的中篇小说《红木》(Красное дерево),而扎米亚京则把其反乌托邦小说《我们》(Мы)的若干章节发表在布拉格的一家侨民杂志上。这轮批判运动事先经过协调策划,并在几家报纸上同时展开,明面上发

395   叶夫根尼·扎米亚京在 1921 年断言:"俄罗斯文学就只会有一种
未来:那就是它的过去。"尤里·安年科夫绘。

"同路人"鲍里斯·皮利尼亚克,尤里·安年科夫绘 396

起运动的是拉普,但真正的策划者其实是党的最高领导层(与其他文学团体不同,拉普的活动是由党中央直接指挥的)。

394　　　　根据连坐原则,对皮利尼亚克和扎米亚京的谴责波及整个"同路人"群体,很快在批判对象中就出现了米哈伊尔·布尔加科夫、安德烈·普拉东诺夫、伊利亚·爱伦堡、弗谢沃洛德·伊万诺夫等人的名字。然而,皮利尼亚克和扎米亚京被挑出来当作"同路人"群体的代表并非偶然:两人都有着特别容易受到打击的意识形态包袱。叶夫根尼·扎米亚京早在 1921 年就在文章《我担心》(*Я боюсь*)(见第 147 页引言)中表达了自己对新苏维埃正统教条环境下俄罗斯文学能否拥有未来的怀疑。一年后他被逮捕,当局打算把他和其他知识分子一起送上"哲学船"驱逐出境,但由于作家同行们的干预,他避免了这一命运。1924 年,审查机构禁止了他描写二十六世纪共产主义生活的小说《我们》,扎米亚京因而失去了在祖国发表作品的希望,1927 年,长篇小说的捷克语和俄语版在布拉格问世——其中自然不乏罗曼·雅各布松帮忙斡旋。

正是这个译本在两年半后的 1929 年给扎米亚京带来了麻烦。至于皮利尼亚克,有理由认为让他倒霉的并非中篇小说《红木》(其中描绘了俄国外省的乏味生活),而是 1926 年刊载在《新世界》上的《不灭的月亮的故事》,作家在其中近乎公开声明斯大林应为米哈伊尔·伏龙芝之死负责。这部中篇小说题献给批评家亚历山大·沃隆斯基——他为皮利尼亚克提供了事实材料。当一年后沃隆斯基因托派罪名被捕时,皮利尼亚克的名字也自动和托洛茨基反对派联系在一起了。

1926 年,皮利尼亚克在几次羞辱性的认错和撤回声明后还能得以重返文坛——当时毕竟还不是 1929 年夏天,尚不是开展那种运动的时候。这场运动的新特点是,一方面,其发起者是党的最高领导,另一方面则是指控的内容本身:过去还从未有过一位作家因为在国外发表作品而受谴责。还有一个新情况是:各个作家组织表态支持的已不再是受害者,而是迫害者。扎米亚京曾担任全俄作协列宁格勒分会主席,而皮利尼亚克则是莫斯科分会主席,但两人都离开了自己的位子:前者是应政府要求,后者则是主动去职以示抗议。"这是自俄罗斯文字诞生以来,俄罗斯作家头一次不仅承认审查制度的存在是有益的,还谴责试图通过在境外出版来逃避审查的做法,"巴黎侨民报纸《最新消息报》(*Последние известия*)的一位评论家写道,"沙皇政权数百年来没能做到的事,反动年代最残暴的'精神扼杀者'未曾想过的事,如今在最短时间内用最简单的方式实现了——即宣布实行某种作家连环保制度。如今在审查领域的创新可真不小:他们用对书籍作者的审查权代替了对书籍的审查权。"

为了预先得到作家集体的支持,拉普"请　所有作家组织和个体作家明确自己对叶·扎米亚京和鲍·皮利尼亚克所作所为的态度"。回应者中包括马雅可夫斯基,他代表莱夫发表了题为《我们的态度》(*Наше отношение*)的声明,标题中暗含了对拉普这一呼吁的直接回应。在漫不经心地承认自己没读过皮利尼亚克的《红木》"和他以及其他许多人的小说"后,他如是论证自己的立场:"我将完成的文学作品视为武器。即使这种武器是超阶级的(这种武器并不存在,但皮利尼亚克大概认为自己的武器是这样的),把这种武器交给白方媒体还是增强了敌人的军火库。在乌云愈发密布的今天,这相当于在前线叛变。"而当那天晚上马雅可夫斯基与莉莉、奥西普讨论这个问题时,他却把拒绝皮利尼亚克的那项权利赋予了自己。"他不怕在白方出版社发表作品,因为那样做不会让出版社损害他的名声,而是相反。"莉莉

397

在日记中写道。

也就是说，"同路人"被禁止做的事情，像马雅可夫斯基这样的革命作家是可以做的——这种立场表明，他已经危险地深入了一个任何作家都不该涉足的领域。曾几何时，马雅可夫斯基捍卫作家不受国家政权干涉，而今他却站到了对立面。他认为自己有权不读皮利尼亚克的小说就谴责他，这表明他在拼命和"同路人"群体保持距离，因为后者正在被与政治反对派越来越紧密地捆绑在一起。同时，他的做法也表明，不仅仅是整个苏联社会，就连马雅可夫斯基个人在这段时期也遭受了道德贬值。

折断的小翅膀

马雅可夫斯基在与皮利尼亚克的争论中所持的立场是不可原谅的，即使考虑到许多苏联公民此时已开始失去自己的政治和道德准则。他的态度可能也受到不愉快的情绪状态影响，这种情绪从 1929 年夏末开始，而其原因便是私生活的不稳定。整个 9 月他没收到塔季亚娜一封来信，在没完没了的电报中他不停对其抱怨这一点。最后一条电报被退了回来，标注说收件人不明，但一个多月后塔季亚娜还是现身了。"你不写信难道仅仅是因为我'吝惜'语言吗？"马雅可夫斯基在 10 月 5 日的回信中问道，他其实是在怀疑塔季亚娜像莉莉所预言的那样抛弃了他，"或许最有可能的是，法国诗人们（甚或从事更寻常职业的人士）现在更讨你喜欢了。但**就算是这样**，也永远不会有任何人，任何人能说服我，说你因此变得不那么亲切了，说你可以不给我写信，或者用各种其他方法折磨我。"她应该记住，她是他的"亲人"，"必须至少有个五十五年"，而他拒绝相信她已经"唾弃"了他。

　　信中没有任何即将去巴黎的暗示。9 月 8 日莉莉在日记中写道："沃洛佳感动了我：他今年不想出国。想在苏联跑三个月。这是[8 月 28 日]我们残酷谈话的影响。"但十一天后的 9 月 19 日，照同一本日记里的说法，马雅可夫斯基"已经不谈三个月的苏联行了，而是计划春天去巴西（即巴黎）"。

　　到底发生了什么？在 7 月 12 日的信中，马雅可夫斯基还信誓旦旦说自己无法想象在 10 月之后没有塔季亚娜的生活，并且要在 9 月"装上小翅膀"——即办理手续。

　　也许随着塔季亚娜回复他信件和电报的频率越来越低，他开始越来越怀疑自己的计划。也许他也受到了埃尔莎慷慨地分享给姐姐的，关于塔季亚娜在巴黎生活的消息之影响。类似"情报"也的确不是空穴来风："身边冒出了很多朋友，就像滚雪球一样。"塔季亚娜 7 月 13 日给母亲如是写道。她比以往任何时候都受欢迎，无时无刻不在寻欢作乐。每周末她都像当初和马雅可夫斯基在一起时那样去大西洋海岸，但如今路上坐的已经是轿车了——而度夏的计划更是雄心勃勃："我要坐汽车环游法国，也许还会坐帆船游地中海。"想必她并没有打算一个人去旅行。

　　如果这些或类似消息传到了马雅可夫斯基耳朵里，他也就不必再奢望塔季亚娜会成为自己的妻子了，更何况他内心深处大概也知道无法说服她和自己一起返回苏联。此外，他与诺拉的关系多半也已经在巴黎传开了，这事儿可不太能帮助他说服本就已犹豫不决的塔季亚娜，对此马雅可夫斯基想必也心知肚明。

　　看起来也的确如此。马雅可夫斯基一如既往地声称自己爱塔季亚娜，但麻烦的问题实在太多了，一切都乱成了一团，于是他就渐渐偃旗息鼓了。"我觉得他是不想承担责任，不想往脖子上套上个姑娘，"

399　塔季亚娜后来回忆道，"假如我真同意走，他就得结婚，他会别无选择。我觉得他就是怕了……"

但这种解释与莉莉有关马雅可夫斯基打算明年"去巴西（即巴黎）"的说法相冲突。如果他已经放弃了娶塔季亚娜的希望，那他也没理由计划巴黎行了。但他为什么不在 1929 年秋天走？为什么在 10 月的信中没有提及"小翅膀"，而是写了句谜一样的话："无法转述和转写所有这些让我愈发沉默的悲伤事。"诺拉也注意到了他的"沉默"，照她的说法，马雅可夫斯基从高加索回来时情绪极其糟糕："他很担忧某些事情，一直都在沉默。我问他有这种情绪的原因，他用玩笑搪塞过去。"

让他"愈发沉默"，而且无法提及的"悲伤事"究竟是什么？在马雅可夫斯基生平的所有不确定元素中，最大的谜团就是他未能成行的巴黎之旅。

有一件事是毋庸置疑的：莉莉不希望马雅可夫斯基娶塔季亚娜，并竭其所能来阻止此事发生。但她到底做了些什么？她的对抗是否仅限于"残酷谈话"以及传播关于塔季亚娜新动向的"情报"？还是说，她为了阻止马雅可夫斯基而狠狠心采取了更为严厉的措施？

一直存在着一种观点，认为马雅可夫斯基没能去成巴黎是因为当局拒绝给他颁发出境签证。但如果是签证被拒的话，至少他得先提出申请，而在苏联的档案中却没有相关文件。莉莉打赌他"从没被拒签过"，因为他根本就没递交申请，不然她愿意"剁手"。在她看来，马雅可夫斯基被拒发出境证件完全是不可思议的："他可以随时前往他想去的任何地方，去地球的任何一个角落。"（莉莉指的是马雅可夫斯基可以得到苏联的出境护照——但诗人其实不能"前往他想去的任何地方"，因为有些国家，例如英国，不允许他入境。）

所以，有很多证据支持马雅可夫斯基自己决定不去巴黎，所以没申请出境护照的说法。但他为什么这么决定？是自愿的吗？想必不是。很可能马雅可夫斯基的出境签证真的被拒了，只不过是以**口头形式**进行的——他被告知提交文件没有意义。"拒绝颁发出境签证是以一种嘲弄性的形式进行的，"加林娜·卡塔尼扬回忆说，"他们逼他跑一趟。然后就像拒绝其他苏联公民一样拒绝了他——不给任何理由。"

所以加林娜·卡塔尼扬所说的"拒绝"就是以口头形式进行的。把这件事告诉她的人是在马雅可夫斯基离开卢比扬卡广场上的欧格别乌大楼时，偶然撞见了"面容很可怕"的诗人，尽管他们认识，马雅可夫斯基却没和他打招呼。纵观这位米哈伊尔·戈尔布的履历，会发现其中不仅包括认识马雅可夫斯基，还包括在欧格别乌的多年工作经历。他可能是1926年至1928年身为苏联特务在柏林活动时认识了马雅可夫斯基和布里克夫妇。1929年秋，他担任欧格别乌外事处副处长，负责苏联在法国的特务活动——假如有人知道马雅可夫斯基未成行巴黎之旅的情况的话，那一定就是他。无论如何，如果我们想找到这些问题的答案，就必须去卢比扬卡的高墙后探索一番。

假斯文、雅尼亚和佐里亚

马雅可夫斯基之所以能前往"他想去的任何地方"，主要是因为他得到了欧格别乌的庇护。对列夫派和他们的同情者而言，与安全部门打交道并不是一件可耻的事，相反，契卡分子在他们眼里是为共产主义胜利而斗争的英雄。以我们现今对三十年代大清洗的了解出发来评估当时苏联人对欧格别乌的看法是一种极其缺乏历史精神的态度。

马雅可夫斯基和契卡分子瓦列里·戈罗扎宁,1927 年夏

1923 年 12 月底以后，奥西普就不再为格别乌工作，但人脉关系显然还留着。如果不算 1921 年和莉莉乘坐同一辆火车前往里加的"假斯文"列夫·埃尔贝特（见《渴望西方》一章）的话，契卡分子和马雅可夫斯基直到 1926 年才有正式交集，当时他在哈尔科夫结识了乌克兰欧格别乌的领导之一瓦列里·戈罗扎宁。他们很快就交上了朋友，第二年在雅尔塔还一起写了电影剧本《工程师达尔西》（Инженер д'Арси），剧本的核心思想是由戈罗扎宁贡献的，其中讲述了英国人如何在世纪初控制波斯的石油。然而戈罗扎宁在马雅可夫斯基生活中的作用并不局限于这个没有被搬上银幕的剧本：戈罗扎宁给诗人送了一把毛瑟枪，而作为回报，马雅可夫斯基把 1927 年秋为纪念契卡建立十周年所写的《捷尔任斯基的战士们》（Солдаты Дзержинского）一诗题献给他。

即使考虑到这首诗创作于苏联遭遇极大外部压力的 1927 年（见上一章），有一点也是无可争议的：借助对国安机关及其反谍部门的赞美，马雅可夫斯基踏上了一片新的诗歌领土。这件事恰恰发生在此刻并非偶然。《捷尔任斯基的战士们》一诗发表之时，恰逢马雅可夫斯基和布里克夫妇与这些机构的一些高级代表关系愈发密切。从这种"友谊"中自然可以看到欧格别乌方面在想方设法渗透进他们的圈子，但兴趣并不是单方面的：在 1928 年夏天写的《别墅事件》（Дачный случай）一诗中，契卡分子们被描绘为普希金诺别墅的客人，在那儿他们和马雅可夫斯基一起用自己的勃朗宁和毛瑟枪打树桩。

这里的关键人物是雅科夫（雅尼亚）·阿格拉诺夫，他从革命年代起就与列宁和斯大林密切合作，并在安全部门担任要职。他的专长是监控知识阶层。请读者们回忆一下，在写到 1921 年审问彼得格勒武装组织领导人的时候，我们曾提及这个名字。同年他还领导了对喀琅

402

唯一已知的一张雅科夫·阿格拉诺夫与马雅可夫斯基同框的照片摄于普希金诺消夏别墅的凉台。客人自下排左起分别为：亚历山大·罗琴科，卢埃拉，阿格拉诺夫（穿西装打领带），基尔萨诺夫，马雅可夫斯基（手上抱着阿牛），瓦西里·卡塔尼扬，奥西普和他的热尼娅，马雅可夫斯基的姐姐奥莉嘉（手搁在凉台围栏上）以及热尼娅的丈夫维塔利·热姆丘日内。

施塔得叛乱案情的调查。（见《新经济政策，螺丝在拧紧》一章）也正是阿格拉诺夫在 1922 年筹划了对右翼社会革命党人的审判，并编写了同一年秋天被驱逐出苏联的作家、哲学家和学者名单。（见《渴望西方》一章）

　　就像大多数这一行业的从业人士一样，有关阿格拉诺夫的信息极为稀少。他五短身材，相貌平平，"在他那薄而漂亮的嘴唇上蜿蜒着的微笑不知是在嘲讽，还是在质疑"，但与此同时人们却都说他"聪明"。

无论阿格拉诺夫到底具备何种素质，他毕竟成功混入了莫斯科的各个文学圈子。无论是马雅可夫斯基和列夫派，还是马雅可夫斯基不共戴天的仇敌、拉普领袖利奥波德·阿韦尔巴赫，抑或"同路人"鲍里斯·皮利尼亚克都和他有所往来。阿格拉诺夫也是梅耶荷德剧院艺术委员会的成员，并作为贵客参加导演的"星期五沙龙"。

尽管处于阿格拉诺夫监视下的并不止布里克夫妇的公寓，但恰恰是他们之间的联系让我们尤其感兴趣——这部分是因为马雅可夫斯基这次未成行的巴黎之旅，部分是因为一直有传言说莉莉向阿格拉诺夫提供了有关知识阶层动向的情报，并在某段时期与他保持着亲密关系。尽管我们无法证实或证伪这些传言，但却不能对此置之不理。有很多迹象表明莉莉的确向安全机构的员工提供了她认为他们会感兴趣的情报。帕斯捷尔纳克后来把布里克夫妇的公寓说成"莫斯科民警局的一个分局"，而丽塔·赖特则讲述了莉莉有一次试图招募她在柏林的俄侨圈子当线人。丽塔并没有拒绝，但第一次谈话时她非常紧张，以至于莉莉认为她不适合从事这项工作。这是否意味着莉莉是契卡的员工，还是说她只是出于意识形态上的原因而自愿提供帮助？要知道她和马雅可夫斯基一样，把契卡分子视为在最前线作战的革命战士。这个问题同样没有明确的答案。

阿格拉诺夫第一次出现在布里克夫妇和马雅可夫斯基"家庭"中的日期很难确定；一种假设认为，介绍他们认识的是戈罗扎宁。无论如何，阿格拉诺夫和马雅可夫斯基的名字第一次共同出现是在1928年，后者在列夫的每周例会上介绍了阿格拉诺夫，称他为"在国安机关搞文学问题"的"一位同志"。"没有人对此感到惊讶，"列夫派的一位画家叶连娜·谢苗诺娃回忆说，"当时苏联人非常信任、尊重安全机构，列夫派自然也不例外。"从那天起，阿格拉诺夫出席了列夫的所有例会,总是和年轻的妻子瓦连京娜在一起,有时穿军装,有时穿便装。尽管他表现得非常谦虚,而且照谢苗诺娃的说法,从不干预讨论,但很快他就开始发挥起重要的幕后作用。据瓦尔瓦拉·斯捷潘诺娃在日记中的记录,他曾建议马雅可夫斯基在 1928 年 9 月与列夫分道扬镳前发表一封公开信。马雅可夫斯基没有采纳这一建议,但一个欧格别乌来的人敢允许自己对这种重大问题置喙,而且别人也允许他置喙,这一事实本身也表明了一个新时代的开始。然而阿格拉诺夫在亨德里科夫胡同的存在不仅对他自己有好处,也对列夫派有好处,因为他们希望可以通过他来获得一定的政治庇护。

如果说雅尼亚时刻掌握着莫斯科文学界的脉搏,那么佐里亚,也就是扎哈尔·沃洛维奇在巴黎扮演了类似的角色。1928 年 2 月,他在苏联驻巴黎总领事馆担任秘书,但一个月后被调入外交使团。沃洛维奇其实是位于同一幢楼内的欧格别乌巴黎分部负责人。佐里亚在法国没有用自己的真名,而是用了化名弗拉基米尔·亚诺维奇。他的主要任务是观察法国政局发展。他的妻子,加密专家兼摄影部负责人法伊娜和他一起工作。他们在莫斯科的直接上司不是别人,正是米哈伊尔·戈尔布。

1928 年秋和 1929 年春马雅可夫斯基在巴黎与沃洛维奇夫妇进行过交流,而当 1929 年 9 月佐里亚和法伊娜造访莫斯科时,他们再次见面了。人们经常看到他们在亨德里科夫胡同做客,也正是靠了他们,莉莉才能在和埃尔莎通信时使用外交信使服务。

换句话说,马雅可夫斯基与塔季亚娜的关系对欧格别乌而言肯定不是秘密:在巴黎的苏联特务监视着他们的一举一动,而在国内雅尼亚对一切了如指掌。马雅可夫斯基和塔季亚娜之间的许多信件可能正是因为被审查机构拦截,所以才没能送达对方那里。因此,"有关部门"根本无需向莉莉打听,就可以获悉马雅可夫斯基 1929 年 10 月访问巴黎的意图。苏联当局有充分的理由不让马雅可夫斯基前往巴黎。其中最重要的就是担心如果塔季亚娜拒绝回苏联，他会滞留境外，而这是无论如何都不能接受的：马雅可夫斯基被视为国有资产。

当局的不信任被诗人视为直接侮辱，毕竟他认为自己是革命的公仆，而且那年夏天还在那儿自豪地讲述外国官员是如何恐惧地接过"锤子般的，/镰刀般的/苏联护照"呢。尽管马雅可夫斯基早在1929年7月就把《苏联护照的诗》寄给了《星火》（*Огонек*）杂志，但这首诗直到他去世后才刊登，这也让我们能一窥拒绝出版与未能成行的巴黎之旅这两件事情之间的关联。刊登一首马雅可夫斯基在其中赞美苏联护照的诗，而与此同时却拒绝给他颁发这种护照——甚至连这个正在变得越来越无情的政权也尚不至于犬儒到这个地步。

杜普莱西夫人

如果对马雅可夫斯基来说，去不成巴黎的消息是一个打击的话，那么塔季亚娜又该怎么想呢？马雅可夫斯基没有现身这还不够，她甚至连为什么都不知道！马雅可夫斯基不能说明真正的原因，一来是因为他耻于承认自己出境签证被拒；二来他不想让巴黎的侨民圈子拿此事大做文章。此外，他想必也知道自己寄给塔季亚娜的信还会被收信人以外的其他人读到。

照塔季亚娜的说法，她是从埃尔莎那里得知了马雅可夫斯基没来巴黎的真正原因，而关于人们在莫斯科常看到马雅可夫斯基和一位美人形影不离的消息，埃尔莎想必不会吝惜去传播。因此，当久经考验的护花使者贝特朗·杜普莱西向塔季亚娜求婚时，她"觉得自己自由了"，并同意结婚："他正大光明地来过我们家几次——我没必要隐瞒

塔季亚娜与丈夫在法国驻华沙大使馆,1931 年

他的事情,他是个法国人,又单身,这不是马雅可夫斯基。"

　　求婚发生在 10 月初,也就是塔季亚娜获悉马雅可夫斯基来不了之后。她一年前结识了杜普莱西,让我们回忆一下,他曾是追求者备胎名单上的一员。但由于他在华沙工作,他们无法经常见面。不过她不太可能会同意嫁给一个不怎么熟悉的人。因此可以推测,他们在那一年多少有过交流——很可能杜普莱西就是那个在塔季亚娜夏季之旅时给她开车的人。埃尔莎在涉及塔季亚娜的问题上不能被视为可靠的消息来源,但她所说的"在与马雅可夫斯基恋爱的同时,她继续和自己未来的丈夫保持关系"还是可信的。然而塔季亚娜本人从未承认过这一点,无论在当时还是后来。

　　婚礼于 12 月 23 日在巴黎举行,之后新婚夫妇前往意大利度蜜月,他们去了佛罗伦萨、那不勒斯和卡普里岛。"我不爱他,"后来在谈及杜普莱西时她说,"从某种意义上说,这是在逃离马雅可夫斯基。"*

　　埃尔莎告诉塔季亚娜,马雅可夫斯基不会来巴黎,也是她告诉了莉莉塔季亚娜即将举行婚礼。"埃莉娅来信说到塔季亚娜:她想必要嫁给一个法国子爵。"莉莉在 10 月 11 日的日记中写道,"娜佳[·施特伦贝格]说我的脸色从没这么苍白过。我能想象沃洛佳的盛怒,以及他将会感到多么耻辱。他今天去彼得讲演了。"她后来如是描述了当时的场景:

　　　　[……]我们有几个人,平静地坐在亨德里科夫胡同的饭厅里。沃洛佳在等车,他要去列宁格勒进行许多场讲演。地上放着

----

　　* 1982 年冬天我在纽约与塔季亚娜·雅科夫列娃的谈话过程中得知,马雅可夫斯基是她一生的挚爱,此外她不知道马雅可夫斯基在美国有个女儿,这一点是我告诉她的。

一个包好、锁上了的手提箱。

这时送来了埃尔莎的信。我撕掉信封,开始和往常一样出声读信。在各种消息之后,埃尔莎写道,塔·雅科夫列娃[……]将要嫁给某人,好像是个子爵,她要穿着白婚纱,手捧苦橙花和他在教堂举行婚礼,她激动得不能自已,怕沃洛佳得知此事,然后搞出一桩会伤害到她,甚至破坏婚礼的大乱子。有鉴于此,埃尔莎在信末要求什么都不要对沃洛佳说。但信已经读完了。沃洛佳一言不发。他站起来说:"好吧,我走了。"你去哪儿?还早,车还没来呢。但他拿起手提箱,吻了我,然后就走了。司机回来后,说他在沃隆佐夫街(Воронцовская)遇见了弗拉基米尔·弗拉基米罗维奇,他砰的一声把手提箱扔进车里,用最下流的话辱骂司机。然后就一路沉默。到火车站的时候,他说:"请原谅,请您不要生我的气,加马津同志,我的心在痛。"

照莉莉的话说,她在第二天给住在列宁格勒欧罗巴宾馆(гостиница Европейская)的马雅可夫斯基打电话,说很担心他。马雅可夫斯基用一个老犹太笑话中的一句话("这匹马蹬腿了,那就改骑另一匹")作答,并保证说自己用不着担心。当她问道马雅可夫斯基是否希望她来列宁格勒时,他非常高兴,于是莉莉当晚就离开了莫斯科。马雅可夫斯基讲演了很多场,有时一天两三场,他几乎总是拿子爵或者男爵来开涮:"我们在工作,我们可不是法国子爵"之类的。

这是莉莉回忆录的"官方"版本。但根据她日记的记载,这次电话交谈是在六天后的 10 月 17 日进行的:"我担心沃洛佳。早上给他往列宁格勒打电话。他很高兴我要来。我问他会不会因塔季亚娜之故而给脑袋来上一枪,在巴黎大家都很担心。他说:'转告这些傻瓜,这匹马蹩腿了,我改骑另一匹。'晚上开赴彼得。"根据同一本日记中的记载,其实是在 12 月 1 日收到的那封信里,埃尔莎才告知塔季亚娜要"穿着白婚纱,手捧苦橙花和他在教堂举行婚礼"。

这些微妙的区别看起来可能并不重要,但事实并非如此。据莉莉 408 的说法,10 月 11 日读信时在场的"几个人"中包括诺拉和她的丈夫。因此,马雅可夫斯基是当着自己追求了半年之久的女人之面获悉了塔季亚娜结婚的消息。不难想象这种奇耻大辱对他的自尊心造成了多大的打击! 而诺拉又会如何作想?

厚达一千六百页的法文版莉莉与埃尔莎通信集中没有收录任何一封 1929 年 6 月 19 日至 1930 年 4 月 15 日期间写下的信,甚至连莉莉在日记中引述的那些信都没有,由此可以得出结论,这些信涉及敏感问题(主要是马雅可夫斯基未能成行的巴黎之旅),因此完全有理由将其销毁。莉莉事后搞混了两封信——第一封讲的是塔季亚娜即将举行婚礼,第二封讲的是她的婚纱——并不一定是件奇怪或别有深意的事;这很可能只是记忆出错。然而她声称自己立刻跟随马雅可夫斯基奔赴列宁格勒这一点也许就不是记性不好使然了(因为在写回忆录时莉莉大可以参看日记),而是因为实际情况看来更为复杂。如果说莉莉是在六天后才给马雅可夫斯基打了电话,那说明马雅可夫斯基的反应比莉莉愿意承认的要激烈得多。这封信里会不会有暗示莉莉与马雅可夫斯基的巴黎行泡汤、塔季亚娜出嫁杜普莱西有关(哪怕是间接关系)的内容? 假如莉莉的日记完整保留下来,那我们或许能找到这些问题的答案,然而日记却被编辑过:由于三十年代末的莫斯科审判,莉莉把日记中有可能危及自己和其他人的一切信息都删去了。

尽管有许多脱漏,这本日记还是多少揭示了 1929 年秋事件的一些线索:当马雅可夫斯基得知不得不取消行程时,莉莉和奥西普正计划去伦敦拜访叶连娜·尤利耶夫娜。这意味着他们将马雅可夫斯基遇到的护照问题视为个例，而非政治大环境逐渐趋紧使然，因为如果是那样的话他们自己的旅行也会面临麻烦。9 月 19 日，他们收到了苏联出境签证申请表，27 日申请英国入境签证，但由于英国一周后才与苏联恢复外交关系，申请是通过挪威使馆代交的。但签证申请被驳回，理由是仍然有效的 B.795 号通令，还因为"布里克女士是搜捕阿尔科斯期间身居 M.I.5 黑名单上的叶连娜·卡甘女士之女"。看来，对莉莉不利的不仅有 1923 年的那份通令，还有其母亲在阿尔科斯案中被列为"危险的"共产主义者这一事实。但当她 10 月 10 日在日记中写下"我们被英国拒签"时，对个中原因肯定还一无所知。她更不可能知道马雅可夫斯基已经遇上的那些麻烦事马上也会挡在他们的道上，欲知详情还请听下章分解。

409

最后的晚餐

10 月 23 日，也就是马雅可夫斯基和莉莉从列宁格勒返回后两天，莱夫小组决定举办一次马雅可夫斯基回顾展。这次展览是马雅可夫斯基对当局不信任的回应，这种不信任的体现就是不放他去巴黎。通过展出自己的成就，马雅可夫斯基想展现他为革命和苏联社会所做的一切。这个名为"创作二十年"的展览预计于 1929 年底开幕。但展览的筹备进度比预期来得慢，尤其因为材料多而杂，难以一下收齐，结果开幕式推迟了一个月举办。

然而庆功晚会却雷打不动于 1929 年 12 月 30 日，也就是新年夜前一天进行——这是在故意戏谑性地违反传统。莉莉在 12 月 28 日的日记中写道："买了两个床垫——供大家在沃洛佳的周年庆典上坐。"第二天又写道:"为明天买了杯子和水果。"我要把四十二个人装哪里?!"他们请每个人都带上一瓶香槟,不是两人喝一瓶,而是要每人喝一瓶。

"克鲁乔内赫极其不想买阿布劳(Абрау)[香槟]——他说:我怕喝多了然后说不该说的话。"莉莉写道。她的担忧得到了证实:在一个装满雪的浴缸里冰着四十瓶香槟,狂欢持续了一整夜,许多人不顾列夫的禁欲主义传统,喝得酩酊大醉,有人睡着了,有人在寒冷的夜晚冲出家门在地上爬。

由于亨德里科夫胡同房子的饭厅只有十四平方米,他们把桌子搬走,在地上顺着墙放置床垫和枕头。墙上贴着马雅可夫斯基的照片和海报,而天花板上挂了一条长横幅,上面用大写字母写着这场庆典"罪魁祸首"的名字:"马-雅-可-夫-斯-基"。梅耶荷德从自己的剧院带来了戏服:背心、假发、帽子、披肩、假胡子、面具和其他剧场道具,当起了服装师。

来的客人主要是列夫的各位同仁,包括戈尔布、"假斯文"、戈罗扎宁、雅尼亚和他妻子在内的"有关部门"成员,以及各位与马雅可夫斯基有着更为复杂情感联系的人士:娜塔莎·布留哈年科,诺拉·波隆斯卡娅(和丈夫),列夫·库列绍夫及其妻亚历山德拉·霍赫洛娃。克拉斯诺肖科夫的女儿卢埃拉也在场。而在意外来宾中有年轻的土耳其诗人纳吉姆·希克梅特和党内高官玉苏甫·阿不都热合曼诺夫。

庆典被构想成给马雅可夫斯基的一个惊喜,所以他那天没有参加准备工作,白天在卢比扬卡巷度过。当他傍晚穿着盛装、顶着刚刮干净的下巴、笑容满面地出现时,客人们站了起来,在瓦西里·卡缅斯基的手风琴伴奏下演唱了一曲由谢苗·基尔萨诺夫所写的康塔塔。副歌部分如下:

410

弗拉基米尔·马雅可夫斯基，

是时候歌颂你啦。

所有莫斯科的朋友祝福你，

乌拉！乌拉！乌拉！

演唱主歌的是职业歌手加林娜·卡塔尼扬：

我们的康塔塔唱得齐，

我们的康塔塔唱得齐，

奥夏·布里克领得给力，

奥夏·布里克领得给力！

莉莉娅·尤里耶夫娜也很绝，

莉莉娅·尤里耶夫娜也很绝，

男低音，女低音都不缺！

男低音，女低音都不缺！

梅耶荷德在这儿没有单练，

梅耶荷德在这儿没有单练，

他带了一整家服装店！

他带了一整家服装店！

康塔塔唱完后，他们给马雅可夫斯基一把椅子，他把椅背转到前面坐了下来，戴上一个巨大的混凝纸做的山羊头。康塔塔又唱了一次，随后是新一轮以虚构演讲的形式进行的庆祝活动——比如，阿谢耶夫描绘了一位敌对批评家,口吐各式各样的陈词滥调,但最后承认自己连被庆贺者是谁都给搞错了。作为对每一个演讲的回应,马雅可夫斯基在面具后面发出羊叫。气氛热烈极了,大家在所有房间里,乃至楼梯间跳舞,卡缅斯基拉手风琴,然后开始玩猜字谜游戏,大家做动作,让马雅可夫斯基猜这是他的哪首诗,比如一位客人坐在桌边,另一位客人给了他纸笔然后走开。马雅可夫斯基猜到了这是《和财务检查员谈诗》中的一个场景:"……给您喏,/同志,/我的自来水笔,/您可以/自己/写写看!"

411

晚会是在为他庆祝,马雅可夫斯基也在努力迎合,但所有人的证词都一致认定他看起来非常沮丧。"他的脸是阴郁的,甚至当他和穿着光彩夺目红裙子的波隆斯卡娅、和娜塔莎、和我一起跳舞时也一样。"加林娜·卡塔尼扬指出,她还回忆起莉莉对其闷闷不乐的评论:"il a le vin triste",字面上说就是"他因酒而悲"。诺拉则一直在马雅可夫斯基身边,跟他谈话、示爱,声音响得别人都听见了。"我不明白为什么沃洛佳这么阴郁,"列夫·格林克鲁格对诺拉说,"就算他有不愉快的事,一个他爱的女人这么直白地对他表白爱意,这也该让他高兴了。"

到破晓前,许多人已经喝醉了,马雅可夫斯基独自坐在放礼物的桌子边喝葡萄酒,加林娜·卡塔尼扬心中"一种感觉油然而生——他是个孤独的、有别于大家的人,我们对他而言全都不是自己人"。大家请他读诗,他先是拒绝,随后被说动了。他选的是《对马的好态度》,这首诗讲述的是1918年饥荒中彼得格勒的一匹奄奄一息的马。在跌倒的牲畜周围聚集着一群笑嘻嘻看热闹的人,只有马雅可夫斯基没有拿这个场景取乐,因为他在这匹马身上看到了自己:

我走近看见——

一大滴接着一大滴

顺着马的脸

藏进了绒毛……

某一种共通的

动物的忧愁

哗哗地从我体内流出

沙沙地冲散开来。

"马儿,不要。

马儿,听我讲——

您在想什么,觉得您比他们差?

小娃娃,

我们全都多少与您相像,

我们每个人都各以其道是匹马。"

　　"这首诗听起来比平时更凄凉。"马雅可夫斯基巡讲的组织者帕维
尔·拉武特回忆说。而照列夫·卡西里的话说,马雅可夫斯基无精打
采地又读了一首诗,然后走去隔壁房间,在那里站了很久,手里拿着一
杯茶,倚在写字台上。"他身上露出了某种无助、孤独、让人痛苦、当时
还没有人能理解的东西。"卡西里指出。

　　马雅可夫斯基从没这么孤独过——塔季亚娜抛弃了他(苏维埃政
权在这件事上也立了一功),诺拉不想离开丈夫,而在美国还有一个小
女孩在成长,她的母亲在 10 月就给他写了一封信——信没有保留下
来,但无论信中提到什么,这封信本身都在提醒他一点:他有一个今

生再也见不到的女儿。"我从没有想过自己会对一个孩子有如此强烈的感情,"他曾经这么对索尼娅·沙马尔金娜解释——这是少数几个他托付了这个秘密的人,"我一直在想她。"而他因为无法帮上自己的女儿而备受煎熬。"没有钱。你懂吗——钱不够。我有两个家庭:母亲、两个姐姐和我的家庭。所以我没法帮我女儿。而且就算我可以的话,客观上终究还是无法做到。"

至于马雅可夫斯基最爱的女人莉莉,她整晚都在和自己的最新猎物——一位党内高官——调情。在莉莉所有的追求者中,吉尔吉斯人玉苏甫·阿不都热合曼诺夫(1901－1938)最为神秘。他从1927年开始担任成立不久的吉尔吉斯苏维埃共和国人民委员会主席和苏联中央执行委员会委员。在一次访问莫斯科时,他结识了马雅可夫斯基和莉莉,但他究竟是从什么时候开始拜倒在她脚下的,这一点我们还不得而知。从奥西普给热尼娅的一封信我们可以获悉,1929年6月底玉苏甫和莉莉在列宁格勒一起待了几天。其他提到他的场合都和这场晚会有关,而且他的身份都只是客人之一。

围绕着这个名字的沉默并不意味着他的存在不受注意——相反,他那异域风情的外貌、头顶上的朵帕帽都让他在一群作家和画家中脱颖而出。大家的沉默很可能是因为他被邀请这一事实本身被认为是件尴尬事——无论对莉莉和马雅可夫斯基来说都是如此,前者的追求者通常是另一类人,而后者则不得不在自己的纪念日看着在玉苏甫身边形影不离的莉莉时不时把烟斗从他嘴里拿出来,用手帕擦拭,然后自己再吸上几口。玉苏甫的礼物是个木制绵羊,羊脖子上有一张纸条,请求诗人就吉尔吉斯斯坦的绵羊写点什么。而马雅可夫斯基的反应是不言而喻的:他都没有把这只绵羊放在礼物桌上,而是把它搁在一边,看都不看上一眼。

"大家打着牌等电车的头班车,而我礼貌地等着他们走。"——莉莉用这句话结束了日记中关于晚会的记载。然而她并没有在日记中提到庆典临近结束,多数客人离开后发生的一件事:鲍里斯·帕斯捷尔纳克和什克洛夫斯基突然一起出现在了公寓里。两人都没有被邀请——相反,组织者们起初还想让一位演讲者来戏拟帕斯捷尔纳克那极为独特的讲话方式,以将其嘲弄一番,不过这个节目被删除了。而眼下帕斯捷尔纳克亲自前来祝贺马雅可夫斯基,并想与其和解。"我想念你,沃洛佳,"他说,"我不是来吵架的,我只想拥抱和祝贺您。您自己知道,您对我有多珍贵。"但马雅可夫斯基却转过身去不看帕斯捷尔纳克:"完全不懂。让他走。到现在还是完全不懂。他以为这像个纽扣一样:今天扯下来,明天就可以缝回去……他们把人从我身上连肉一起扯下来了! ……让他走。"帕斯捷尔纳克甚至连自己的帽子都没拿就飞奔出了公寓。"饭厅里一片可怕的沉寂,大家都不说话,"加林娜·卡塔尼扬回忆说,"沃洛佳一副要打架的样子在那里站着,身体前倾,双手插口袋,紧咬着烟头。"

12 月 30 日的纪念日庆典在很大程度上是 1915 年新年庆典的重现,那时也是在一间小公寓里搞的化装晚会,晚会的来宾名单也部分重合。(见《穿裤子的云》一章)但如果说那一次的庆祝活动洋溢着青春的喜悦和未来主义式的期待,那么这场原计划对马雅可夫斯基过去岁月的创作进行凯旋式总结的庆典却变成了一场令人沮丧的演出,在场的大多数人都"因酒而悲"。这场 1929 年"新年派对"本来的目的是修补这几年来大家变得异常紧绷的关系,结果却成了他们最后的晚餐。

马雅可夫斯基,A. 捷廖明摄,1929 年

第十四章　放开喉咙(1929－1930)

我的诗将抵达，

越过世纪的山脉

从诗人和政府的

头上飞驰。

弗·马雅可夫斯基,《放开喉咙》

朋友们,主要是莉莉,搞了这场庆典来取悦马雅可夫斯基,想让他
少想些塔季亚娜以及秋天发生的种种烦恼、挫折。但晚会却以失望和
心灵的宿醉告终。1 月 3 日,莉莉在日记中写道:"沃洛佳几乎不到家
里来。"四天后则是:"和沃洛佳谈了很久。"具体讨论内容并未指明,
但可以推测谈的是 12 月 23 日出嫁的塔季亚娜,但据瓦西里·卡缅斯
基的话说,马雅可夫斯基"很久不愿相信"这桩婚事。不仅马雅可夫斯
基和莉莉,而且"有关部门"也依然关心这个话题,1 月 9 日"假斯文"
向莉莉出示的一封关于塔季亚娜的信证明了这点。莉莉在其日记中

引用了这封信:"塔嫁给了一个在某湖上有某别墅的子爵。[……]她来找我,吹嘘自己丈夫是法国驻波兰使馆的商贸随员。我说,这是最低的职位——就是个小特务而已。她怀着理所应当的愤慨拂袖而去,忘了还我三百法郎的债。好吧,不得不自我安慰说,这下我的债务人里有了某个伯爵……"信是从巴黎寄来的。不知道作者是谁,可能是扎哈尔·沃洛维奇。

公款旅行?

就在埃尔贝特给莉莉看那封关于塔季亚娜的信的时候,马雅可夫斯基在列宁格勒待了两天。所以他错过了 1 月 10 日在《共青团真理报》上刊载的一条简讯,它能残酷地让诗人回想起自己未遂的巴黎之行:"奥·布里克及其妻莉·布里克打算去国外出差。两人都是由同一组织派出的。我们不禁要问,为什么就不能只派两位布里克中的某一位去? 如果一定需要第二位工作人员,那么为什么其职能一定得由莉·布里克,而不是由相关问题领域的任何其他专家来完成?"

马雅可夫斯基之前遇上的障碍如今也横在了他最亲密朋友们的道路上。在申请英国入境签证被拒后,莉莉和奥西普开始为前往德国申请出境护照,他们曾经去那里旅行过很多次,没碰上任何麻烦。"派出"他们的组织是莱夫。申请是在 12 月 23 日之后通过教育人民委员部递交的,而根据莉莉的日记,马雅可夫斯基在那时"终于收到了教育人民委员部的旅行证明"。然而如今布里克夫妇的出行受到了来自官方的质疑。为什么?

瞄准奥西普和莉莉的这篇简讯《夫妇公款出行》(*Супружеская поездка на государственный счет*)是题为《珍惜外汇:必须停止把无

关人士派出国外出差》(*Берегите валюту. Прекратить заграничные командировки чуждых людей*)的大文章的一部分，而后者又被纳入《清洗教育人民委员部》(*Чистка Наркомпроса*)的总标题之下。1929 年春季掀起的清洗苏联机关的运动如今波及教育人民委员部，而布里克夫妇的旅行则被拿来当作教育人民委员部境外差旅委员会工作失当的反面教材。简讯最后得出如下结论："必须向国外派遣更多高校青年、工人出身的年轻专家，以及所有确实应该在境外获得经验，以改善并加快苏联社会主义建设的人士。对教育人民委员部的清洗将终结境外差旅委员会工作中的混乱。"

对奥西普和莉莉的批判是对教育人民委员部进行内部核查的结果，但分析此事还应结合 1929 年 9 月底至 10 月初发生的一起事件，当时苏联驻法使馆第一参赞格里戈里·别谢多夫斯基在巴黎叛逃，并向法国寻求政治庇护。他的逃亡在西方引起轩然大波，也在一夜之间加大了苏联公民出国旅行的难度，并导致当局在 1929 年 11 月 21 日通过了在西方被称为"别谢多夫斯基法"（Lex Besedovsky）的法案，宣布"叛逃至工人阶级和农民阶级的敌对阵营，并拒绝返回苏联的担任公职的苏联公民"不受法律保护（因此可被判处死刑）。*

1 月 12 日《共青团真理报》被迫承认，奥西普和莉莉支付旅费用的是自己的钱，而非公款，两天后的 1 月 14 日，该报刊登了《给编辑部的信》(*Письмо в редакцию*)，其作者是匆忙从列宁格勒赶回莫斯科的马雅可夫斯基。他强调，"两位布里克同志无论过去还是现在都没有为自己的旅行索要任何'公款'和任何'外汇'"，因为"与各共产党和

417

---

*　有趣的是，在大约与此同时写的一部关于异国恋的电影剧本的草稿中，马雅可夫斯基中提到了这一话题："要求回去——否则就算逃兵。"

左翼出版社的文学联系能让两位布里克同志在国外居住两个月并完成预定工作，而无需花费任何国家外汇"。接下来他列举了奥西普对"左翼革命艺术"的贡献，以及莉莉的功勋："影片《玻璃眼》的共同导演，'俄通社讽刺之窗'的海报设计师，格罗斯、魏特夫理论著作的第一位译者，所有与莱夫相关的革命艺术讲演的永久参与者"。只有在"对事实一无所知的情况下"，才能将这两位同志称为"无关人士"，马雅可夫斯基最后写道。信末附有苏联作家联合会（Федерации советских писателей）书记弗拉基米尔·苏特林和拉普书记米哈伊尔·卢兹金写的几行文字，表示他们完全支持"莱夫的两位同志"。

马雅可夫斯基的文章没有带来结果，于是他申请面见拉扎尔·卡冈诺维奇，向他陈述自己的情况。作为中央委员会的书记和政治局候补委员，卡冈诺维奇属于党的最高层精英。马雅可夫斯基过去也曾向卢那察尔斯基和托洛茨基这样的党内高官求助。但当时涉及的是文学问题，而如今面临的却是一桩有着不同性质和政治潜台词的事情。会见前他拟了一份发言提纲，于是我们能大致知道他当时说了些什么：

> "莱夫"因预计出版的世界革命经典作家文选（与国立出版社的合同）而决定让莉·尤和奥·马·布里克出国旅行。要翻译的作家有——弗莱里格拉特、海尔维格、普鲁茨、鲍狄埃、埃利奥特、赫里斯托·波特夫等。
>
> 大家支持的正是布里克夫妇，因为他们懂德语、法语、英语和意大利语。能够通过与我方媒体合作挣钱，从而能无需外汇居住两个月。
>
> 418　此外，莉·尤·布里克的母亲在阿尔科斯工作（可以提供一

些帮助,路费,房费等)。

[……]

格别乌的人员似乎并没有原则上的反对意见。

结果。共青团真理报的文章。

没有人反对,也没有人允许。

除了口头论据外,马雅可夫斯基手上还有至少七封支持奥西普和莉莉出行的信件,尤其是来自拉普、苏联作家联合会、文艺总局(Главискусства)、教育人民委员部和中央鼓动宣传部的信。同一天,也就是1月27日,莉莉在日记中写道:"沃洛佳今天为筹备我们的旅行去了卡冈诺维奇处。明天很可能会决定。"

根据莉莉日记中的记录,护照问题几次接近解决(2月3日:"沃洛佳说,我们的护照不是几天,而是几小时的事儿";2月6日:"我们拿到了护照"),但这都是一厢情愿。虽然奥西普和莉莉的行程得到了教育人民委员部的几个下属机构——文艺总局和教育人民委员部的境外差旅委员会本身——的支持,但教育人民委员部的路已经被堵死,他们不得不再次递交申请,这一次是通过全苏文联会(ВОКС,也就是全苏与境外文化联系协会〔Всесоюзное общество культурных связей с заграницей〕):2月8日,全苏文联会向外交人民委员部提出申请,而后者第二天便向德国大使馆提出申请,要为奥西普——因"学术目的"前往德国——及其妻子提供签证。2月15日,奥西普和莉莉收到护照,并于当天预订了去柏林的火车票。

围绕签证的这番周折表明,与仅仅一年前的局势相比,社会气候又发生了很大变化。对扎米亚京和皮利尼亚克的批判运动(以及后者的认错)、对科学院的清洗以及对斯大林个人崇拜的肇始(1929年12

月 21 日他五十周年诞辰之际,这一进程开始加快)都是政治高压加剧
的明显迹象——先锋派最后的那些残余势力如今也遭到清洗:在卡
冈诺维奇接待马雅可夫斯基的同一天,1928 年至 1929 年期间还一度
想重建诗语协会的维克托·什克洛夫斯基发表了《一个学术错误的纪
念碑》(*Памятник научной ошибке*)一文,他在文中摒弃了形式主义,
并强调文艺学中"马克思主义方法"的重要性。

　　所以说,莉莉和奥西普的麻烦可被视为政治气候普遍趋紧,尤其
是对教育人民委员部干部进行清洗的结果。然而他们被公开羞辱这
一事实却催生了一系列问题,要找到它们的答案是不容易的:为什么
像莉莉和奥西普这样在安全机构中有人脉的人物却要在被《共青团真
理报》辱骂一通后才能获得签证? 还有,难道几个月前刚被拒颁出境
签证的马雅可夫斯基这时突然变得如此有影响力,以至于能反过来帮
助布里克夫妇了?

　　对第一个问题无法给出明确的回答,虽然阴谋论爱好者可能会断
言,当局之所以要让布里克夫妇出境时碰那么多钉子,就是为了打消
人们对他们与欧格别乌有瓜葛的疑虑。然而对第二个问题我们或许
能找到一个不那么抽象的答案。1 月 21 日,在大剧院(Большой
театр)举办了列宁逝世六周年纪念活动,晚会上有音乐会和诗朗诵节
目。仪式非常盛大:斯大林及其妻以及其他政治局委员都坐在贵宾
包厢里。应邀出席者有相当平庸的无产阶级诗人亚历山大·别济缅
斯基和马雅可夫斯基,尽管后者以"苏维埃性"著称,但过去却从未被
请去参加类似活动。马雅可夫斯基朗诵了长诗《弗拉基米尔·伊里
奇·列宁》的第三部分。演出在电台直播,他所有的朋友都在家里收
听。"他一如既往讲得很好",加林娜·卡塔尼扬回忆说,"掌声长久
而克制,就像悼念晚会和官方演出中应有的样子。"没有出席晚会的莉

419

莉从熟人那里听说，马雅可夫斯基的"朗诵技惊四座"，"给政府包厢留下了震撼的印象"。"列吉娜［·格拉兹］说，沃洛佳让娜杰日达·谢尔盖耶夫娜［即斯大林的妻子阿利卢耶娃（Аллилуева）］和斯大林极为喜欢，"莉莉在日记中写道，"因为他表现得很出色，而且完全没有盯着他们的包厢看，也没有朝着它的方向鞠躬（据娜·谢的说法）。"

有关斯大林持正面看法的情报出自最可靠的消息来源：莉莉的表姐列吉娜·格拉兹，她负责教育斯大林的孩子。她每天都会和斯大林的妻子娜杰日达·阿利卢耶娃交流。母亲对两个孩子非常严格，因为她担心在克里姆林宫里的生活会宠坏他们，但作为德国教育家弗里德里希·福禄贝尔（因创办了最早的幼儿园而闻名）的信徒，格拉兹把赌注押在胡萝卜而非大棒上，有一次，当斯大林的儿子瓦西里（Василий）表现特别出色时，他得到的奖励是和莉莉一起坐她的雷诺车兜风……

马雅可夫斯基本人并没有拿自己的成功大做文章——相反，"……马雅可夫斯基通常不会谈论成功。而对失败则完全不提，"阿谢耶夫写道，"他不爱抱怨。"回家后，他倒是开始生动地讲起某些领导如何在散场后四处挥舞证件，意欲不排队就坐出租车，而愤怒的马雅可夫斯基则径直把他们从车上揪了出来。"他对自己的这一功勋要比在政府音乐会上表演并取得成功要骄傲得多，"加林娜·卡塔尼扬回忆说，"我们怎么都没法让他谈论在大剧院里发生的事。"

然而还是可以推断说，马雅可夫斯基感到非常满意——无论是对被邀请本身，还是对演出取得了巨大成功这一点；沉默的克制是因为他一直就不愿分享自己的种种印象。演出成功的消息很快传开了，而人们的反应也可谓是迫不及待——尤其是《真理报》的人联系了他，请他为计划中的文学版面赐稿。但当马雅可夫斯基得知报社对长期合

420

作并不感兴趣,而且刊登其诗作的条件与其他诗人相同后,便拒绝了他们的提议。他对自己的诗歌功勋有很高的看法,且不想被人当作一个普通诗匠。然而拒绝党的机关报的发表邀请是一种挑衅的姿态,也巩固了其作为一个有原则、爱惹麻烦人士的声誉。

稀稀拉拉的大胡子

即使对马雅可夫斯基这样的工作狂来说,1930 年初也可谓是出奇紧张。除了大费周章帮莉莉和奥西普搞签证外,1 月他还忙于创作三个大型项目:自己的展览,长诗《放开喉咙》(*Во весь голос*),以及 5 月从巴黎返回后一直在创作的剧本《澡堂》。

《澡堂》是对《臭虫》独特的延伸,但也包含了对苏联社会的官僚化以及对党内高层新特权阶级更赤裸裸的批评。发明家丘达科夫(意为"怪人")发明了时光机,需要为之筹措资金,但是他却无法说服同意局第一局长波别多诺西科夫同志(意为"凯旋者"),让他相信该项目的必要性。此君只关心手续、会议、决议、出差和报销,以及让自己被永远铭刻在肖像画上,以供子孙后代瞻仰崇敬的前景。躲在"秘书们和手续"背后的波别多诺西科夫象征着一个革命后"顺着思想、公务和公寓的阶梯往上爬"的没灵魂、没教养、好用权势的庸俗官僚。

421 然而,尽管受到了波别多诺西科夫的阻挠,时光机仍然投入了使用,一位"磷光女性"自未来现身,她的任务是挑选一批人坐上通往共产主义的第一列"时光列车"。"未来将接纳所有人,只要他身上能找到哪怕一个与公社集体相容的特点——喜爱工作,渴望自我牺牲,不懈发明,乐意奉献,为人类感到骄傲。[……]飞逝的时间将扫除、切割列车上的累赘,无论是废物,还是无信仰的空虚者。"波别多诺西科夫和他的秘书奥普季米斯坚科(意为"乐观主义者")都渴望去未来,但火车并没有收他们。"好啊,好啊,让他们试试,看看没有领袖和风帆,他们能划去哪里!"他固执地大叫,但顽固很快就变成绝望。他向观众提出了反问,而这也是剧本的结尾:"你们说共产主义不需要我来着,这算是什么意思?!?"

无论在结构上还是题材上,《澡堂》都没有任何新内容,马雅可夫斯基所有剧本和长诗的结尾都是未来的场景,差别仅仅在于有的未来是正面的,有的则是负面的。然而政治信号比以往任何时候都更明确。剧本叫《澡堂》,因为"《澡堂》给官僚洗澡(直接洗掉)"。在此之前,马雅可夫斯基只有一次这么直言不讳地表达过这层意思,那便是在《第四国际》的草稿中,其中讲述了秘书们组成的警卫队保护着列宁本人。(见《新经济政策,螺丝在拧紧》一章)

当9月23日马雅可夫斯基在梅耶荷德剧院读了《澡堂》后,这位导演把它比作莫里哀的作品:

> 这是俄罗斯戏剧史上最大的事件,这是最伟大的事件[……],是挣脱传统的大解放,但与此同时[马雅可夫斯基]却牢牢抓住了一个剧作家的各种手法,以至于使我们不禁想起了莫里哀这样的大师。[……]马雅可夫斯基开启了一个新的时代。[……]我怀着惊恐想到自己作为一名导演将不得不去触碰这件东西。我们总是在强奸那些被我们排演剧本的剧作家,有时候我们会修正一些东西,有时会重做些什么。而在这个东西里什么都不能重做,它被创造成了一个如此有机的整体。

但是,虽然梅耶荷德和其他戏剧界人物(比如诺拉的丈夫扬申)都激动万分，但是观众们却完全无动于衷。在莫斯科的梅耶荷德剧院首演前，剧本在列宁格勒被率先搬上舞台。"观众对剧本的态度致命地冷淡，"米哈伊尔·左琴科回忆道，"我不记得听到过一次笑声爆发。前两幕结束后连一声鼓掌都没有。我从没见过比这更惨的失败。"报刊就像观众们一样无情。"《澡堂》敲打——或者毋宁说是想要敲打官僚主义，"《红色报》(*Красная газета*) 写道，"尖锐而炽热的主题[……]被以一种静态、极端肤浅和片面的方式阐释。[……]演出无趣到很难就它写下点什么：观众的情绪自始至终都没有到位，他们带着漠不关心的冷淡态度看着表演，而演出的进程本身也有许多地方并不明确。"其他报纸中的评论也都是对这个主题的变奏：观众觉得无聊，而剧本对官僚主义的批判则很"原始"。

　　尽管许多批评家对马雅可夫斯基有明显的恶意，但不得不承认他们的评论在许多方面是公正的。剧本中确实缺少动作，人物刻板公式化，对白和玩笑有时非常勉强。尽管存在着一些形式上的缺陷，但毫无疑问，剧本的思想内容已经触及《澡堂》洗刷对象的痛处：审查机构将剧本拖了两个半月，在马雅可夫斯基缓和了一些批判性尤为强烈的片段后，它才被允许上演。

　　如果说剧本中还是有很多东西得以幸免的话，那都是多亏了马雅可夫斯基当时仍拥有的特殊地位，毕竟尼古拉·埃尔德曼和米哈伊尔·布尔加科夫的剧本都已经被查禁了。但就连马雅可夫斯基的处境也在迅速恶化。列宁格勒的惨败演出发生在 1 月 30 日，也就是"创作二十年"展览在莫斯科的苏联作家联合会开幕前两天。展览旨在呈现二十年来马雅可夫斯基作为诗人和艺术家所做的一切：书、画作、海报、报纸文章等。（马雅可夫斯基的处女作发表于 1912 年，但在出版《弗拉基米尔·马雅可夫斯基的全部著作：1909－1919》时，他将这一日期往前提了四年——参见《第一次和第三次革命》一章,因此展览涵盖的是 1909 年至 1929 年这二十载岁月。)

像《澡堂》一样,"创作二十年"展览可以被视作是对批评者和官僚的尖锐回应,无论是在自己身上,还是在整个社会中,马雅可夫斯基都能感受到他们持续增长的压力。"我策划它是因为人们为了我好斗的性格给我安上了那么多莫须有罪名,指责我造了那么多孽(有的我身上有,有的则没有),让我有时觉得还是逃去随便什么地方待上个两年为妙,就因为这样可以不用听到自己被骂。"马雅可夫斯基这番解释辞令并没有掩盖自己的真正动机:向当局表明,怀疑他的爱国情绪和对苏维埃体制的忠诚是不正确的——也许他还暗暗希望有朝一日自己的出境禁令能被撤销。

然而这一动机却不能说得太直白。当奥西普后来试图解释马雅可夫斯基为何这么拼命搞"创作二十年"展览时,他指出了另一个理由——马雅可夫斯基,用他的话来说,"渴望承认":"他希望让我们各位莱夫派成员来组织他的展览,希望党和政府的代表前来观摩展览,然后说他马雅可夫斯基是个好诗人。沃洛佳厌倦了斗争、打架、论战。他渴望一点安宁和一小点创作上的舒适。"尽管马雅可夫斯基有着反叛的性格,但这种解释并非没有根据。

然而莱夫派成员却没有承担起组织工作。基尔萨诺夫和阿谢耶夫不喜欢用一个个人展来代表莱夫的想法——他们拒绝帮忙,这导致了与马雅可夫斯基的公开决裂。展览委员会(其成员包括阿谢耶夫、热姆丘日内和罗琴科)一次会都没开,而官方(苏联作家联合会)也没有给予马雅可夫斯基任何支持。他受到强烈的阻挠,所以不得不亲自搜集基本素材,他在其位于卢比扬卡巷的小房间里把这些材料归类、制作。诺拉空下来就会去帮他,莉莉也一样。来帮忙的还有娜塔莎·

423

布留哈年科以及国立文学博物馆（Государственный литературный музей）的年轻工作人员阿尔捷米·布龙贝格。但马雅可夫斯基时不时会碰到钉子——比如说，印厂拒绝印刷展览目录，最后目录只能用普通的石印印刷。直到最后一刻，马雅可夫斯基还在自己动手往各展览厅的墙壁和围屏上张贴自己的海报、画作。

开幕前一天莉莉在日记中写道："展览本应是模范级别的（就应该把它做成那样！），结果却只有材料有意思。我呢，自从和什克洛夫斯基闹了那件事之后就知道这些人值几个钱，而沃洛佳到今天才明白——很好奇他能明白多久。"

嘉宾名单证实了奥西普关于马雅可夫斯基希望得到官方承认的说法是正确的。被邀请人包括作家尤里·奥列沙、伊利亚·谢利温斯基、亚历山大·法捷耶夫、列昂尼德·列昂诺夫、费奥多尔·革拉特珂夫、亚历山大·别济缅斯基、米哈伊尔·斯韦特洛夫、弗谢沃洛德·伊万诺夫、尼古拉·埃尔德曼等，以及欧格别乌的高层员工，除了雅科夫·阿格拉诺夫外，还有该机构的第一、第二副主席亨里希·雅戈达和斯坦尼斯拉夫·梅辛，秘密政策处处长叶菲姆·叶夫多基莫夫，及其最亲近的下属之一列夫·埃尔贝特（"假斯文"），还有一批党和国家的高级领导人（莫洛托夫、伏罗希洛夫、卡冈诺维奇）。非常奇怪的是，斯大林并未收到个人邀请，不过还是有两张票被送到了他的办公室。

结果党和国家的统治精英无一出席展览开幕式。而在被邀请的作家中，出席展览的似乎只有别济缅斯基和什克洛夫斯基。但那里有很多年轻人。莉莉在日记中写道："人非常多，清一色的年轻人。"马雅可夫斯基的友人中，除了莉莉和奥西普自不用说外，还来了基尔萨诺夫和罗琴科夫妇，但马雅可夫斯基却拒绝和他们打招呼。"假如把你

疲惫的马雅可夫斯基在"创作二十年"展览上

我联系起来的只有莱夫的话,那我也会和你吵,但把你我联系起来的还有某些别的要素。"他向奥西普解释说。"沃洛佳累过了头,说话透着可怕的倦意。"莉莉回忆道,而且她也注意到马雅可夫斯基"不仅疲倦,而且还阴郁。他生所有人的气,不想和任何同志说话"。

　　作家们对展览的集体抵制实在太显眼了,以至于马雅可夫斯基不得不在致欢迎辞时提到这一点:"我很高兴,所有这些一等货,这些被吐满了口水的唯美主义者都没来,他们反正也无所谓去哪里、去欢迎谁,只要是周年庆典就成。作家没来,这是好事!"而党内高官集体无视邀请带来的失望被马雅可夫斯基转变成了挑衅:"好吧,'大胡子'们都没来,反正没他们也行。"

425

如今石化了的大便中

"大胡子"们没来也许真是件好事,否则他们当晚就不得不听马雅可夫斯基第一次公开朗诵自己的最后一部长诗了——用莉莉的话说,他读得"拼尽全力"。长诗《放开喉咙》专门为这次展览而写,但在马雅可夫斯基的构思中,它还是一首关于五年计划的篇幅更大的长诗之序幕;在开幕式前一周写完长诗后,马雅可夫斯基将其读给莉莉和奥西普听,他们都非常喜欢。"最新写完的一件东西是关于展览的,因为它完全决定了我在做什么,以及我为什么而工作,"马雅可夫斯基解释道,"那些被我的文学和政论作品刺激到的人在最近这段时间一直说我完全忘记怎么写诗了,说后代将为此而痛骂我。"

正如我们已经谈及的那样,不仅敌人们怀疑马雅可夫斯基"忘记怎么写诗了",他的许多朋友也这样认为。最近几年他的创作完全是关于社会和政治教育工作的,如果一个人想寻找马雅可夫斯基已耗尽其诗歌才华的证据,那么他根本不必花很长时间。《我幸福!》(*Я счастлив!*)一诗就是个例子,这首诗描述了戒烟的喜悦。诚然马雅可夫斯基可能确实戒了烟(至少戒了一小段时间),并为此感到高兴,但他怎么能给这首诗起一个与他的真实心理状态如此背道而驰的名字呢? 这首诗的誉清稿完成于 1929 年 10 月 16 日,距离他得知塔季亚娜即将出嫁的消息,并意识到他哪里都去不了才过了不到一周。如果说这首诗真的能证明些什么,那肯定不是幸福,而是精神分裂。

长诗《放开喉咙》标志着作为一个货真价实诗人的马雅可夫斯基的"回归"。然而如今这并非一首爱情抒情诗,而是对其创作进行的总结,以及对后代将如何看待它的思考。《放开喉咙》是一首 exegi monumentum① 体长诗,马雅可夫斯基在诗中模仿贺拉斯——而在俄罗斯文学传统中则是普希金②——为后代竖立了一座自己的纪念碑。这部长诗是他有关同一主题其他诗作的延续,但这次纪念碑是用不同的材料制成的。

　　当后代们开始在"如今石化了的大便中"挖掘时,会有人询问起那个曾讲述"时间/和自己""被革命/动员和征召"的马雅可夫斯基,他可谓是"宣传鼓动/塞满牙缝",虽然他也曾渴望"把浪漫曲/朝你们扫射",因为那样"更有利""更美妙": 426

> 但我
>
> 　　抑制
>
> 　　　　自己,
>
> 　　　　　　踩在
>
> 自己歌曲的
>
> 　　　　喉咙上。
>
> [……]
>
> 压制着
>
> 　　诗的水流,
>
> 我迈过
>
> 　　一本本抒情的书卷,
>
> 像一个活人

---

　　① 拉丁语,"我完成了纪念碑",即贺拉斯第三卷颂诗第三十首的开篇。

　　② 指的是普希金的仿贺拉斯体颂诗《"我为自己竖立了一座非手工的纪念碑"》,也是他对自己创作的总结。

　　　　　与活人们讲话。

我走向你们，

　　　　　　　朝遥远的共产主义时代，

不似

　　　叶赛宁如歌的先知骑士。

我的诗将抵达，

　　　　　　　越过世纪的山脉

从诗人和政府的

　　　　　　头上飞驰。

我的诗将抵达，

　　　　　但不是这样——

不似拿里拉琴的丘比特

　　　　　　　　　猎捕射的箭，

不似死去群星的光芒。

不似

　　　古币学家那磨损的旧钱，

我的诗行

　　　　　将用劳作

　　　　　　　把年岁的大山摧折

并现身——

　　　　　　沉重，

　　　　　　　　粗鲁，

　　　　　　　　　　看得见，

就像罗马奴隶

　　　　　建完的

水道,走进了

我们的纪年。

他"不习惯/用词语/爱抚耳朵",他"用阅兵"展开自己"书页的军 427
队","诗行站立/如铅般沉重,/准备赴死,/准备赴不朽的荣光"——
"准备好了/大吼着冲锋,/俏皮话的骑兵队/凝结,/举起了韵脚/那磨
利的长矛":

所有这些

武装超过了牙齿,
在胜利中飞越二十年的

铁骑,
直到最新

写就的一小页纸,
我都献给你,

行星的无产阶级。

一行诗会像一个战士那样死去,"像普通一兵,/像冲锋中/成片倒
下的我方无名人!"马雅可夫斯基想要竖立的并非颂扬自己或其诗歌
的石质或青铜纪念碑,而是他与工人阶级一起建设的社会主义本身:

我唾弃

青铜的千镒,
我唾弃

大理石的黏污。

我们将被视为光荣，

          （毕竟都是自己人）

让在战斗中

     建成的

        社会主义

成为一座纪念碑，

          献给我们全部。

长诗的结尾是在表达自己希望：今后由中监委——即中央监察委员会（Центральная контрольная комиссия）来评估他的作品：

现身于

     未来

        光明年代的

           中监委，

在诗坛

     自私骗子的

        匪帮头顶处，

我就仿佛

     把布尔什维克的党证挥，

举起我

     那一百卷

        有党性的小书。

很难想象比这更决绝的忠诚誓言了，尤其考虑到马雅可夫斯基连党员都不是。而他的敌人们很愿意拿这一点来做文章，并试图把他描绘成一个"同路人"——这个词背后如今有着危险的潜台词。马雅可夫斯基用各种理由来为自己不入党的决定辩护，尤其因为党员"在艺术和教育领域暂时都是妥协分子"，而他会"被送去阿斯特拉罕（Астрахань）捕鱼"，而且"纪律会迫使［他］去做各种文牍工作，而这'完全就像把一艘铁甲舰改造成一辆自行车'"。马雅可夫斯基在其自传中就是这样写的；在红色普列斯尼亚（Красная Пресня）共青团之家进行的宣传其个展的讲演中，面对类似的问题他的回答如出一辙：他"做个无党派［……］不是没有理由的"，因为"革命前年代获得的习惯［……］牢牢地扎根了"，"无法将之与组织工作联系在一起"。但尽管担心党会命令他"去这儿或那儿"，他仍断言："我不会将自己与党分开，我将把完成这个党的所有决议视为义务，尽管我并没有党证。"

根据莉莉日记的记录，马雅可夫斯基当时正在考虑是否要入党。他选择靠边站的部分原因很可能是他的资产阶级"习惯"，但主要还是因为他的整个存在都抗拒任何形式的从属和胁迫。假如他真的想过入党，他本可以作为他所信仰的那种纯粹理想主义的共产主义代言人来做这件事。但党对这种理想主义并不感兴趣；十年前这种精神或许会受欢迎，但现在却不。如今需要的正是马雅可夫斯基在其剧本和诗歌中蔑视、鞭挞的那些钻营之徒。

马雅可夫斯基尽一切努力想让当局相信苏联需要他，并不断让自己去适应党和时代提出的各种新要求。但这没有用。他已经"踩在自己歌曲的喉咙上"，但1930年1月出版的《苏联百科全书》（Советская энциклопедия）仍然声称："马雅可夫斯基的反抗在本质上是无政府主义、个人主义和小资产阶级的"，"十月革命以来，马雅可夫斯基与无产阶级的世界观格格不入"。而在1月25日，也就是马雅可夫斯基在大剧院朗诵后四天,《星火》杂志公布了十六部关于列宁的最优秀作品名单,上面并没有长诗《弗拉基米尔·伊利奇·列宁》。

429　　《放开喉咙》表达了诗人那些不为同时代人所理解的情感——孤独感和孤立感。作者就仿佛想说:"既然你们都不懂我,那就请便吧,但会有那么一天,人们将给我应有的评价,而目前我反正就是唾弃你们。"绝望既是各种具体状况与事件的结果,也是贯穿了马雅可夫斯基全部创作的那种存在层面上的脆弱性之表现。《放开喉咙》是一个响亮的政治宣言,但在其中也能听到我们在其早期作品中遇见的那种痛苦和绝望,就像在《穿裤子的云》中,诗人"被今日的部落纵情嘲笑,/像个冗长/下流的笑话",却仍对着接下来的几个世纪呼喊一个不同的、更好的未来。"我今天觉得他很孤独。"卢那察尔斯基从展览回来后对妻子说。他是对的:马雅可夫斯基是孤独的——如同十六年前他在那首《我》中写下的那样:"我孤独,就像一个走向群盲者之人的/最后一只眼睛!"

入党对马雅可夫斯基而言已经晚了;很多事情都太晚了。

《放开喉咙》实际上就是诗人的告别。一个人写下一首这样的长诗后还能做什么?马雅可夫斯基的读者们并不知道这个问题的答案,但他自己已经知道了。

无产阶级文学全部力量的团结

马雅可夫斯基意识到自己在列宁格勒遭受的失败之惨烈是在"创作二十年"展览开幕后的第一天,一些小道消息传到他耳朵里,说在几次演出过后,有关部门打算把《澡堂》从剧目中撤下。他想去列宁格勒交涉,但不能从展览脱身,于是便让莉莉代他前往。结果证明这是个

一张少见的莉莉、奥西普和马雅可夫斯基三个人的合照，摄于1929年，也就是"喵喵和奥夏之家"濒临解体时。

假情报，没人打算把戏禁掉，尽管"观众也不去，报纸骂得欢"。然而莉莉在2月3日的日记中说，审查还是删节了部分内容，尤其是"我有党证可以白看戏"被改成了"我有车票可以白看戏"。

列宁格勒的局面多少得到了控制，但在莉莉离开的那天，马雅可夫斯基在莫斯科走了出乎意料的一步，就像炸弹爆炸一般，把朋友和敌人们都惊呆了：2月3日，他写下一份声明，要求加入拉普。早在1923年，列夫就与莫普（拉普的莫斯科分部）结盟，但主要是出于战术原因：尽管在美学问题上存在差异，他们却有着共同的政治理念，而这一同盟也在一定程度上帮助列夫派避免了"同路人"的污名。

430 　　这回马雅可夫斯基要直接加入拉普,而这个组织多年来用自己大部分资源(这些资源智识水准不一)对"同路人"马雅可夫斯基和他所宣扬的美学发起一次次猛烈的攻击:"列夫是不能改革的,它必须被摧毁";"十月革命不止一次吸引了马雅可夫斯基的关注[……],但在所有这些作品中,马雅可夫斯基都远不能理解十月革命,以及它的内容、它的实质";"马雅可夫斯基笔下的世界无味,空虚,令人厌倦",等等。

　　他为什么要这么做? 一种解释毫无疑问是:当被"自己人",也就是莱夫派抛弃后,强烈的孤立感笼罩着马雅可夫斯基。但这只是最后一根稻草。这一决定已经酝酿了很长时间,对他而言也不算完全不合逻辑,毕竟他曾在 1929 年秋宣布"目的优先于内容和形式之上",并声

431 称自己"在大多数问题上"与拉普团结一致,而"未来的苏维埃文学就要靠"拉普的无产阶级成员们了。然而促使他做出这一决定的最主要动机不是内心信念,而是外部压力使然。12 月 4 日,《真理报》发表题为《为了无产阶级文学全部力量的团结》(*За консолидацию всех сил пролетарской литературы*)的社论,宣布拉普是党在文学领域的工具。一系列文学杂志都转载了这篇具有指示性质的文章,1930 年 1 月 31 日又刊出了一篇相同题材的社论,里面有这么一段威胁性的话:"形势的紧张让我们必须做出选择:要么彻底转投无产阶级诚实盟友的阵营,要么被抛弃在资产阶级作家的行列中……"正是《真理报》的咄咄逼人迫使马雅可夫斯基加入拉普,能证明这一点的是马雅可夫斯基声明里的第一句话,其中直接指涉了前一篇社论:"为实现无产阶级文学全部力量的团结,我请求接纳我加入拉普。"

　　以"形势的紧张"和"外部威胁"为由,迫使公民站队"支持"还是"反对",这也算是当局的一惯做法,而在 1929 年至 1930 年的团结运动中,回响着 1918 年秋党向知识阶层发出的呼吁:"[……]身处我们

目前所经历的时代,保持中立是不可能的。[……]学校不可能是中立的,艺术不可能是中立的,文学不可能是中立的。同志们,我们别无选择。[……]我建议你们,与其试图躲在中立的破洞伞下保全自己,还不如走向自己的俄罗斯屋顶下,走向工人阶级。"(见《共产未来主义》一章)但区别也是有的:1918年的局势是布尔什维克革命支持者和反对者之间真正的冲突,而目前所谓的"紧张"则是苏联报刊密集宣传攻势的产物,它们不停警告说"全世界资产阶级"很快就要对苏联发动进攻,而这会加剧国内的"阶级斗争"。

马雅可夫斯基在自己的声明中声称,他在各种政治和文学问题上完全同意由拉普所代表的党的路线;至于"艺术和方法上的分歧",可以"在协会内部本着对无产阶级文学有益的原则"来解决。此外,他认为"所有积极的莱夫派成员"都应得出同样的结论,并加入拉普。三天后马雅可夫斯基的声明得到一致通过,2月8日他在莫普的会议上宣布自己已成为拉普会员,因为这给了他"将弹药转向组织群众队伍的工作",并指出,"群众工作的道路会给诗歌创作的所有方法都带来改变"。

几天后,另外两名作家——爱德华·巴格里茨基和弗拉基米尔·卢戈夫斯基也申请并加入了拉普。但莱夫派并没有听从马雅可夫斯基的召唤。起初想要响应马雅可夫斯基的奥西普现在放弃了,而据莉莉的说法,其他莱夫派成员在马雅可夫斯基加入拉普后都吓得惶惶不可终日。这里不仅与问题的本质有关,而且马雅可夫斯基再一次像在1928年那样,在没有事先征求朋友和战友意见的情况下,以一种意想不到的行为让他们陷入困惑!"我们认为这是不民主的,是任性的,"阿谢耶夫回忆说,"说实话,我们觉得自己就仿佛被抛弃在矛盾的森林中。到底去哪? 接下来怎么办? [……]也要加入拉普吗? 但要知道

432

那里对非无产阶级出身者持不友好和怀疑态度。"最咽不下这口气的是谢苗·基尔桑诺夫,在马雅可夫斯基拒绝和他打招呼后,他写了《手的价格》(*Цена руки*)一诗,实质上就是在和马雅可夫斯基断绝友谊:"把手用浮岩啃! /用汽油浇, /为了把所有/他握过的痕迹/从自己的/掌心/刮去。"

这首诗在《共青团真理报》上刊载的同一天,拉普领导人之一、年轻的小说家亚历山大·法捷耶夫在接受报纸采访时声称,"从他的政治观点来看,[马雅可夫斯基]证明了自己贴近无产阶级",但这并不意味着拉普接纳他和"他所有的理论包袱……我们接纳他的程度取决于他放弃这些包袱的程度",然后又傲慢地补充了一句:"我们会帮他的。"如果马雅可夫斯基以为,一旦加入拉普他将会自动成为"无产阶级作家",那么他错了,拉普的杂志《在文学岗位上》(*На литературном посту*)的一篇社论明确指出了这一点。

各位拉普成员的教训口吻表明,这个他们最凶恶敌人的突然举动使他们有理由觉得自己已成了赢家。但如果对莱夫派来说,马雅可夫斯基的决定是意料之外的,那么在拉普内部,也有一些成员被搞得措手不及。遇到这种情况应该怎么办? 怎么处理一个马雅可夫斯基般的巨人? 他们照理应该把他请进管理层,却并没有这么做,而是把他当一个学生来对待,尽管拉普的各位领导人比马雅可夫斯基年轻得多(例如拉普主席利奥波德·阿韦尔巴赫只有二十六岁)。阿谢耶夫回忆了马雅可夫斯基如何"倚靠在舞台灯上,皱着眉头瞅着那个向他解释入会条件的人,烟卷在两个嘴角间滚来滚去"。

433　　　但是,无论马雅可夫斯基的情绪有多愁闷,他都明白,成为拉普的一员意味着必须重新审视"[其]诗歌观的整个体系",而他自己也承诺会这样去做。"将弹药转向组织群众队伍的工作"这一承诺也受到了认真对待。"沃洛佳负责三家工厂组成的一个巨大的小组——教他们写诗。"我们在 2 月 8 日莉莉的日记中读到了这一条。两周后他公开宣布这一打算。但这只停留在理论层面,最后一个项目都没有实现。在实践中,马雅可夫斯基对自己的种种想法就像拉普对他的"再教育"一样冷淡。"他精力充沛地坚守阵地,一直在说服别人,想证明加入拉普的决定是正确的,他对此感到满意,"诺拉回忆说,"但我能感觉到他其实对此心怀羞愧,当面对自己时,他并不确定是否做了正确的决定。而且拉普也并没有用需要的、应有的方式来接纳马雅可夫斯基,尽管他甚至都不愿对自己承认这一点。"

有声电影在柏林

就在马雅可夫斯基被接纳进拉普的同一天,莉莉和奥西普拿到了护照,2 月 18 日,他们登上了去柏林的火车。莉莉在 2 月 22 日的日记中写道:"我们在这待了三天,而感觉就像是三个月,虽然哪里都没去,什么都没看。给奥夏买了一件外套和一顶帽子——他穿着自己那件皮草样子已经非常可怕了。别的也不想要,也没钱了。再也不会努力出国了。"

这条记录透露出莉莉善变的内心状态,但这其实只反映了她在柏林最初几天的想法。尽管愁绪会时不时再次笼罩莉莉心头,但之后日记的记录却见证了他们丰富多彩的生活。除了饭店和小酒馆外,奥西普还时不时光顾各家旧书店,购买俄罗斯经典作家作品,有一回他还去参观了国会大厦(Reichstag)——"柏林最廉价的剧院,尽管什么特别的戏都不演",陪同参观的国会共产党议员如是说。莉莉则跑了好几趟动物园,并在那里和一只几天后被卖去慕尼黑动物园的小狮子合影。"看守怀着真切的忧伤告诉我说：Alle die kleinen verkauft［'小的全都被卖了'］。我几乎大哭起来，接着非常怜悯地看着兽们。"然而日记的氛围也常因一些笑话而重新活跃起来，这反映了莉莉的情绪变化之快，比如如下这则："助产院负责人问一个长着漂亮红发的女子：'您的孩子也长着这么美妙的头发吗?''不，黑发。''您的丈夫是黑发?''我不知道，他那时戴着帽子。'"

434

他们在柏林和德、苏两国的电影艺术家（尤其是爱森斯坦）往来，也经常去看电影。他们看查理·卓别林和葛丽泰·嘉宝的片子，以及莱妮·里芬施塔尔主演的《帕鲁峰的白色地狱》（*Die weiße Hölle vom Piz Palü*）（"如果在地狱里给罪人们看这种电影，那的确难以忍受"），但最让他们感兴趣的是电影艺术的创新——有声电影：《爱的华尔兹》（*Liebeswalzer*，"关于伯爵和公爵们——诚然是戏拟，但毕竟!"）、《这就是生活》（*So ist das Leben*）、《3/4 拍 的 两 颗 心》（*Zwei Herzen im Dreivierteltakt*，影片主旋律成了当时的流行小调）等等，其中还包括《德雷福斯》（*Dreyfus*）——他们还在电影观众中发现了阿尔伯特·爱因斯坦。

如果考虑到莉莉和奥西普在苏联电影工业的工作，那么不停跑电影院倒也确实符合他们此行的"学术目的"。而行程中严肃的部分包括与马利克出版社的谈判——莉莉代表马雅可夫斯基主持谈判——以及一次磋商（不清楚是和谁进行的），目的是尝试在苏联创建一家有声电影公司。奥西普则在柏林的苏联大使馆俱乐部用德语作了一场关于"苏联社会主义建设期间创作的最新文学"的公开讲座。照莉莉的说法，他讲得"很精彩"，而柏林的听众也像莫斯科理工博物馆的听众一样出色。柏林的演讲取得了成功，但拉普在莫斯科却怀疑奥西普是否真的有一说一，是否说了该说的东西。

无论莉莉和奥西普在柏林的逗留多么有益和富有成效，德国首都

莉莉在柏林动物园和小狮崽的合影。她把照片寄给了马雅可夫斯基。"我多么想要一只这样的小狮狮啊!"她写道,"你不知道它的小爪爪有多软!"

对他们而言都只是旅途的中转站,最终目的地依旧是伦敦。伦敦之行的官方目的是与莉莉的母亲见面,但这一愿望背后还隐藏着另一个动机:他们想见到埃尔莎,并结识其丈夫路易·阿拉贡。尽管他们在 10 月被拒签,但莉莉和奥西普并没有放弃希望,并于 3 月 5 日再次尝试,这一回是通过英国驻柏林大使馆。结果这次一切顺利,3 月 17 日,叶连娜·尤利耶夫娜给他们打电报说签证已到手。内政部的一份指令表明英国当局改变了对他们的态度,废除了 B.795 号通令,并将"[莉莉的]名字从可疑人员名单中删去"。虽然莉莉对禁止她和马雅可夫斯基入境英国的这份通令一无所知,但她想必会自问,为什么英国当局突然转变了对她的态度。或许只是因为两年外交冷淡期后英国想要改善与苏联的关系?无论原因到底如何,莉莉和奥西普在 3 月

"亲爱的同志们！为什么不给家庭妇女发布头，而只给十二岁的孩子？"

"马雅可夫斯基同志，您怎么看，您的剧本能被工人理解吗？"

"俏皮话勉强而费解。这个米开朗琪罗是谁？解释一下。您这是在给知识阶层写作。"

"同志，我不喜欢您的剧本，而是喜欢您本人。爱您很久了。薇拉·瓦尔拉莫娃。"

"同志们，往我们脑袋里塞东西已经塞够了，就算没这一出，我们的脑袋已经塞满了。我的意见是：结果掉您所有那些故事吧。"

　1929 年 12 月在"无产阶级"工人俱乐部讨论戏剧《澡堂》时，观众给马雅可夫斯基递了一张写着很多问题的条子。其中一些问题被配上了提问者的漫画像，刊登在《苏联剧院》(Советский театр) 杂志上。

30 日离开了柏林,连葛丽泰·嘉宝和约翰·吉尔伯特主演的《为安娜之爱》(*For the Love of Anna*①,1927 年的默片版《安娜·卡列宁娜》[*Анна Каренина*])都没看完——"没坐到结束,尽管电影滑稽得很"。把他们送往荷兰角港(Hook of Holland)赴英轮船的是德国卧铺车厢:"各种系统的小灯泡、小钩子和灯罩。"

离开德国前,布里克夫妇已经与埃尔莎和阿拉贡打了一周的交道,因为他们担心英国之行会泡汤,因此保险起见还是来了趟柏林。在选帝侯宾馆共处的一小段时间已足以让阿拉贡给莉莉留下非常良好的印象:"阿拉贡很好,"她在日记中写道,"没能记下来他说的话,真是气死了。"在另一条日记记录中她又写道:"[阿拉贡]没见爱森斯坦,因为后者与马里内蒂握了手并与之合影。"这位法共党员不能容忍苏联文化界的杰出代表人物与一个亲法西斯的意大利未来主义者同框拍照⋯⋯

《澡堂》在莫斯科

3 月 17 日,也就是莉莉和奥西普在柏林得到母亲那里传来的好消息的同一天,马雅可夫斯基在莫斯科醒来时却处在完全不同的精神状态。前一天晚上,《澡堂》在梅耶荷德剧院首演,结果是和在列宁格勒一样的惨败。两天后,他给莉莉写道:"前天《澡堂》首演,除了一些细节外我都很喜欢,在我看来这是第一件排出来的我的东西。[马克西姆·]施特劳赫(饰波别多诺西科夫)很棒。观众分化到了可笑的地

437

---

① 作者或许搞错了片名,影片在美国、苏联上映时名为《爱》,而在欧洲上映时名为《安娜·卡列宁娜》。

步——一些人说：从没这么无聊过；另一些人说：从没这么快活过。接下来人们会说什么、写什么，目前不得而知。"

　　所谓观众分成两个阵营云云是马雅可夫斯基在自欺欺人。根据瓦西里·卡塔尼扬的回忆，观众厅的反应充其量只能说"冷淡"，马雅可夫斯基不可能没注意到这点——无论是在演出时，还是后来当他站在前厅看着每一个离场者的目光时。还能证明这一点的是给莉莉的这封信发出几天后，如潮水般涌来的致命评论：有说马雅可夫斯基对苏联现实的态度是"嘲弄挖苦"的，有说角色"没有生命力"的，有说剧本本身"肤浅"而"糟糕"的——"无论是官僚主义，还是与之进行的斗争都缺乏具体的阶级内容"。

　　如果说马雅可夫斯基曾以为加入拉普能为他带来拉普方面的支持，那他就大错特错了。尚在首演开始前一周，拉普的评论家弗拉基米尔·叶尔米洛夫在《真理报》上刊登了一篇题为《论文学中的小资产阶级"左派性"情绪》(*О настроениях мелкобуржуазной «левизны» в художественной литературе*)的文章，抨击马雅可夫斯基的作品中有种"非常虚假的'左派'语调，而这种语调已经在文学以外的领域为我们所熟知"，这样他便将诗人与托洛茨基反对派间接联系起来。梅耶荷德发表了一篇捍卫马雅可夫斯基的文章，而后者则于首演当天在剧院大厅张贴的反官僚主义海报中，增加了一张针对"像叶尔米洛夫之类的批评家"的海报，说他们用笔"帮助了官僚"以示回应。此举激怒了拉普的领导层，他们要求马雅可夫斯基撤下海报，而他照做了。一个像马雅可夫斯基这样的战士竟然以如此屈辱的方式缴械投降，这一举动本身就表明，他不仅踩在了"自己歌曲的喉咙上"，而且还践踏了自己的整个人格。拉普的领导层要的就是这个效果——折去马雅可夫斯基的锐气。《澡堂》首演一周后，他们朝此方向又迈了一步——拉

普的扩大化全会通过决议,认为《澡堂》的剧本针对的不是官僚主义,
而是"无产阶级国家",因此在《十月》杂志上刊登剧本的选段是一个
"错误"。

大恐怖前夕

  在当前局势下,叶尔米洛夫的文章毫无疑问就是在告密,他和马 438
雅可夫斯基都非常清楚这一点。迄今为止,党与"反对派"的斗争手段
主要包括驱逐出境、清洗干部和禁止出版,然而最近斗争的性质发生
了变化,1929 年秋逮捕并枪决雅科夫·布柳姆金就是明证。让我们回
忆一下革命初年的布柳姆金——这个演戏般地挥舞着左轮手枪的契
卡分子兼恐怖分子,各家文学咖啡馆的常客,包括叶赛宁、曼德尔施塔
姆和马雅可夫斯基在内许多作家的朋友,后者还把自己的书签赠给
他。1918 年夏天刺杀德国大使冯·米尔巴赫后,布柳姆金逃离莫斯
科,但一年后被捷尔任斯基赦免,随后二十年代他在契卡混得风生水
起。由于精通各种语言(还掌握希伯来语外的多种东方语言),他经常
在国外执行任务,特别是在巴勒斯坦、阿富汗、中国和印度(试图在那
里煽动民众反对英国占领当局)。

  除了自己的各种传统活动外,欧格别乌还对心理暗示以及大规模
影响人类的能力感兴趣,因此布柳姆金当时也渗透进了彼得格勒的各
个神秘学圈子。而能和这种相当古怪的间谍活动类型扯上关系的便
是 1926 年和 1928 年由欧格别乌组织的两次前往西藏的探险,其目的
是寻找传说中的香巴拉,相传其居民都有心灵感应能力。形式上探险
队是由画家、神智学家尼古拉·勒里希领导的,但其实主人公却是对
东方神秘主义了如指掌的布柳姆金,他有时假扮成亚洲军官,有时假

扮成喇嘛——取决于在执行什么任务。

在其充满冒险的一生中,布柳姆金与托洛茨基关系亲密,并给他当过几年秘书。1927 年底,在斯大林向反对派发起进攻的时候,他公然表现出对后者的同情。尽管如此,靠着他在欧格别乌的各种门路,他仍然被指派领导苏联在中东的所有特务活动。为了资助间谍网,他在君士坦丁堡开了一家旧书店,专卖老犹太手稿(由欧格别乌特务从列宁图书馆〔Ленинская библиотека〕抢来,或是从犹太会堂和其他犹太文化场所中查抄而来)。然后,他假扮成阿塞拜疆犹太人雅各布·苏丹诺夫(Якоб Султанов)在欧洲游历,以尽可能高的价格出售这些

439　书籍,他取得的成果完全符合雇主们对他的期待。但他们对 1929 年 4 月布柳姆金与托洛茨基的会晤显然就没那么热情了,当时居住在君士坦丁堡的托洛茨基说服布柳姆金和自己联合起来,共同对付斯大林。回到莫斯科后,布柳姆金慷慨地向大家分享自己在君士坦丁堡的所见所闻,然后有人去告了密,于是他便被逮了起来——一些情报认定他是在刚被解职的卢那察尔斯基家门口被捕的,他曾在后者家里住过一段时间。11 月 3 日,斯大林亲自下令处决布柳姆金。

布柳姆金被枪毙的消息震惊了他在党和安全部门的同事们。如果一个在欧格别乌最高层有如此牢靠关系的人都被处决了,那么任何一个人都有可能落到这个下场……就像对克拉斯诺肖科夫的审判是第一起涉及高层党员的反腐案件一样,处决布柳姆金是对托洛茨基反对派支持者的第一个死刑判决。托洛茨基呼吁自己在西方的支持者对这位“火一般的革命者”的遇害发起抗议,但并没有搞出特别大的波澜。

无论马雅可夫斯基还是他的朋友都只字未提处决布柳姆金一事,鉴于此事在政治上极度敏感、危险,这并不令人惊讶。然而很难相信

这一事件不会给马雅可夫斯基带来强烈的情感和回忆上的冲击,让他回想起刚革命后那段一切皆有可能的无政府主义时期。处决布柳姆金不仅仅意味着一个人的死亡,而是宣告了革命时代和对一种更自由的社会主义之梦想的终结。俄罗斯革命史的一个新时代——恐怖时代——揭开了帷幕。

如果说布柳姆金的死使人想起了那个过去的时代,想起一个这些年来马雅可夫斯基已很少能碰上的冒险家和革命浪漫主义者,那么两个月后发生的另一次处决则直接打击了未来主义的核心。生于1901年的弗拉基米尔·西洛夫是西伯利亚未来主义小组"创作"以及列夫的成员,他写过论述马雅可夫斯基和布尔柳克的文章,还为赫列布尼科夫和马雅可夫斯基编写了著作目录(马雅可夫斯基的这份著作目录刊印于1928年11月出版的著作集第一卷)。1930年1月8日,他因"间谍罪和反革命宣传罪"被捕并被判处枪决,三天后判决被执行。

无党派人士西洛夫的"罪行"到底是什么并不完全清楚。一种说法(来自托派分子维克托·塞尔日)认为他曾为支持反对派的欧格别乌员工效劳,另一种说法(来自托洛茨基之子)认为西洛夫是在有关部门"试图将[他]与某个'密谋'或'间谍案'联系起来未果后"被处决的。或许"证据"在西洛夫的日记里,这"不是一个庸人,而是一个革命信仰者的日记"。他"想得太多了,"帕斯捷尔纳克给他父亲写道,"有时会导致这种形式的脑膜炎①。"

440

西洛夫被捕和处决的消息自然立刻就在他的朋友和同仁间传开

---

① "这种形式的脑膜炎"显然是对枪毙的委婉说法(由于帕氏父亲旅居国外,而国际信件会被严格审查)。

了，但就和布柳姆金遇害后的情况一样，我们对他们的反应仍一无所知。* 如果说莱夫派各位成员的反应不得而知的话，那么在帕斯捷尔纳克身上，对西洛夫的判决就像两年前的沙赫蒂案一样，激起了情绪的风暴。"与此相比，迄今为止的一切都逐渐变得苍白、黯淡，"他给科尔涅伊·楚科夫斯基的儿子尼古拉写道，"在有着当代容貌的列夫人士中，这是那种新[即共产主义]道德仅有的一个诚实、生动、高尚到让人自责的范例，我从未追求过这种新道德，因为它完全无法实现，而且与我的气质格格不入，但为了（徒劳地，且只是口头上）实现它，整个列夫都付出了代价，有人糟践良心，有人糟践天赋。只有一个人曾在一个瞬间为这个不可能实现的、强迫的神话赋予了可能性，这就是弗[拉基米尔]·西[洛夫]。让我说得更明白一点，据我所知，在莫斯科只有一个地方，造访之后能迫使我对自己的观念是否正确产生怀疑。那就是荣举圣架街（Воздвиженка）上无产阶级文化协会宿舍楼里西洛夫一家的房间。"

虽然帕斯捷尔纳克很清楚什么话能说，什么不能说，但他一如既往地成了罕见的公民大无畏精神之化身：

> 我就此打住不再谈他，因为说得够多了。如果连这也禁止，就是说，如果就连失去了亲近的人我们都必须假装，就仿佛他们还活着，我们不能回想起他们，并说他们已经不在了；如果我的信可能给　您带来麻烦，那么我恳求　您，不要可怜我，把我当罪犯

---

* 根据埃玛·格尔施泰因的证词，基尔萨诺夫在谈及"老熟人被枪毙"时的冷漠让帕斯捷尔纳克感到震惊——"就像是在说一场婚礼或搞到一套公寓一样"。有人推测格尔施泰因指的是对西洛夫的处决。但格尔施泰因并没有说出被处决者的名字，只说"好像是个前社会革命党人"，而这完全有可能是基尔萨诺夫并不怎么认识的布柳姆金。无论事实真相到底如何，帕斯捷尔纳克所看到的的冷漠很可能只是经过伪装的恐惧。

供出来。这就是我将要签下全名的原因(通常我签字都难以识别,或只签首字母)。

西洛夫死后,他的妻子试图跳楼自杀,尽管他们还有一个年幼的儿子,这很能反映她的精神状况。马雅可夫斯基对西洛夫之死作何感想? 对他妻子未遂的自杀呢? 布柳姆金成了斯大林的政治对手,所以他的死尚且"可以理解";可西洛夫却是一个作家、朋友,一个用帕斯捷尔纳克的话说,"美好,有教养,有能力,在最高程度和最佳意义上的**先进**的人"。除了恐惧,他被处决的消息还能引起朋友们任何别的情感吗? 很难。如果一个像西洛夫这样的人都被处决了,那难道不意味着任何人都可能成为牺牲品吗? 围绕其死亡的集体沉默表明,早在1930年冬天,也就是那场夺去了数百万无辜生命(其中也包括数百名作家)的大恐怖发生前六年,恐惧的气氛就已经在苏联社会弥漫开来了。*

441

---

* 西洛夫死后,他的名字对同时代人和后代而言都消失了。在《安全保护证》(*Охранная грамота*,1931)一书中,帕斯捷尔纳克用其妻子的首字母缩写奥·西(O. C.)来指代他,除此之外,在关于"创作"小组和列夫的大量回忆录中,他的名字一次都没被提及过;甚至在由他妻子所写的关于西伯利亚生活的回忆录中(至少在1980年问世的版本中)也没有他的名字;字母缩写奥·西首次被解码——与此同时也让弗拉基米尔·西洛夫的命运得到讲述——是在法国斯拉夫学家米歇尔·奥库蒂里耶一篇发表于1975年的论文里。

442　　　　　　　　1930 年 4 月 17 日的莫斯科市中心

第十五章　第一个布尔什维克之春(1930)

我和心一次都没活到过五月，

而在活过的生命里

只有第一百个四月。

弗·马雅可夫斯基,《穿裤子的云》

　　塔季亚娜出嫁意味着马雅可夫斯基人生中的巴黎篇章宣告结束。443
此事带来的唯一积极后果或许是马雅可夫斯基不必再多愁善感地算
计该如何脚踏塔季亚娜和诺拉两条船了：1930年初,他和诺拉的关系
稳固起来,而在莉莉和奥西普出发去柏林后,这种关系迈入了关键
阶段。

　　当时诺拉的婚姻完全只剩形式上的意义,她与丈夫的关系"是
友好的同志般的关系,但也仅限于此"。"扬申把我当成一个小女
孩,对我的生活和工作都不感兴趣。而我也不太能搞懂他的生活
和思想。"但是,尽管扬申本人并不是一个模范丈夫,诺拉却一直

受到良心的谴责，因为她觉得和马雅可夫斯基约会是在背叛丈夫，尤其因为他们仨经常一起活动：去剧院，看赛马，上餐馆，打牌。能和马雅可夫斯基这样的大诗人混在一起让扬申感到十分心满意足，以至于连马雅可夫斯基对诺拉表现出的明显温情他都能视而不见。

如果说扬申选择打落门牙肚里吞的话，那么促成诺拉与马雅可夫斯基走到一起的马雅可夫斯基的"家庭"则认可他们的关系，前提是他们不能违反莉莉的规定："婚外"关系必须放在家门外搞。所以诺拉只能在马雅可夫斯基位于卢比扬卡巷的书房过夜。有一次，当莉莉和奥西普前去列宁格勒，而扬申正好也不在的时候，马雅可夫斯基提出让她在亨德里科夫胡同过一晚。诺拉好奇，假如莉莉早上回来后在公寓里发现了她会怎么说，马雅可夫斯基回答道："她会说：你和诺拉一块儿过？好呗，批准。"诺拉却觉得"他有点忧郁，因为莉莉娅·尤里耶夫娜对这一事实如此冷淡"，似乎"他还爱着她，而这是最让我感到难过的一点"。

莉莉有一堆情人，奥西普有热尼娅，马雅可夫斯基有诺拉。只要"家庭生活"的基础不受威胁，这对他们来说就很正常。当初莉莉想让马雅可夫斯基和娜塔莎·布留哈年科分手时曾说过："我们三个互相都结婚了，我们不能再结婚了，这是种罪孽。"而这一命题如今仍然有效。"我觉得莉莉娅·尤里耶夫娜对待他的种种罗曼史非常轻松，甚至会来庇护这些关系，就比如她对我一开始就是这样的，"诺拉评论道，"但如果有人开始陷得更深，这就会让她担心了。她想永远都是马雅可夫斯基唯一的、不可替代的女人。"

自从莉莉与马雅可夫斯基中止肉体关系已经过了五年，而他至少两次打算离开"喵喵与奥夏之家"，以组建自己的家庭。无论是和娜塔莎还是和塔季亚娜,莉莉都用这样或那样的手段从中作梗,这对马雅可夫斯基而言并非秘密,所以他也明白,只要处在莉莉的目光下,他就无法结束他们在亨德里科夫巷的共同生活。所以当布里克夫妇出国时,马雅可夫斯基急忙向诺拉求婚;假如她同意,他就能在两个月后莉莉回来时把既成事实摆在她面前。诺拉当时怀上了马雅可夫斯基的孩子,做了一次艰难的流产,这显然促使他加快了求婚的攻势(有意思的是,就在此前几个月,发生宫外孕的热尼娅也堕了一次胎——我们不禁好奇,如果两个"兽兽"同时都当了爹,那莉莉会有什么反应……)。但诺拉却迟迟不作答复,她很难下定决心和扬申离婚;她向马雅可夫斯基保证将来一定会成为他的妻子,"但现在不行"。

诺拉之所以犹豫不决,不仅是因为她的年轻和怯懦,还因为马雅可夫斯基剧烈波动的情绪以及他意欲无限支配她的专制渴望。她得时不时地就要重申自己爱他,否则他会被可怕的嫉妒情绪所左右。他每天都在剧院附近的一家咖啡馆等她,一旦迟到,她就会面对同一幅画面:戴着宽檐帽的马雅可夫斯基坐在桌旁,双手放手杖上,下巴搁在上面,目不转睛地盯着门口等她。诺拉感到尴尬,但对马雅可夫斯基来说其实同样如此,因为他成了女服务生们的笑柄:一个愁眉苦脸的三十六岁男子枯坐几小时,就为了等一个几乎比他年轻一倍的女演员。诺拉请他不要再把约会地点定在咖啡馆,因为她不能保证会准时来,但他却回答说:"我呸那些服务生,让她们笑呗。我会耐心等的,只要你来!"

马雅可夫斯基自我中心主义和利己主义的一个明显例证是他不愿去理解为什么诺拉在堕胎后拒绝与他亲近。她试图解释这是暂时抑郁造成的,如果他让她单独处一会儿,对她"生理上的冷漠"不做出

"不可容忍的和神经质的"反应,那么一切很快就会恢复原状。"而我的这种冷漠让弗拉基米尔·弗拉基米罗维奇发狂。他常常会不屈不挠,甚至残酷无情。"诺拉回忆道。性在他们的关系中"扮演了非常重要的角色":"正因此弗拉基米尔·弗拉基米罗维奇才会对我有如此病态的态度。也正因此我才会在和扬申离婚以及和马雅可夫斯基共同生活的问题上犹豫不决,拖拖拉拉。"

他们一边等着"问题的解决",一边着手寻找可供同居的住房,照诺拉的说法,他们希望能找到隔楼梯间相对的两套独立公寓。她回忆说:"等待某套公寓,以便根据这套公寓来决定我们是否要生活在一起——这当然很荒谬,但我需要这样做,因为我出于恐惧而在不断推迟与扬申的关键谈话,而这么做也能让弗拉基米尔·弗拉基米罗维奇得到宽慰。"由于苏联作家联合会正在艺术剧院对面造一幢房子,马雅可夫斯基便去联系联合会的书记弗拉基米尔·苏特林,也就是曾代表联合会为马雅可夫斯基在《共青团真理报》发表的那篇捍卫莉莉、奥西普的文章签字背书的那位。马雅可夫斯基解释说自己不能再住在亨德里科夫胡同了,因此他需要一套公寓,最好是在莉莉和奥西普从国外回来前。得知这件事不可能在秋天前安排好后,他回答说:"好吧,那我换种做法:我租个什么房子,然后到秋天我们商量好,你给我住个独套公寓。"

最后一根稻草

3 月,马雅可夫斯基开始创作一个新的戏剧项目《莫斯科在燃烧》(*Москва горит*)——为莫斯科马戏团写的一部关于 1905 年革命的"英雄情节哑剧"。由于马戏团的管理层对票房比对马雅可夫斯基的艺术抱负更感兴趣,他们不断地干涉排练工作,试图把演出"搞得正常446一点",这让马雅可夫斯基很是愤怒、失望。私生活中孤独的痛苦折磨着他:莉莉和奥西普走了,而最亲密的朋友们都背叛了他(或者说是他背叛了他们——取决于从哪个角度来看问题)。列夫・格林克鲁格仍是忠实的朋友,他几乎每天都去拜访马雅可夫斯基,后者可以和他一起满足一下自己的赌瘾。

"我觉得对他来说,我自己以及我们的关系就像是他想抓住的一根稻草。"诺拉总结说。如果考虑到马雅可夫斯基对她的感情,那么她这么说实在有点过于自我贬低了。他们在一起度过了工作之余的所有闲暇时间,而且为了顾及体面,往往是和诺拉的丈夫在一起。"我们每天都要和他见面,有时一天要见好几次——白天,傍晚,夜里。"扬申回忆说。有一次在共度傍晚后,马雅可夫斯基求他们到他亨德里科夫胡同的家去。他们聊了会儿天,喝了点葡萄酒,外出带阿牛一起散步,然后马雅可夫斯基紧紧抓住扬申的手说:"米哈伊尔・米哈伊洛维奇,你们不知道我有多感谢你们现在到我家来,你们不知道你们这一来把我从什么事情里给救出来了。"

3月中旬,马雅可夫斯基与基尔萨诺夫和解了,但从写给莉莉的一封信来看,他的态度并不是特别积极——他在信中把自己的老朋友(及其妻)称作他"差点就遗忘了的[……]新朋友们"。除了阿牛外,在亨德里科夫陪伴马雅可夫斯基的还有女佣,以及欧格别乌特务"假斯文"列夫・埃尔贝特——莉莉和奥西普离开后,他在他们家中暂住了一段时间。为什么? 为了让马雅可夫斯基不无聊? 还是说他是在那里执行某些职业任务?"一定要告诉假斯文,我留了地址,但却没人来找我,这很不好。"莉莉从柏林给马雅可夫斯基写道。莉莉在德国首都有没有被委托些什么"任务"? 对莉莉这句神秘的话加以阴谋论解释是很诱人的,但也许她说的只是转交一件礼物?(同样的疑问也环绕在雅尼亚·阿格拉诺夫周围,他意欲在莉莉和奥西普出发去柏林前转告"各种事务和请求",但没赶上发车,只好作罢。一个职业特务会在月台上交代秘密任务吗?结果自己还迟到了?未必。更有可能的是,那都是些非常平常的"事务和请求",就像莉莉通常劳烦马雅可夫斯基做的事情一样。)

1930 年冬天支配着马雅可夫斯基的孤独、孤立感因严重的流感而加剧,马雅可夫斯基 2 月底染病,过了很久都没痊愈。对一个像马雅可夫斯基这样的疑病者而言,最无害的着凉都能引起过度反应:他会惊恐万分,然后陷入抑郁。尤其让他担心的是嗓子——他的劳动工具及其创作独特性的一个组成部分:"失声对我来说就像对沙利亚平一样。"由于吸烟和持续不断的巡讲,他经常会得各种传染性的咽喉疾病,而且无论医生如何向他保证,他都一直会担心自己是不是得了癌症或其他致命疾病。1930 年 3 月,由于着凉外加压力过大引起的喉咙不适导致马雅可夫斯基不得不多次中断讲演。3 月 17 日在理工博物馆讲演时,他朗诵了《放开喉咙》,以证明自己没有"变成报纸诗人",结果却无法完成朗诵。卡缅斯基回忆道:"紧张、严肃、过劳的马雅可夫斯基有些古怪地、心不在焉地用疲惫不堪的眼睛在听众中扫视,每读一行,他的声音都在变轻。然后他忽然停了下来,用黯淡的眼光看了一眼大厅,然后说道:'不,同志们,我再也不读诗了。我做不到。'然后猛地转身走去后台。"嗓子的问题一直困扰着马雅可夫斯基,一周后,在红色普列斯尼亚共青团之家,听众们请他不要光点评自己的诗,也朗诵一点,马雅可夫斯基回答说:"我今天完全是病着来见你们的,我不知道我的喉咙怎么了,也许我不得不中断朗诵很长一段时间。也许这已经是最后几场晚会了[……]。"不过他还是读了几首诗,但随后被迫中断讲演,最后说道:"同志们,要不我们就到此为止吧? 我的喉咙完蛋了。"

您打算何时饮弹自尽呢?

在整个职业生涯中,马雅可夫斯基不仅通过书页,还通过舞台与读者进行交流。没有与听众的真实交流,他就完全不能活。然而,如果说1910年代的资产阶级听众尚允许这个蛮横的未来主义者说自己坏话,而且他们的反击也会被他轻易格挡,那么苏联的听众就大相径庭了,他们没那么好说话,往往还很粗鲁。诗人和听众都变了,马雅可夫斯基3月25日在红色普列斯尼亚共青团之家演讲时就说到了这一点:"问题[……]在于,旧读者,沙龙里的旧听众(主要是小姐、少爷们在听),这种读者永远地死了,而只有工人听众,只有无产阶级和农民群众,只有那些正在建设社会主义,并希望将其传播到全世界的人,只有他们应该成为如今的读者,而我应该成为这些人的诗人。"

然而,"无产阶级和农民群众"却很难相信苏联第一诗人就应该是马雅可夫斯基,而到二十年代末,在报刊或演讲中抨击他简直成了一种健身运动。乌克兰诗人帕夫洛·特奇纳就举了1929年冬俄罗斯、乌克兰作家友好会晤的例子,虽然马雅可夫斯基并非这次会晤的主角,但照样遭到了在场作家的围攻。

文化生活的极化加剧了过去一年里局势的恶化,马雅可夫斯基自己也促成了这种情况——因为举办个人回顾展这一举动本身就是在迫使周围的人决定自己对他的态度:赞成还是反对。中立的立场已不太可能。马雅可夫斯基对苏联头号诗人地位的霸权主张很容易使

马雅可夫斯基与俄罗斯、乌克兰作家会晤，会上他突然成了攻击目标，1929 年冬

449　他成为挖苦和嘲笑的牺牲品。有一次，一个年轻人走到他面前说："马雅可夫斯基，历史表明，所有好诗人都死得很难看：要么被杀掉，要么自己结果自己……那您打算何时饮弹自尽呢？"马雅可夫斯基哆嗦了一下，然后慢慢回答道："如果傻瓜们打算经常问这个问题，那我最好还是真的饮弹自尽吧……"

　　4 月 8 日，马雅可夫斯基观看了亚历山大·杜甫仁科的新电影《大地》(Земля)，并在放映后邀请导演第二天去他家坐坐："让我们商量商量，也许能创立一个捍卫艺术的创作者小组，哪怕规模不大也行，"随后又补充说，"要知道周围正在发生的事情是让人无法容忍的。"但是与杜甫仁科的会面并未进行，4 月 9 日马雅可夫斯基参加了另一场"谈话"，而这场谈话只能证明他的分析之正确。讨论的参与者是莫斯科普列汉诺夫国立经济学院(Московский институт народного хозяйства им. Плеханова)的学生们,那天马雅可夫斯基就是因为要在那里讲演而没能与杜甫仁科见面。

马雅可夫斯基通常会非常期待这样的会面,但这次他得了流感,发着高热,当他来到学院时,眼神透着病意。人们习惯的那种战斗情绪连一点影子都不剩:还没踏进房间,他就立刻快步走向教室另一端的门以躲避听众。他试图开门,但却打不开,于是便用手杖敲门,结果也是白费力气,便坐到了长凳上。"他似乎想睡觉,或是被高热、流感压着,"年轻的马雅可夫斯基崇拜者斯拉温斯基为后代留存了他对这次讲演的回忆,"他坐在那里,低着头,眼睛闭着,连帽子都没摘。"

听众到得很慢,完全没有通常马雅可夫斯基讲演时那种人挤人的场面。也许是学生都在关注别的烦心事:有一部分人去农村帮农了,还有一部分人就要考试。这是第一个五年计划的第一个春天,所谓"第一个布尔什维克之春":复活节为春季播种让路,拖拉机和播种机的轰鸣取代了教堂钟声。

不管到底事出何因,马雅可夫斯基不得不在一个没坐满的厅里开始演讲,而他开口道出的第一件事就是自己是被勉强说服才来这里的:"我不想,我厌倦了讲演。"对他的警告"等我死了,你们会含着感动的泪水朗读我的诗",有些人报之以大笑。"而现在,"他接着说,"在我还活着的时候,许多人关于我各种胡说八道,许多人都骂我。人们散播关于诗人们的各种诽谤言辞。但在所有关于在世诗人们的言论和文章中,关于我的胡说八道最为泛滥。人们这么说我——马雅可夫斯基——喊着'打倒耻辱!'的口号在莫斯科到处裸奔。但文学上的胡说八道更为泛滥。"

许多听众对马雅可夫斯基持正面看法,但也有些人就是来找茬　450

的。他朗诵了《放开喉咙》，当他读到"无所谓的荣耀，/若是从玫瑰花坛/我的雕像高矗/于座座小花园，园里是/肺结核在咳痰，/是婊子与流氓/还有梅毒"这一段时，有人打断他，抗议"粗话"，于是诗人不得不中断朗诵。他只能读了另外几首短诗，然后请在场人员提问。一个大学生说他不懂《穿裤子的云》。马雅可夫斯基没有回答。另一个人往台上递了张条子："赫列布尼科夫是个天才诗人，而您马雅可夫斯基和他相比就是个混蛋，这是真的吗?"马雅可夫斯基回答说，他不想和其他诗人竞争，但在苏联优秀的诗人并不多。

因为十分疲惫，他便走下讲台，坐在台阶上，闭上眼睛，一部分听众几乎看不到他。学生扎伊采夫发言："同志们! 工人不懂马雅可夫斯基，就因为马雅可夫斯基断句的方式。"马雅可夫斯基回答说："再过十五到二十年，等劳动人民的文化程度提高了，我的作品就会被所有人理解。"学生米赫耶夫插嘴说："那就让马雅可夫斯基证明一下，二十年后还会有人读他的诗。"听众都笑了。他继续道："如果马雅可夫斯基同志不能证明这一点，那他就不必再写作了。"

大厅里的情绪对立逐渐白热化。另一个学生马卡罗夫解释说："马雅可夫斯基是诗人。而我爱诗。我爱读诗，我可以读任何人的诗。但无论在什么场合我都没法读马雅可夫斯基。"当被问及他关于列宁写了什么时，马雅可夫斯基朗诵了长诗《弗拉基米尔·伊里奇·列宁》中关于列宁逝世的片段。他用巨大的力量朗诵，听众则报之以雷鸣般的掌声，但这并不妨碍一名学生登上讲台说："马雅可夫斯基说他已经写作了二十年。但他说了很多自己，吹捧了很多自己。应该抛弃这种做法。马雅可夫斯基需要从事真正的工作。"赶走这个学生后，马雅可夫斯基愤慨地回答说："之前这位演讲者在胡说：这四十五分钟里我没有说过任何关于自己的事情。"从大厅里传来一个声音："得证明。"

　　马雅可夫斯基请读不懂他的诗的人举手,四分之一的听众举手了。一个姓克里昆(意思是"爱喊叫的人")的喝醉的学生发言,他说:虽然马雅可夫斯基宣扬的是正确的政治观点,但他"在自己的作品中冒进了,就像党员们在自己的政治活动中冒进了一样"。他举了一首诗作为例子,这首诗在一页半的篇幅里不断地重复"滴答"一词。马雅可夫斯基冲向讲台抗议:"同志们! 他撒谎! 我没有这样的诗! 没有!!"克里昆拒绝离开讲台:"马雅可夫斯基的可读性很差,因为在马雅可夫斯基的作品中存在着冒进。"马雅可夫斯基怒不可遏:"我想向你们学习,但请保护我免遭谎言伤害……别让人把所有这些乌七八糟的东西,这些不是我写的诗都算在我头上。他引用的这些诗我没写过! 明白吗? 没有!!"

　　气氛紧张到了极点,马雅可夫斯基和他的对手们都寸步不让。学生们开始不待发言机会就坐在位子上喊叫。一个女生挥舞着双手。马雅可夫斯基:"别挥您的小手了,梨不会因此就从树上掉下来的,而这里的讲台上还有一个人呢。"马雅可夫斯基引用了学生发言中的一些话,以表明他们对诗歌的理解有多糟糕:"我对听众的不学无术感到惊讶。我没想到在一家如此可敬的机构,学生的文化素养会如此之低。"

　　一个戴眼镜的学生大喊:"这是煽动!""煽动?! 同志们! 这是煽动?!"马雅可夫斯基询问听众。一个学生喊道:"是的,煽动。"马雅可夫斯基从讲台上俯下身,用洪亮的嗓音命令他:"坐下!"这位学生拒绝坐下,继续叫喊。所有人都站了起来。"坐下! 我要求你们安静!"听众冷静下来,大家全都坐下了。马雅可夫斯基再次赢得了与听众的对决。但胜利的代价却很大。他晃悠着走下讲台,神思恍惚地坐在台阶上。离开大厅时,他把手杖给落下了,这是他从未有过的。

451

尽管马雅可夫斯基最终成功制服了听众,但他在晚会上多次暴露了明显的弱点,因而处于守势,这对他来说是极为反常的。导致其状态不佳的不仅是感冒,也有其他原因。在讲演前几天,马雅可夫斯基得知《印刷与革命》(*Печать и революция*)杂志决定刊登一封贺词,上面除了他的肖像外,还附有以下文字:"《印刷与革命》热烈祝贺伟大的革命诗人、杰出的诗歌艺术革命家、工人阶级不知疲倦的战友弗·弗·马雅可夫斯基从事创作和社会工作二十周年"。由于几乎所有媒体都抵制了他的个展,对马雅可夫斯基来说,这一决定算是个惊喜,尤其因为他从未与这家杂志进行过合作,因此大家也就都能明白这不会是私交的产物。贺词本应刊登在社论前一页单独的纸上,这又为其增添了分量。当杂志的一位工作人员打电话给马雅可夫斯基,说想寄给他一些样书时,马雅可夫斯基回答道,他会亲自去取样书,因为想当面感谢编辑部。

但他没有必要这么做了,因为当杂志出版时,贺词被剪掉了。查禁这段文本是因为刊印这本杂志的国立出版社领导阿尔捷米·哈拉托夫下达了直接指示。他以书面形式愤慨地指责编辑部胆敢将"同路人"马雅可夫斯基称为"伟大的革命诗人",并要求告知是谁写下了这份"岂有此理的贺词";编辑部还被要求确保已经装订成册的五千本杂志中全都没有这页纸——他们照做了。

马雅可夫斯基立刻获悉了这一事件,对他而言,哈拉托夫的反应又一次痛苦地证明,对《澡堂》的猛烈批评以及对展览的抵制都并非偶然,而是当局对其态度的有意表现。无论国立出版社的领导多么厉害,他都绝对不敢在没有上级指示的情况下闹出这般大动静,而身居这种重要的职位之上,他无疑也会和上级机构保持着密切联系:比如说,就是在这段时间,他与斯大林进行着书信往来,谈论从刚刚再版的

В. В. МАЯКОВСКОГО —
    великого революционного поэта,
    замечательного революционера поэтического искусства,
    неутомимого поэтического соратника рабочего класса —

горячо приветствует „Печать и революция" по случаю
20-летия его творческой и общественной работы.

《印刷与革命》杂志上的贺词，很快由于政治压力被从已经印好的杂志中   454
剪下。

高尔基回忆录中剔除托洛茨基引文的必要性……

如果说无视"创作二十年"展览和对《澡堂》的批评还不能使马雅可夫斯基确信党的意识形态专家对他抱有强烈怀疑，那么《消息报》主编伊万·格隆斯基在 2 月的一次夜间散步时无意说漏的话显然做到了这一点："弗拉基米尔·弗拉基米罗维奇，问题在于，您和党在艺术问题上，或者更确切地说，在哲学伦理学问题上的分歧比您以为的要更为深刻。"

看到马雅可夫斯基在经济学院的处境后，维克托·斯拉温斯基试图为他加油鼓劲，他告诉诗人，自己在印刷厂看到了一本印着给他贺词的杂志。但是他的话却引起了反效果：马雅可夫斯基已经获悉贺词被查禁了，这番提醒可谓火上浇油，助长了他在争论中的侵略性举动。哈拉托夫的那封信毫不含糊地证明他已经失宠了。学生们的羞辱是否也是一个佐证？争论的某些参与者会不会是被特地派去挑拨离间的？虽然自保本能使马雅可夫斯基对这种可能性视而不见，但尼古拉·阿谢耶夫并未排除这种可能性，他曾就这场晚会暗示说："听众也是可以根据这样或那样的标准来组建的。"

经济学院的听众很年轻。这是属于马雅可夫斯基的听众，因为正是在年轻人身上他寄托了自己的希望，青年的身后就是未来。如果说老一代人不懂他的诗，那么下一代人一定会懂！所以他为自己受到的款待而绝望，在他的告别词中能听出苦恼和温顺："同志们！今天是我们初识。几个月后我们又会再见的。今天我们也喊过，也骂过。但粗鲁是徒劳的。你们不应该有任何理由要生我的气。"

第二次见面并没有发生。五天后马雅可夫斯基死了。

第一百个四月

马雅可夫斯基与经济学院的学生大战的那天,莉莉和奥西普被相熟的工党政治家请去英国议会吃午饭。"看议会讨论,"莉莉在日记里写道,"听了一会儿。他们大笑,懒洋洋地坐在那儿。上议院几乎一样,只是小一点,就像一节普尔门式(Pullman)车厢。"傍晚,他们去电影院看了一部"有许多现象级节目"的好莱坞歌舞剧。

他们住在叶连娜·尤利耶夫娜家,她搬去了格德斯绿地(Golders Green)的一间带壁炉和花园的小公寓。过日子的方式就和在柏林时一样。奥西普买旧书,莉莉买衣服,一般是在塞尔福里奇百货(Selfridge's),用莉莉的话说,柏林所有的百货商店和它相比都黯然失色。他们买了些主人之声(His Master's Voice)厂牌的唱片,用叶连娜·尤利耶夫娜的"手提箱留声机"听。就像在柏林一样,他们几乎每晚都去卡巴莱餐馆和电影院,莫里斯·切瓦力亚(他有着"迷人的英语口音")主演的《璇宫艳史》(*The Love Parade*)以及爱森斯坦的新片《总路线》(*Генеральная линия*)尤其让他们印象深刻。苏联大使馆的观众中有乔治·萧伯纳,用莉莉的话说,他把这部电影当成了"滑稽戏","笑得死去活来"。他们在唐人街以及索霍(Soho)区的意大利餐馆吃午饭和晚饭,因为要穿燕尾服才能入内的萨伏伊酒店(Savoy Hotel)不放他们进场。他们参观了温莎城堡和伊顿,那里"戴大礼帽的男孩们"让莉莉想起了狄更斯。他们还经常坐在收音机旁,关注牛津剑桥划船比赛的战果,或是听劳合·乔治女儿的广播。

他们对马雅可夫斯基在莫斯科的生活一无所知,因为他没有写信。自从3月31日他们抵达伦敦后,总共只收到以他和阿牛的名义发出的一封电报——"吻。爱。念。盼",日期为 4 月 3 日,署名"两只狗狗"。这一次的"书信斋戒"非常严格:自布里克夫妇于 2 月 18 日离开莫斯科以来,他们只收到两封信和四封内容空洞的电报。"沃洛季克,很惊讶于你的沉默"——莉莉斥责他,并要求他写信,但沃洛季克既不想,也没空写,他正忙于为自己作为一个作家和人的生命而抗争,同时也忙于追求诺拉——那根在越发无望的处境下"他想要抓住的稻草"。

455

4 月 10 日

4 月 10 日,也就是与学生见面的第二天,马雅可夫斯基收到了莉莉和奥西普从下议院寄来的一张明信片。使馆参赞德米特里·博戈莫洛夫向他致以"友好的问候",工党的理查德·沃尔海德和威廉·科茨则问马雅可夫斯基打算什么时候来伦敦。

但马雅可夫斯基没想过伦敦的事。那一天娜塔莎·布留哈年科前来帮他誊清《莫斯科在燃烧》,以便他能修改、选定文本。"您自己干吧。"他回答说。为表抗议,她开始删改文本中的词语。每当被问及对她的编辑有何看法时,他都回答"可以"或"随便"。"我不记得具体的表述了,但他的心情、阴沉和冷漠我是记得的。"娜塔莎回忆道。当她打算离开时,马雅可夫斯基问道:"您能不能不要离开,留在这里?"她拒绝了。"我本来还想请您留在我们这儿过夜呢。"马雅可夫斯基说。但娜塔莎有很多事情,她不能留下来。之后她就再也没见到过他。

傍晚,马雅可夫斯基在梅耶荷德剧院看了《澡堂》。"他非常阴郁,他用手肘顶着门框站着在那里抽烟。"他的熟人亚历山大·费夫拉利斯基回忆道。为了缓和气氛,他去向马雅可夫斯基道贺,说《真理报》刊登了一篇对剧本的正面评论,这是一个可信的征兆,表明对他的骚扰迫害已经结束。"反正现在已经晚了。"马雅可夫斯基回答说。

4 月 11 日

下议院的问候送达后一天,马雅可夫斯基又收到了莉莉和奥西普的一张明信片,他们在其中引用了他那些空洞电报的文本("吻。爱。念。盼"),并请他想出点新的内容来:"这个我们看够了。"虽然莉莉的意见对马雅可夫斯基而言仍然重要,但这种牢骚话却未必能振作他的情绪,而在与基尔萨诺夫和阿谢耶夫决裂后,他急需一些正能量。虽然他与前者在 3 月已多少达成和解,但与阿谢耶夫的关系却变得更加复杂,至少因为他们彼此相识的时间更长,且他们过去的关系也更为亲密。在莉莉和奥西普外出期间充当调解人的列夫·格林克鲁格说:

> 两个人很长时间都不愿迈出第一步,尽管他们都渴望和解。[……]4 月头几天,我决定无论如何也要让马雅可夫斯基与阿谢耶夫和好。4 月 11 日,我从早到晚挂在电话上,一会儿给一个打,一会儿给另一个打。[……]马雅可夫斯基说:"如果科利亚打电话来,我就立即和好,并请他上我家。"而当我把他的话告诉阿谢耶夫的时候,他回答说,"让沃洛佳打过来",如果沃洛佳打过来,他立刻就去。
>
> 就这样持续了一整天。最后,到了晚上七点,我告诉马雅可夫斯基,我电话打累了:"你发扬一下风度吧,打电话给科利亚请

456

他到你家去。"阿谢耶夫来了，晚上我们五个人（波隆斯卡娅，扬申，马雅可夫斯基，阿谢耶夫和我）打扑克。马雅可夫斯基打得漫不经心，他紧张、安静，不像是他自己了。

我记得他在打牌前拆了一叠三百卢布的钞票，甚至都不能说他把这些钱给输掉了。他完全就是漠不关心地在发钱。这对他来说极为反常，因为通常在他打牌时，脾气［……］总是大得过分。

阿谢耶夫（顺带一提，他断言电话交谈发生在前一天）被马雅可夫斯基打牌时的冷漠惊到了。他通常会大声聊天，开玩笑，并用"现在跟我投降还能留活口"之类的话威胁对手。但这一次"他异常安静，毫无积极性。他打得无精打采，不满地打着瞌睡，输牌后也毫无换换手气的欲望"。

同一天晚上，热尼娅给奥西普往伦敦寄去一封信。"科利亚因打牌而与沃洛佳和好，"她总结道，"多年的友谊和共同工作没能做到的事情，扑克做到了。真是件可怕的龌龊事……"

牌局过后，马雅可夫斯基应该要在莫斯科大学（Московский университет）演讲——但他并没有出席，这种情况非常罕见：他是个一丝不苟、很有责任心的人。来了许多听众，在干等了一小时后，晚会的组织者帕维尔·拉武特派一辆车去接马雅可夫斯基。车先是去了卢比扬卡巷，然后去了亨德里科夫胡同。当时莫斯科的私家车寥寥无几，所以当拉武特派去的那个人看到面前有一辆雷诺在开时，便立刻请司机挡住其去路。明白了是怎么一回事后，马雅可夫斯基说他根本不知道当晚在莫大有讲演，在一场粗暴的谈话后，他砰的一声关上车门，命令自己的司机继续往前开。

其实马雅可夫斯基很清楚当晚有讲演,但由于抑郁的心境,他在
意识中把这件事压了下去。当车被拦下时,诺拉坐在里面,他俩之间
正在上演"暴风骤雨般的一幕",照她的话说,争吵"起于琐事":"他对
我不公平,让我很受气。我俩都很激动,没能控制住自己。我觉得我
们的关系已经走到了极限。我请他离开我,我们就此在互相的敌意中
分手了。"

"琐事"指的是诺拉几天前撒的一个谎:受够了马雅可夫斯基咄
咄逼人的让她离开扬申的要求,诺拉告诉马雅可夫斯基说自己当天要
排练,而实际上却是和丈夫一起去看了电影。发现自己被骗后,马雅
可夫斯基于当天晚些时候去了诺拉家,在她家窗下徘徊;她请他进家
门,但他的情绪苦闷到一句话都说不出。第二天,他把诺拉带到自己
位于卢比扬卡巷的房间,摊牌说自己"不能忍受谎言",这件事他永远
不会原谅诺拉,他们之间的一切都结束了。他把诺拉送的戒指和手帕
退还给她,并说自己早上已经把他们平时喝酒的那两个高脚杯中的一
个打碎了。"说明就该这样。"随即把另一个酒杯也往墙上砸去。他开
始说粗话。"我号啕大哭,"诺拉回忆说,"弗拉基米尔·弗拉基米罗
维奇走到我身边,然后我们就和好了。"但和解是短暂的,"第二天又是
争吵、折磨和委屈"。

在这次谎言后,马雅可夫斯基"一分钟"都不相信诺拉。"他不停
往剧院打电话,检查我在干什么,在剧院外等着,甚至在外人面前也不
能掩饰自己的心情。他还经常往我家打电话,我们总是要聊上一个小
时。电话在共同的房间里,我只能回答'是'和'不'。他说得很多,又
前言不搭后语,满是醋意,还说了许多不公平的话,伤人心的话。"和他
们同住一套公寓的扬申的亲属们对发生的事情感到困惑,而诺拉耐心
的丈夫也开始对她与马雅可夫斯基见面表示不满。诺拉生活在"持续

不断的丑闻和被所有人指责的氛围中"，最终在 4 月 11 日发生了这
"暴风骤雨般的一幕"，并以"互相的敌意"告终。

4 月 12 日

第二天上午十一点半，帕维尔·拉武特来到亨德里科夫胡同马雅
可夫斯基家，想和他谈谈昨晚爽约的那场讲演，却只见马雅可夫斯基
还赖在床上。床边的椅子上有一张纸，马雅可夫斯基在上面记了些什
么。当拉武特走近时，马雅可夫斯基把纸翻过去并阻止了他。"别走
近，否则会传染，"他闷闷不乐地解释道，"我不会讲的。身体不舒服。
明天给我打电话。"与马雅可夫斯基共事多年的拉武特受到如此不友
好的款待，他以为这要么是因为剧本《莫斯科在燃烧》出了问题，要么
是因为马雅可夫斯基仍在为《印刷与革命》杂志撤掉了给他的贺词而
烦恼。

当天早晨，马雅可夫斯基打电话给阿谢耶夫，坚持请他组织一场
牌局——在前晚同一个地方，请同一些人；照阿谢耶夫的话说，马雅可
夫斯基的请求听起来几乎就像是命令。但阿谢耶夫找不到忙着排练
的扬申，于是计划没有实现。"通常，如果不能满足他的请求，就会引
起电话那头雷霆般的怒火。"然而照阿谢耶夫的回忆，这一回马雅可夫
斯基却表现得无精打采。

尽管精神状态很差，但当天上午马雅可夫斯基还是参加了苏联作
家联合会有关作者权益问题的讨论会，在场的什克洛夫斯基和列夫·
尼库林都注意到马雅可夫斯基郁郁寡欢。尼库林想要缓和气氛，便问
马雅可夫斯基对自己的雷诺是否满意。"我还以为［……］这能让他
散散心，因为他总是爱谈器械。"尼库林回忆说。但马雅可夫斯基"用

惊讶的眼光"看着他,一声不吭,然后便走了。"我透过窗户看到他迈着沉重的大步子走出门外。"

　　下午,在早场戏剧的中场休息时,他给诺拉打电话。他情绪激动,说自己身体不舒服,而且不仅仅是现在不舒服,而是一直都不舒服,诺拉则是唯一能救他的人,如果没有她,那么身边的一切物品——墨水瓶、灯、笔和桌上的书——都将毫无意义,只有她能重新赋予它们生命。诺拉安慰他,保证说自己也不能没有马雅可夫斯基,并且承诺说演出结束后就来。"是的,诺拉,"马雅可夫斯基突然说,"我在给政府的信中提到了您,因为我认为您是我的家人。您不会反对吧?"诺拉回答说不明白他在说什么,他可以随便在任何地方都提到她。

　　马雅可夫斯基精心准备了戏剧散场后两人的见面,甚至拟定了一个谈话计划:

　　1. 如果[两个人]相爱,那么谈话会愉快

　　2. 如果不,那就越快越好

　　3. 我第一次不为过去后悔　如果这种事再发生一次　我会再一次这样做

　　4. 知道我们关系的人不会觉得我可笑

　　5. 我苦闷的实质

　　6. 不是嫉妒

　　7. 诚实　人性

　　　　不能可笑

　　8. 一次谈话——我平静了

　　　　只有一件事　我们十点也不见

　　9. 我去电车　电话的不安　你不在也不该在　多半去了电

459

影院　假如你们不在　米[哈伊尔]·米[哈伊洛维奇][在散
步?]没给我打电话

10. 为什么在窗户下谈话

11. 我不自杀　不给艺术剧院提供这种愉快事

12. 谣言会起来

13. 打牌是一种见面方法　如果我不对

14. 汽车旅行

15. 什么是必须的　中止谈话

16. 立即分手[?]或知悉正在发生什么

这份计划明确提到了具体的事件和不满——咖啡馆见面和服务
生的嘲笑,关于看电影的谎言,在诺拉窗下徘徊,但也有两个重要的条
款涉及未来:他们应该停止交谈,决定接下来做什么。

在谈话过后,他俩都"缓和"了,照诺拉的话说:"弗拉基米尔·弗
拉基米罗维奇完全变温柔了。我请他别为我担心,我说,我会做他的
妻子。[……]但需要好好斟酌一下,我说,对扬申怎么才能做得更好、
更有分寸。"由于马雅可夫斯基处在"精神失常的疾病状态",诺拉让
他保证要去看医生,并且哪怕去休养个两天也好。"我记得还在他的
笔记本上标出了这两天,是4月13日和14日。"在回家路上,诺拉似
乎看到列夫·格林克鲁格在人行道上,但马雅可夫斯基表示怀疑。
"好,假如这是廖瓦,那你就在13日、14日休息。而我们就不见面
了。"诺拉说。马雅可夫斯基接受了挑战,他们下了车,跑到诺拉认为
是廖瓦的那个人身前,结果还真是他。格林克鲁格注意到马雅可夫斯
基非常激动,于是便说:"你怎么这副样子,就仿佛已经不值得活下去
了一样。"后者讪笑一下,回答说:"也许我真的就不值得活下去了。"

但诺拉赌赢了,所以马雅可夫斯基承诺去看医生,并且休息两天;他还答应不去打扰诺拉。他在傍晚打电话给诺拉,两人进行了一次漫长的友好谈话。马雅可夫斯基说"他在写作,他心情很好,他现在明白了:他在许多方面都是错的,或许两个人歇一歇,彼此不见个两天大概会更好"。

4月13日

尽管诺拉请求马雅可夫斯基不要打电话给她,但第二天他就打了过去,问她是否愿意和自己一起去看赛马。诺拉回答说,她已经说定和扬申以及莫艺的另外几位演员一起去那儿,并提醒马雅可夫斯基,他答应过两天不见面的。当被问及晚上打算做什么时,诺拉回答说她被邀请去卡达耶夫家,但她不准备去。 460

晚饭后,马雅可夫斯基去了趟马戏团,看看《莫斯科在燃烧》的筹备工作。担任美术指导的是他的朋友瓦连京娜·霍达谢维奇,1924年秋他曾在巴黎与之有来往。首演已经临近了,但筹备工作进展缓慢,马雅可夫斯基感到不满,发起了脾气。4月13日下午四点排练结束。霍达谢维奇突然听到了可怕的撞击声,而且这声音越来越响。原来是马雅可夫斯基在一边走近,一边用手杖敲打座椅靠背。他穿着一件黑大衣,戴着一顶黑檐帽。"脸色很苍白,很凶恶。"她回忆道。他打了招呼,但脸上"连笑容的影子都没有"。

马雅可夫斯基来询问何时总排练。但经理办公室里没人,别处也无人能回答。于是他提议瓦连京娜和他一起坐车兜兜风。她回答说不行,因为必须处理布景工作,而马雅可夫斯基突然失控大喊:"不?!不行?!您是在拒绝?"她后来回忆说,他的面孔"完全白了,歪斜变样,眼睛像是发炎了一般燃烧着，眼白是棕色的，就像圣像画中的大殉教者一样"。他继续有节奏地用手杖敲打椅子，站在一旁，又问了一次："不吗？"她回答说："不。"之后传来了如同"尖叫或抽泣"的一声："不？所有人都对我说'不'！只有'不'！到处全都'不'！"

　　他说这些话的时候已经在走出去的路上了。手杖顺着一排排椅子敲打过去。"这一切让人感到他几乎是疯了，"霍达谢维奇回忆道，她跟着马雅可夫斯基跑了出去，追上时他已经在汽车边上了。她答应和他一起走，但请他等个几分钟，她好安排一下，让工作人员可以在她不在场的情况下完成安装。等她回来后，马雅可夫斯基仿佛变了个人——"帅气、安静、苍白，但并不凶恶，更像个殉教者"。瓦连京娜并不惊讶，她以前也见识过马雅可夫斯基情绪的剧烈波动。他们一声不吭开了一会儿。然后马雅可夫斯基转过身来，友好地看着她，带着内疚的微笑说自己要在卢比扬卡巷过夜，所以请她明天打个电话过来叫醒他，以免他错过排练。突然他让司机停车，几乎没等车停就跳了下去。在人行道上他咄咄逼人地往空中甩手杖，吓得行人都躲到一边去。他丢下一句"司机会把您送到任何想去的地方，我散散步！"，然后就迈着沉重的大步走了，瓦连京娜在背后对他喊："这也太无礼了！"她回忆说："这一切都令人厌恶，完全不可理喻，因此显得可怕。"在回马戏团的路上，他们开车经过马雅可夫斯基身边，马雅可夫斯基高扬着头，继续在空中快速挥舞着手杖，像是在挥鞭子一样。*

　　诺拉和扬申以及剧院朋友们一起去赛马场的决定再次让马雅可夫斯基想到了自己的孤独，后来当他打电话给阿谢耶夫，并从他小姨

---

　　*　瓦西里·卡缅斯基转述过一个相似的故事，照他的说法也发生于 4 月 13 日：马雅可夫斯基让司机在作家俱乐部旁停车，从身后的口袋掏出一把手枪，想从车上跳下去，但被制止了；不过这可能是瓦连京娜·霍达谢维奇讲述的这段插曲的变体版本。

那里得知他也在赛马场时,这种感觉想必更强烈了。让他小姨惊讶的是,通常很有礼貌的马雅可夫斯基"讲话有点古怪",甚至连一句寒暄的话都没有,就直接问"科利亚"在哪儿。听说他不在家,他沉默了一会儿,然后叹了口气说:"好吧,那就是说一点办法都没有。"马雅可夫斯基这几天如此执着地想和已经几个月没打交道的阿谢耶夫联系,这证明了他的绝望。

他找阿谢耶夫是因为想请他回家吃晚饭,以免一个人闷着。出于同样的目的,下午他还找了卢埃拉——也毫无结果——和其他朋友。显然有人答应过要来,因为当卢埃拉的丈夫(她于1929年12月出嫁)在八点钟经过亨德里科夫胡同时,他往房子里看了一眼(他不知道马雅可夫斯基正在找卢埃拉),发现马雅可夫斯基坐在摆好的桌子后面,孤身一人喝着葡萄酒。"我从没见过弗拉基米尔·弗拉基米罗维奇如此阴郁。"他评论道。

客人一个都没来,马雅可夫斯基便去了卡达耶夫家,希望诺拉会出现在那里。他来的时候主人还没回来,但画家弗拉基米尔·罗斯金已经在家了。他和马雅可夫斯基是老朋友,在俄通社合作过,并一起为《滑稽神秘剧》做了布景。他们边等卡达耶夫,边打了一局麻将。罗斯金一下子就注意到马雅可夫斯基不像过去的自己了。当他点起一根烟卷时,罗斯金表示惊讶,因为《我幸福!》一诗中马雅可夫斯基曾自豪地宣布自己已经戒烟。马雅可夫斯基回答说,这不适用于他,他可以抽烟。"我立刻意识到自己免挨了一记口头耳光,要是在别的时候,他准会因为我这句嘲讽而用精准的俏皮话消灭我。"

马雅可夫斯基输了十卢布,然后他立刻把钱付清,说不想再玩了。罗斯金很高兴,说他不会把这些钱花掉,而是要把它们留下来,纪念马雅可夫斯基这么多年来不断赢牌带给他的屈辱。马雅可夫斯基走到

462　他跟前,摸摸他的脸说:"咱俩都没刮脸",然后去了另一间房间。罗斯金就像两天前的阿谢耶夫一样,对他的消极感到惊讶。"这一点都不像他,"他回忆说,"他从来不会让牌友有安宁片刻,只要他有把钱赢回来的可能,就永远都会打到牌友自己退出,而如果他不剩钱了,他就会想办法搞钱,随便写几行诗,以便能把钱赢回来。所以我明白了他的心情非常糟糕。"

十点半左右,卡达耶夫和尤里·奥列沙一起回来了。两位作家都是所谓敖德萨派的代表。奥列沙于 1927 年因出版长篇小说《嫉妒》(Зависть)而出名,而卡达耶夫则是一年后靠剧本《化圆为方》(Квадратура круга)获得声望。他们和马雅可夫斯基属于不同的文学圈子,并且很少交流,主要是因为莉莉不希望如此。原因并不清楚,但 1929 年 7 月莉莉在给马雅可夫斯基(当时在雅尔塔)的信中敦促他不要和卡达耶夫会面:"沃洛季克,恳请你不要和卡达耶夫会面。对此我有一些严肃的理由。我在莫剧曲会(МОДПИК)见过他,他要去克里米亚,问起了你的地址。再次请求:**不要和卡达耶夫见面**。"

无论莉莉三番五次的劝说背后藏着什么动机,她对卡达耶夫的怀疑是正确的。卡达耶夫注意到马雅可夫斯基很沮丧,便开始挖苦他。但是,照罗斯金的回忆,反唇相讥大师马雅可夫斯基却"沉默不语,阴沉,丧失了机智"。

十点,也就是赛马结束后,诺拉在扬申以及演员鲍里斯·利瓦诺夫的陪伴下前来。马雅可夫斯基迎候她时说:"我就知道你们会来这儿的!"诺拉回忆说,他很忧郁,而且还喝醉了,她过去从没见过他这副样子。诚然马雅可夫斯基每天都喝酒,但喝的都是葡萄酒和香槟,而非伏特加,而且照诺拉的说法,他几乎从没有喝醉过。但那天晚上他在亨德里科夫胡同的家中等待那些终究也没来的客人时就已经喝多了。

诺拉和马雅可夫斯基都觉得自己被对方侮辱,受了委屈:诺拉觉得马雅可夫斯基不遵守承诺,又跑过来找她,马雅可夫斯基则认为诺拉欺骗他,说自己不会去卡达耶夫家。他们说话的声音太大,以至于其他客人全都竖起了耳朵,其中也包括扬申,他"显然什么都看到了,并且准备大闹一场"。争论正酣时,马雅可夫斯基突然惊呼:"哦,我主啊!"诺拉吃惊于马雅可夫斯基竟然会说出这样一句话来,便问他是否相信上帝,而他回答说:"哎,我自己现在都完全不知道我到底相信什么……"为了不惹人注目,过了一会儿马雅可夫斯基掏出了一本装帧精美的笔记本,在上面写了点什么,把纸撕下来,让罗斯金把它递给坐在三张椅子开外的诺拉。"我觉得奇怪,一个如此爱护珍视优质物件、结实鞋子、好笔的人,一个为了让别人把他最爱的自来水笔还给他而可以跪下来的人,如今却从这样的本子上撕纸下来,还不觉得可惜。"诺拉回复了,于是口头争吵转变成了靠罗斯金来传递一张张被揉皱的纸条。"我们写了很多冒犯性的东西,大大地彼此侮辱,侮辱得愚蠢、让人丧气、毫无必要。"

奥列沙和卡达耶夫不断在一边说风凉话,点燃了他的怒火。马雅可夫斯基从桌子旁站起来,走进了隔壁房间,而卡达耶夫的妻子开始担心起来。"你担心啥呀,马雅可夫斯基又不会饮弹自尽,"卡达耶夫评论道,"这些当代情人们是不会自杀的。"诺拉出去找马雅可夫斯基,这一切他想必都听到了。他坐在圈椅扶手上喝香槟。她去摸摸他的头,但他恼火地回答说:"把您的那双烂脚拿开",并且开始威胁说要当着所有客人的面把他们的关系告诉扬申:

> 他非常粗鲁,用各种方式侮辱我。而我却不再因他的粗鲁和侮辱感到羞辱和委屈,我意识到在自己面前的是一个不幸的、完

463

全病了的人,他可以就在此时此地做出种种可怕的蠢事,意识到马雅可夫斯基可能会搞出不必要的乱子,做出有伤他自己名誉的事情,会在这群对他来说纯属偶然相遇的人面前变得可笑。[……]

对他的柔情和爱意笼罩了我。我劝说他,恳求他冷静,我亲热、温柔。但我的温柔却惹火了他,让他发狂、错乱。

他掏出了左轮手枪。他声明说要饮弹自尽。他威胁说要杀了我。他把枪口指着我。我明白自己在这里只会让他更加神经质。我不想再留在那里了,便和他告别。

凌晨三点半,客人们开始散了。在门廊马雅可夫斯基突然友善地看着诺拉说:"诺尔科奇卡,摸摸我的头。你还是非常非常好的……"大伙一起走了,其中有马雅可夫斯基、诺拉和扬申、罗斯金,以及夜里一点半才露面的记者瓦西里·列吉宁。他和诺拉走在一起,时而在大家前面,时而在后面。马雅可夫斯基再次阴森得像朵乌云,又威胁说要把一切告诉扬申,他叫了扬申好几次,但每次扬申问他想干吗,他都回答说:"不,待会儿。"

诺拉紧张到极点,她跪下来哭着求马雅可夫斯基什么都不要说——他同意了,条件是她第二天早上(更确切地说是当天早上)来见他。十点半她要和剧院经理弗拉基米尔·涅米罗维奇-丹钦柯排练,他们说定让马雅可夫斯基八点来接她。分别前,马雅可夫斯基还是和扬申说明天应该和他来谈谈。

当这伙人在凌晨空无一人的莫斯科街巷徘徊时,莉莉和奥西普正睡在来往多佛尔和奥斯坦德(Ostende)之间的船上,他们之前已经从柏林出发,经过了阿姆斯特丹。配独立浴室的豪华舱只贵四基尼,莉莉在日记中写道,但他们还是坐了最便宜的舱位,但他们的船舱毕竟是独立的,而且"一点都不晃"。

4 月 14 日

4 月 14 日,星期一,一个难得的出太阳的好天气,也是复活节周的第一天。九点十五分,马雅可夫斯基打电话给诺拉,告诉她会坐出租车来接她,因为今天司机休息。当在门口遇见他时,诺拉发现他看起来很疲惫,这并不奇怪,因为他只睡了几个小时,而且还喝了很多酒。"看,太阳多好,"她说道,并问他"昨天的愚蠢想法"是否还留在他的脑袋里。他回答说对太阳不感兴趣,但"愚蠢的想法"已经"扔掉了"。"我意识到因为母亲而不能做这种事。除此之外我谁都不在乎。不过我们还是在家谈吧。"

十点或十点不到几分钟,他们已经到卢比扬卡巷了。诺拉再次解释说十点半她有一场不能缺席的重要排练。马雅可夫斯基请出租车司机在下面等,他们上楼去了他房间。"又是剧院!"他喊道,"我恨它,你让它见鬼去吧!我不能再这样下去了,我不放你去排练,而且连这个房间都不许你出去!"他从里面把门反锁上,并把钥匙放在口袋里,紧张得都没注意到自己连大衣和帽子也没脱。诺拉坐到沙发上,马雅可夫斯基坐在她身边的地上开始哭泣。她脱下了他的外套和帽子,摸他的脑袋,试图安抚他。

过了一会儿传来了敲门声——国立出版社的送书员带来了两本《苏联百科全书》。马雅可夫斯基让其把书交给他的邻居——为防有人在他不在时送书,他之前就在她处留了钱。马雅可夫斯基对送书员"非常粗鲁",邻居回忆说,但当两分钟后他敲她家的门要一根火柴时,

显得"非常平静"。他的神经已经紧张到了极限,情绪在一个极端和另

465 个极端之间切换。"弗拉基米尔·弗拉基米罗维奇在房间快步走来走去。几乎就是在跑。"诺拉回忆说。

　　他要求我从这一分钟开始就和他一起待在这间房间里,不能对扬申有任何解释。等分配公寓是很荒谬的,他说。我应该立刻放弃剧院。我今天不必去彩排了。他自己会去剧院告知我再也不会来了。剧院不会因我不在而灭亡。和扬申他也会亲自去解释,他再也不会让我去找他了。

　　他现在要把我锁在这间房间里,而自己出发去剧院,然后去买我在这里生活所需要的一切。我绝对能拥有过去在家里拥有的一切。我不应该害怕离开剧院。他会用自己的态度让我忘记剧院。我的整个生活,从它最严肃的一面到长筒袜上的一个皱褶,都将成为他孜孜不倦的关注对象。

　　让我不要被年龄差异吓到:要知道他可以变得年轻、快活。他知道,昨天发生的事情是令人厌恶的。但这再也不会发生了。昨天我们俩都表现得愚蠢、庸俗、不体面。

　　昨天他粗鲁得不像话,今天他自己也为此感到恶心。但让我们不要回忆这件事了。就像什么都没发生过一样。他已经销毁了昨天来回传递的那些充满了互相侮辱的笔记本纸条[……]。

　　诺拉回答说她爱他,但不能一句话都不跟扬申说就这么留下来;剧院她也放不下。难道他不明白,如果她离开剧院,她的生活中将会形成一个无法填补的空洞?而这首先将会给他自己带来很多困难。不,她要去排练,然后回家把一切告诉扬申,然后从晚上开始永远搬到

他家来住。但马雅可夫斯基并不同意,他要求要么现在就做,要么永远不做。她重申自己不能这样做,随后发生了如下对话:

> "所以说,你要去排练?"
>
> "对,我要去。"
>
> "也要见扬申?"
>
> "对。"
>
> "哎呀,这样啊! 那就走,马上给我走,立刻。"
>
> 我说现在去排练还早。我过二十分钟再走。
>
> "不,不,现在就走。"
>
> 我问:
>
> "但我今天还能见你吗?"
>
> "不知道。"
>
> "但你哪怕在五点给我打个电话好吗?"
>
> "是,是,是。"

466

然后马雅可夫斯基快步走到写字台前。诺拉听到了纸的沙沙声,但看不到他在干什么,因为他用桌子把自己遮了起来。马雅可夫斯基打开桌子的抽屉,然后大声关上它,又开始在房间里来回走。

> "怎么,您甚至都不送我一下?"
>
> 他走近我身旁,吻了我一下,完全平静、非常温柔地说:
>
> "不,姑娘,你一个人去吧……别不放心我……"
>
> 然后微笑着补充说:
>
> "我会打电话的。你有出租车钱吗?"

"没。"

他给了我二十卢布。

"所以你会打电话的?"

"是,是。"

得到这个承诺后,诺拉走出了房间。当她已经走到门外时,传来了一声枪响。她叫了一声,立刻往回冲。只见他伸开双手,头朝门躺在地上,身边是一把毛瑟手枪。"您干了什么? 您干了什么?"她叫喊道,但得不到回答。马雅可夫斯基的眼睛睁着,直视着她,并试图抬起头。"我觉得他想说些什么,但眼睛已经没有生气了,"诺拉回忆说,"然后头倒了下来,他开始渐渐发白。"

诺拉冲出房间,呼喊求援:"马雅可夫斯基自杀了!"邻居们在自己房间里听到枪声便纷纷跑了出来,不明白发生了什么,他们和诺拉一起进了马雅可夫斯基的房间。其中一位,电气装配工克里夫佐夫马上去叫救护车。他在警局审讯时说:"马雅可夫斯基躺在地上,胸部有枪伤",而"波隆斯卡娅站在房门口,大声哭泣,呼喊求援"。其他邻居建议诺拉下楼到院子里去接救护车,五分钟后车就到了;事件的进展非常迅速,诺拉和马雅可夫斯基到达卢比扬卡巷还只是不到一刻钟前的事。医生们一进房间就判定马雅可夫斯基已经死亡。据一位邻居,也就是1919 年把这间房间租给马雅可夫斯基的那位尤利·巴利申的儿子的说法,马雅可夫斯基在枪响后还活了大约四分钟。

当诺拉获悉马雅可夫斯基已死时,"她觉得很不舒服",然后离开公寓前往剧院,坐的就是他们来时的那辆出租车。彩排自然是不用想了,诺拉只能在院子里徘徊,等着应在十一点现身的扬申。当他来到时,她告知了刚发生的事情,然后又打电话给自己母亲,请她来接自己回家。但很快就有人找上门来,并把她带回卢比扬卡巷进行审问。

在由侦查员伊万·瑟尔佐夫进行的审讯中,诺拉声称"在与马雅可夫斯基认识的所有这段时间里,并没有和他发生过性关系,尽管他一直坚持,但我不想这样"。不仅如此,她还声称自己对他说过"我不爱他,不会和他同居,同样也不打算抛弃丈夫"。当被问及其自杀的可能原因时,她回答说"不知道",但她猜测原因"主要是因为[她]拒绝回报爱情,以及他的作品《澡堂》的失败,以及神经质的病态状况"。

我们看到,这些信息与上文中引用的她的回忆录有天壤之别。对这一点的解释非常简单:诺拉在审讯时是在为扬申而撒谎,这一点也得到一个同时代消息来源的证实,根据这种说法,她向调查人员承认了自己与马雅可夫斯基同居,但请他不要将这一点记在笔录里。当八年后波隆斯卡娅撰写回忆录时,她早就与扬申离婚,因此也就不必隐瞒自己与马雅可夫斯基的关系了,更何况写作这份回忆录并不是为了出版。

诗人的国有化

紧随救护车之后前来的是帕维尔·拉武特,前一天他与马雅可夫斯基约定在亨德里科夫胡同会面。从惊慌失措的女佣帕莎那儿得知马雅可夫斯基在卢比扬卡巷开枪自杀后,他急忙打出租车赶去那里。一走进房间,他就看见马雅可夫斯基半睁着眼睛躺在地板上;他摸他的时候,额头还是暖的。他拿起书桌上的电话,打给党中央、苏联作家联合会和马雅可夫斯基的姐姐柳德米拉。在打电话的时候,他看到波隆斯卡娅在莫艺经理助理的搀扶下,跌跌撞撞走进了公寓,侦查员则在隔壁房间等她。

很快"全莫斯科"都听说了这个消息,许多人以为这是个愚人节玩笑,因为4月14日是旧历的4月1日(教会仍在使用旧历)。马雅可夫斯基的朋友们——阿谢耶夫、特列季亚科夫、卡塔尼扬和帕斯捷尔纳克——匆匆赶到,后者的第一反应是想把被处决的西洛夫的遗孀叫来,因为"不知为何我心里暗暗觉得,这一内心震颤能带她走出自己的苦痛"。在楼梯平台上,看热闹的人和报纸记者聚集起来,开始向邻居们问这问那。很快国安官员也来到了现场。欧格别乌的大楼就在街对面,但他们之所以迅速抵达并不仅仅是距离近使然,还因为马雅可夫斯基之死被认为是一起关乎国家利益的大事。这一点不仅体现在赶往事发地的员工的人数上,也体现在他们的级别上。除了自1929年10月以来担任欧格别乌秘密处处长的雅科夫·阿格拉诺夫外,欧格别乌反侦查处处长谢苗·根金,以及作战处的两位领导阿利耶夫斯基和雷布金也纷纷赶到。

雷布金浏览了马雅可夫斯基的信件,然后这些信被放进抽屉里封存。毛瑟枪被根金没收,刑侦员则收缴了为数两千五百卢布的现金。法医工作结束后,马雅可夫斯基的遗体被搬上沙发并拍照。阿格拉诺夫在与主管国外侦查的欧格别乌副主席斯坦尼斯拉夫·梅辛电话协商后,下令将遗体转移到亨德里科夫胡同的公寓。从这一刻起,马雅可夫斯基的生平就掌握在了以欧格别乌为代表的国家政权手中,刨根问底的记者们很快便知悉了这一点:当天晚些时候,所有报刊的编辑部都收到宣传指令,规定马雅可夫斯基的死讯只允许通过俄通社传播;只有列宁格勒的《红色报》抢在指令生效前发布了一则简讯。

1 700 克的天才

在致命一枪打响后几小时,马雅可夫斯基便躺在了自己位于亨德里科夫胡同房间里的沙发上,穿着一件天蓝色的开领衬衫;遗体被一块毛毯部分遮盖。小小的公寓里挤满了处于极度震惊状态的人们。通常很克制的列夫·格林克鲁格如今却在号啕痛哭,阿谢耶夫冲向他说:"我永远不会忘记,是你让我跟他和好的。"什克洛夫斯基泪流满面,帕斯捷尔纳克在不可抑制的哭声中不断扑向所有人的臂膀。基尔萨诺夫来了以后,立刻走向马雅可夫斯基的房间,然后泪流满面地从那里跑了出去。马雅可夫斯基的母亲默默地哀痛,柳德米拉姐姐吻了吻弟弟,她的泪水顺着死者的脸颊淌下,而奥莉嘉则情绪失控。她是在母亲和柳德米拉之后才来的。"她威严地出现了,"帕斯捷尔纳克回忆说,"声音先她一步飘进了房间":

> 她独自爬着楼梯,和谁大声谈着话——显然是在对哥哥说。然后她本人出现了,随后就像经过一摊垃圾一样从所有人身边走过,径直到了弟弟房门口,轻拍了一下双手,停住脚步。"沃洛佳!"她的叫声传遍了整幢楼。一个瞬间过去了。"不说话了!"她叫得比之前更响了,"他不说话了。再也不答话了。沃洛佳。沃洛佳!! 太惨了啊!!"
>
> 她开始跌倒。大家赶忙抓住她,帮她恢复知觉。她刚一苏醒,就贪婪地朝遗体移动,坐在他的脚下,匆匆恢复了她那难以缓和的独白。我早就想大哭,这下终于克制不住了。

雅科夫·阿格拉诺夫想必此刻也在亨德里科夫胡同,政府和秘密警察最高层让他负责葬礼组织工作。第二天起,马雅可夫斯基的遗体被转移至作家俱乐部,追悼仪式定于4月17日举行。选定这个日期是为了让莉莉和奥西普能赶回莫斯科。他们当时正在阿姆斯特丹,马

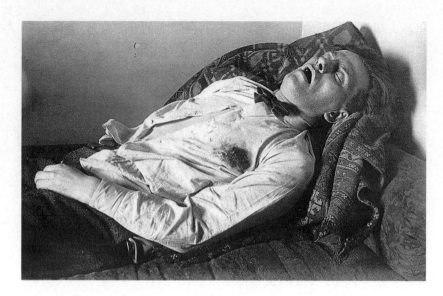

马雅可夫斯基被抬到沙发上后拍摄的这张照片直到苏联解体后才被公布

雅可夫斯基去世的当天,他们从那里给他寄了一张荷兰花田的明信片,乐呵呵地对明信片永远都寄不到收件人手里这一点仍一无所知:"沃洛西克! 这里的花开得多棒啊! 郁金香、风信子和水仙花开得就像真的毯子一样。[……]无论你要着手干什么,荷兰的一切都不体面极了。吻你们的[即马雅可夫斯基的和斗牛犬阿牛的]狗脸脸。莉莉娅,奥夏。"

他们白天参观了阿姆斯特丹的名胜。他们想看的钻石工厂因复活节关闭①,不过他们却见到了戴着大黑帽、腋下夹着祈祷书从犹太会堂回来的哈西迪犹太人(Hasidic Jews)。给他们留下深刻印象的有柯布西耶(Corbusier)风的新建街区,以及无穷无尽的卖雪茄和烟斗的小

----

① 由于使用不同的历法,东正教世界的复活节和西欧的复活节时间往往不同,东正教复活节通常晚于天主教、新教复活节。所以 4 月 14 日在荷兰已经是复活节后第一天,而苏联才刚进入复活节周。

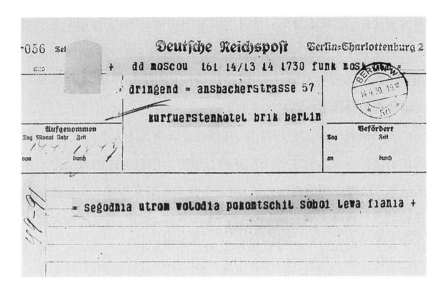

告知莉莉和奥西普马雅可夫斯基自杀的那封电报,署名廖瓦(·格林克鲁格)和雅尼亚(·阿格拉诺夫)

店。"我们给沃洛佳买了一根手杖和一盒雪茄。现在出发去柏林。"莉莉在日记中写道。

"4月15日上午,我们抵达柏林,一如既往住在选帝侯街上的选帝侯宾馆,"奥西普回忆说,"老板娘和她的狗施耐特(Schneidt)亲切地迎接我们。看门人转交给我们一封从莫斯科寄来的电报。我说:'是沃洛佳拍来的。'然后没有拆开,就把它放进了口袋。我们坐电梯上了楼,把箱子都摊开,然后我才拆开电报。"签发电报的是"雅尼亚"和"廖瓦",电文写的是:"沃洛佳今晨自杀"。

"我们的使馆已经获悉了一切,"布里克回忆说,"他们立刻帮我们张罗好所有需要的签证,我们当晚便启程开赴莫斯科。"

阿格拉诺夫在葬礼组织方面扮演了核心角色,这是马雅可夫斯基死后立刻开启的生平国有化进程的一个明显表现。这一进程还有一

470　些其他征象：当局决定为马雅可夫斯基制作遗容面模，雕塑家康斯坦丁·卢茨基在十八点三十分完成此举，一个半小时后对诗人的遗体做出了更激进的侵犯举动——大脑研究所（Институт мозга）所长及员工前来提取马雅可夫斯基的大脑。

　　大脑研究所成立于 1928 年，其目的是研究天才人士的大脑，并确定他们之所以成为天才的物质基础。研究所引以为傲的藏品是六年前从列宁头骨中提取出的大脑，而它本身也是研究所成立的理由。现在轮到了马雅可夫斯基。"一个杯子，头骨盖，剥开，里面就是大脑，"由于人手不够而在手术时在场帮忙的艺术家尼古拉·杰尼索夫斯基回忆说，"嗯，于是就取出，就是说，把脑子取出，然后他们说，这是个非常大的大脑……"手术给所有在场者都留下了恐怖的印象，尤其当他们用包着白毛巾的罐子把大脑从房间里拿出去时。

　　马雅可夫斯基的大脑重达 1 700 克，也就是说比列宁的重 360 克，这使大脑研究所的意识形态专家们感到有些犯难。之前他们已经遇到过类似麻烦，因为发现领袖的大脑比正常人要小——他们最终通过把大脑标准质量从 1 395 ～ 1 400 克降到 1 300 克来克服了这个悲伤的事实。

471　　　凌晨马雅可夫斯基的遗体被运往作家俱乐部（Клуб писателей）。但在此之前又给他做了一副遗容面模，因为卢茨基之前在操作时蹭破了诗人左边面颊的皮肤，很可能是凡士林没涂够使然。于是上面派了谢尔盖·梅尔库罗夫来完成这个任务，也就是几年来被马雅可夫斯基在各种"纪念碑"题材诗作中嘲笑的那位雕塑家——他如此痛恨的"青铜的千镒""大理石的黏污"之象征。

　　如果有什么能被称作"命运的捉弄"的话，那么这肯定就是。

不要为我的死责怪任何人

无论当局如何对待马雅可夫斯基,它都面临着一个相当棘手的既成事实:在第一个五年计划如火如荼展开,苏联将最终变成社会主义国家的时候,革命的主要诗人却自杀了。这是在苏联发生的第二起重大自杀事件:第一起是五年前叶赛宁的自杀。然而,马雅可夫斯基的死在意识形态层面给当局带来了大得多的麻烦,人们会如何看待这起事件让其非常担心。欧格别乌指派特务们去刺探公众的情绪。普通人对诗人之死最常见的解释是个人原因——"马雅可夫斯基为一个娘们饮弹自尽了"。这样的"分析"让当局很满意,于是当 4 月 15 日《真理报》披露自杀的消息时,这便成了官方口径。

> 昨天,也就是 4 月 14 日上午十时十五分,诗人弗拉基米尔·马雅可夫斯基在自己的办公室(卢比扬卡巷 3 号)自杀身亡。按照侦查员瑟尔佐夫同志告知本报员工的说法,初步调查表明,自杀是出于纯粹的个人原因,与诗人的社会和文学活动毫无关系。自杀前诗人罹患长期疾病,未能完全康复。

"长期疾病"这一表述指的是流感,却助长了有关梅毒的谣言——自从 1918 年高尔基和楚科夫斯基散播这一谣言后(见第 124 页),马雅可夫斯基就一直受其困扰。虽然自杀应归咎于个人原因的说法让当局感到满意,但一位伟大的无产阶级诗人有可能感染耻辱疾病这一点对它显然就没那么有吸引力了。为了平息谣言,当局下令对遗体进

472

行解剖。解剖于 4 月 16 日至 17 日夜间进行,结果表明谣言毫无根据,马雅可夫斯基的亲友立刻被告知了这一点。然而,这并不妨碍高尔基在一篇报纸札记中断言说马雅可夫斯基之所以自杀,是因为意识到自己"患有不治之症",而且这种疾病"损害了他作为人的尊严"。"我了解这个人,而且——不相信他。"他又在给尼古拉·布哈林的一封私人信件中补上一句以防万一。

尽管否认自杀与"诗人的社会和文学活动"之间存在联系这种做法非常违背马克思主义精神,但马雅可夫斯基的诀别信的确支持了这种说法——信刚落到阿格拉诺夫手里就被他没收了。4 月 14 日,他把信读给了马雅可夫斯基的朋友们听,第二天信在《真理报》和其他报纸上发表:

致所有人

不要为我的死责怪任何人,也请不要搬弄是非。逝者极其不喜欢这样。

妈妈,姐姐和同志们,请原谅,这不是个办法(不建议别人效仿),但我没有出路。

莉莉娅——要爱我。

政府同志,我的家庭是莉莉娅·布里克、妈妈、两个姐姐和韦罗妮卡·维托利多夫娜·波隆斯卡娅。

如果你能让她们的日子过得下去——谢谢。开了头的诗行交给布里克夫妇——他们会整理的。

有道是——

"事件残结"①，

爱的小舟

在凡俗生活上撞沉。

我和生命已两清，

也不必再罗列

彼此的伤痛、

不幸

与怨恨。

走了,保重

弗拉基米尔·马雅可夫斯基

30.4.12

瓦普②的同志们,请别觉得我怯懦,当真一点办法都没有。
问好。

请告诉叶尔米洛夫,很遗憾把海报撤了。应该骂个透。

弗·马

我桌子里有两千卢布,缴入税款。余下的钱请去国立出版社取。

弗·马

---

①　"残结"(исперчен)是由"终结、耗尽"(исчерпан)和"损坏"(испорчен)合并而成的
一个自造词。而根据卡达耶夫的说法,他在革命前就听到过"事件残结"的说法,发明这种
说法的是他的朋友讽刺诗人阿·马·戈尔登贝格(阿尔戈)(А. М. Гольденберг〔Арго〕)。

②　瓦普(ВАПП)是拉普(面向苏维埃俄罗斯共和国的组织)面向整个苏联的对应物。

我们可以看到，信末注明的时间是 4 月 12 日——那天上午拉武特拜访时，马雅可夫斯基藏起来不让他看到的就是这封信，这也就是同一天他和诺拉提到的那封"给政府的信"。换句话说，4 月 14 日击中他心脏的那颗子弹本应在两天前就被射出。"不要责怪任何人"这句话在类似信件中很常见，但就马雅可夫斯基而言，这也是七年前写下的长诗《关于这》中自杀者之请求的回声。（见第 221 页）

一出演给白痴们的巧妙喜剧

在刊登官方死亡通告的同一期《真理报》上发表的讣告《怀念一个朋友》（Памяти друга）中也强调了个人动机。除了文人朋友外，在讣告下签名的还有三个契卡分子：阿格拉诺夫、戈尔布和埃尔贝特。"对我们这些知晓、热爱他的人来说，自杀和马雅可夫斯基是互不相容的两件事，而如果说在我们的环境里，总的来说就不可能有什么理由来为自杀辩护，那么我们应该对马雅可夫斯基说出哪些愤怒而痛苦的指责呢？"

不，在社会主义国家自杀是不可接受的，这解释了为什么当局要三番五次强调马雅可夫斯基此举的个人动机。然而特务们搜集到的一些情报却对此不以为然。从马雅可夫斯基去世后几天涌到阿格拉诺夫办公桌上的大量报告来看，很明显，在"各个文艺圈子"里，解释自杀的"恋爱根据被完全摒弃了"。"他们说这里存在着更严重、更深刻的原因，"欧格别乌秘密处第五科科长彼得罗夫根据"战地报告"向阿格拉诺夫汇报说，"马雅可夫斯基早就经历了转折，他自己也不相信自己写的东西，并且痛恨自己写的东西。"报纸上刊登的内容在这些圈子里被视为"一出演给白痴们的巧妙喜剧"。"得为了顾及国外，为了国外的社会舆论,才把马雅可夫斯基的死呈现为一个因个人悲剧遇难的革命诗人之死。"

在马雅可夫斯基死亡当天,文艺学家伊利亚·格鲁兹杰夫致信在索伦托的高尔基说,"不能用个人原因来解释这场灾难",而根据彼得罗夫的说法,许多作家将其自杀视为政治抗议;报告还称莫斯科和彼得堡的文人反应一致。"这些议论的一项主要内容是,断言马雅可夫斯基之死是对苏维埃政权的挑战和对其文学政策的谴责。"在第二份报告中写道。而议论的另一项内容则是:"如果说连马雅可夫斯基都无法忍受,那么文学的状况确实糟透了。"根据作家阿纳托利·马里延霍夫的说法,马雅可夫斯基在最后几次演讲中曾不小心漏出了这么一句话:"在我们这种'没有希望的时日',一个诗人要想生活和创作是多么困难啊。"另一位作家列夫·古米列夫斯基也赞同广泛流传的说法,即"诗人遇害的主要原因在于社会和政治环境",作家们都感觉有写作"固定、现实题材"的压力。"一系列人士(相当大的一部分)相信,死亡背后隐藏着政治基础,这不是'一桩爱情故事',而是对体制的失望。"古米列夫斯基断言,当今年代是"对一个诚实作家而言相当困难"的时代,而"对于那些冒险家——他们之所以认为自己是作家,仅仅因为他们被请进了拉普组织——而言,则是非常有利的"。六年前从柏林返回的阿列克谢·托尔斯泰说"他为自己写的东西感到羞愧",另一位作家则表示"他逼自己写那些不想写的东西"。

然而让当局更为担心的是在作家中弥漫的自杀情绪。小说家潘捷列伊蒙·罗曼诺夫声称"他不久前也有过同样状况,他差一点就自杀了",而"一批诗人(奥列申、基里洛夫等)似乎在商量要集体自杀,从而向国外证明,作家们在苏联活得很糟,被审查折磨坏了"。敲响最严重警报的是有关著名小说家、剧作家米哈伊尔·布尔加科夫的消

475

息,人们"肯定地说""下一个轮到的"就是他。"他们不放布尔加科夫出国,也不允许他发表新作品,从而渐渐掐死他,尽管与此同时还伪善地说,我们需要布尔加科夫,我们会把布尔加科夫的戏排出来。而与此同时,各家剧院就连布尔加科夫的影子都避之唯恐不及,以免遭到怀疑。"*

4 月 17 日

4 月 16 日下午六时,发自柏林的列车抵达白俄罗斯和波兰之间的边境车站涅戈列洛耶,马雅可夫斯基出国旅行时曾多次经过该站。瓦西里·卡塔尼扬在那里迎接莉莉和奥西普,他拿到了特别许可,可以进入边境地区"迎接已故马雅可夫斯基公民之家人"。

除了廖瓦和阿格拉诺夫发来的电报以及德国报纸上的简讯外,布里克夫妇对发生的事情一无所知。他们也不知道马雅可夫斯基留下了一封告别信。卡塔尼扬把他所知道的消息都告诉了他们,并根据回忆把那封信转述给他们,而在明斯克的火车站,他们找到了刊登了这封信的前一天的《真理报》。

第二天早上,朋友们在莫斯科的火车站迎接他们。据卢埃拉说,莉莉这些天变化如此之大,以至于差点没认出她来。他们径直赶赴作家俱乐部,这里过去曾是索洛古勃家族的公馆,也是托尔斯泰的《战争与和平》中罗斯托夫家宅的原型。在两个月前马雅可夫斯基曾朗诵

---

  * 3 月 28 日,布尔加科夫给苏联政府写了一封信,在信中抱怨当局不给他工作的机会。4 月 18 日,也就是报告说"下一个轮到的"就是他的同一天,斯大林致电布尔加科夫,保证一切都会好起来,这在一定程度上也的确实现了:莫艺将布尔加科夫招为助理导演,并允许他编排其关于莫里哀的话剧。

《放开喉咙》的大厅里,他的灵柩被放置在一个红色立方体上,打着聚光灯,内部衬着红布,四周放满了鲜花和花圈。死亡已经在他的脸上留下了自己的印记:诗人的嘴唇发紫,发丝中能看见遗容面模制作工序留下的痕迹。

"莉莉娅的到来导致奥莉嘉·弗拉基米罗夫娜①的绝望情绪再次爆发,"瓦西里·卡塔尼扬回忆说,"她在大厅中央双膝跪地,开始大声呼喊:'今天在新的双足前躺倒!/我歌唱你,/化了妆的,/红发女人……'"(出自《脊柱笛子》)马雅可夫斯基的母亲更平静些,她只对莉莉说:"假如您在就不会发生这种事了。"奥西普、莉莉和卢埃拉几乎待了一整天,莉莉有时走到马雅可夫斯基身前,亲吻他的额头,并让卢埃拉也照做:"心肝,来亲亲沃洛佳。"

在马雅可夫斯基的遗体被陈列以供瞻仰的三天里,数以万计的市民前来告别。灵柩边站着由平民和军人组成的仪仗队:莉莉和奥西普,以及卢埃拉、帕斯捷尔纳克、阿谢耶夫、基尔萨诺夫、特列季亚科夫、卡缅斯基、罗琴科、卡塔尼扬和卢那察尔斯基,还有马雅可夫斯基在拉普的同事们:叶尔米洛夫、李别进斯基、法捷耶夫和阿韦尔巴赫。另一名仪仗队员是阿尔捷米·哈拉托夫,仅仅一周前他还责令《印刷与革命》杂志撤下给马雅可夫斯基的贺词。此外,作为治丧委员会主席,哈拉托夫还是操办马雅可夫斯基死后头三天相关事宜的主要负责人。命运能把人捉弄到什么程度啊!

更为荒唐的是,哈拉托夫竟然还要在追悼会上发言。仪式于三点开始,第一个发言的是谢尔盖·特列季亚科夫。其他发言人不仅包括拉普领导人利奥波德·阿韦尔巴赫,也包括马雅可夫斯基的朋友和追

_____

① 马雅可夫斯基的姐姐。

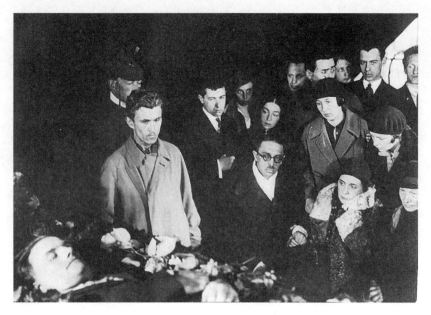

作家俱乐部里马雅可夫斯基的灵柩。在莉莉和奥西普右边的是马雅可夫斯基的母亲，奥西普的左边的是谢苗·基尔萨诺夫，有点被影子遮住的是丽塔·赖特。站在戴贝雷帽女士后面的是雅科夫·阿格拉诺夫，但只能看见他的眼睛。

随者。基尔萨诺夫朗诵了《放开喉咙》；卢那察尔斯基情绪极为激动，他在演讲中说马雅可夫斯基是"一块紧张的、燃烧着的生命"，当他成为"这场最伟大的社会运动之喉舌"后，这一点就愈发真切了。"倾听他的歌吧，"前教育人民委员呼吁道，"您在任何地方都不会找到一点点欺骗、一点点怀疑、一点点动摇。"

所有演讲结束后，"十名同志"将覆盖着红、黑布的灵柩抬出，其中有奥西普、阿谢耶夫、特列季亚科夫，以及拉普成员阿韦尔巴赫、法捷耶夫和李别进斯基。哈拉托夫也在扶棺者之列，他有个很引人注目的特征，就是从不摘下自己头上的卡拉库尔帽——甚至在家里也不摘。《文学报》（*Литературная газета*）的报道描述了灵柩是如何"慢慢摇晃着［……］在脱了帽的人头海洋上漂游"——看来作者并没有注意

在作家俱乐部庭院举行的追悼仪式。在阳台上演讲的是前教育人民委员阿纳托利·卢那察尔斯基。

到哈拉托夫头上的帽子。在街上,骑警试图遏制人群的进逼。人们抢占了窗台、树梢和路灯柱,房顶也黑压压挤满了好奇看客。诗人的灵柩被装上一辆卡车。"在灵柩旁的钢灰色平台上,"《文学报》的记者继续写道,"有一个用锤子、飞轮和螺钉制成的花环;上书'铁的花环给铁的诗人'。"卡车往阿尔巴特广场(Арбатская площадь)方向开动,数以千计、一望无际的人群跟随其后。放眼看去,整条街道都挤满了密密麻麻的送葬队伍,还有一些人绕道沿平行的大街小巷前行。

　　载诗人最后一程的卡车被马雅可夫斯基的艺术家朋友弗拉基米尔·塔特林、达维德·施特伦贝格和"约翰"·莱温装饰成装甲车的样子。跟在卡车后面的是马雅可夫斯基的雷诺以及其他汽车,马雅可夫斯基的母亲和两个姐姐就坐在里面。莉莉和奥西普跟卢埃拉一起步

479

478　抬出灵柩。抬棺者为：戴卡拉库尔帽的阿尔捷米·哈拉托夫（左一），右边则是
尼古拉·阿谢耶夫，他身后是瓦西里·卡塔尼扬。

行走完全程,直到顿河修道院(Донской монастырь)火葬场。① 照奥列沙的说法,跟在卡车后面步行的约有六万人,他在给梅耶荷德的信中(导演当时正在德国巡演)描述了民警们为让工作人员能将灵柩运进火葬场大门,不得不朝天鸣枪的经过。现场极为拥挤。"我们坐在一个长凳上。这时莉列奇卡说,我们就在这里坐到一切结束吧,"卢埃拉回忆道,"亚历山德拉·阿列克谢耶夫娜和马雅可夫斯基的两个姐姐坐车来的,她们径直走进了火葬场。突然一个骑警大喊:'布里克!布里克在哪? 要找布里克!'原来是亚历山德拉·阿列克谢耶夫娜不想和儿子告别,不让他们在莉莉娅·尤里耶夫娜不在场的情况下火化他。奥夏和莉莉娅便进了火葬场……"

朋友们在火葬场里和马雅可夫斯基告别。在场的许多人都注意到他鞋子上的金属鞋掌,这双用马雅可夫斯基的话说要"穿到永恒"的鞋子一直杵在敞开着的、尺寸太小的棺材外面。《国际歌》(当时的苏联国歌)奏毕,灵柩晃晃悠悠缓慢漂进了火化炉。还有人走下楼梯,就为了能透过一个特殊的洞眼,看棺材和躺在里面的遗体如何被大火吞噬……一切都化为灰烬,除了那两块当真比诗人的心还坚固的鞋包铁。

---

① 从作家俱乐部所在的厨子街到顿河修道院将近六公里。

480   1975 年,卡济米尔·马列维奇的弟子叶菲姆·罗亚克创作了这幅马雅可夫斯基水粉肖像,画中的诗人双目失明,对围绕他发生的事情一无所知。

第十六章　生命是赌注

我们也对不起他。因为我们没有
写他的韵脚，没有鼓出诗之风，来托起
诗人飞行的纤细蛛网。但说不定也不
是我们的责任。[……]他厌倦了要在
三十六岁的时候还做一个二十岁的人，
他是个只有一种年龄的人。

1930 年和 1931 年维·什克洛夫斯基
给尤·特尼亚诺夫的两封信

"马雅可夫斯基用自己的信把我和他永远联系在了一起。"诺拉在 481
自己的回忆录中写道。但这封信不仅巩固了她在马雅可夫斯基生平
中的地位，也导致许多人将她视为诗人死亡的直接原因——那个让诗
人饮弹自尽的"娘们"。或许马雅可夫斯基之所以将她列入亲属名单
（尽管名列莉莉、母亲和姐姐之后），正是为了保护她免受这种指控，但
这种将两人关系封圣的做法却也导致她与扬申的婚姻寿终正寝。

　　然而在数以万计将马雅可夫斯基的灵柩护送到顿河修道院火葬场的人中间却没有诺拉。不出席的决定并非她独自作出的，而是受到了来自莉莉的压力，后者在当天请她去自己家。"我们进行了非常开诚布公的谈话，"诺拉回忆说，"我把有关我和弗拉基米尔·弗拉基米罗维奇关系的一切，以及4月14日发生的事情都告诉她了。在我讲述的时候，她经常说：'是啊，这多像沃洛佳啊。'她跟我讲了自己和他的关系，他们的分手，以及他如何曾为了她而试图开枪自尽的。"在分别前，莉莉强调说，诺拉"绝对不需要"出席葬礼，因为"市侩们"对她的"好奇心和兴趣"可能会引起"不必要的事件"。"诺拉，请不要用自己的在场来破坏沃洛佳的亲人们和他最后告别的时刻。"莉莉要求道。

　　在没有遗嘱的情况下，诗人死前写的这封信便是唯一一份可以为遗产分配提供依据的文件，而且由于诺拉被指定为家庭成员，原则上她可以将自己视为继承人。两个月后，当她被叫去克里姆林宫讨论此事时，莉莉建议她放弃继承权，也就是说不再对其作品的稿费提出要求。这部分是因为诗人的母亲和两个姐姐都认为她是诗人死亡的唯一原因，连她的名字都不想听到，部分是因为政府圈子里有人让莉莉建议诺拉放弃自己的权利。这一回诺拉也听从了，尽管"此举就仿佛是把有过的一切，我如此珍重的一切都一笔勾销了"。当八年后撰写自己的回忆录时，她仍在怀疑莉莉这么做是否出于别的动机：假如诺拉当真获得了马雅可夫斯基女友的官方身份，那这就会削弱莉莉在他生平中的地位。

　　去克里姆林宫谈过话后，诺拉就明白了，根本没人打算尊重死者的最后意愿。接待她的官员提议让她公费休假一次以作补偿——这种交易的厚颜无耻让她吃惊。在和同一个官员进行第二次谈话后，这个问题仍然悬而未决。不过这只是对诺拉而言。根据全苏中央执行委员会和苏联人民委员会的决定,莉莉能从马雅可夫斯基的作品中获得一半稿酬,而母亲和两个姐姐则分享另一半。这样一来,诺拉被当局从马雅可夫斯基的生命中抹去了。直到半个多世纪后的戈尔巴乔夫改革年代,她的回忆录得以发表时,诺拉才终于在马雅可夫斯基的传记中复活了;而回忆录的未删节版要一直到 2005 年才问世。

当时在华沙生活的塔季亚娜晚了四天得知自杀的新闻。"我被今天的报纸彻底杀死了,"她在 4 月 18 日写给她母亲的信中说,"看在上帝的分上,把 14 日以及之后的所有剪报都寄给我。对我而言,这是一个可怕的震撼。你自己也明白……"靠了马雅可夫斯基相助,如今身处巴黎的姐姐柳德米拉给杜普莱西子爵拍去电报,让他无论如何都不要给塔季亚娜看俄语报纸——但这并没有用,塔季亚娜告诉母亲,因为"除了俄语报纸之外,还有外语报纸"。

姐姐和丈夫为向塔季亚娜隐瞒悲剧而如此大费周章,不仅是因为担心她的心理状态,也是出于对其身体健康的考虑:她已经怀孕四个月了。"他们的关心当然使我非常感动,"她写道,"[但]这段时间我一直感觉身体很好。"在 5 月 2 日发出的下一封信中,她又回到了自杀的话题;她想要安抚母亲,因为她显然怀疑马雅可夫斯基是因为她而自杀的:"我亲爱的好姆妈,我连一分钟都没想到过自己会是原因。间接上算是,因为这一切当然害他神经衰弱了,但不是直接原因,总的来说就没有唯一的原因,而是许多原因的结合外加疾病。"一个事实能证明她母亲的焦虑程度——她请求瓦西里·卡缅斯基向她解释马雅可夫斯基自杀的原因,然而他却办不到,因为"至今仍无法更为冷静地对待此事"。"有一点是明确的,"他在 5 月 13 日回复她说,"在业已成熟的悲剧之总和中,塔妮娅无疑是其中的一个组成部分……这是我从沃洛佳那里知道的:他很长时间都不愿意相信她出嫁了。波隆斯卡娅并没有扮演特别角色。这个冬天(我们一直碰头)沃洛佳前所未有地孤独,无论在什么地方他都不知所措。他的神经紧绷到了极点,到处乱窜,喝酒。"

欧格别乌知道什么,想要什么?

尽管马雅可夫斯基在笔记本上写过"如果我死了",必须通知埃莉·琼斯,但她是通过自己的丈夫乔治·琼斯才得知此事——他有一次回家时告诉她说:"你朋友死了。"多年后,莉莉曾试图根据笔记本上的信息通过苏联驻华盛顿大使寻找埃莉,但却无果而终。

之所以一无所获,不仅因为琼斯这个姓非常普遍,还因为当时埃利已经再婚,并用了另一个姓氏——彼得斯。这一点莉莉不可能知道。但是她还是知道马雅可夫斯基与一名在纽约的俄裔女子有过一段情,而且她生下了他的女儿。但欧格别乌并不知道此事——在对马雅可夫斯基自杀的侦查报告中从未提及埃莉·琼斯的名字。但另一方面,塔季亚娜的名字立刻引起了有关部门的注意。4 月 15 日,即阿格拉诺夫收到诺拉审讯笔录的同一天,一位化名瓦连京诺夫(Валентинов)的秘密特务编写了一份报告,其中收录了塔季亚娜、她姐姐和母亲的资料。这个日期表明文件是在马雅可夫斯基自杀后当局立即要求的。这位特务报告说,在巴黎结识塔季亚娜后,马雅可夫斯基开始告诉自己的朋友们,说"第一次找到一个能和自己比肩的女人",并讲述"自己对她的爱"。但当他向塔季亚娜求婚时,她拒绝了,因为"她不愿返回苏联,也不愿放弃她在巴黎习惯了的、她丈夫拿来包围她的奢侈"。按照报告的说法,姐姐的"迅速启程"是马雅可夫斯基抑或某个莫斯科著名"古物专家"努力的结果。

欧格别乌对塔季亚娜产生兴趣是因为马雅可夫斯基与她的罗曼史已广为人知。除了可能在侦查期间被找到的那些信件外,他们还掌握她们姐妹俩的照片,以及塔季亚娜婚礼的邀请函,邀请函可能是通过在巴黎的特务们(或许是沃洛维奇)落入欧格别乌之手的。

塔季亚娜的照片和 5 月 4 日的婚礼邀请函被转交给在侦查中起到神秘核心作用的谢苗·根金。阿格拉诺夫很快就来到自杀现场这一点并不奇怪,毕竟他属于诗人的亲密朋友的圈子。但根金扮演了什么角色呢? 让我们回忆一下,没收马雅可夫斯基手枪的正是他。而侦查员也是在和他协商之后,再把波隆斯卡娅的审讯笔录交给了阿格拉诺夫。根金是谁? 不满三十岁的他十九岁起就在契卡工作;1930 年 2 月他被任命为第九、第十反侦查处处长,负责监控苏联公民与外国人以及"反革命白侨"的接触。

根金正是以这种身份参与了对马雅可夫斯基房间的搜查。他和作战处的同事雷布金、阿利耶夫斯基一起在寻找什么呢? 可能有损苏维埃政权的材料? 外国人——塔季亚娜及其家人,俄侨作家——的信? 或者还有什么更危险的物件? 某些会对他和布里克在欧格别乌的朋友们产生不良影响的东西? 诗人说自己"没有出路",这句话里隐藏着什么信息? 除了感到生活走进了死胡同,还有什么别的意思吗? 诗人会不会觉得自己陷进安全部门的网里了? 会不会是因为他知道得太多了? 如果是的话,或许有些黑材料得及时收走?*

484

---

　　* 偶有人提出一种假设,认为马雅可夫斯基并非自杀,而是被欧格别乌杀害的。这种说法过于投机,不应受到严肃对待,尤其因为其中涌动着反犹倾向(当时欧格别乌内部犹太人占比很大)。即使马雅可夫斯基真的招惹上了有权势的敌人,很难想象谋杀他会让谁获益,或者有谁会有这么做的动机。与塔季亚娜结婚的威胁已经被完全解除。而且为什么要选择他和诺拉在一起的时机呢? 2005 年秋完整公布的安全机关调查马雅可夫斯基之死的档案中无法找到任何能支持这些阴谋论的材料。

　　无论国安机关在马雅可夫斯基房间里寻找的究竟是什么，有一点是明确的：他们怀疑自杀背后还有个人原因以外的某些动机。列夫·托洛茨基就是这么认为的，他完全否认自杀"与诗人的社会和文学活动毫无关系"的官方说法，因为"这就意味着是在说马雅可夫斯基的自愿死亡与他的生活毫无关系，或者是在说他的生命与他的革命诗歌创作毫无关系，"这位前军事人民委员从他在君士坦丁堡的流放地评论道，"既不正确，也不必要，而且……不聪明！'［爱的］小舟在凡俗生活上撞沉。'马雅可夫斯基在死前写下的札记中对于自己的私密生活是这么说的。这也就意味着'社会和文学活动'**不再足以将他抬高到凡俗生活之上**，以避免无法忍受的私生活之碰撞。"

沃洛佳活到老？不可能

　　事实上，自杀是由许多因素造成的，个人因素、职业因素、文学政治因素，以及纯政治因素。这几年来，马雅可夫斯基逐渐认识到他的效劳并不为人所需，意识到在这个正在建设的社会中，并没有属于他的自然而然、不言而喻的位置，而在文学和文学政策领域被推向核心地位的都是些毫无这方面才能的人。这半年里他受到了一系列失败与挫折：与塔季亚娜的恋情被强行打断，"创作二十年"展览遭抵制，《澡堂》的溃败，屈辱性地向拉普投降，与最亲密的朋友们决裂，流感久病未愈以及精神上的过度疲劳，诺拉拒绝应马雅可夫斯基的要求离开丈夫……

　　莉莉的第一反应是极度震惊。"现在什么都完全不明白，"她在听说消息后从柏林给埃尔莎写道，"太让人受不了了！"当两周后莉莉再次给妹妹写信时，她这么解释自杀："沃洛佳累得可怕，所以独处的时候无法控制自己。"她认为,如果当时自己和奥西普·马克西莫维奇在莫斯科的话,"那就不会发生这种事情",两周后她又重复了这句话,而且还是在写给埃尔莎的信中,然后补充道:"我完全精确地知道这是怎么发生的,但要理解这一点,对沃洛佳的了解必须像我一样深。[……]沃洛佳就像个赌徒一样,用一把全新的、从未打过的左轮手枪[其实是一把毛瑟手枪——作者注]朝自己开枪;有50%的卡壳几率。十三年前在彼得已经这么卡过一回了。这是他第二次赌命。[*] 他是在诺拉在场的情况下自尽的,但她就像一块橙子皮,你踩在上面滑跤然后摔死了,你能因此责怪这块橙子皮吗?"

许多人都相信,假如莉莉和奥西普在家的话,那马雅可夫斯基就不会自杀;除了诗人的母亲外,科尔涅伊·楚科夫斯基也这么认为,他在4月15日给加林娜·卡塔尼扬写道:"所有这些天里,我都像个傻瓜一样号哭。我相信,如果莉莉·尤里耶夫娜和奥西普·马克西莫维奇在这里,在莫斯科的话,这件事就不会发生……"

说诺拉的错不比滑跤者脚下的橙子皮更大,这番话尽管说得轻浮,但却是很中肯的:诺拉是最后一根稻草,仅此而已。莉莉的意思是,导致马雅可夫斯基自杀的并非外部因素,而是其他更为深刻的原因。其中一个便是马雅可夫斯基对变老的恐惧。年老让他惊恐不安,在与莉莉谈话时,他会经常回到这个话题上来。"沃洛佳活到老? 不可能!"莉莉惊叹说。她是在回复罗曼·雅各布松时说出了这番话——后者说自己无法想象马雅可夫斯基老了之后的样子。"他已经朝自己开过两次枪了,每次都往左轮手枪弹夹里留一颗子弹。最终还是会有一颗子弹击中的。"

---

[*] 从下面的引文以及第85页脚注来看,之前似乎有过至少两次未遂的自杀尝试。

"死并不可怕,可怕的是老,老了最好还是别活着。"三十三岁时,马雅可夫斯基对自己的朋友娜塔利娅·里亚博娃解释说。她问人到
486 什么时候算老,他回答说,男人三十五岁,女人更早。"我时常听到马雅可夫斯基说:'我要饮弹了,我要自杀,三十五岁就是老年了! 我要活到三十岁。往后就不活了。'"莉莉写道。对变老的恐惧与他担心失去男性吸引力这一点密切相关。"当一个男人不到二十五岁时,所有女人都爱他,"他在自杀前不久对二十五岁的诗人扎罗夫解释说,"而当他超过二十五岁时,所有女人还都爱他,除了一个人:那个您爱着,但却不爱您的人。"

楚科夫斯基曾经把马雅可夫斯基称为"天职就是自杀的人",而如果说有人真正觉悟到这一点的话,这个人便是莉莉。但也有许多人虽然不能像莉莉那样与他亲密无间,但也明白应该从内部矛盾中来寻找他自杀的缘由。对 1921 年以来一直侨居国外,但却将马雅可夫斯基视为自己精神弟兄的玛丽娜·茨维塔耶娃来说,他的自杀充满悲剧性,但也是一个抒情诗人和一个演说家之间的毁灭性内在斗争的必然结果:"整整十二年来,作为一个人的马雅可夫斯基在不断杀害自己内心中作为一个诗人的马雅可夫斯基,而到了第十三年,诗人站了起来,杀掉了人。"帕斯捷尔纳克也得出了类似结论——在他看来,马雅可夫斯基之所以自杀,是"出于骄傲,因为他谴责了自己内在或自身周围的某种东西,而这是他的自尊心所无法顺从的"。

如果说诗人的自杀并没有让亲密朋友圈子惊讶的话,那么对于那些只知道马雅可夫斯基外在、社会面相——未来主义和共产主义的宣传者,尽人皆知的舞台诗人,了不起的雄辩家——的人来说,此事可谓完全出乎意料。"这种死与我们所了解的马雅可夫斯基毫无关系。"哈拉托夫如是分析他的自杀,当然与此同时也就证明了自己并不了解

他。"将自杀的想法与他的这种面貌联系起来几乎是不可能的。"卢那察尔斯基写道。而《真理报》的社论文章则断言,马雅可夫斯基的死"与他的整个生命彻底不相容,完全无法用他的全部创作来解释"。而在记者米哈伊尔·科利佐夫看来,拿着手枪的并不是真正的马雅可夫斯基,而是"某个偶然的别人,他一时控制住了诗人——这个社会活动家,这个革命者——那被削弱的心灵"。"我不明白,"杰米扬·别德内反问道,"他还缺什么?"说得仿佛诗人是因为缺少某种物质舒适才自杀似的。

挥霍了自己诗人们的一代人

罗曼·雅各布松对这一事件的理解比所有人都深刻,马雅可夫斯基的自杀让他极为震惊,以至于他把自己锁在布拉格的房间里,以酝酿对亡友的思绪。思考的结果便是于 1930 年 5 月至 6 月写下的长文《论挥霍了自己诗人们的一代人》(*О поколении, растратившем своих поэтов*)。文中所说的这一代人就是他和马雅可夫斯基的同龄人,当时(也就是 1930 年)他们三十到四十五岁,"有人在进入革命年代时就已成型,已不是面目不清的黏土,但还没有僵化,还能够体验和转变,还能够以动态而非静止的方式来理解周围的事物"。这一代人就像十九世纪的浪漫主义者一样,过早地被燃尽,或者自己燃烧了自己:

> 古米廖夫(1886 – 1921)被枪决,勃洛克(1880 – 1921)经历了精神上漫长的垂死挣扎、难以承受的肉体折磨和死亡,赫列布尼科夫(1885 – 1922)遭遇了残酷的贫困,在非人的痛苦中死去,叶赛宁(1895 – 1925)和马雅可夫斯基(1893 – 1930)经过深思熟虑

487

后自杀。一代人的鼓舞者就是这样在这个世纪的二十年代,在三十到四十岁之际遇害了,而他们中的每一个人都意识到自己注定灭亡,这种意识既漫长,又清晰得让人无法忍受。不仅仅是那些被杀死或杀死自己的人,就连被束缚在病床上的勃洛克和赫列布尼科夫也恰恰就是遇害而死。*

雅各布松的文章是分析马雅可夫斯基诗歌世界的第一次严肃尝试,而且之后也未能有出其右者。雅各布松认为,马雅可夫斯基的死与他的诗如此紧密地交织在一起,以至于只有在这一背景下才能理解他的创作;他对觉察不到这一点的人发起了愤怒抨击。开枪的当然就是马雅可夫斯基,而不是"某个偶然的别人",一切都存在于他"统一而不可分"的创作中:"一个统一题材的辩证发展。象征系统非同一般的统一。"

尽管马雅可夫斯基的诗歌与革命之间的联系被认为是不言自明的,但雅各布松却认为,批评家们忽略了其创作中另一种不可分割的联系——"革命和诗人之死"。马雅可夫斯基的诗人是未来复活祭坛上的赎罪牺牲:"用反叛宣布/救世者的到来,/当你们向他走去——/我就把心灵/给你们掏出,/踏踏扁,/让它大起来! ——/像一面旗帜,让它血淋淋。"他在《穿裤子的云》中如是写道,而这一形象在《关于这》中继续发展:"诗人的碎块/如一面小红旗在风中闪耀"。马雅可

---

* 梅耶荷德的妻子济纳伊达·赖赫就马雅可夫斯基去世向莉莉表达哀悼时用的措辞和雅各布松的话很像:"我觉得,我们中的一些人——出生于 1890 年到 1900 年这短短十年间的一代人——命中注定早早去世,早早地把生命中的一切吞食殆尽。"几年后她自己也被不明人士残酷杀害。生于 1901 年的尼娜·别尔别罗娃也曾多次与本书作者谈到这一代人的特点。

十七岁的绘画、雕塑与建筑学校学生。什克洛夫斯基认为，马雅
可夫斯基最终也没有从这个年龄长大多少。

488

夫斯基有一种坚定不移的信念,坚信"苦难的群山"后是"阳光的处女之地",但他自己却永远看不到这圆满的、完整的生命,他的命运就是赎罪者的死。

489　　　对自杀的渴望是马雅可夫斯基生命中阴暗的底层,自杀题材从第一行到最后一行贯穿了他所有的创作:悲剧《弗拉基米尔·马雅可夫斯基》,短诗《廉价甩卖》(*Дешевая распродажа*)("过了多少多少年——/简言之,我活不到——/是饿死呢,还是站到手枪下?/如今红发的我/在如何、何时、何地出现——/教授们会讲解到最后的约塔①"),长诗《脊柱笛子》("越来越常想/——是不是最好给自己/画上一个子弹的句号"),长诗《人》("心脏急奔向枪口,/而喉咙念叨着剃刀"),影片《生来非为钱》,长诗《关于这》,电影剧本《过得如何?》,未完成的剧本《带自杀的喜剧》(*Комедия с самоубийством*),《臭虫》……作品和引文的清单可以无限罗列下去。

　　"自杀的念头是马雅可夫斯基的一种慢性病,"莉莉解释道,"而就像每一种慢性病一样,它会在不利条件下恶化。"这种念头背后的原因不仅仅是因为害怕变老,也因为他觉得人们不理解他,觉得没有人需要他,觉得自己能用一种很少有人力所能及的爱去爱别人,但却得不到同等的回应。

　　马雅可夫斯基凡事追求极致,他能最大化地给予,但也要求同样的回报。"忠诚于他、爱他的人数不胜数,"莉莉写道,"但他的灵魂中

---

　　①　"约塔"即ι,是笔画最简略的希腊字母,且在别的元音后往往用下标一小点表示(如ǫ、ῃ、ῳ),此外在与希腊字母拥有共同腓尼基起源的希伯来字母、阿拉美字母中(希伯来语是犹太教的宗教语言,而阿拉美语则很可能是耶稣的母语),约塔对应的字母也都是很小的一个点,所以马太福音中(5:18)基督说,律法连"一个约塔和一个角"(ἰῶτα ἓν ἢ μία κεραία,和合本译作"一点一画")都不能废去。因此这里"讲解到最后的约塔"就是指教得非常透彻。

住着一个贪得无厌的贼,这个贼想要那些不读他的人来读他,那个不来的人前来,那个他觉得不爱他的女人爱他。所以对他来说,忠于他、爱着他的人只是大海中的一滴水。"爱情,艺术,革命——这一切对马雅可夫斯基而言都是一场赌博,生命就是赌注,而他赌起来就像一个上了瘾的赌徒那样激烈又无情。他也知道,如果自己输了,那剩下的就只有绝望。

马雅可夫斯基自杀两周后,莉莉曾在给埃尔莎的信中明确表示,假如她和奥西普·马克西莫维奇在莫斯科的话,马雅可夫斯基就不会自杀。四分之一个世纪之后,出于谨慎,她在回忆录里为同样的一句话增添了一个预防性的"也许":"假如我当时在家,也许这一次死亡会推迟。"她这么做并非毫无根据。在内心深处,她明白马雅可夫斯基迟早会自杀:问题不在于**假如**,而在于**何时**、**如何**。罗曼·雅各布松也同意这种断言,他在晚年与本书作者谈话时,用这么一句话总结了马雅可夫斯基的命运:"他在自己诀别信中写的那句'我没有出路'是真话。他不管怎样都无法善终的,无论他在何处,在俄罗斯、瑞典,还是美国。这是一个绝对不适合活着的人。"

490   1958 年 7 月 29 日,马雅可夫斯基纪念碑(位于莫斯科以诗人命名的广场上)揭幕的瞬间。由亚历山大·罗琴科的女婿,摄影师尼古拉·拉夫连季耶夫拍摄。

第十七章　马雅可夫斯基的第二次死亡

> 马雅可夫斯基过去是，现在仍是我们苏维埃时代最优秀、最有才华的诗人。对他的记忆和他的作品漠不关心是一种犯罪。
>
> 约瑟夫·斯大林

在马雅可夫斯基自杀后的头几年，苏联社会对诗人和他的创作很冷淡。事实上，当这个巨人走下舞台后，文学界和政治界的建制派都松了一口气，很少有人对追念他感兴趣。他的作品几乎不出版，政府关于要纪念他的决议在很大程度上被无视了。随着新经济政策的私人与合作经济结构的消失，一部作品能否出版的决定权全都落入了几家国立出版社之手，而在马雅可夫斯基生前反对他的那批人仍在这些出版社中占据要职。

考虑到这些状况，莉莉给斯大林写了一封信。在诗人的死后命运中，这封信起到了决定性作用：

亲爱的斯大林同志,

诗人马雅可夫斯基去世后,所有出版其诗歌和纪念他的相关事务都集中到我身上。

他所有的档案、草稿、笔记本、手稿,他所有的物品都在我这里。我在编辑他的著作。人们需要素材、信息和照片都会来联系我。

我会做我力所能及的一切,为了让他的诗得以出版,让他的物品得以保存,让人们对马雅可夫斯基仍在增长的兴趣能多少得到满足。

而人们对马雅可夫斯基的兴趣一年比一年大。

他的诗不仅没有过时,而且在今天是绝对独一无二的,是最强大的革命武器。

自马雅可夫斯基去世以来,已经过去了近六年,但他仍没有被任何人取代,仍和过去一样,是我们革命最伟大的诗人。

492　　　但远非所有人都明白这一点。

很快他去世就要满六年了,而他的《著作全集》只出版了一半,而且印数只有一万册!

关于单卷本文集的谈判已经持续了超过一年。文稿早就交上去了,而书甚至还没排版。

他写的童书则完全不再版。

书店里没有马雅可夫斯基的书。买不到。

马雅可夫斯基去世后,政府通过一项决议,建议在共产科学院(Комакадемия)之下组建马雅可夫斯基研究室,应把所有的材料和手稿都集中在里面。这间研究室至今仍未建成。

材料杂乱无章。一部分位于莫斯科的文学博物馆,但博物馆对这些材料完全不感兴趣。至少可以从一个事实中看出这一点：在博物馆的馆藏清单中甚至都没提到马雅可夫斯基的名字。

三年前，[莫斯科的]无产阶级区（Пролетарский район）区委建议我复原马雅可夫斯基最后的公寓，并在其中组建以马雅可夫斯基命名的区图书馆。

不久后，我被告知莫斯科市委拒绝拨款，尽管这只需要很少一笔钱。

这是一幢有四套公寓的小木楼（塔甘卡，亨德里科夫胡同15号）。一套公寓是马雅可夫斯基的。其余公寓中应容纳图书馆。为数不多的几个房客区委已着手迁出。

这间公寓深得马雅可夫斯基日常生活的精髓——简单，朴素，整洁。

每一天这幢房子都面临着被拆除的危险。与其在五十年后为此后悔，再把革命伟大诗人日常生活和工作环境的物件一小块一小块地搜集起来，不如趁我们还活着的时候重建这一切吧。

如今我们不也为皮亚季戈尔斯克（Пятигорск）莱蒙托夫小屋中展示给我们的那个墨水瓶、那张桌子、那把椅子而心怀感激吗。

不止一次有人提起要将莫斯科的凯旋门广场（Триумфальная площадь）和列宁格勒的望德街更名为马雅可夫斯基广场和马雅可夫斯基街。但就连这也没有实现。

这都只是基本状况。更不用说一些小细节了。比如说：根据教育人民委员部的指令，长诗《列宁》和《好!》被剔除出1935年的当代文学教科书。它们不再被提及。

以上种种状况都表明，我们的各家机构没有认识到马雅可夫斯基的巨大意义——他的宣传鼓动作用和他的革命现实性。他们低估了共青团和苏维埃青年对他抱有的不同寻常的兴趣。

所以他的书出得这么少、这么慢，而他的诗选本应该以数十万册的印数出版。

493   所以人们不关心赶在散佚前把所有与他有关的材料搜集起来。

不想为正在成长的一代代人保存有关他的记忆。

我凭一己之力无法克服这些官僚主义的冷淡和抵制——所以在六年的工作后，我写信给 您，因为我看不到其他方法来实现马雅可夫斯基庞大的革命遗产。

莉·布里克

这封信标注的日期为 1935 年 11 月 24 日。几天后，莉莉被传至克里姆林宫，接待她的是中央书记处书记、监察委员会主席尼古拉·叶若夫。两年后，这个叶若夫将担任内务人民委员，领导党内清洗工作，但目前他还只是一个普通党务工作者（尽管已身居高位）：一个不引人注目的矮小男子，长着一双灰色的大眼睛，穿着深色军装。"他像是苏联烂片里的一个好工人，"莉莉回忆说，"也或许是好片里的……"

谈话持续了一个半小时。叶若夫仔细询问莉莉，记下了她的话，并请她把为谈话拟定的提纲交给他留档，上面包括了各种细节：时间线、出版信息等。然后他读了斯大林在她的信上用红色铅笔写下的批示：

叶若夫同志！请 您务必注意布里克的来信。马雅可夫斯基过去是，现在仍是我们苏维埃时代最优秀、最有才华的诗人。对他的记忆和他的作品漠不关心是一种犯罪。布里克的申诉在我看来是正确的。联系她（布里克）或叫她来莫斯科。让塔尔和梅赫利斯也来处理这件事，请把我们疏忽的一切做好。如果需要我的帮助，我愿意效劳。

　　问好！

约·斯大林

　　斯大林的话瞬间产生了效果。12 月 5 日，批示中的第二、第三句话就被印上了《真理报》，只不过"最优秀、最有才华的"被改成了"最优秀、有才华的诗人"。印刷错误？抑或这是莉莉在信中所说的，已经被斯大林宣布是"一种犯罪"的官僚主义抵抗的延续？无论如何，《真理报》在 12 月 17 日又刊出了正确的措辞，同一天，莫斯科的凯旋门广场被更名为马雅可夫斯基广场（площадь Маяковского）。

　　用帕斯捷尔纳克的话说，马雅可夫斯基从此以后"开始被强制推广，就像叶卡捷琳娜时代推广土豆一样"，这是"他的第二次死亡。在这件事上他是无辜的"。帕斯捷尔纳克所说的第二次死亡指的是被赋予苏维埃第一诗人的地位后，他的生平就必须按照社会主义现实主义的准则进行必要的清洗；他不再是一位活生生的诗人，而是成了纪念碑，城市、街道和广场被冠上了他的名字。马雅可夫斯基的封圣发生于布尔什维克竭力塑造民间偶像的时代。每个领域都挑选出了一位榜样人物。工人第一名——斯达汉诺夫，拖拉机手第一名——安格林娜，棉农第一名——麦木来开提，小丑第一名——"铅笔"，播音员第一名——列维坦，导演第一名——斯坦尼斯拉夫斯基，飞行员第一名——契卡洛夫，边防犬第一名——因古斯（Ингус），等等。在苏维埃文坛也如出一辙地树立起了两个工人突击队员般的样板：诗人第一名弗拉基米尔·马雅可夫斯基，作家第一名马克西姆·高尔基。

封圣后马雅可夫斯基的作品开始被大规模出版,但除了科学院出的学术版之外,其他版本的选诗都有极强的倾向性:重点关注的全都是政治正确的作品,而早期的未来主义诗作几乎不会被刊选。他的政治面相再次受到粉饰,比如说,《澡堂》直到斯大林死后才被再次搬上舞台。出于同样的原因被压抑(到了七十年代末则是被完全噤声)的是他与布里克夫妇的关系:一个苏维埃诗人不应有如此复杂的家庭生活,何况还是和两个犹太人;这一政策的逻辑结果便是当局在1972年关闭了位于亨德里科夫胡同的马雅可夫斯基博物馆,而它原本是靠着莉莉给斯大林去信才建立起来的。为了把莉莉从马雅可夫斯基的传记中彻底根除,当局很认真地试图寻找一个人能代替她成为诗人的一生之爱。最后他们选中了塔季亚娜·雅科夫列娃。考虑到她的人生经历,这显然不是一个理想的选择,但在当局看来,有一件事能补偿其侨民身份的劣势,那就是她身上一滴犹太人的血都没有。

到苏联解体前那阵,事情已经发展到荒谬的地步。所有对马雅可夫斯基生平稍有了解的人都知道,他一生的大部分时间都在和莉莉同居,他不仅把个别的诗作,还把整部自己的作品集都题献给了她。然而在官方话语中她却不存在。作为诗人的马雅可夫斯基的形象也受到了同样的歪曲。当苏联的大厦倾塌时,马雅可夫斯基也倾塌了,就像革命时被拉倒的纪念碑一样,摔得很重。尽管他本人在很大程度上是受害者,但大多数人却将其视为他们恨之入骨的那个体制的代言人,一个作品被强制要求学生背诵的官方诗人。很少有人知道,他不仅写诗赞颂列宁和革命,也写了许多精彩的情诗。当苏联解体后,文学层级被重新划分时,马雅可夫斯基从课本与书店的货架中消失了。

Дорогой товарищ Сталин,

после смерти поэта Маяковского, все дела, связанные с изданием его стихов и увековечением его памяти, сосредоточились у меня.

У меня весь его архив, черновики, записные книжки, рукописи, все его вещи. Я редактирую его издания. Ко мне обращаются за матерьялами, сведениями, фотографиями.

Я делал всё, что от меня зависит, для того, чтобы стихи его печатались, чтобы вещи сохранились и чтоб все растущий интерес к Маяковскому был хоть сколько-нибудь удовлетворен.

А интерес к Маяковскому растет с каждым годом.

Его стихи не только не устарели, но они сегодня абсолютно актуальны и являются сильнейшим революционным оружием.

Прошло почти шесть лет со дня смерти Маяковского и он еще никем не заменен и, как был, так и остался, крупнейшим поэтом нашей революции.

Но далеко не все это понимают.

Скоро шесть лет со дня его смерти, а "Полное собрание сочинений" вышло только наполовину, и то - в количестве 10.000 экземпляров!

Уже больше года ведутся разговоры об однотомнике. Матерьял давно сдан, а книга даже еще не набрана.

Детские книги не переиздаются совсем.

Книг Маяковского в магазинах нет. Купить их невозможно.

После смерти Маяковского, в постановлении правительства, было предложено организовать кабинет Маяковского, при Комакадемии, где должны были быть сосредоточены все матерьялы и рукописи. До сих пор этого кабинета нет.

Матерьялы разбросаны. Часть находится в московском Литературном музее, который ими абсолютно не интересуется. Это видно хотя бы

莉·尤·布里克的信,上面是斯大林的批示

这是他的第三次死亡,但在这件事上他也是无辜的。*

后　记

　　尽管马雅可夫斯基的封圣导致了许多荒谬后果,然而它也带来了一个正面结果:三十年代的清洗绕过了他的多数亲友。他们被认为是伟大苏维埃诗人一生的重要见证者,而且还需要他们中的许多人来编纂其著作集。

　　莉莉的信看起来是与奥西普一同撰写的,这封信很可能是在军中高层人士维塔利·普里马科夫的协助下送到斯大林手里的。莉莉在1930年秋与他结识,后来就把自己的人生与他联系在了一起。普里马科夫比她小七岁,是内战英雄,也是一个有才华的短篇小说和诗歌作者。他有着惊人的、充满冒险的既往——1925年至1926年他在孙中山的军队中担任军事顾问①,1927年在驻阿富汗使馆任武官(兼指挥官),1929年至1930年在驻日本使馆任武官——他的这些传奇经历会让人联想到克拉斯诺肖科夫。三十年代初,普里马科夫因职业需要去了苏联以及国外的许多地区,无论到哪儿莉莉都陪着他。例如,1933年春天他们在柏林度过,当时普里马科夫在德国的军事学院学习现代军事技术。但他们的幸福是短暂的,1936年8月普里马科夫因被控参与反斯大林的军事阴谋而被捕,过了一年,他在被严刑拷打逼出供词

----

　　*　然而,近年来对马雅可夫斯基的兴趣开始在俄罗斯复苏。一个征兆是二十卷本学术版马雅可夫斯基全集开始出版。前两卷在2014年发行。然而,每卷印数却只有六百册,而上一套马雅可夫斯基全集(1955-1961,十三卷本)的印数是每卷二十万册。

　　①　更确切地说,是在冯玉祥军中。著有《一个志愿兵的札记:中国内战》(中译本题为《冯玉祥与国民军:一个志愿兵的札记》)。

与莉·尤·布里克结识前几年的维
塔利·普里马科夫

后遭到枪决。

　　他的死让莉莉痛苦万分,之后列夫派成员瓦西里·卡塔尼扬就搬进了她的公寓,而奥西普也依旧住在里面,莉莉始终没有和他分手。

　　奥西普在三十年代的工作极富成效,他写了关于马雅可夫斯基的论文、歌剧和电影剧本,并为剧院改编长篇小说。战争期间他为苏通社之窗撰文。战争结束前不久的 1945 年 2 月,奥西普死于心脏病。他的热尼娅在三十多年后的 1982 年去世。

　　莉莉也比奥西普多活了三十年。她在 1978 年 8 月自杀,从而应验了 1930 年 6 月 4 日她梦里的预言:"做了一个梦——我为沃洛佳自杀而生他的气,而他如此亲切地将一把袖珍手枪放在我手上说:'反正你会做一样的事情。'"的确如此,不过她用的是安眠药,而不是子弹。

　　莉莉一直到去世都和瓦西里·卡塔尼扬生活在一起,后者把自己的整个一生都献给了马雅可夫斯基。他主要因编写了诗人的《生平与

497

活动年谱》（*Хроника жизни и деятельности*）而闻名,此书曾再版四次。1980 年,他在莉莉离世两年后去世。他在 1937 年为莉莉而抛弃了自己的发妻加林娜,后者一直都未能原谅他,但她写了一部关于马雅可夫斯基和列夫圈子的非常智慧、透彻的回忆录。这部回忆录在戈尔巴乔夫改革时期才得以出版(尽管还有删节);加林娜·卡塔尼扬死于 1991 年。

叶连娜·尤利耶夫娜在马雅可夫斯基去世两年后回到莫斯科。她在妹妹伊达·丹奇希阿尔马维尔(1906 年莉莉打胎的地方)的家中度过了自己最后的岁月,1942 年冬死于心脏病。[①]

马雅可夫斯基的姐姐奥莉嘉死于 1949 年,母亲死于 1954 年,享年八十七岁。大姐姐柳德米拉晚年被人利用,投身反布里克夫妇的运动,1971 年她给苏共总书记列昂尼德·勃列日涅夫的信给了位于亨德里科夫胡同的诗人故居博物馆以致命一击:"布里克夫妇是公共生活和日常生活中的一种反社会现象,并且只能成为一个腐化榜样,促进广义上的境外反苏宣传。我坚决、强烈反对在布里克夫妇的老房子里留下任何有关诗人、我弟弟的痕迹。"

韦罗妮卡·波隆斯卡娅一生都没有走出马雅可夫斯基的阴影,但却很少有人知道这个被马雅可夫斯基在遗书中提到的女人。她与扬申的婚姻破裂了,演员生涯也没有出彩之处。只有当回忆录(写于1938 年)在八十年代发表后(到 2005 年才完整出版),韦罗妮卡·波隆斯卡娅才在马雅可夫斯基的传记中获得应有的地位。她于 1994 年去世。

---

① 相对而言,叶连娜·尤利耶夫娜还算幸运。因为德军很快就攻入阿尔马维尔,丹奇希夫妇都被杀害。

在马雅可夫斯基诞辰八十周年之际,"创作二十年"展览在与 1930 年相同的场所得以重办。这一次,组织者也因为党内高层某些人士的阻挠而面临大量困难。比如说,直到最后一刻,当局才允许展出罗琴科设计的《关于这》一书的封面——就因为上面有莉·尤·布里克的肖像,而后者当时是不受欢迎人物。就像四十三年前马雅可夫斯基本人被迫完成几乎所有的实际工作一样,这一项目的灵魂人物,作家康斯坦丁·西蒙诺夫也一直干到开幕前一天凌晨,以确保一切展品都挂在了正确的地方。莉·尤·布里克,1973 年 7 月 19 日,本书作者摄。

　　如果说与马雅可夫斯基的亲密关系在某种程度上保护了诺拉免于落入斯大林的绞肉机，那么对塔季亚娜和埃莉来说恰恰相反，同样的亲密关系意味着相当大的风险。身为侨民，她们玷污了一个苏维埃诗人的履历，所以她们没有大肆声张自己与他的罗曼史算是种明智的做法。

　　1930年秋，塔季亚娜生下女儿，取名弗朗辛，但几年后便与杜普莱西离婚，嫁给了艺术家、时装设计师亚历克斯·利伯曼，他也是一位俄侨。1941年，一家人逃到纽约，塔季亚娜很快就靠在第五大道上著名的萨克斯（Saks）百货制帽而扬名，亚历克斯则在《时尚》（Vogue）杂志担任艺术编辑。斯大林死后，塔季亚娜把诗作《给塔季亚娜·雅科夫列娃的信》和马雅可夫斯基写给她的信转交给了罗曼·雅各布松，后者于1956年在美国的俄侨丛刊上发表了这些文本。在六十和七十年代，塔季亚娜在其位于曼哈顿73街的家中主持一个沙龙，有点像莉莉在莫斯科的沙龙；访客中的俄侨有作家根纳季·什马科夫、米哈伊尔·巴雷什尼科夫和约瑟夫·布罗茨基，后者的诗她非常欣赏。塔季亚娜于1991年去世。

　　埃莉在马雅可夫斯基死后获得斯拉夫语言专业的大学文凭，一生都在教授俄语、法语和德语。她于1985年死于美国。四年后的戈尔巴乔夫改革年代，小埃莉首次公开宣布自己是马雅可夫斯基的女儿。她之所以到那时才敢说出来，是因为在马雅可夫斯基被封圣后，尤其是在1940年托洛茨基遇害后，母亲很怕公开这一点：苏维埃英雄马雅可夫斯基不应该拥有自由的爱情生活，更何况是在美国，而既然斯大林觉得可以派一个杀手去墨西哥把托洛茨基做掉，那么他未必会愿意放弃抹去他生平中这一污点的机会。小埃莉，也就是帕特里夏·琼·汤普森在位于布朗克斯（Bronx）的莱曼学院（Lehman College）任教授，

左图：马雅可夫斯基的女儿帕特里夏·琼·汤普森与父亲的半身塑像，以及她自己的著作《马雅可夫斯基在曼哈顿》，1999 年；右图：帕·琼·汤普森，2008年 5 月本书作者摄于纽约。

主攻女性主义。1993 年，她以母亲的录音回忆为基础，出版了一本关于马雅可夫斯基的小书——《马雅可夫斯基在曼哈顿》（*Mayakovsky in Manhattan*）。

　　另一位侨民埃尔莎的命运就不同了。三十年代她与阿拉贡一起在法国共产党中发挥了重要作用，埃尔莎、阿拉贡这一对在党内几乎获得了与莉莉、马雅可夫斯基一样的神话地位。阿拉贡在自己的诗中歌颂埃尔莎，而她自己也逐渐成为一位成功的法语作家——1944 年，她获得了龚古尔奖（Prix Goncourt）。1939 年，她出版了一本关于马雅可夫斯基的小书《马雅可夫斯基：俄罗斯诗人》（*Maïakovski. Poète russe*）[①]。1968 年苏联入侵捷克斯洛伐克后，她和阿拉贡开始对苏联改持更为批评性的态度，在自己的最后一本书《付诸文字》（*La mise en mots*，1969）中，她以一种出乎意料的坦白承认自己过去在政治上是个

---

　　① 中译本题为《马雅可夫斯基小传》。

"白痴",而阿拉贡则"因为她的错"才成了激进左派。

499　　　　心脏衰弱的埃尔莎于 1970 年去世,十二年后阿拉贡去世,罗曼·雅各布松也在同一年离世。他在三十年代成为布尔诺大学(University of Brno)教授,但 1939 年在德国占领后被迫逃离捷克斯洛伐克。他在丹麦、挪威和瑞典待了几年,1941 年移居美国,一段时间后成为哈佛大学教授。在离开瑞典的时候,他把自己的部分藏书留在了那里,其中包括埃尔莎关于马雅可夫斯基的那本小书,上面有作者的题献:"给可爱的罗米克,关于沃洛佳";这本书现存放于斯德哥尔摩大学(Stockholm University)图书馆。当 1982 年雅各布松在马萨诸塞州坎布里奇逝世时,他已被公认为这个世纪最伟大、最具革新性的语言学家之一。

　　　　雅各布松离世两年后,维克托·什克洛夫斯基在莫斯科去世。在发表了放弃"形式主义"信念的《一个学术错误的纪念碑》(1930)一文后,什克洛夫斯基开始从事传记研究,写下了许多著作,其中包括关于500列夫·托尔斯泰和谢尔盖·爱森斯坦的书;他还写了很多电影论文。不管我们如何看待什克洛夫斯基对自己学术立场的放弃,都不能不承认其思想和文体的深刻原创性。这也适用于他关于马雅可夫斯基和其他人等的回忆录,尽管作者对待事实的态度相当随意;什克洛夫斯基关于自己一旦返回苏联"将不得不撒谎"的恐惧在最高程度上得到了验证。

　　　　由于一直留在国外,罗曼·雅各布松挽救了自己的生命和事业。在 1928 年、1929 年和 1931 年三度造访苏联的马克西姆·高尔基于 1933 年永久回归。如果说马雅可夫斯基是苏联头号诗人,那么高尔基就是散文领域的类似角色。马雅可夫斯基已经故去,因而其形象可以根据当局的需要和愿望进行打磨,但不同的是,高尔基还活着。尽管

1980 年,九十一岁的列夫·格林克鲁格在莫斯科公寓里拿着瑞典语版《关于
这》,本书作者摄。

他的迂回空间比起 1919 年至 1921 年时已大大减少,但他仍然有着巨
大的道德威信,并时不时因此触怒斯大林。1936 年他在很可疑的情况
下死去,很可能不乏后者的插足。

　　在三十年代中期,社会主义现实主义被宣布为唯一允许的文学方
法,而这种方法的范例就是马雅可夫斯基和高尔基的作品。在意识形
态上犹豫不决的鲍里斯·帕斯捷尔纳克也一度是模范诗人的候选者,
尽管这一点如今看起来简直难以置信。然而,亏得马雅可夫斯基被封
圣,他得以免除这种命运——他为此亲自感谢了斯大林。诚然,他在
清洗中幸存下来,但在三四十年代,他把主要精力放在了翻译上,尤其
是莎士比亚的作品,但也不止于此。与此同时,他也在悄悄写作长篇
小说《日瓦戈医生》,这部小说在瑞典学院授予他 1958 年诺贝尔文学
奖的决定中起了重要作用,但苏联当局禁止他接受这一荣誉。两年后

他去世了。

本书多数其他主人公都是斯大林恐怖的受害者。鲍里斯·皮利尼亚克于 1938 年被处决，谢尔盖·特列季亚科夫于 1939 年被处决，次年 2 月，弗谢沃洛德·梅耶荷德被枪决，两周后，他的妻子济纳伊达·赖赫被残忍杀害，双眼被挖去。就连契卡分子自己也没被恐怖放过。扎哈尔·沃洛维奇和莫伊谢·戈尔布在 1937 年春被枪决，雅科夫·阿格拉诺夫（他用两件事情丰富了自己的履历——在 1934 年签署了曼德尔施塔姆的逮捕令，两年后参与"审讯"自己的朋友普里马科夫）及其妻瓦连京娜于 1938 年被枪决，尼古拉·叶若夫则在 1940 年被毙。

501

恐怖的受害者还包括亚历山大·克拉斯诺肖科夫。1930 年他娶了自己过去的秘书多娜·格鲁兹，四年后，她生下了双胞胎连娜和娜塔莎，亦即卢埃拉的同父异母妹妹。1937 年 7 月，克拉斯诺肖科夫因被控与托派分子有来往而被捕，他的妻子于 11 月被捕。11 月 26 日他被处决，而多娜则被当作人民公敌之妻流放出莫斯科，刑期八年。

克拉斯诺肖科夫的大女儿卢埃拉在 1929 年出嫁，并成为一名动物学家。她于 2002 年死于圣彼得堡，享年九十岁。她一生都崇拜着莉莉，就像后者六十五年来忠诚的朋友兼护花使者列夫·格林克鲁格一样。莉莉死后九年，也就是 1987 年，在莫斯科市郊"水泥厂"公共汽车站旁的一间小公寓里，这个温顺的俄罗斯贵族死了，离期颐之年还差两岁。

参考文献

尽管在大半个世纪里，马雅可夫斯基一直稳坐苏联帕尔纳索斯山的 503
头把交椅，尽管关于他的书籍、文章数以千计，可关于他的研究却并不尽
如人意。1935 年被斯大林封圣后，诗人的著作不断重印，然而那些被认
为不适合一个模范苏维埃诗人形象的诗作就完全不刊印，或很少再版。
任何有关他的信息，尤其是回忆录，都遭到类似的审查。一切让马雅可
夫斯基偏离伟大无产阶级诗人形象的材料都会被从传记中剔除。

苏共二十大（1956 年）后形势有所好转。两年后《文学遗产》第六
十五卷《马雅可夫斯基新材料》出版（42）*，其中不仅刊出了诗人当时
仍不为人知晓的文本和有关他的学术论文，而且最重要的是，刊印了
一百二十五封他给莉莉的书信和电报。但该书出版后，苏共意识形
态、文化和国际政党联络事务委员会作出决议，称这些刊出的信件"歪
曲了杰出苏维埃诗人的面貌"，且在总体上"与境外修正主义势力的造

---

* 括号中的数字系该书在下文常用资料和基本文献中的编号。

谣诼毁沉滗一气"。该书原定出版两卷本,然而原计划收录莉莉和埃尔莎回忆录的第二卷却再也没有下文。

不过莉莉回忆录的一个片段刊登在 1963 年出版,厚达七百多页的文集《同时代人回忆弗·马雅可夫斯基》(15)中。文集中还收录了维·什克洛夫斯基、列·格林克鲁格、科·楚科夫斯基、丽·赖特、亚·罗琴科、谢·爱森斯坦、弗·梅耶荷德、尼·阿谢耶夫、瓦·卡塔尼扬和马雅可夫斯基其他各位友人、同仁的回忆录。然而这本文集遭到苏联当局和这些作者本人严厉的审查。马雅可夫斯基生平的"复杂性"遭到掩盖,本书的读者会轻易发现,本书中常出现的一些人名在那本回忆录中是找不到的,其中有埃莉·琼斯、塔季亚娜·雅科夫列娃、韦罗妮卡·波隆斯卡娅这样在他生命中扮演过重要角色的人物,更不用说像列夫·托洛茨基、尼古拉·布哈林这样的政治人物了。

504　　　可想而知,这本文集让马学界的"反布里克阵营"很不是滋味,他们在五年后出版了一本解毒书:《亲友回忆中的马雅可夫斯基》(44)。这本书里对莉莉和奥西普发起了猛烈攻击,把他们刻画成马雅可夫斯基的恶精灵(38)。这本文集的出版标志着围绕马雅可夫斯基展开的意识形态斗争进入白热化阶段。(见《马雅可夫斯基的第二次死亡》一章)1975 年由本人和尼尔斯·奥克·尼尔松(Nils Åke Nilsson)教授出版于斯德哥尔摩的《马雅可夫斯基。回忆录与论文》(收录于"斯德哥尔摩俄罗斯文学研究丛书",书中既有俄语文章也有英语文章,97)试图纠正、平衡前作带来的影响。除了莉莉·布里克及其夫瓦·阿·卡塔尼扬的回忆录外,书中还刊载了一批瑞典和俄罗斯学者研究马雅可夫斯基创作的论文。原定写给第二卷《马雅可夫斯基新材料》的埃尔莎回忆录由于该书难产,而被收进了这本文集。

瓦汉·迪·巴鲁希扬于 1978 年出版的《布里克和马雅可夫斯基》

(87a)首次强调了奥西普·布里克对俄罗斯文化的贡献。

　　七十年代苏联的内部形势恶化到莉莉和奥西普的名字几乎要被彻底剔出马雅可夫斯基传记的程度。为了与这种篡改行径作斗争,我编辑并出版了马雅可夫斯基和莉莉·布里克的通信全集,内含四百十六封信件、电报,并附一篇长序和详注(84)。是我鼓励莉莉·布里克采取了这一措施,她故世后瓦·阿·卡塔尼扬将相关材料转交予我。俄语版通信集1982年在斯德哥尔摩出版后,它在苏联得到的回应是一片死寂,因为即使只是稍稍提及此书,就等于承认莉莉·布里克这个人曾经存在过! 接下来几年,该通信集有多种语言的译本问世,如意大利语版(Mondadori 出版社)和英语版(纽约,Grove 出版社;爱丁堡,Polygon 出版社)。六年后我出版了马雅可夫斯基和埃尔莎的通信集(85),随后又应雅各布松基金会委托,在1992年编了一册书,其中包括我和雅各布松关于马雅可夫斯基和未来主义的访谈,他的书信(包括与埃尔莎的通信),以及他论述俄国先锋派的早期文章(86)。

　　戈尔巴乔夫改革和其后发生的种种历史变革使局面有了根本性变化。1991年马雅可夫斯基和莉莉的通信集在莫斯科出版,遂成为"官方版"。为纪念诗人的百岁诞辰,1993年刊印了一系列之前未公布的回忆录,作者有伊达·赫瓦斯(73)、薇拉·舍希特尔(77)、达维德和玛鲁霞·布尔柳克夫妇(14),此外还出版了一本女性回忆录集,作者都曾与马雅可夫斯基有过密切来往,其中有莉莉、埃尔莎、索尼娅·沙马尔金娜、娜塔利娅·布留哈年科等(32)。在纽约,马雅可夫斯基的女儿根据母亲留下的录音,编写了一本题为《马雅可夫斯基在曼哈顿》(65)的小书。而在遥远的哈萨克斯坦的腹地阿克莫拉(Акмола)①,阿纳托利·瓦

---

　　①　今哈萨克斯坦首都阿斯塔纳。在译者交稿前这座城市又被改名为"努尔苏丹"。

柳热尼奇(Анатолий Валюженич)出版了一本文集,其中既有奥西普·布里克写的文章,也有关于他的材料(19)。1999 年瓦西里和加林娜·卡塔尼扬夫妇的回忆录(31)问世,2003 年则出版了一本包含莉莉的回忆录及其书信、日记选的文集(11)。

有关马雅可夫斯基自杀的材料之问世意义尤其重大。1998 年瓦·斯科里亚京出版了一本书,其中收录了一批之前已经发表过的杂志文章,他在其中试图证明马雅可夫斯基并非自杀,而是被谋杀(58)。尽管这一论断并不严肃,但不能不承认作者披露的一系列文献材料有助于我们对马雅可夫斯基和布里克夫妇与契卡的关系有新的认识。2005 年出版的一本书(16)是多年来对马学界做出的最大贡献,而且其意义也超出马学界之外。书中收录了此前一直保存于(更确切地说,是"迷失于")内务人民委员尼古拉·叶若夫档案中的关于马雅可夫斯基自杀的材料,在这本六百页的书中可以读到线人的告密、审讯记录、回忆录和其他与这起自杀案有关的文献。

2000 年莉莉和埃尔莎 1921 年至 1970 年间通信的俄语版和法语版问世(40,99),这固然是重要的文献,但对马雅可夫斯基只是间接涉及,因为只有少数信件(俄语版中甚至比法语版还少)写于 1930 年前。

近年来出版了许多关于莉莉的文章和书籍,其中有瓦·瓦·卡塔尼扬的《莉莉·布里克:一生》(34),这本书是事实材料和个人回忆录的组合,是 1998 年问世的一本小书(33)的扩展版。然而其中只有九十页涉及莉莉和马雅可夫斯基在一起的岁月,其他部分讲的都是她在 1930 年后的生活。阿·瓦克斯贝格那本讲述了莉莉一生的书(18)是对"契卡学"的宝贵贡献,它大大丰富了我们对那些安全机关的认识,让我们了解它们在二十年代的苏联社会扮演了什么角色,它们对文学和艺术界的渗透程度,尤其是马雅可夫斯基-布里克夫妇的"家庭"和它的关系。

近年来在文坛更有吸引力的无疑是莉莉，而非马雅可夫斯基。原因有两个：首先是苏联解体后，人们对后者失去了兴趣，再者如今文人们有了书写昔日禁忌的自由。莉莉那色彩丰富的生平是让人难以抵挡的诱惑——而"马雅可夫斯基的女人们"这个题目也同样如此。围绕后一题材的最新成果有：一本由马雅可夫斯基博物馆出版的关于塔季亚娜·雅科夫列娃的小书《塔塔》(64)；尤·秋林关于同一题材的一本书(69)和斯·科瓦连科有关"马雅可夫斯基生命中的女性"的一本书(35)。2005年在纽约出版了塔季亚娜·雅科夫列娃之女弗朗辛·杜普莱西·格雷关于她母亲和继父亚历克斯·利伯曼的书《他们》(92)。

马雅可夫斯基却至今没有一本真正的传记。维·佩尔佐夫的三卷本《马雅可夫斯基。生平与创作》(50)出版于"停滞年代"登峰造极的时刻，其内容被官方对马雅可夫斯基的看法——仅仅通过其对苏维埃政权的忠诚度来衡量他——扭曲到无药可救的地步。亚·米哈伊洛夫出版于1988年的传记(46)也有这个毛病，虽然严重程度已大大减轻。1985年在德国用俄语出版的尤·卡拉布奇耶夫斯基的《马雅可夫斯基的复活》一书(27)则恰恰相反，它是对马雅可夫斯基官方形象的愤怒攻击，其中满是作者对诗人命运的哀痛，书中有很多精确的观察，但也不乏针对各路人士的不公平、不审慎的攻击。这不能算是一部传记。

瓦·阿·卡塔尼扬的《马雅可夫斯基。生平与活动年谱》曾先后再版四次，最后一次是1985年(30)。它以日为单位详细描绘了诗人的生活，可以算作一部独特的传记纲要。书里有直接引用，但却没有分析。尽管存在着种种缺陷（主要是由审查干涉导致的），而且内容也很不全面，该书仍是本传记写作时的重要资料来源。

如果说在苏联写作马雅可夫斯基传的愿望和机会受限于围绕诗人名字的审查与禁忌，那么在西方其传记的匮乏主要就是因为大家对他缺少兴趣。在地球的这一边，斯拉夫学家们的注意力都不无道理地聚焦在那些在苏联被禁止或被迫害，因而无法被苏联学者研究的作家身上，比如安娜·阿赫马托娃、鲍里斯·帕斯捷尔纳克、奥西普·曼德尔施塔姆、玛丽娜·茨维塔耶娃等等。

1965 年出版了一本由波兰作家维克托·沃罗希利斯基编纂的文集《马雅可夫斯基的一生》(111)。这本书搜集了各种回忆录、书信和其他文献，多面、生动地呈现了马雅可夫斯基的生平与创作。然而这也只是一部文本汇编，而不是传记。美国学者爱德华·布朗出版于 1973 年的著作《马雅可夫斯基：革命中的一个诗人》(89)是对诗人作品的文艺学(形式)分析，其中刻意突出了反传记倾向。维克托·特拉斯(Victor Terras)1983 年出版的小书《弗拉基米尔·马雅可夫斯基》(108)收录于"特怀恩世界作家丛书"中，这是一篇对马雅可夫斯基创作短小(一百五十页)精悍的导读，然而此书却没有传记方面的抱负。安和塞缪尔·查特斯夫妇的《爱：弗拉基米尔·马雅可夫斯基和莉莉·布里克的故事》(90)一书于 1979 年在纽约出版。这本书在很大程度上依靠的是莉莉的访谈，绝大多数访谈由丽塔·赖特采录，也有一些是我进行的。两位作者给自己定的目标是描绘"莉莉·布里克和弗拉基米尔·马雅可夫斯基之间的爱情故事"，而对马雅可夫斯基文学和政治生平的触及则非常浅显。遗憾的是，书中存在大量硬伤，导致这一点的原因是两位作者不懂俄语，这严重限制了他们能读到的文献数量(不过在 1979 年反正也还没什么文献)。

　　如今读者手上这本沉甸甸的书并非第一本关于马雅可夫斯基的著作,但相当奇怪的是,它却是第一本非苏联学者写的诗人**传记**。之所以现在才把它写出来,是因为直到近年这项工作才有可能进行:在苏联年代有太多素材是我们不知道或接触不到的。然而尽管苏联解体让情况大有改观,还是有很多材料永远丢失了。1935 年马雅可夫斯基被封圣后,莉莉销毁了塔季亚娜和玛丽亚·杰尼索娃的信(奇怪的是,却没有销毁埃莉·琼斯的)。如果说她这么做的动机是渴望将自己呈现为马雅可夫斯基唯一的缪斯的话(实际上她也确实是),那么1936 年普里马科夫被捕后其所作所为的原因就是恐惧和生存本能了。她从 1929 年开始撰写,有四百五十页打字稿那么多(莉莉·布里克对本书作者如是说)的回忆录在那时被销毁,只有涉及革命前岁月的那些章节得以幸免,我们在《莉莉》一章中引用了这些文字。她从同一年开始记的日记也遭到了修改,那些有可能危及她和别人的名字和事实被删去。这样一来,我使用的文本其实就是一个修改版。她的回忆录和日记这两年都已公布(11),然而并非完整版。

　　这就是我们从莉莉和别人那里得知的内容。然而我们却不知道还有多少文献在对马雅可夫斯基长达五十年的官方崇拜中被销毁了。马雅可夫斯基的通信人并不是很多,但比起传到后人手里的通信,他无疑曾写过,也曾收到过更多。

　　莉莉·布里克和瓦西里·卡塔尼扬的档案存放在俄罗斯国立文学艺术档案馆(РГАЛИ)中,近期才对学者开放。然而,部分这些文件的图像复制件,其中包括上面提及的那些回忆录片段和日记,还有一些其他人士未公开的有关马雅可夫斯基的回忆录从二十世纪七十年代起就存放在我个人的档案中。我会在下面各章的注释中列举这些材料。

　　在"常用资料和基本文献"中罗列了已发表的文献。在各章节单独列出的参考文献中还会提及其中若干种书目,但并不包括常用资料(如已发表的莉莉、埃尔莎和罗曼·雅各布松的回忆录,瓦·阿·卡塔尼扬的《年谱》)。马雅可夫斯基的文本引自其十三卷著作全集,莫斯科 1955 – 1961 年版(43),莉莉和马雅可夫斯基的通信则引自由我编纂的 1991 年版(84)。

常用资料和基本文献

1. Азарх-Грановская А. *Воспоминания*. Jerusalem; Москва, 2001.

2. Анненков Ю. *Дневник моих встреч*. Т. I-II, New York, 1966.

3. Асеев Н. *Воспоминания о Маяковском* (15).

4. *Большая цензура. Писатели и журналисты в стране советов 1917-1956/* Под ред. Л. В. Максименкова. Москва, 2005.

5. Брик Л. *Из воспоминаний* // *С Маяковским*. Москва, 1934.

6. Брик Л. *Из воспоминаний о стихах Маяковского* // Знамя. 1941. № 4.

7. Брик Л. *Щен* // *Из воспоминаний о Маяковском*. Молотов, 1942.

8. Брик Л. *Чужие стихи* (15).

9. Брик Л. *Предложение исследователям* // Вопросы литературы. 1966. № 9.

10. Брик Л. *Из воспоминаний* (32).

11. Брик Л. *Пристрастные рассказы/* Под ред. Я. И. Гройсмана, Инны Гене. Нижний Новгород, 2003.

12. Брюханенко Н. *Пережитое* (32).

13. Бурлюк Д. *Фрагменты из воспоминаний футуриста.* С.-Петербург, 1994.

14. Бурлюк Д. Бурлюк М. *Маяковский и его современники //* Литературное обозрение. 1993. № 6.

15. *В. Маяковский в воспоминаниях современников.* Москва, 1963.

16. *В том, что умираю, не вините никого?..* Следственное дело В. В. Маяковского. Москва, 2000.

17. Ваксберг А. *Гибель буревестника.* Москва, 1997. [法语版：*Le Mystère Gorki.* Paris, 1997.]

18. Ваксберг А. *Загадка и магия Лили Брик.* Москва, 2003. [法语版：*Lili Brik: Portrait d'un séductrice.* Paris, 1999.]

19. Валюженич А. *О. М. Брик: Материалы к биографии.* Акмола, 1993.

20. Валюженич А. *Лиля Брик — жена командира.* Астана, 2006.

21. Волков-Ланнит Л. *Александр Родченко рисует, фотографирует, спорит.* Москва, 1968.

22. Волков-Ланнит Л. *Вижу Маяковского.* Москва, 1981.

23. Динерштейн Е. *Маяковский и книга.* Москва, 1987.

24. Гладков А. *Встречи с Пастернаком.* Париж, 1973.

25. Кацис Л. *Владимир Маяковский. Поэт в интеллектуальном контексте эпохи.* Москва, 2004.

26. Каменский В. *Жизнь с Маяковским.* Москва, 1940.

27. Карабчиевский Ю. *Воскресение Маяковского.* Мюнхен, 1985.

28. Кассиль Л. *Маяковский — сам.* Москва, 1963.

29. Катанян Г. *«Азорские острова» //* Дом Остроумова в Трубниках. Москва, 1995. 删节重刊于(31).

30. Катанян В. А. *Маяковский. Хроника жизни и деятельности.* Москва, 1985. [严重删节的意大利语版：*Vita di Mayakovskij.* Rome, 1978.]

31. Катанян В. А. *Распечатанная бутылка.* Нижний Новгород, 1999.

508

32. Катанян В. В. (ред.). *Имя этой теме: любовь! Современницы о Маяковском.* Москва, 1993.

33. Катанян В. В. (ред.). *Лиля Брик, Маяковский и другие мужчины.* Москва, 1998.

34. Катанян В. В. *Лиля Брик: Жизнь.* Москва, 2002.

35. Коваленко С. *« Звездная дань »: Женщины в судьбе Маяковского.* Москва, 2006.

36. Крусанов А. *Русский авангард 1907-1932. Исторический обзор*: В 3 т. Москва, 2003. Т. II, кн. 1-2: *Футуристическая революция 1917-1921.*

37. Кэмрад С. *Маяковский в Америке.* Москва, 1970.

38. Лавинская Е. *Воспоминания о встречах с Маяковским* (44).

39. Лавут П. *Маяковский едет по Союзу.* Москва, 1969.

40. *Лиля Брик ⁻ Эльза Триоле. Неизданная переписка 1921-1970/*Под ред. В. В. Катаняна. Москва, 2000.

41. *Литературная жизнь России 1920-х годов/*Главн. ред. А. Галушкин. Москва, 2005. Т. I, ч. 1-2.

42. *Литературное наследство: Новое о Маяковском.* Москва, 1958. Т. 65.

43. Маяковский В. *Полное собрание сочинений*: В 13 т. Москва, 1955-1961.

44. *Маяковский в воспоминаниях родных и друзей.* Москва, 1968.

45. Мазаев А. *Искусство и большевизм 1920-1930.* Москва, 2004.

46. Михайлов А. *Маяковский.* Москва, 1988.

47. Мухачев Б. *Александр Краснощеков.* Владивосток, 1999.

48. Пастернак Борис. *Собрание сочинений*: В 5 т. Москва, 1989-1992.

49. Пастернак Борис. *Переписка с Ольгой Фрейденберг.* Москва, 2000. [英语版: Pasternak Boris. *The Correspondence of Boris Pasternak and Olga Freidenberg, 1910-1954.* New York, 1982.]

50. Перцов В. *Маяковский. Жизнь и творчество*: В 3 т. Москва, 1969-1973.

51. Полонская В. < *Воспоминания* > (16).

52. Пунин Н. *Мир светел любовью: Дневники. Письма.* Москва, 2000.

53. Райт Р. *Только воспоминания* (15).

54. Райт Р. *Все лучшие воспоминания* // Oxford Slavonic Papers. 1967. Vol. 13.

55. Рапопорт А. *Не только о Маяковском.* Запись беседы с Юрием (应为: Юлием) Борисовичем Румером 14 апреля 1978 г. / www. alrapp. narod. ru.

56. Родченко А. *Статьи Воспоминания.* Москва, 1982.

57. Родченко А. *Опыты для будущего.* Москва, 1996.

58. Скорятин В. *Тайна гибели Маяковского.* Москва, 1998.

59. Соколова Евг. *Двадцать лет рядом* (19).

60. Спасский С. *Маяковский и его спутники.* Москва, 1940.

61. Спивак М. *Посмертная диагностика гениальности.* Москва, 2001.

62. Степанова В. *Человек не может без чуда.* Москва, 1994.

63. Струве Г. *Русская литература в изгнании.* Париж, 1984.

64. *Tatá (Татьяна Яковлева).* Москва, 2003.

65. Томпсон Патриция. *Маяковский на Манхэттене.* Москва, 2003. [英语版: Tompson, Patricia J. *Mayakovsky in Manhattan: A Love Story.* New York, 1993.]

66. Триоле Э. *Земляничка.* Москва, 1926.

67. Триоле Э. *Заглянуть в прошлое* (32).

67a. Триоле Э. *Воинствующий поэт* (97).

68. Троцкий Л. *Литература и революция.* Москва, 1923.

69. Тюрин Ю. *Татьяна. Русская муза Парижа.* Москва, 2006.

70. Флейшман Л. *Борис Пастернак в двадцатые годы.* С. -Петербург, 2003.

71. Флейшман Л. *Борис Пастернак и литературное движение 30-х годов.*

509

С. -Петербург, 2005.

72. Харджиев Н. *Статьи об авангарде*: В 2 т. Москва, 1997.

73. Хвас И. *Воспоминания о Маяковском* // Литературное обозрение. 1993. № 9-10.

74. Ходасевич Валентина. *Портреты словами*. Москва, 1987.

75. Ходасевич Владислав. *О Маяковском* // *Избранная проза*. Нью-Йорк, 1982.

76. Чуковский К. *Дневник 1901-1929*. Москва, 1991; *Дневник 1931-1969*. Москва, 1994.

77. Шехтель В. *Был у нас Маяковский...* // Литературное обозрение. 1993. № 6.

78. Шамардина С. *Футуристическая юность* (32).

79. Шкловский В. *Третья фабрика*. Москва, 1926.

80. Шкловский В. *О Маяковском* // Шкловский В. *Собрание сочинений*: В 3 т. Москва, 1974. Т. 3.

81. Шкловский В. *Гамбургский счет*/Сост. и комм. А. Галушкина. Москва, 1990.

82. Якобсон Р. *О поколении, растратившем своих поэтов* // *Смерть Владимира Маяковского*. Берлин, 1931.

83. Якобсон Р. *Новые строки Маяковского* // Русский литературный архив. Нью-Йорк, 1956.

84. Янгфельдт Б. (ред.). *Любовь — это сердце всего. В. В. Маяковский и Л. Ю. Брик: Переписка 1915-1930*. Москва, 1991. [英语版: Jangfeldt Bengt (ed.) *Love Is the Heart of Everything: Correspondence between Vladimir Mayakovsky and Lili Brik, 1915-1930*. New York, 1987.]

85. Янгфельдт Б. (ред.). *«Дорогой дядя Володя...» Переписка Маяковского и Эльзы Триоле 1915-1917*. Стокгольм, 1990.

86. Янгфельдт Б. (ред.). *Якобсон-будетлянин*. Сборник материалов.

Стокгольм, 1992. [英语版: *My Futurist Years.* New York, 1997.]

86a. Янгфельдт Б. *Три заметки о В. В. Маяковском и Л. Ю. Брик //* A Century's Perspective: Essays on Russian Literature in Honor of Olga Raevsky Hughes and Robert P. Hughes. Stanford, Calif. , 2006.

86b. Янгфельдт Б. *« Остановись, прохожий! »: фрагменты из беллетризированных воспоминаний Л. Ю. Брик о Маяковском //* Vademecum: К 65-летию Лазаря Флейшмана. Москва, 2010.

87. Barnes Christopher. *Boris Pasternak: A Literary Biography.* Cambridge; New York, 1989-1998. Vol. I-II.

87a. Barooshian, Vahan D. *Brik and Mayakovsky.* The Hague, 1978.

88. Bouchardeau Huguette. *Elsa Triolet. Ecrivain.* Paris, 2000.

89. Brown Edward J. *Mayakovsky. A Poet in the Revolution.* Princeton, 1973.

90. Charters Ann & Samuel. *I Love. The Story of Vladimir Mayakovsky and Lili Brik.* New York, 1979.

91. Desanti Dominique. *Les clés d'Elsa.* Paris, 1983.

92. Du Plessix Gray Francine. *Them. A Memoir of Parents.* New York, 2005.

93. Eimermacher Karl (red.). *Dokumente zur soujetischen Literaturpolitik 1917-1932.* Stuttgart; Berlin, 1972.

94. Erlich Victor. *Russian Formalism. History, Doctrine.* The Hague-Paris, 1969.

95. Fleishman Lazar. *Boris Pasternak. The Poet and his Politics.* Cambridge, Mass. ; London, 1990.

510　　96. Geiger Kent. *The Family in Soviet Russia.* Cambridge, Mass. , 1968.

97. Jangfeldt Bengt/Nilsson N. A. *Vladimir Majakovskij. Memoirs and Essays.* Stockholm, 1975.

98. Jangfeldt Bengt. *Majakovskij and Futurism 1917-1921.* Stockholm, 1976.

99. *Lili Brik-Elsa Triolet. Correspondance 1921-1970 //* Preface et notes de Leon Robel. Paris, 2000.

100. MacKinnon Lachlan. *The Lives of Elsa Triolet*. London, 1992.

101. *Majakowski in Deutschland. Texte zur Rezeption 1919-1930 //* Herausgegeben von Roswitha Loew und Bella Tschistowa. Berlin, 1986.

102. Pipes Richard. *The Russian Revolution 1899-1919*. London, 1990.

103. Pipes Richard. *Russia under the Bolshevik Regime 1919-1924*. London, 1994.

104. Schapiro Leonard. *The Communist Party of the Soviet Union*. New York, 1971.

105. Stahlberger Lawrence L. *The Symbolic System of Majakovskij*. The Hague-Paris, 1964.

106. Stephan Halina. *«Lef» and the Left Front of the Arts*. München, 1981.

107. Stites Richard. *The Women's Liberation Movement in Russia. Feminism, Nihilism, and Bolshevism 1860-1930*. Princeton, 1978.

108. Terras Victor. *Vladimir Mayakovsky*. Twayne's World Authors Series. Boston, 1983.

109. Toman Jindrich. *The Magic of a Common Language. Jakobson, Mathesius, Trubetzkoy, and the Prague Linguistic Circle*. Cambridge, Mass.; London, 1995.

110. Triolet Elsa. *Écrits intimes 1912-1939* (Édition établie, préfacée et annotée par Marie-Thérèse Eychart). Paris, 1998.

110a. Triolet Elsa. *Fraise-des-bois*. Paris, 1974.

111. Woroszylski Wiktor. *Zycie Majakowskiego*. Warszawa, 1965. ［英语版：Woroszylski, Wiktor. *The Life of Mayakovsky*. New York, 1970.］

沃洛佳

已发表文献：

Бурлюк Д. *Фрагменты из воспоминаний футуриста* (13).

Бурлюк Д. Бурлюк М. *Маяковский и его современники* (14).

Каменский В. *Жизнь с Маяковским* (26).

Лившиц Б. *Полутораглазый стрелец*. Ленинград, 1933.

Маяковская А. *Детство и юность Владимира Маяковского* (15).

Маяковская Л. *Пережитое*. Тбилиси, 1957.

Хвас И. *Воспоминания о Маяковском* (73).

Шамардина С. *Футуристическая юность* (32).

Шехтель В. *Был у нас Маяковский . . .* (77).

Pasternak, Boris. *The Voice of Prose*. Edited by Christopher Barnes. New York, 1986.

莉　莉

未发表文献：

这一章中使用了莉·尤·布里克未刊载的书信和回忆录（其中有部分收录于文集 *Пристрастные рассказы* 〔11〕中），以及与她谈话的录音。本书作者的个人档案。

511　　已发表文献：

Азарх-Грановская А. *Воспоминания* (1).

Валюженич А. *О. М. Брик. Материалы к биографии* (19).

Яблонская М., Евстафьева И. *Генрих（Андрей）Блюменфельд（1893-1920）// Панорама искусств*. М., 1990. Вып. 13.

Янгиров Р. *Олег Фрелих и Осип Брик: «Мы с тобой связаны навсегда» // Шестые Тыняновские чтения: Тезисы докладов и материалы для обсуждения*. Рига；Москва, 1992.

Triolet Elsa. *Le Premier accroc coûte deux cents francs*. Paris, 1944.

Triolet Elsa. *Ecrits intimes 1912-1939*（110）.

Stites，Richard. *The Women's Liberation Movement in Russia: Feminism, Nihilism, and Bolshevism 1860-1930*（107）.

穿裤子的云

未发表文献：

Брик Л. *Как было дело*. 本书作者的个人档案。

已发表文献：

Азарх-Грановская А. *Воспоминания*（1）.

Борис Пастернак и Сергей Бобров. *Письма четырех десятилетий* / Под ред. М. Рашковской. Stanford Slavic Studies，1996. Vol. 10.

Устные воспоминания Р. О. Якобсона о Маяковском（1967）/ Вст. заметка Е. Тоддеса // *Седьмые Тыняновские чтения: Материалы для обсуждения*. Рига；Москва，1995-1996.

Хвас И. *Воспоминания о Маяковском*（73）.

Шкловский В. *Третья фабрика*（79）.

Янгфельдт Б.（ред.）. *Якобсон-будетлянин*（86）.

第一次和第三次革命

未发表文献：

Брик Л. *Как было дело*. 本书作者的个人档案。

已发表文献：

Баранова-Шестова Н. *Жизнь Льва Шестова*. Paris，1983. Т. 1.

Гринкруг Л. *Не для денег родившийся* (15).

Смородин А. А. *Поэзия В. В. Маяковского и публицистика 20-х годов.* Ленинград, 1972.

Якобсон Р. *Новые строки Маяковского* (83).

Шамардина С. *Футуристическая юность* (32).

Bouchardeau Huguette. *Elsa Triolet* (88).

Desanti Dominique. *Les cles d'Elsa* (91).

Jangfeldt Bengt. *Notes on «Manifest Letucej Federacii Futuristov» and the Revolution of the Spirit* (97).

512   Jangfeldt Bengt. *Majakovskij and Futurism 1917-1921* (38).

Jangfeldt Bengt. *Russian Futurism 1917-1919 // Art, Society, Revolution. Russia 1917-1921.* Stockholm, 1979.

共产未来主义

未发表文献:

Талова М. *Водопьяный переулок и его обитатели.* 打字稿。本书作者的个人档案。

已发表文献:

Азарх-Грановская А. *Воспоминания* (1).

Золотоносов М. *M/Z, или Катаморан.* С.-Петербург, 1996.

Иванов Вяч. Вс. *Буря над Ньюфаундлендом // Роман Якобсон: Тексты. Документы. Исследования.* Москва, 1999.

Крусанов А. *Русский авангард* (36).

Пунин Н. *Мир светел любовью* (51).

Селезнев Л. А. *Маяковский и итальянские футуристы: Неизвестное* интервью поэта // *Творчество В. В. Маяковского в начале XXI века.* Москва, 2008.

Терехина В. *«Двое в одном сердце»: Владимир Маяковский и Антонина Гумилина* // Человек. 1999. № 2.

Чуковский К. *Дневник 1901-1929* (76).

Янгиров Р. *Роман Гринберг и Роман Якобсон* // *Роман Якобсон: Тексты. Документы. Исследования.* Москва, 1999.

Янгфельдт Б. (ред.). *Якобсон-будетлянин* (86).

Barnes Christopher. *Boris Pasternak* (87).

Jakobson Roman. *Postscript* // O. M. Brik. *Two Essays on Poetic Language.* Ann Arbor, 1964.

新经济政策,螺丝在拧紧

已发表文献:

Ваксберг А. *Гибель буревестника* (17).

Мухачев Б. *Александр Краснощеков* (47).

Неизвестный Горький. Москва, 1994.

Янгфельдт Б. *Еще раз о Маяковском и Ленине (Новые материалы)* // Scando-Slavica, 1987. Tomus 33.

Jangfeldt Bengt. *Majakovskij and the Publication of «150 000 000»: New Materials* // Scando-Slavica, 1975. Tomus 21.

Jangfeldt Bengt. *Russian Futurism 1917-1919* // Art, Society, Revolution. Russia 1917-1921. Stockholm, 1979.

Pipes Richard. *The Russian Revolution 1919-1924* (103).

渴望西方

513　　　　未发表文献：

Public Record Office. London. Records of the Security Service（KV2/484）.（英国情报部门关于叶·尤·卡甘的资料，包含与马雅可夫斯基、埃尔莎、布里克夫妇有关的文件。2002 年解密。）

已发表文献：

Воспоминания об Асееве. Москва, 1980.

В. Б. Шкловский. *Письма к М. Горькому* // Публ. А. Галушкина // De Visu. 1993. № 1 (2).

Гиндин С., Иванова Е. *Переписка Р. О. Якобсона и Г. О. Винокура* // *Новое литературное обозрение.* 1996. № 21.

Погорелова（Рунт）Б. *Валерий Брюсов и его окружение* // *Воспоминания о серебряном веке.* Москва, 1993.

Райт Р. *Все лучшие воспоминания...*（54）.

Борис Пастернак и Сергей Бобров. *Письма четырех десятилетий* // Под ред. М. Рашковской. Stanford Slavic Studies, 1996. Vol. 10.

Флейшман Л. *Высылка интеллигенции в русский Берлин в 1922 г.* // *Русский Берлин 1920-1945.* Москва, 2006.

Скорятин В. *Тайна гибели Маяковского*（58）.

Шкловский В. *Гамбургский счет*（81）.

Эренбург И. *Люди. Годы. Жизнь.* Москва, 1990. Т. I.

Chamberlain Lesley. *The Philosophy Steamer. Lenin and the Exile of the Intelligentsia.* London, 2006.

Pipes Richard. *The Russian Revolution 1919-1924*（103）.

Triolet Elsa. *Ecrits intimes 1912-1939*（110）.

关于这

已发表文献：

Асеев Н. *Работа Маяковскою над поэмой «Про это»* // Маяковский В. В. *Полное собрание сочинений.* Москва, 1934. Т. 5.

Брик Л. *Предложение исследователям*（9）.

Райт Р. *Все лучшие воспоминания...*（54）.

Янгфельдт Б. *Маяковский и Гете в парке Лили* // *Wlodzimierz Majakowski i jego czasy.* Warszawa, 1995.

Stephan Halina. *«Lef» and the Left Front of the Arts*（106）.

摆脱了爱情和宣传画

未发表文献：

Вотоминания Л. Варшавской（Краснощековой）о Маяковском. 本书作者的个人档案。

Public Record Office. London. Records of the Security Service（KV）.（英国情　514
报部门关于叶・尤・卡甘的资料，包含与马雅可夫斯基、埃尔莎、布里克夫妇有关的文件。2002 年解密。）

已发表文献：

Асеев Н. *Воспоминания о Маяковском*（15）.

Галушкин А. *Виктор Шкловский и Роман Якобсон: Переписка*（*1922-56*）// *Роман Якобсон: Тексты. Документы. Исследования.* Москва, 1999.

Варшавская（Краснощекова）Л. *Из воспоминаний об отце и семье* //

Дальний Восток. 1990. № 4.

Мухачев Б. *Александр Краснощеков* (47).

Argenbright, Robert. *Marking NEP's Slippery Path: The Krasnoshchekov Show Trial*. The Russian Review, 61, 2002.

Goldman Emma. *Living my Life*. New York, 1931.

Kleberg Lars. *Notes on the poem «Vladimir Il'ic Lenin»* (97).

Stephan Halina. *«Lef» and the Left Front of the Arts* (106).

美 国

未发表文献：

Воспоминания Л. Варшавской (Краснощековой) о Маяковском. 本书作者的个人档案。

已发表文献：

Евдаев Н. *Давид Бурлюк в Америке: Материалы к биографии.* Москва, 2002.

Галушкин А. *Над строкой партийною решения. Неизвестное выступление В. В. Маяковскою в ЦК РКП (б)* // Новое литературное обозрение. 2000. № 41.

Кэмрад С. *Маяковский в Америке* (37).

Томпсон Патриция. *Маяковский на Манхэттене* (65).

Троцкий Л. *Литература и революция* (68).

Флейшман Л. *Борис Пастернак в двадцатые годы* (70).

Ходасевич Валентина. *Портреты словами* (74).

Янгиров Р. *Крымский проект и евреи-«землеборы» в дискурсе советской кинематографии* // *Параллели.* Москва, 2002.

Янгфельдт Б. *Асеев, Маринетти и Маяковский //* Russia/Россия. 1987. Vol. 5.

Янгфельдт Б. *О Маяковском и «двух Элли» //* Литературное обозрение. 1993. № 6.

Morand Paul. *L'Europe galante.* Paris, 1925. (俄译本：Золотоносов М. *M/Z, или Катаморан.* С. -Петербург, 1996).

Pozner Vladimir. *La litterature francaise jugeepar les grands ecrivains etrangers //* Le journal litteraire 29. 9 1925.

新规则

未发表文献：

Воспоминания Г. Катанян. 本书作者的个人档案。

Брик Л. *Неопубликованный мемуарный фрагмент 30-х годов.* 本书作者的个人档案。

已发表文献：

515

Брюханенко Н. *Пережитое* (32).

Ефимов Б. *Поэт, каким я его знал лично.* http: // 1001. vdv. ru/ books/efimov

Кулешов Л. , Хохлова А. *50 лет в кино.* Москва, 1975.

Лавут П. *Маяковский едет по Союзу* (39).

Луначарский А. *О быте.* Москва, 1927.

Родченко А. *Статьи. Воспоминания.* (56).

Родченко А. *Опыты для будущего* (57).

Степанова В. *Человек не может без чуда* (62).

Флейшман Л. *Борис Пастернак в двадцатые годы* (70).

Янгфельдт Б. *Асеев, Маринетти и Маяковский* // Russia / Россия. 1987. Vol. 5.

Geiger Kent. *The Family in Soviet Russia.* Cambridge, Mass. , 1968.

Stephan Halina. *«Lef» and the Left Front of the Arts* (106).

塔季亚娜

未发表文献:

Машинопись магнитофонной беседы Г. Шмакова с Т. Яковлевой. 本书作者的个人档案。

Public Record Office. London. Records of the Security Service (KV). (英国情报部门关于叶·尤·卡甘的资料,包含与马雅可夫斯基、埃尔莎、布里克夫妇有关的文件。2002 年解密。)

已发表文献:

Анненков Ю. *Дневник моих встреч.* Т. 1. (2).

Брюханенко Н. *Пережитое* (32).

Галушкин А. *«И так, ставши на костях, будем трубить сбор...»: К истории несостоявшегося возрождения Опояза в 1928-1930 гг.* // Новое литературное обозрение. 2000. № 44.

Пастернак Б. *Переписка с Ольгой Фрейденберг* (49).

Письма Бенедикта Лившица к Давиду Бурлюку / Публ. И. Серова // Новое литературное обозрение. 1998. № 2. 31.

Tatá (*Татьяна Яковлева*) (64).

Томпсон Патриция. *Маяковский на Манхэттене* (65).

Томпсон Патриция Дж. *Маяковский в Ницце* // *Творчество В. В. Маяковского в начале XXI века.* Москва, 2008.

Флейшман Л. *Борис Пастернак в двадцатые годы*（65）.

Шухаевы В. и В. *Три времени*（63）.

Якобсон Р. *Новые строки Маяковского*（83）.

Янгфельдт Б. *О Маяковском и «двух Элли»* // Литературное обозрение. 1993. № 6.

Barnes Christopher. *Boris Pasternak. A Literary Biography*（87）.

Du Plessix Gray Francine. *Them*（92）.

Fleishman Lazar. *Boris Pasternak. The Poet and his Politics*（95）.

Triolet Elsa. *Ecrits intimes 1912-1939*（110）.

大转折的一年

未发表文献：

Брик Л. *Неопубликованный мемуарный фрагмент 30-х годов.* 本书作者的个人档案。

Дневники Л. Ю. Брик. 本书作者的个人档案。

Public Record Office. London. Records of the Security Service（KV）.（英国情报部门关于叶·尤·卡甘的资料，包含与马雅可夫斯基、埃尔莎、布里克夫妇有关的文件。2002 年解密。）

已发表文献：

Валюженич А. *Лиля Брик и «казах» Юсуп* // Нива. 2002. № 5.

Дувакин В. ＜ *Запись беседы с Л. Ю. Брик 1973 г.* ＞ // ЛГ‒Досье. 1993. № 5.

Герштейн Э. *О Пастернаке и об Ахматовой* // Литературное обозрение. 1990. № 2.

Кассиль Л. *Маяковский‒сам*（28）.

Катанян Г. *Азорские острова // Дом Остроухова в Трубниках* (29).

Лавут П. *Маяковский едет по Союзу* (39).

Незнамов П. *Маяковский в двадцатых годах* (15).

Полонская В. *< Воспоминания >* (16).

Скорятин В. *Тайна гибели Маяковского* (58).

Степанова В. *Человек не может без чуда* (62).

Tamá (*Татьяна Яковлева*) (64).

Флейшман Л. *Борис Пастернак в двадцатые годы* (70).

Du Plessix Gray Francine. *Them* (92).

放开喉咙

未发表文献：

Дневники Л. Ю. Брик. 本书作者的个人档案。

Шпаргалка Маяковского перед беседой с Л. Кагановичем (РГАЛИ, ф. 2577, оп. 1, ед. хр. 1158).

已发表文献：

Асеев Н. *Воспоминания о Маяковском* (15).

Бромберг А. *Выставка «Двадцать лет работы»* (15).

Луначарская-Розенель Н. *Луначарский и Маяковский* (15).

Маяковский делает выставку. Москва, 1973.

Окутюрье М. *Об одном ключе к Охранной грамоте // Boris Pasternak: 1890-1960*, Paris, 1979.

Пастернак Борис. *Собрание сочинений*: В 5 т. (48).

Шешуков С. *Неистовые ревнители.* Москва, 1970.

Tamá (*Татьяна Яковлева*) (64).

Якименко Ю. *Из истории «чисток аппарата»: Академия Художественных наук в 1929-1932 //* Новый исторический вестник. 2005. № 1 (12).

第一个布尔什维克之春

未发表文献：　　　　　　　　　　　　　　　　　　　　517

Дневники Л. Ю. Брик. 本书作者的个人档案。

Воспоминания Л. Гринкруга. 本书作者的个人档案。

已发表文献：

Асеев Н. *Воспоминания о Маяковском* (15).

Валюженич А. *Лиля Брик － жена командира* (20).

Гронский И., Дувакин В. *Накануне трагедии* (16).

Пастернак Б. *Охранная грамота* (48).

Полонская В. ＜*Воспоминания*＞ (16).

Роскин В. ＜*Воспоминания*＞ (16).

Скорятин В. *Тайна гибели Маяковского* (58).

Спивак М. *Посмертная диагностика гениальности* (61).

Сутырин В. ＜*Воспоминания*＞. (16).

Февральский А. *Встречи с Маяковским.* Москва, 1971.

Ходасевич Валентина. *Портреты словами* (74).

生命是赌注

已发表文献：

Рябова Н. *Киевские встречи* (32).

Tatá (Татьяна Яковлева) (64).

Черток С. *Последняя любовь Маяковскою*. Ann Arbor, 1983.

Чуковский К. *Дневник 1931-1969* (99).

Якобсон Р. *О поколении, растратившем своих поэтов* (82).

Якобсон Р. *Новые строки Маяковского* (83).

马雅可夫斯基的第二次死亡

已发表文献：

Ваксберг А. *Загадка и магия Лили Брик* (18).

Валюженич А. *Лиля Брик ‐ жена командира* (20).

Мухачев Б. *Александр Краснощеков* (47).

«В том, что умираю, не вините никого?..» (16).

Янгфельдт Б. *Шведские приключения Романа Якобсона* // Новое литературное обозрение. 1994. № 6.

Du Plessix Gray Francine. *Them* (92).

Jangfeldt, Bengt. "*Fången i Särna*" // *Den trettonde aposteln*. Stockholm, 1995.

致　谢

感谢所有在本书写作过程中贡献了信息和素材的朋友与同仁们：518拉扎尔·弗莱施曼，斯坦福大学俄罗斯文学教授，鲍里斯·帕斯捷尔纳克作品的世界级领衔专家；阿尔卡季·瓦克斯贝格，记者、作家，不可战胜的苏联"鉴赏家"；拉希德·扬吉罗夫（Рашид Янгиров），一个有着极为宽广学术兴趣的电影史、文化史研究者；文学史研究者亚历山大·加卢什金（Александр Галушкин），维克托·什克洛夫斯基的生平与创作无法超越的行家；莫斯科马雅可夫斯基博物馆馆长斯韦特兰娜·斯特里日尼奥娃（Светлана Стрижнева）和她的同事们；以及薇拉·捷廖欣娜（Вера Терехина），马雅可夫斯基研究者，以及即将问世的马雅可夫斯基二十卷著作集的编者之一（本书作者也是其中一员）。

作者尤其要感谢哈萨克斯坦首都阿斯塔纳的电力工程师阿纳托利·瓦柳热尼奇，虽然远离俄罗斯文化生活的中心，他却将自己生命的一大部分时间献给了奥西普·布里克的著作。他为我提供了许多文献和信息，如果没有这些材料，本书的所有方面都会变得单薄。

此外还要特别感谢亚历山大·罗琴科的女儿瓦尔瓦拉（Варвара）和外孙亚历山大·拉夫连季耶夫（Александр Лаврентьев）。当我告诉他们自己正在写作本书时，他们立刻极为慷慨地宣布我的出版者"当然"可以免费复制罗琴科所拍摄的马雅可夫斯基及其友人们的照片。莉莉的继子小瓦西里·卡塔尼扬的遗孀因娜·根斯也同样如此，她以同样慷慨的条件允许出版者和我可以使用卡塔尼扬档案中的照片。

一本完成的书永远是团队协作的成果。我尤其要感谢一位此前已与我合作多次的人士：我的译者哈里·D. 沃森（Harry D. Watson），感谢他对我文体中微妙细节的强烈感知。

这本传记的写作受瑞典王家科学院历史学中心资助。感谢所有朋友们激励人心，且让人愉悦的陪伴！

本特·扬费尔德,2006 年 11 月

索 引

（索引页码为原书页码，即本书边码）

译后记

本书最初以瑞典语出版于 2007 年，题名为 *Med livet som insats: berättelsen om Vladimir Majakovskij och hans krets*（《生命是赌注：马雅可夫斯基和他的圈子的故事》）。英译本由哈里·D. 沃森（Harry D. Watson）翻译，书名就叫 *Mayakovsky. A Biography*（《马雅可夫斯基传》），2014 年由芝加哥大学出版社发行。俄译本前后共有三版，都由阿霞·拉夫鲁沙（Ася Лавруша）翻译，亦有作者本人参与，第一、第三版书名为 *Ставка - жизнь. Владимир Маяковский и его круг*（《生命是赌注：弗拉基米尔·马雅可夫斯基和他的圈子》），第二版书名则为 *«Я» для меня мало. Революция/любовь Владимира Маяковского*（《"我"对我太小：弗拉基米尔·马雅可夫斯基的革命/爱情》），但实则第一、二版版式基本相同，由 КоЛибри 社分别出版于 2009 年和 2012 年，第三版则由 ACT/CORPUS 社重新排版后于 2016 年出版。此外我们还曾检索到此书的法语和波兰语译本。

译者手头的纸质样书为俄语第三版，但电子版样书在版式上更接近前两版的排版。这两种版式略有差别,主要在于俄语第三版将许多大篇幅的间接引语独立成段。但根据对比其他版本,尤其是瑞典语原版的版式,我们认为这种排版更有可能体现的是出版者而非作者的意志,因此决定在译文中仍然使用俄语前两版的版式,但页边码标记则使用第三版的页码。此外,在翻译过程中,我们逐渐发现俄译本和英译本之间存在着一些细微差异,通过与瑞典语原文对比,可以确认在多数类似情况下英译本的处理都更接近原文,尽管俄译本有作者本人"加持"。因此在英、俄译文有出入的情况下,译者往往会采信英译。但是一个重要的情况使得译者决定仍然以俄译本为母本——本书中有大量俄语引文,除了马雅可夫斯基的诗文外,也包括许多未曾发表过的档案文献,俄译者采用的都是这些文本经过考证的原文,而英译者只是转译了瑞典语译文,这就使得俄译本的引文精确度远高于英译本。英、俄两种译本出入最大的地方是参考文献,两者中都包含了一些对方所没有的文献和段落。这里我们也以俄译本为母本,随后再在对应位置增补英译本多出的段落和条目。

本书中人名以外的专有名词在首次出现时都标注了原文,而人名的原文则可见索引。为方便读者,我们决定为俄罗斯和独联体国家的专名标注俄语,而其他国家的专名则标注西文(非英语专名有时标注其英译,有时则标注原文拼写,具体以英译本为准)。根据同样的原理,我们把书后的人名索引也重新编辑了一下,将其分成了西里尔文和拉丁文两大组。

音译专有名词时,译者尽量按照新华社的人名对音规则来选字,但例外是那些已经很常见的既定译法,如高尔基、卢那察尔斯基、李别进斯基等。

马雅可夫斯基的许多诗文都有非常出色的汉译,但为了精确传达本书作者想要强调的细节与色彩,译者决定还是重起炉灶,尽量自译引文(列宁的引文除外)。对于译诗是否要押韵,译者也曾长久犹豫,最后考虑到韵脚对马雅可夫斯基诗学的重要性,决定还是试着押一押,希望尚不至于让读者读出"老干体"的感觉。

译者

2019 年 11 月 1 日于葭萌关挑灯夜书